全国中等职业学校
课程改革规划新教材

Qiche Dianqi Shebei Gouzao yu Chaizhuang

汽车电气设备构造与拆装

（第二版）

主　编　许　康　蹇明香
副主编　秦政义　张世弟
姚秀驰　张元中

人民交通出版社

内 容 提 要

本书是全国中等职业学校课程改革规划新教材之一，其主要内容包括：识读汽车电路图，拆装蓄电池，拆装发电机，就车拆装汽车发电机，拆装起动机，拆装点火系统，拆装照明和信号系统，拆装仪表板，拆装安全气囊，拆装车身常规电动系统，拆装空调系统，共11个学习任务。

本书可作为中等职业学校汽车运用与维修专业的教材，也可供汽车维修及相关技术人员参考阅读。

图书在版编目（CIP）数据

汽车电气设备构造与拆装／许康，蹇明香主编．—2版．—北京：人民交通出版社，2013.8

全国中等职业学校课程改革规划新教材

ISBN 978-7-114-10823-5

Ⅰ．①汽…　Ⅱ．①许…②蹇…　Ⅲ．①汽车－电气设备－构造－中等专业学校－教材②汽车－电气设备－装配（机械）－中等专业学校－教材　Ⅳ．①U463.6

中国版本图书馆CIP数据核字(2013)第177292号

全国中等职业学校课程改革规划新教材

书　　名：汽车电气设备构造与拆装（第二版）
著 作 者：许　康　蹇明香
责任编辑：戴慧莉
出版发行：人民交通出版社
地　　址：(100011)北京市朝阳区安定门外外馆斜街3号
网　　址：http://www.ccpress.com.cn
销售电话：(010)59757973
总 经 销：人民交通出版社发行部
经　　销：各地新华书店
印　　刷：北京盈盛恒通印刷有限公司
开　　本：787×1092　1/16
印　　张：16.75
字　　数：402千
版　　次：2011年3月　第1版
　　　　　2013年8月　第2版
印　　次：2013年8月　第1次印刷　总第3次印刷
书　　号：ISBN 978-7-114-10823-5
定　　价：36.00元

全国中等职业学校汽车运用与维修专业课程改革规划新教材编委会

（排名不分先后）

第二版前言

“全国中等职业学校课程改革规划新教材”第一版自 2010 年出版发行以来，多次重印，被全国多所中等职业院校选为汽车运用与维修专业教学用书，受到了广大师生的好评。

本套教材第一版出版后，人民交通出版社和编者陆续收到了一些院校教师的信息反馈，他们对书中的内容提出了宝贵的意见和建议。

2012 年 8 月，人民交通出版社组织十几所院校的汽车系教师代表，在成都召开了“全国中等职业学校课程改革规划新教材”修订会议，经过认真研究讨论，确定了每本教材的修订方案；2013 年 3 月，又组织召开了“全国中等职业学校课程改革规划新教材”审稿会，对修订教材和新编教材进行了审定。

《汽车电气设备构造与拆装》的修订工作，就是在本书第一版的基础上，吸收了教材使用院校教师的意见和建议，在会议确定的修订方案指导下完成的，教材的内容修订主要体现在以下几个方面：

(1)扩充原所有学习任务的内容，使知识要点更详细、更具体。

(2)增加“拆装安全气囊”的学习任务。

本书由四川交通职业技术学院许康、达州高级技工学校蹇明香担任主编；由成都汽车职业技术学校秦政义、四川交通运输职业学校张世弟、贵阳市交通技工学校姚秀驰、成都汽车职业技术学校张元中担任副主编；由成都汽车职业技术学校曹建华担任参编。

限于编者水平，书中难免有疏漏和错误之处，恳请广大读者提出宝贵建议，以便进一步修改和完善。

全国中等职业学校汽车运用与维修专业

课程改革规划新教材编委会

2013 年 6 月

第一版前言

为加快我国新型工业化进程，调整经济结构和转变增长方式服务，我国把发展职业教育摆在了突出的位置上，实施了国家技能型人才培养培训工程，特别是加强了对现代制造业、现代服务业紧缺的高素质、高技能专门人才的培养。教育部提出，职业教育要为区域经济的发展以及区域经济产业结构的调整服务。

中等职业教育作为我国高中阶段教育的重要组成部分，肩负着培养技能型人才的重任，其发展正日益得到重视。然而，目前我国许多中等职业学校实施的教学与所承担的任务不相适应，许多学校课程教学的内容陈旧，不适应生产实际的要求。在新的历史时期，中职学生应当具备解决实际问题的操作能力、学习新知识和新技能的能力以及多方面的综合素质，以适应职业生涯和终身发展的需要。因此，中等职业教育必须加快改革，加快构建以岗位能力为本的专业课程体系。

本套教材正是基于上述背景编写而成，且具有如下特点：

1. 职业教育性：渗透职业道德教育理念，体现就业导向；培养学生爱岗敬业、团队及创业精神；树立安全和环保意识。

2. 教学适用性：教学内容符合专业培养目标和课程教学基本要求；取材合理，分量合适，符合“少而精”的原则；深浅适度，符合中职学生的实际水平。

3. 知识实用性：体现以职业能力为本位，以应用为核心，以“必需、够用”为度的原则；紧密联系生活、生产实际；加强教学针对性，与相应的职业资格标准相互衔接。

4. 结构合理性：教材的体系设计合理，循序渐进，符合中职学生心理特征和认知、技能养成的规律；结构、体例新颖，并配制有多媒体教学课件，适应先进教学方法的运用。

本书由绵阳交通学校邓斌担任主编；由绵阳交通学校张会英、四川省交通运输学校张世弟、贵阳市交通技工学校姚秀驰担任副主编 。

限于编者的经历和水平，书中难免有不妥或错误之处，敬请广大读者批评指正，提出修改意见和建议，以便再版修订时改正。

全国中等职业学校汽车运用与维修
专业课程改革规划新教材编委会
2010 年 5 月

目录

学习任务一　识读汽车电路图

任务要求

完成本学习任务后，你应能：

1. 说明汽车常见电气元件的表示方法；
2. 描述汽车整车电气系统的组成和功用；
3. 识读简单的汽车电路图。

建议学时：6 学时

任务描述

一辆 2005 款富康轿车起动机损坏需更换，学徒工小王通过汽车电路图清楚地掌握了起动系统各元件的相互关系和安装位置，顺利完成了起动机的拆换工作。

学习流程

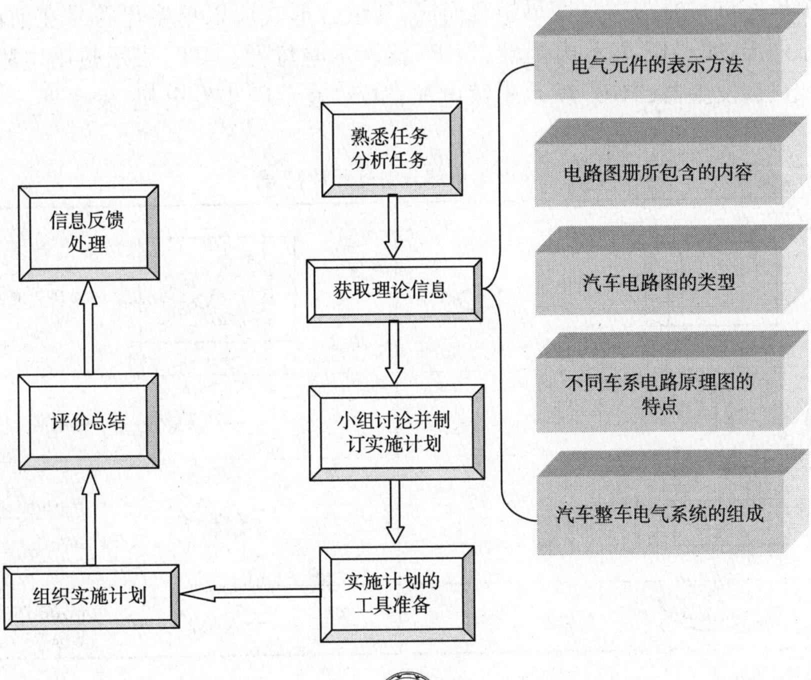

一、理论知识准备

汽车电路图是由各种符号和线条构成的图形,它清楚地反映了电路中的各组成元件的连接情况。有些电路图还表示出了电气元件的安装位置、插接器的型式及接线情况、导线的颜色,接线盒和继电器盒中继电器及熔断器的位置,线束在汽车上的布置等信息。

随着现代汽车工业的不断发展,汽车上电子电器越来越多,电路越来越复杂。对于汽车维修人员来说,必须掌握汽车电路图的识读方法,才能对故障进行分析,准确地查出故障部位。

1. 电气元件的表示方法

汽车电气元件的结构比较复杂,在电路图上不可能直接画出电气元件,因此电路图都采用相应的符号来表示各种电气元件。

汽车电路图中的汽车电气元件一般用规定的图形符号、文字符号表示。

图形符号是用于电气图或其他文件中的表示项目或概念的一种图形符号,是电气技术领域中最基本的工程语言。由于目前国际上还没有汽车电气设备图形符号的统一标准,各个汽车生产厂家对某些汽车电气元件所采用的图形符号、文字符号有所不同,但图形符号基本结构的组成是相似的,表 1-1 为丰田车系所使用的部分电气元件的图形符号。

文字符号是用来表明电气元器件的名称、功能、状态和特征的字母代码。文字符号分为基本文字符号和辅助文字符号两大类。辅助文字符号表示电气设备、装置和元器件以及线路的功能、状态和特征。如“ON”表示闭合,“OFF”表示断开等。基本文字符号又分为单字母符号和双字母符号。按拉丁字母将各种电气元器件划分为 23 大类,每大类用一个专用单字母符号表示,这就是单字母符号,如“C”表示电容器类,“R”表示电阻器类等。双字母符号是由一个单字母符号与另一字母组合而成,其组合形式应以单字母符号在前而另一字母在后的次序列出,如:“R”表示电阻器,“RP”就表示电位器,“RT”表示热敏电阻器;“G”表示电源、发电机、发生器,“GB”就表示蓄电池,“GS”表示同步发电机、发生器,“GA”表示异步发电机。

丰田车系部分电气元件符号 表 1-1

符号	名称	符号	名称
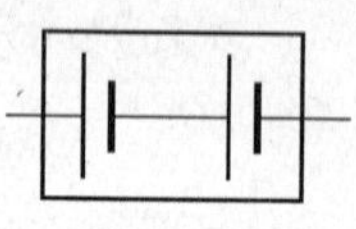	蓄电池	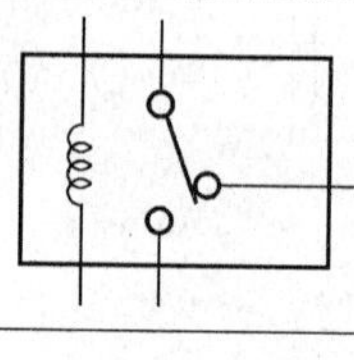	双投式继电器
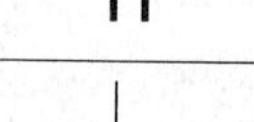	电容器		电阻器
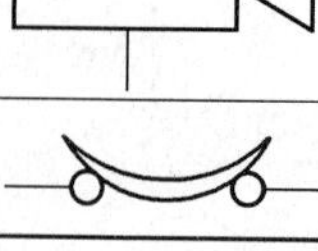	点烟器	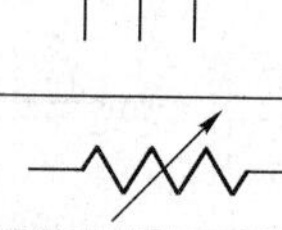	分接式电阻器
	断路器		可变式电阻器(变阻器)

续上表

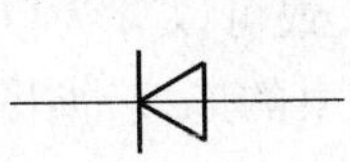 二极管	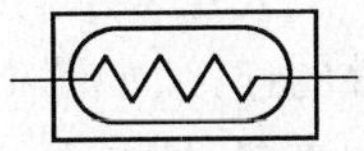 传感器（热敏电阻）
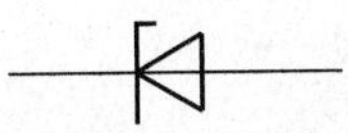 齐纳二极管	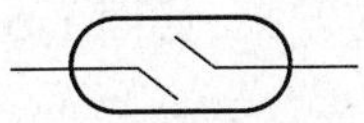 模拟速度传感器
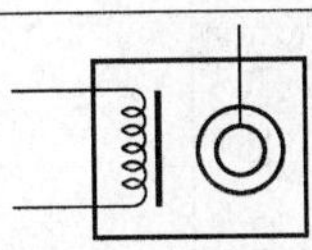 分电器、集成式点火总成	 短插脚
 熔断丝	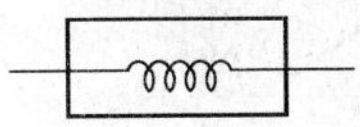 电磁线圈
 熔断丝	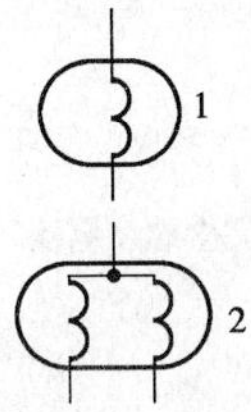 前照灯 1- 单丝 2- 双丝
 搭铁线	

1）导线的表示方法

在电路图中通常以线条表示导线，导线的颜色以字母标注在线条的旁边，表示颜色的字母通常为该颜色英语单词的第一个字母或第二个字母。表示颜色的字母，各个制造厂商的选择可能有所不同，具体情况需参照汽车修理手册。表 1-2 为丰田公司表示颜色的字母。

导线颜色的表示方法　　表 1-2

颜　色	字　母	颜　色	字　母	颜　色	字　母
黑色	B	褐色	BR	绿色	G
蓝色	L	浅绿色	LG	橘黄色	O
红色	R	紫色	V	白色	W
灰色	GR	粉红色	P	黄色	Y

如果导线表面有色条，则用两个字母加一个连字符表示，连字符前面的字母表示底色，连字符后面的字母表示色条的颜色，如图 1-1 所示。此外有些厂商将导线的截面积也用数字在电路图中表示出来。

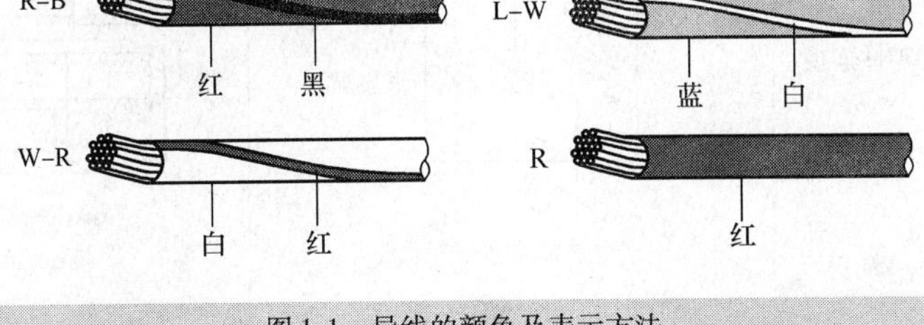

图 1-1　导线的颜色及表示方法

2)插接器的表示方法

插接器是目前汽车上大量采用的线束插接器。线束插接器大致可以分为以下几类:第一类是线束与电气元件的连接,如图 1-2 所示;第二类是线束与线束的连接,如图 1-3 所示;第三类是线束与车身的连接,如图 1-4 所示;还有一类称为过渡插接器,将插接器中需要连接的导线用短端子连接起来,如图 1-5 所示。

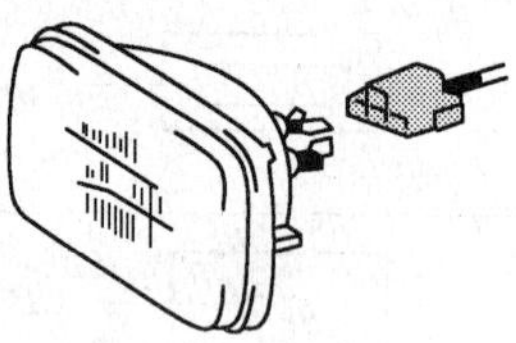

图 1-2　线束与电气元件的连接

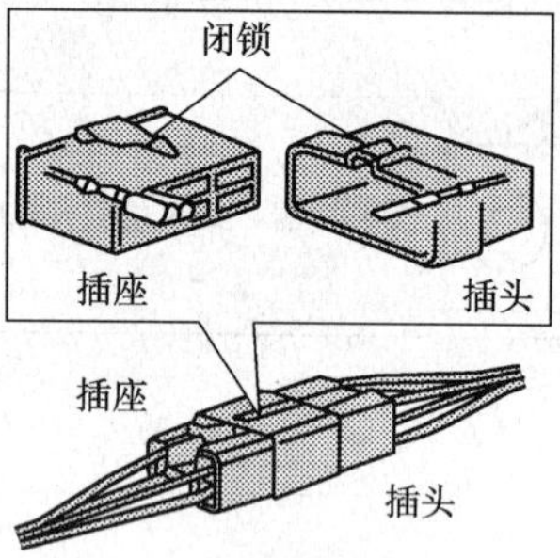

图 1-3　线束与线束的连接

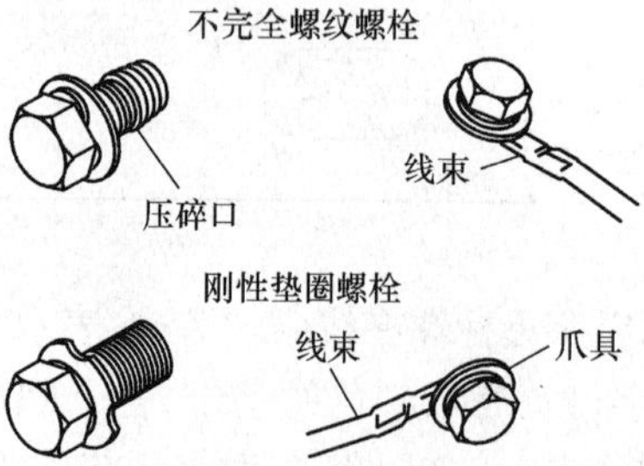

图 1-4　线束与车身的连接

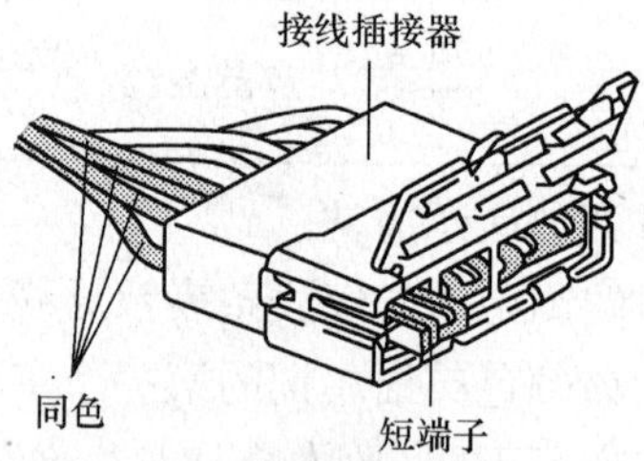

图 1-5　过渡插接器

插接器在电路图上通常用数字、字母及相应的符号表示,表 1-3 为丰田车系部分插接器的表示方法。

插接器的表示方法　　表 1-3

在电路图中的符号	连接类型	在电路图中的表示方法(示例)	插接器符号(示例)
Ⓐ,Ⓑ,Ⓒ	直接与零件连接	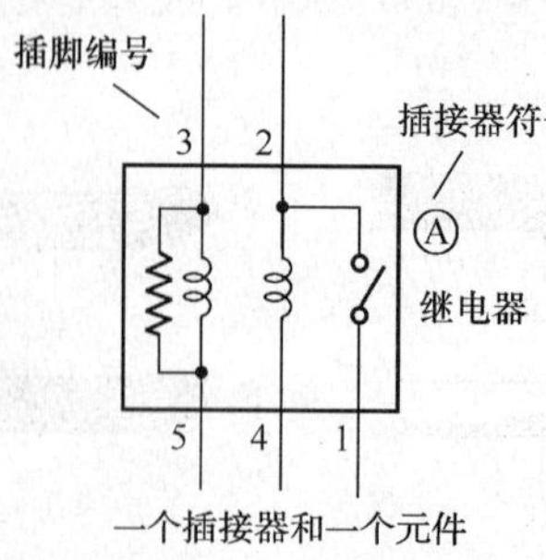	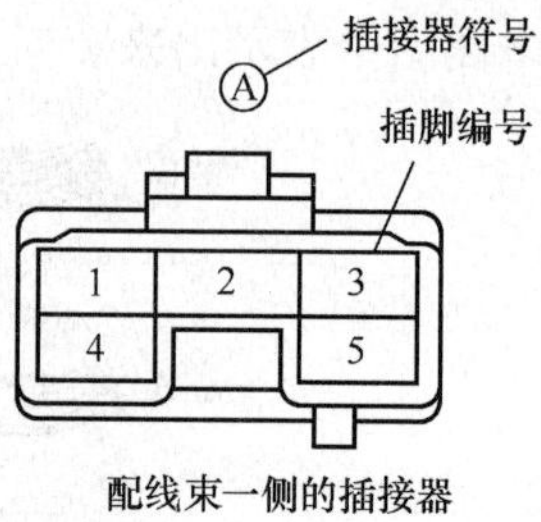

续上表

在电路图中的符号	连接类型	在电路图中的表示方法(示例)	插接器符号(示例)
Ⓐ,Ⓑ,Ⓒ	直接与零件连接	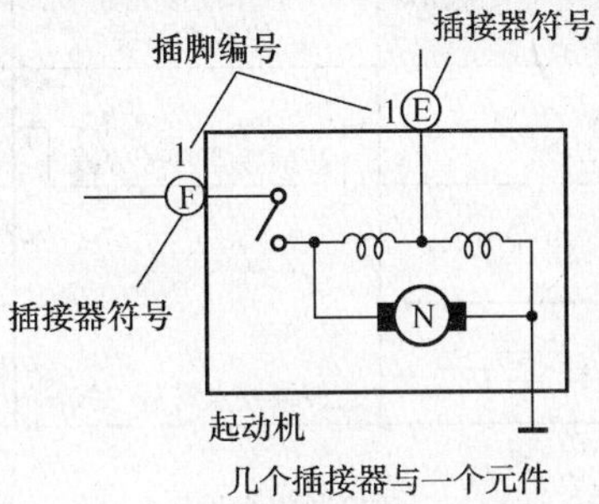	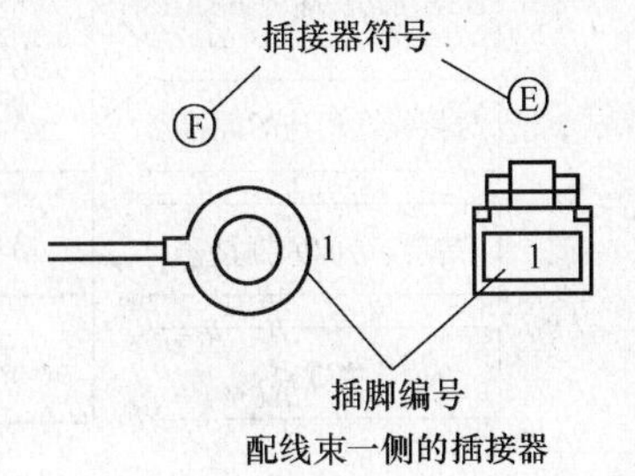
1A,1B	与1号接线盒连接	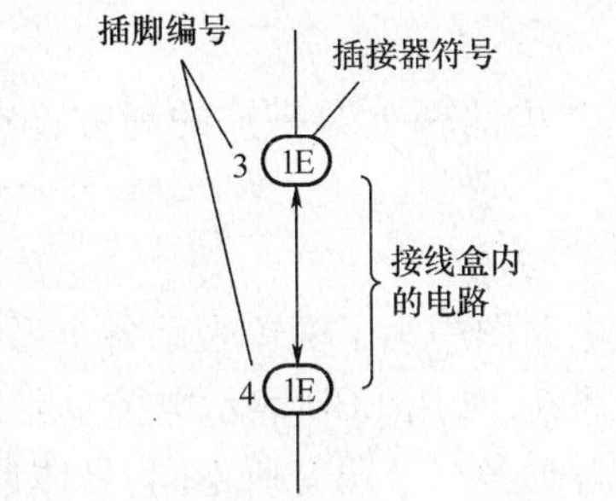	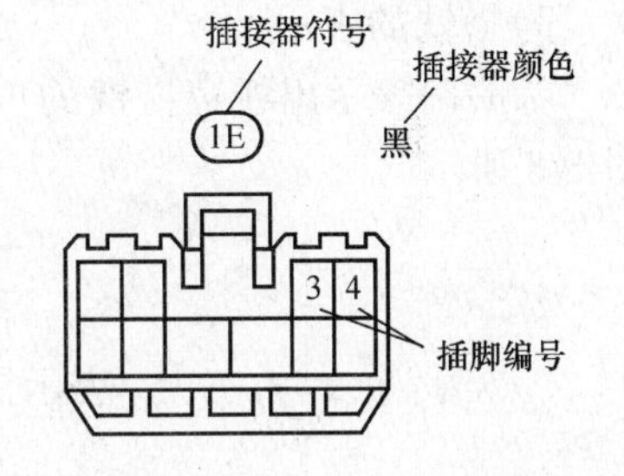
2A,2B	与2号接线盒连接		
3A,3B	与3号接线盒连接		
A1,B1	连接配线	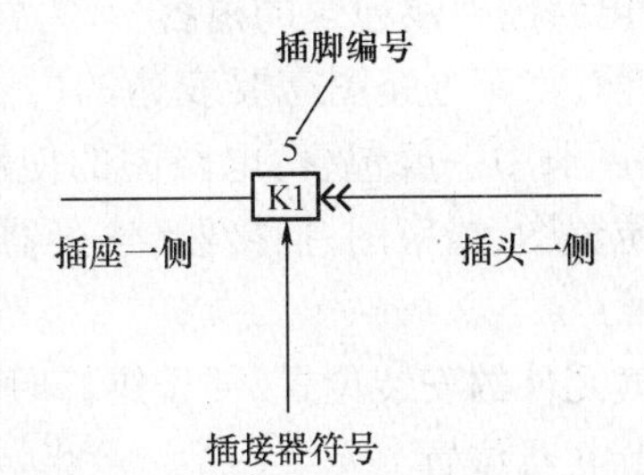	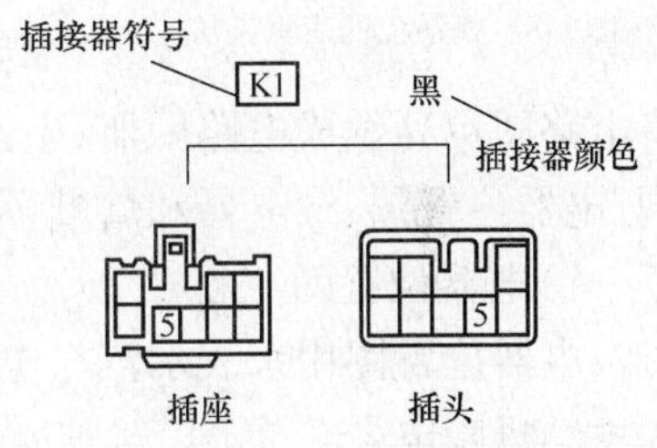

为清楚地表示插接器中各导线的情况,通常对插接器内的导线插脚进行编号,以便在进行电路的检查时,尽快找到插接器中的各条导线,如图1-6所示。

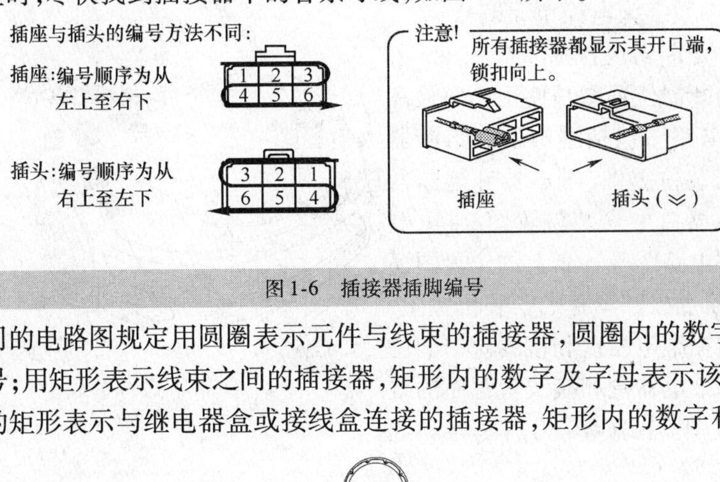

图1-6　插接器插脚编号

丰田公司的电路图规定用圆圈表示元件与线束的插接器,圆圈内的数字或字母表示该插接器的编号;用矩形表示线束之间的插接器,矩形内的数字及字母表示该插接器的编号;用圆角过渡的矩形表示与继电器盒或接线盒连接的插接器,矩形内的数字和字母表示该插接器的编号;用三角形表示搭铁点,三角形内的字母表示该搭铁点的编号,如图 1-7 所示。

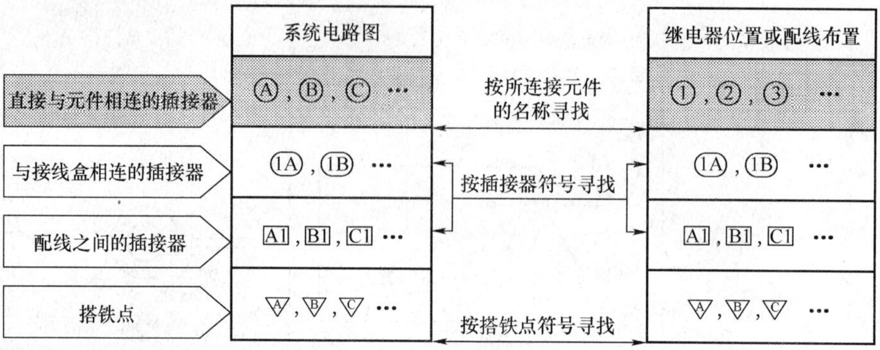

图 1-7　插接器的编号

3)搭铁的表示

为明确表示出线束搭铁的位置,电路图上对搭铁的地方都有较为明确的表示方法,如图 1-8 所示。

图 1-8　搭铁点的表示方法

4)缩写词

在电路图中为了简单表示各个系统的名称,通常采用缩写词表示该系统,如用 ECU 表示电控单元,ABS 表示防抱死制动系统等。缩写词各个公司有所不同,具体请参阅各公司的维修手册。

2. 电路图册所包含的内容

目前,汽车电路图需要表达的内容越来越多,很多制造厂都将电路图单独做成电路图册,电路图册中一般包含:电路图的使用方法、电路中使用的缩写词、电器位置图、继电器和熔断器位置图、线束图、插接器(连接器)图、全车电路图等。

1)电器位置图

电器位置图用来表示汽车电气元件的安装位置,便于维修时查找故障电器,位置图可分为发动机舱电器位置图、驾驶室内电器位置图和车身电器位置图等,一幅图表示不清时,可以用多幅图表示。图 1-9 为汽车车载电控单元位置图(图中数字为电控单元编号)。

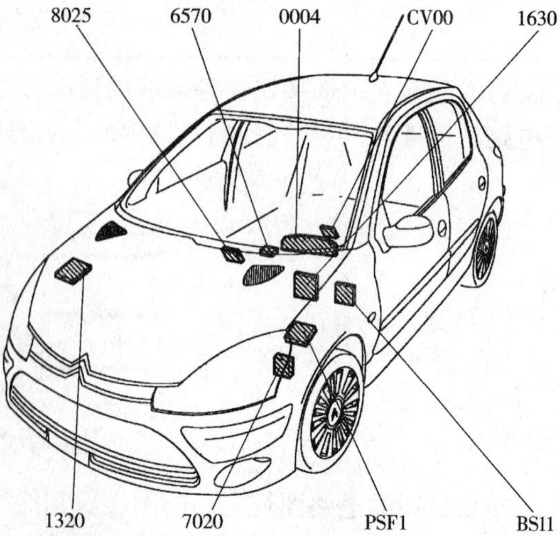

图 1-9　汽车车载电控单元位置图

2)继电器和熔断器位置图

继电器和熔断器位置图是使用频率最高的电路图,这种电路图包括继电器和熔断器装置在车上的安装位置图、继电器和熔断器在接线盒或继电器盒中安装位置图、继电器盒或接线盒内部电路图等。车上的位置图还分为发动机舱、仪表板和车身的安装位置图,熔断器和继电器在继电器盒和接线盒中的位置图中还可包括继电器盒和接线盒背面的线束插接器的位置图。图 1-10 为熔断器和继电器在接线盒中的安装位置图，图 1-11 为接线盒背面线束插接器的位置图。

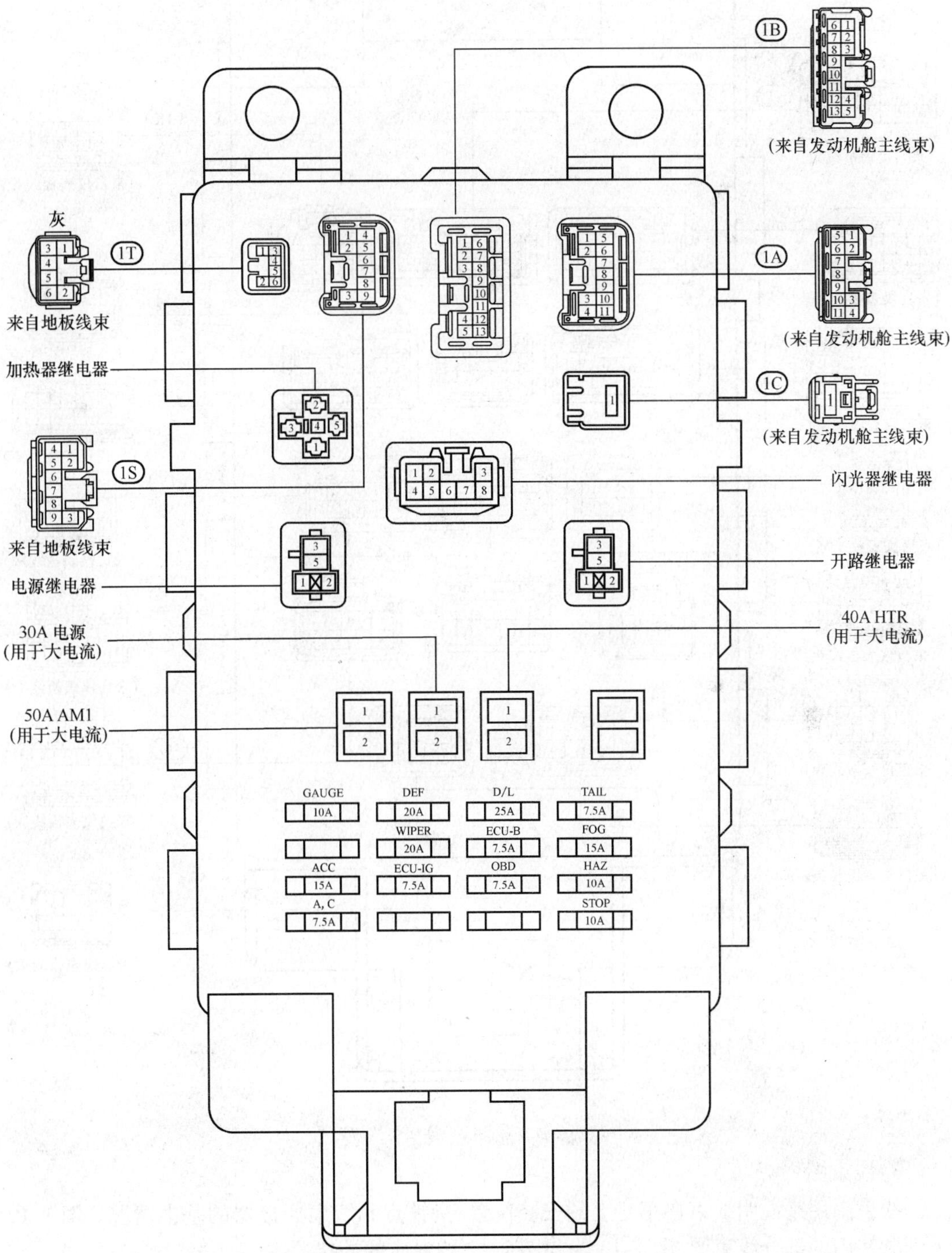

图 1-10　熔断器和继电器在接线盒中的安装位置图

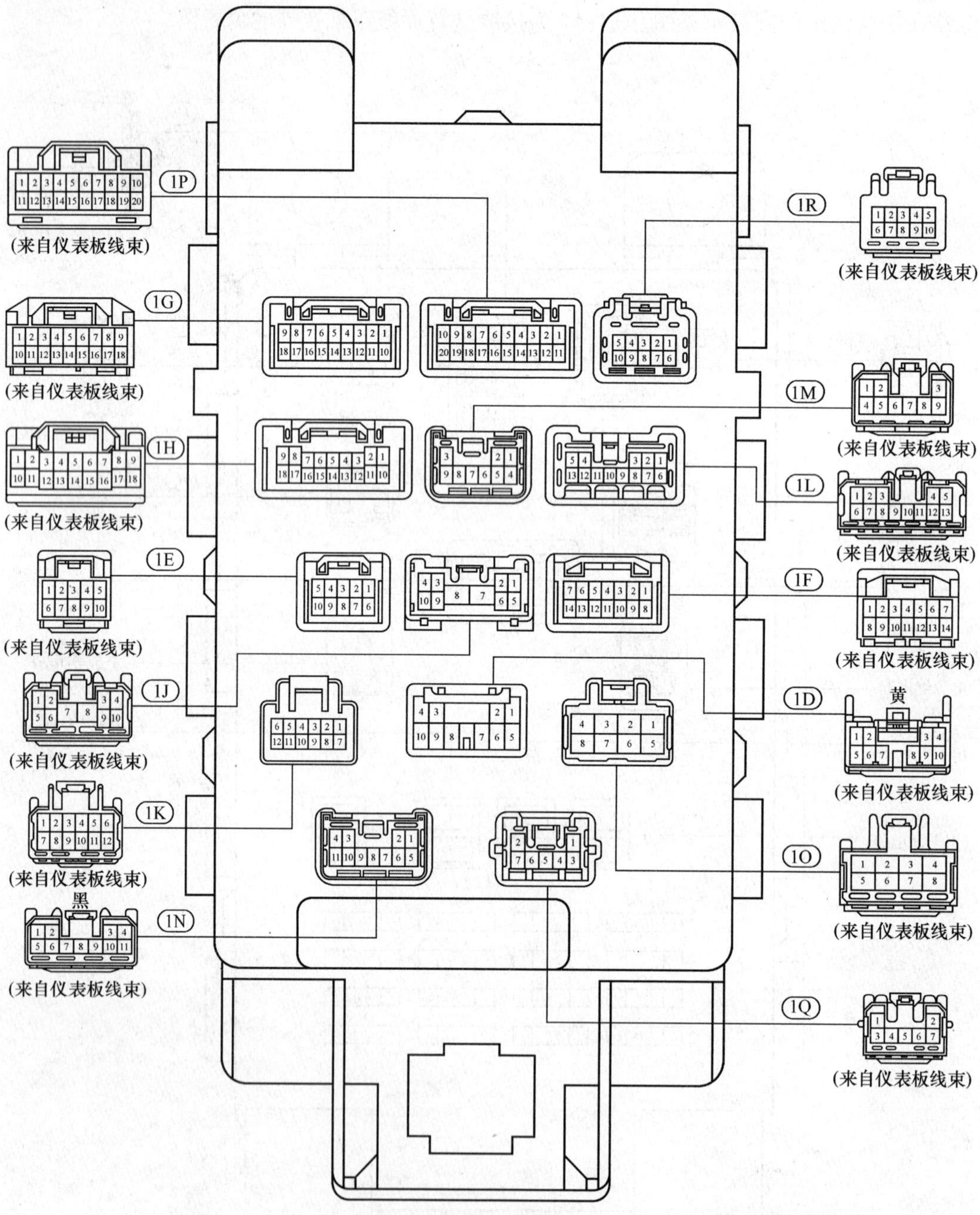

图 1-11　接线盒背面线束插接器的位置图

3）线束图

线束图用来说明线束在车身上的安装位置、搭铁点和线束插接器的基本情况。图 1-12 为驾驶室内的部分线束图，图 1-13 为与图 1-12 相对应的插接器图。

4）系统电路图

由于目前车辆的电气设备数量越来越多，所以电路图的内容也越来越多，电路图从过去

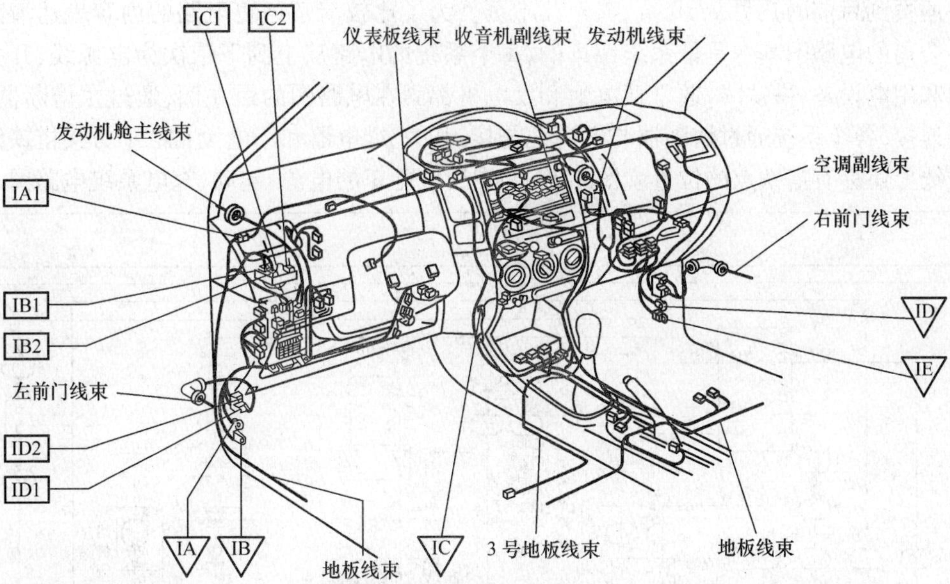

图 1-12　驾驶室内的线束图

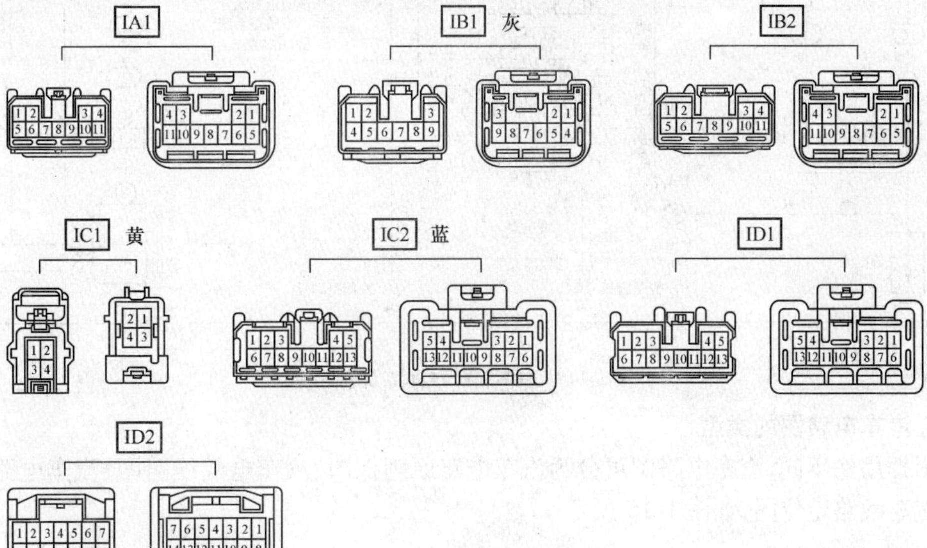

代码	线束之间插接 (插接器布置)
IA1	发动机舱主线束和地板线束 (前隔壁侧板左侧)
IB1	地板线束和仪表板线束 (仪表板加强板左侧)
IB2	
IC1	发动机舱主线束和仪表板线束 (仪表板加强板左侧)
IC2	
ID1	左前门线束和仪表板线束 (左脚踏板)
ID2	

图 1-13　插接器图

的一两页到目前的几页、十几页，甚至几十页。为了比较清楚地将电路的内容表达清楚，目前各公司的电路图基本是按系统编排的，每个系统的电路从上到下依次为电源线、开关、继电器和用电设备、搭铁线，通常蓄电池和发电机都画在电路图的最左面，通过主熔断器与电源线连接，各个系统通过熔断器与电源线连接，开关、继电器和用电设备的下方接搭铁线，在搭铁线上还标有搭铁点的位置。图 1-14 为丰田威驰车的电源、起动、充电系统电路图。

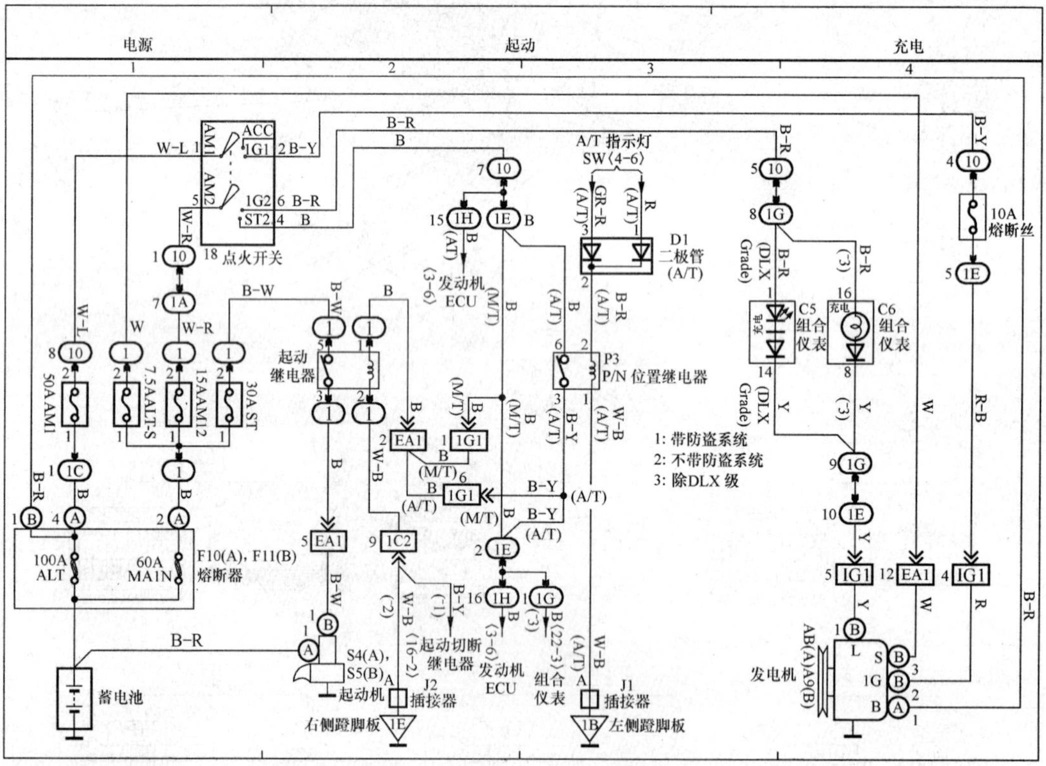

图 1-14　电源、起动、充电系统电路图

3. 汽车电路图的类型

根据用途不同，汽车电路图可分为汽车电路原理框图、汽车电气线路图、汽车电路原理图和汽车线路定位图，如图 1-15 所示。

- 汽车电路图
  - 汽车电路原理框图
  - 汽车电气线路图
  - 汽车电路原理图
    - 汽车传统(开关/继电器)控制电路原理图
    - 汽车电子控制电路原理图
    - 汽车开关内部位置 一电气连接关系图
  - 汽车线路定位图
    - 汽车电器定位图
    - 汽车线束图
    - 汽车线路插接器插脚图
    - 汽车接线盒(含熔断丝盒、继电器盒)平面布置图

图 1-15　汽车电路图的类型

1)汽车电路原理框图

汽车电路比较复杂,为大概表示汽车电气系统或分系统的基本组成及其相互关系和主要特征,常采用原理框图。原理框图是把一个完整电路划分成若干部分,各个部分用矩形框表示,每一矩形框再用文字或符号说明功能,各矩形框之间用线条连接起来。原理框图所描述的对象是系统或分系统的主要特征和相互连接关系,不必画出元器件和它们之间的具体连接情况。图 1-16 为汽车信号系统的原理框图。

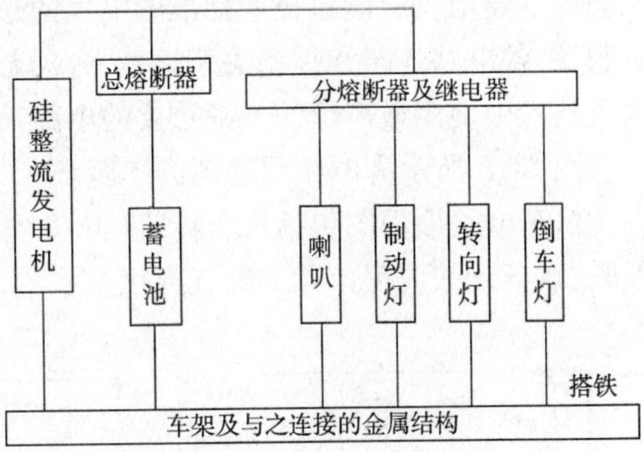

图 1-16　汽车信号系统原理框图

2)汽车电气线路图

汽车电气线路图是反应汽车电气系统各元器件间连接关系的图形,如图 1-17 所示。

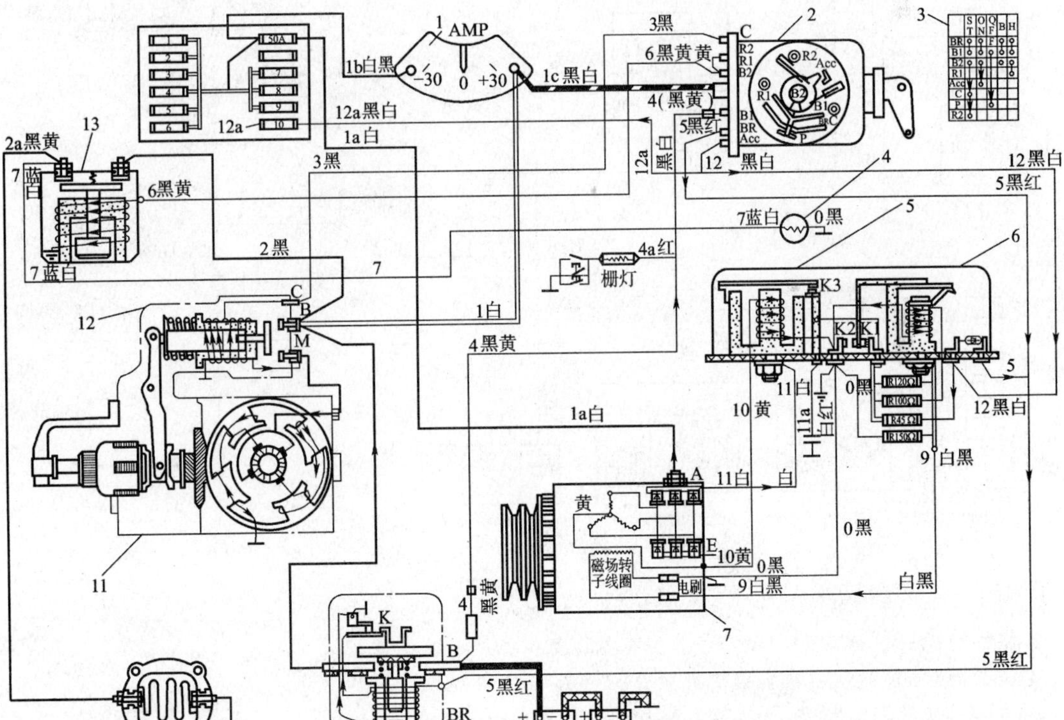

图 1-17　汽车电气线路图

1-电流表;2-起动开关;3-起动开关接线端子;4-预热开关;5-磁场继电器;6-电压调节器;7-交流发电机;8-蓄电池;9-蓄电池开关;10-空气预热器;11-起动机;12-起动开关;13-电磁预热开关

3)汽车电路原理图

汽车电路原理图是用简明的图形符号按电路原理将每个系统由上到下合理地连接起

来,再将每个系统排列起来而成的汽车电路图。汽车电路原理图重点表达汽车电路的工作原理和相互连接关系,对各电气设备的形状位置、导线的走向等实际情况在图中没有显示。原理图主要由符合国家技术标准的电气图形符号、文字符号和线条组成,图面清晰,电路简单明了,各电路连接和控制关系清楚,各局部电路的工作原理一目了然。汽车原理图是汽车电气技术中使用最广泛的一种重要的电路简图。

图 1-18 所示为电路原理图的图解。

汽车电路原理图包括汽车传统(开关/继电器)控制电路原理图、汽车电子控制电路原理图、汽车开关内部位置—电气连接关系图,如图 1-19 ~ 图 1-21 所示。

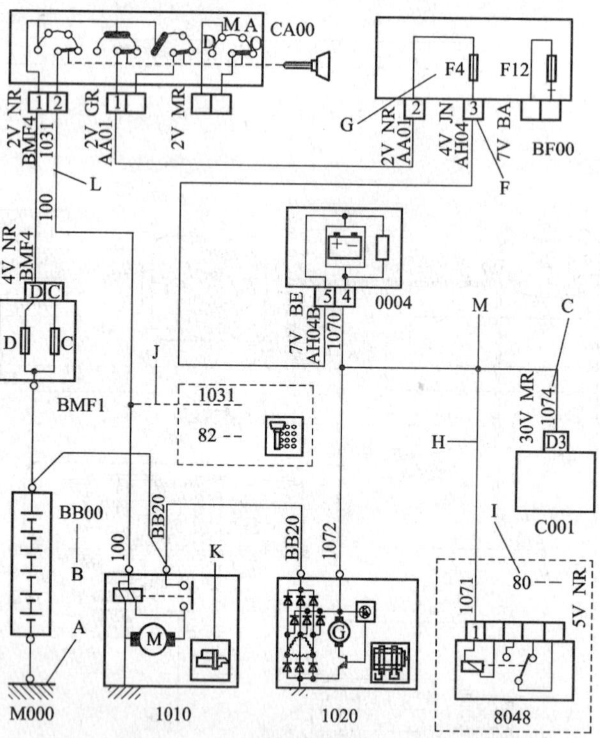

图 1-18 电路原理图图解

A-搭铁线符号;B-电器编号;C-导线编号;D-插接器插脚数;E-插接器颜色;F-插接器插脚编号;G-熔断丝编号;M-表示一个绞接点;H-表示分向另一功能的信息;I-相关的功能编号;J-表示根据车辆装备而存在的导线;K-电器示意图;L-绞合线

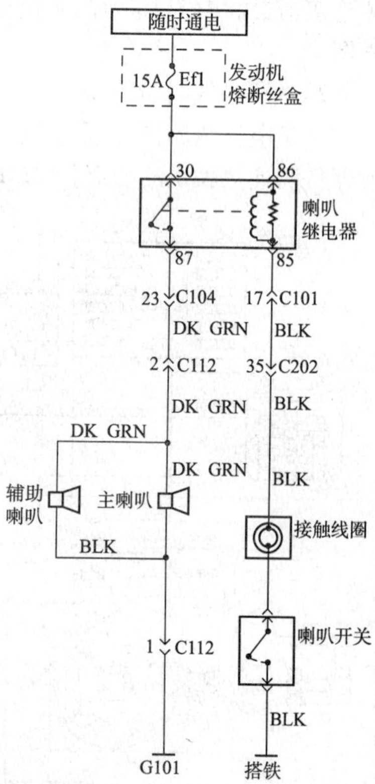

图 1-19 汽车传统(开关/继电器)控制电路原理图

4)汽车线路定位图

汽车线路定位图用于指示各电器及导线的具体位置。一般采用绘制立体图或实物照片的形式,立体感强、能直观、清晰地反映电器在汽车上的实际位置,具有很高的实用价值。定位图在某些车型中还会进一步细化分类,主要包括汽车电器定位图、汽车线束图、汽车线路插接器插脚图、汽车接线盒(含熔断丝盒、继电器盒)平面布置图和装置图等。

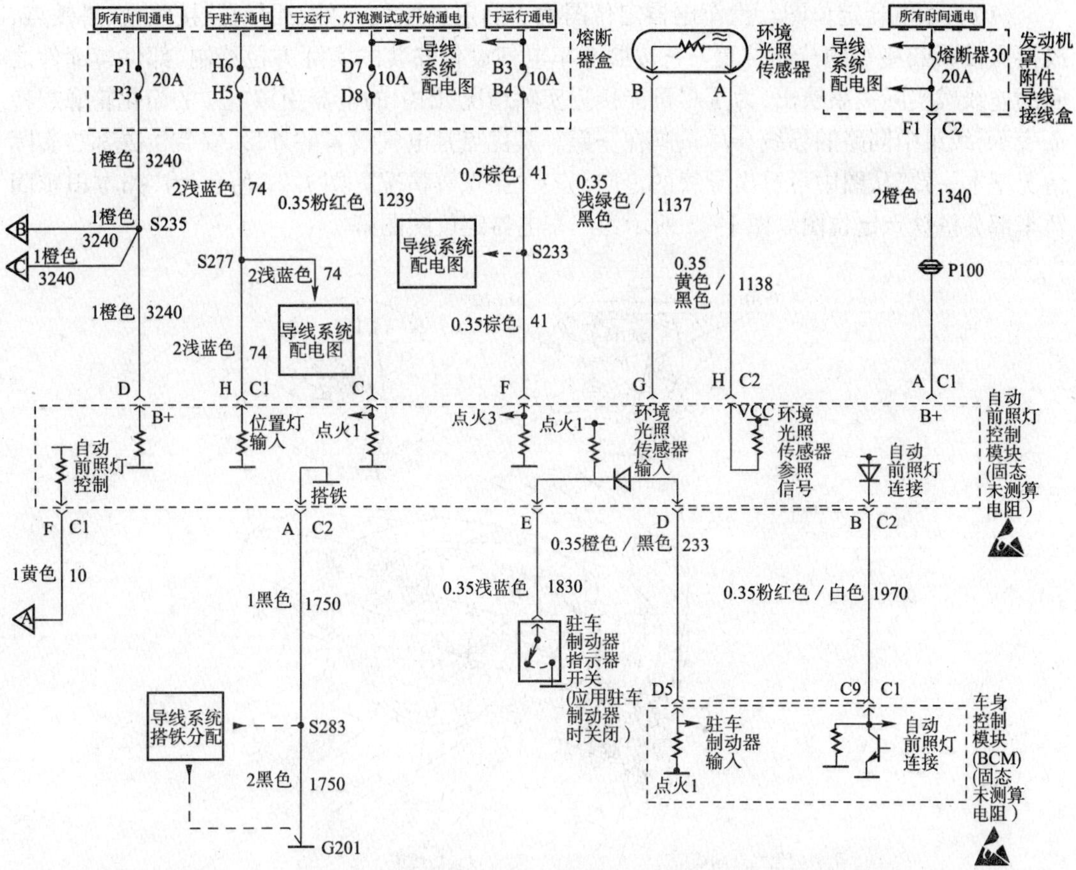

图 1-20　汽车电子控制电路原理图

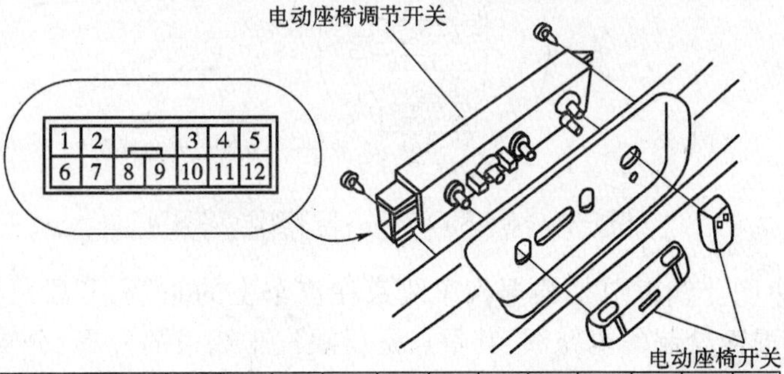

位置		端子 1	2	3	4	5	6	7	8	9	10	11	12
滑动开关	向前								○			○	
								○			○		
	向后							○	○				
											○	○	
倾斜开关	向前		○										○
					○		○						
	向后		○				○						
					○								○
前上下开关	上			○					○				
										○	○		
	下								○	○			
				○							○		
后上下开关	上	○	○										
					○	○							
	下		○			○							
		○			○								

图 1-21　汽车开关内部位置—电气连接关系图

(1)汽车电器定位图。汽车电器定位图用于确定各电气元件、插接器、接线盒、搭铁点、绞接点及诊断座等的分布位置。它按照全车电气设备安装的实际方位绘制,部件与部件之间的连线按实际关系绘出,为了尽可能接近实际情况,图中的电器用该电器的简化轮廓或特征表示,线束中同路的导线会尽量画在一起。其优点是电气设备的外形、安装位置都与实际情况基本一致,从图中可看出导线的走向、分支、接点等情况。图 1-22 所示为广州本田雅阁轿车部分搭铁点定位图。图 1-23 所示为汽车电器定位图图解。

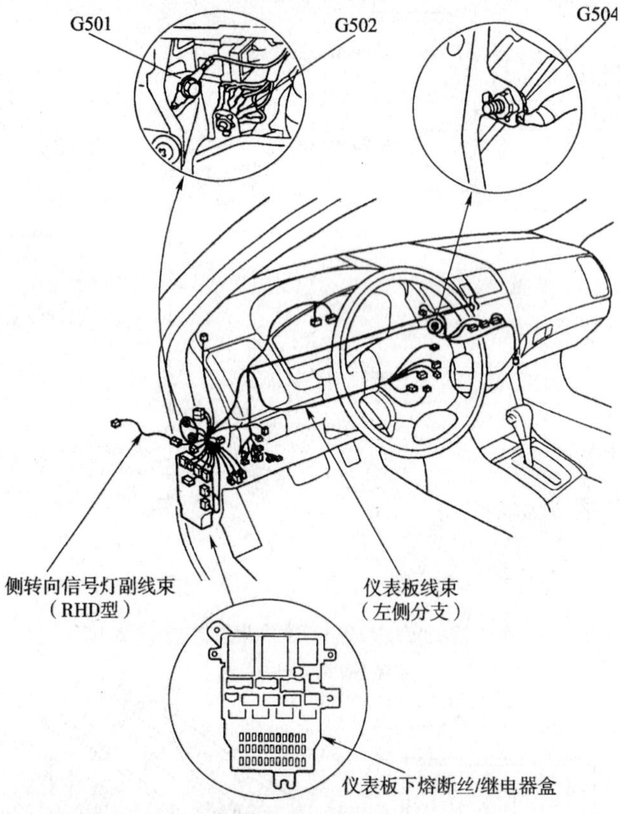

图 1-22　广州本田雅阁轿车部分搭铁点定位图

(2)汽车线束图。线束图是根据汽车线束在汽车上的布置、分段以及各分支导线端口的具体连接情况而绘制的电路图,其重点是反映汽车线束的外形、分支、各分支导线连接端子和护套的具体型号等信息,有的线束图也反映组成线束各导线的规格大小、长度和颜色、各分支导线端口所连接的电气设备的名称、线束各主要部分的长度等信息,如图 1-24 所示。

(3)汽车线路插接器插脚图。汽车线路插接器插脚图主要用来确定插接器内各导线连接位置。图 1-25 所示为电动后视镜插接器插脚图。

(4)汽车接线盒(含熔断丝盒、继电器盒)平面布置图。汽车接线盒(含熔断丝盒、继电器盒)平面布置图用于确定熔断丝、继电器等在接线盒内的具体安装方位,如图 1-26 所示。

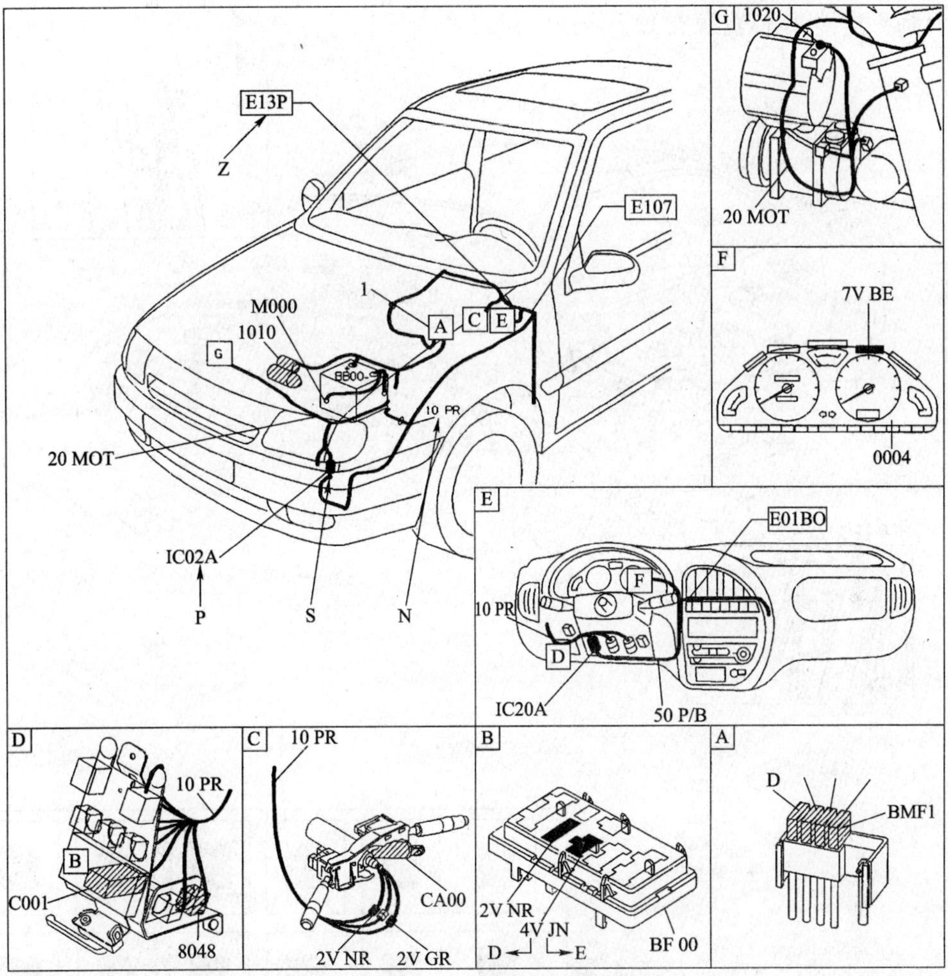

图 1-23　汽车电器定位图图解

D-插接器的插脚数；E-插接器的颜色；N-线束的编号；P-中间插接器编号；S-表示一个中间插接器；Z-表示一个绞接点；1-详见相应指示框

4. 不同车系电路原理图的特点

1)横坐标式电路图

该模式的电路图在最下端通过编号坐标标注图中各线路的位置，各线路平行排列，每条线路对准下框线上的一个编号，如图 1-27 所示。图中一般不允许横向交叉跨度较大的走线，横向连接的走线采用断口标注的方式表示，即线路断口处标注为与之相连的另一段线路所在图中的位置编号。主要以德国大众车系为主，目前主要国产品牌轿车如桑塔纳、捷达、宝来、波罗、帕萨特、奇瑞、奥迪、红旗等均采用该方式的电路图。

电路原理图说明如下：

1——三角箭头，表示下接下一页电路图。

2——熔断丝代号，图中 S5 表示该熔断丝位于熔断丝盒内第 5 号位，10A。

3——继电器板上插头连接代号，表示多针或单针插头连接和导线的位置，例如 D13 表示多针插头连接，D位置触点13。

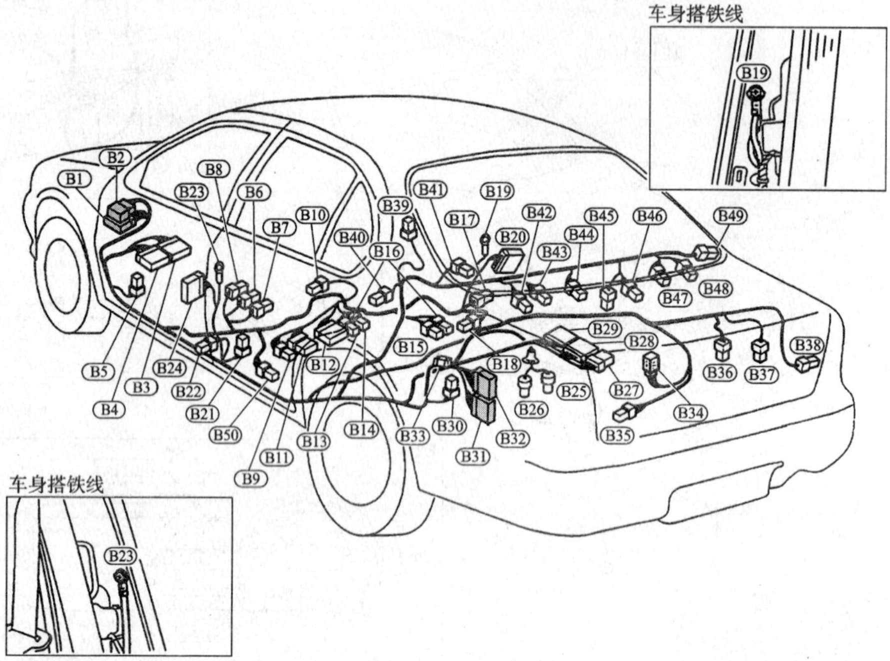

图1-24　汽车线束图

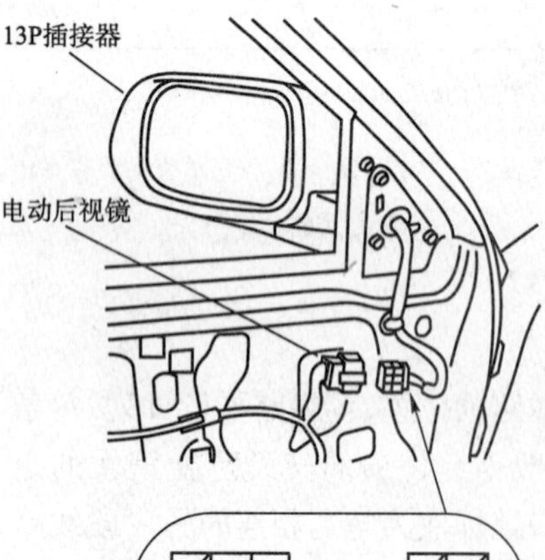

图1-25　电动后视镜插接器插脚图

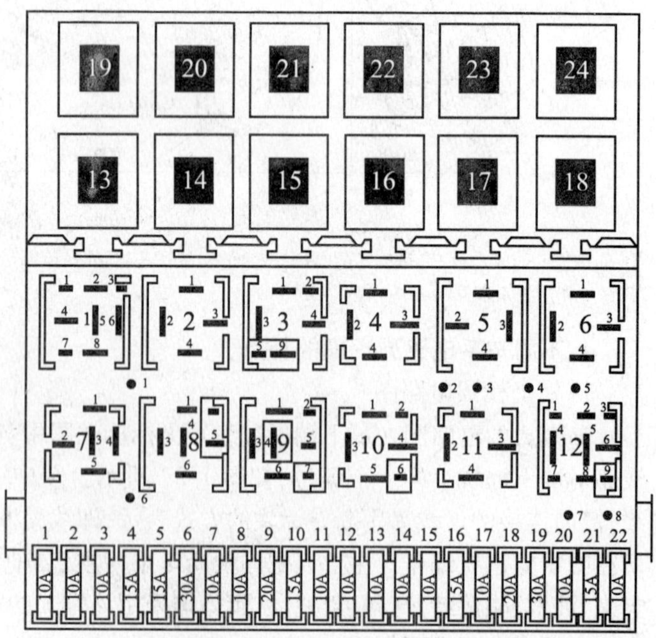

图1-26　汽车接线盒平面布置图

4——接线端子代号，表示电气元件上接线端子数/多针插头连接触点号码。

5——元件代号，在电路图下方可以查到元件的名称。

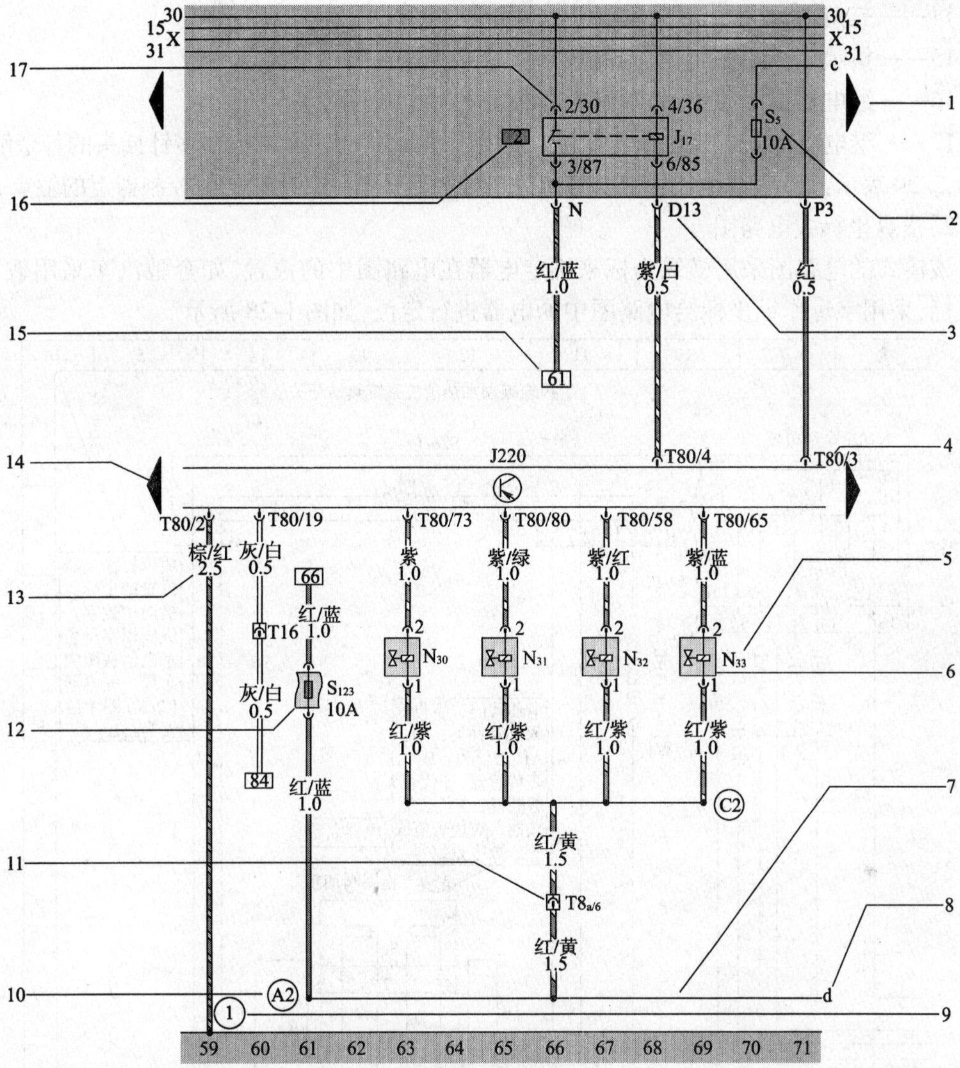

图 1-27　横坐标式电路图

6——元件的符号，可参见维修手册电路图符号说明。

7——内部接线（细实线），该接线并不是作为导线设置的，而是表示元件或导线线束内部的电路。

8——指示内部接线的去向，字母表示内部接线在下一页电路图中与标有相同字母的内部接线相连。

9——搭铁点的代号，在电路图下方可查到该代号搭铁点在汽车上的位置。

10——线束内连接线的代号，在电路图下方可查到该不可拆式连接位于哪个导线束内。

11——插头连接，例如 T8a/6 表示 8 针 a 插头触点 6。

12——附加熔断丝符号，例如 S_{123} 表示在中央电器附加继电器板上第 23 号位熔断丝，10A。

13——导线的颜色和截面面积（单位：mm^2）。

14——三角箭头,指示元件接续上一页电路图。

15——指示导线的去向,框内的数字指示导线连接到哪个接点编号。

16——继电器位置编号,表示继电器板上的继电器位置编号。

17——继电器板上的继电器或控制器接线代号,该代号表示继电器多针插头的各个触点。例如,2/30 表示:2 代表继电器板上 2 号位插口的触点 2,30 代表继电器/控制器上的触点 30。

2)横纵坐标式电路图

该模式的电路图采用横纵坐标来确定电器在电路图中的位置,如奔驰汽车采用数字作横坐标,采用字母作纵坐标给电路图中的电器进行定位,如图 1-28 所示。

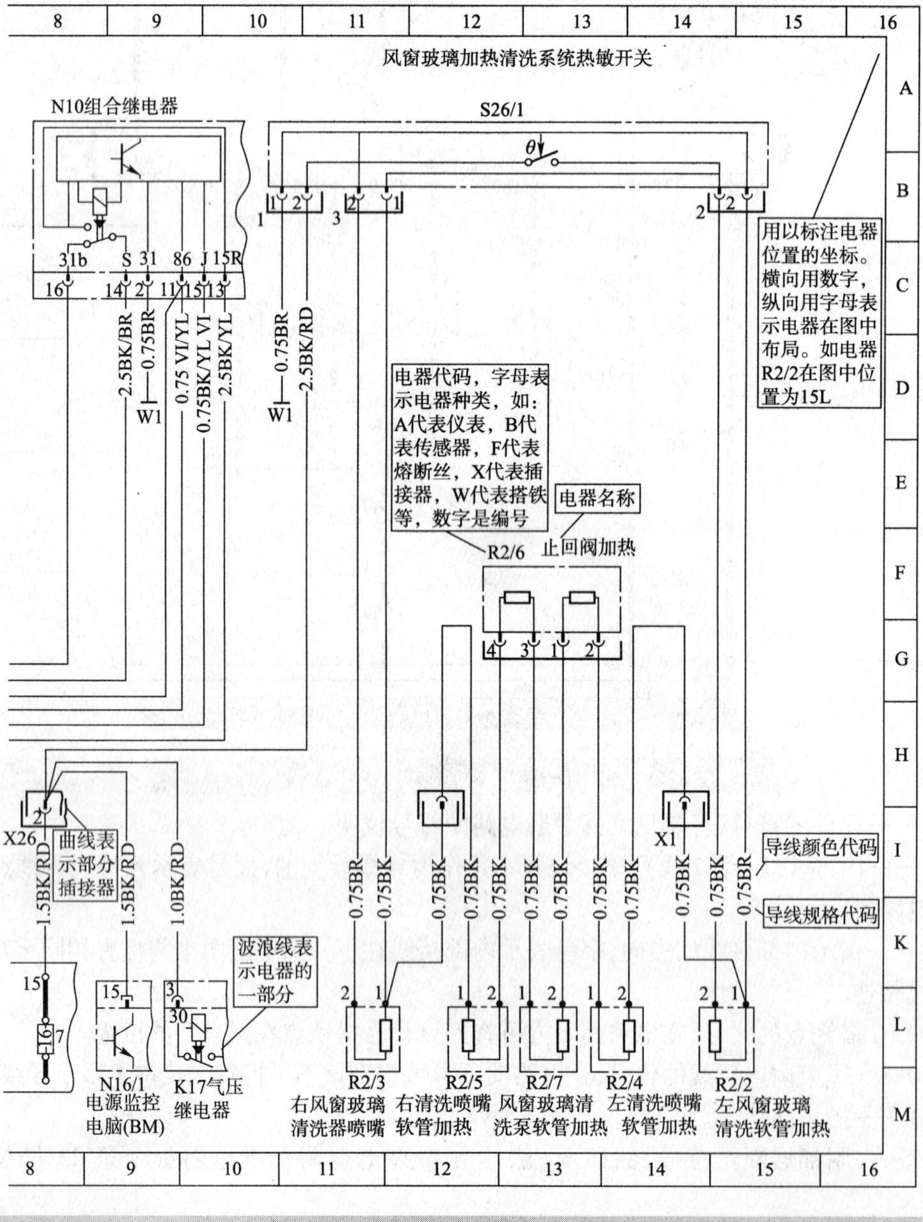

图 1-28 横纵坐标式电路图

3）无坐标模块式电路图

无坐标模块式并不是特点，此处将其归为一类主要为了和其他形式的电路图形成对比。如图1-29和图1-30所示为北京切诺基（戴姆勒—克莱斯勒）电路原理图。目前，采用此方式绘图的汽车制造公司较多，如通用别克、本田、东风雪铁龙、富康、丰田、福特、宝马、三菱等。但各公司的具体电路表达方式和图形符号各有不同，读图时需参照相关电路图和图形符号列表进行。

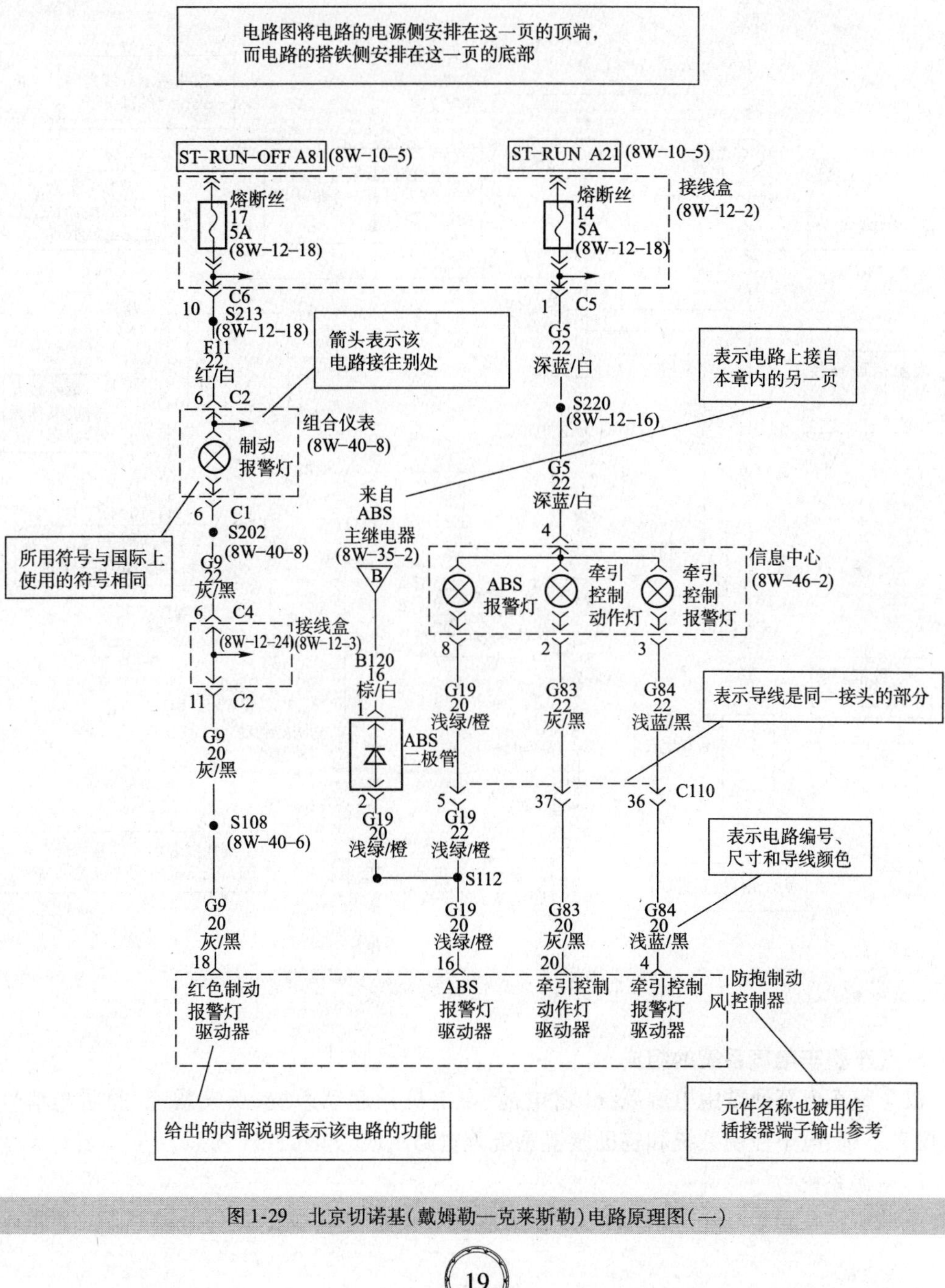

图1-29　北京切诺基（戴姆勒—克莱斯勒）电路原理图（一）

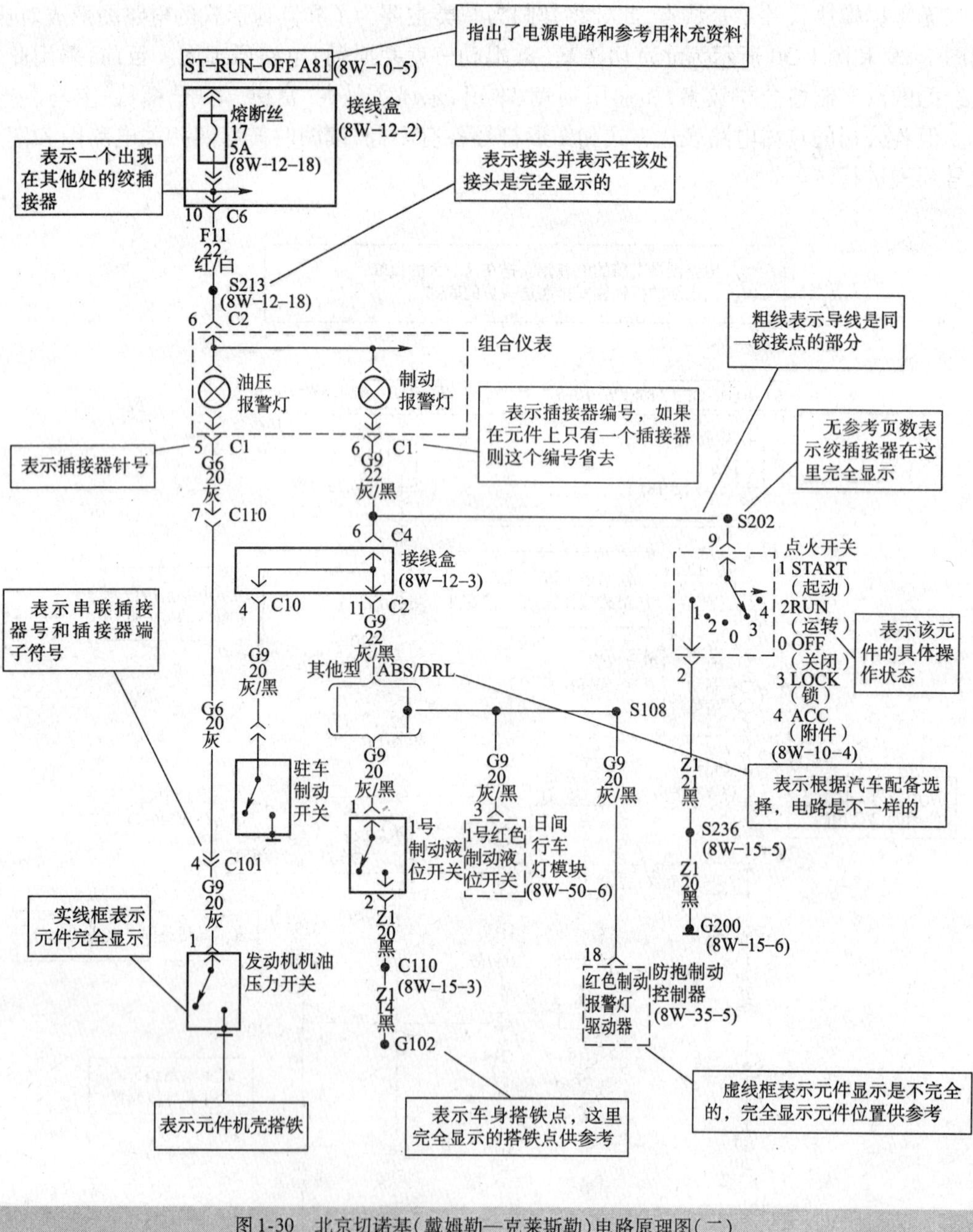

图 1-30　北京切诺基（戴姆勒—克莱斯勒）电路原理图（二）

5. 汽车整车电气系统的组成

汽车整车电路通常由电源系统（蓄电池、发电机）、起动系统、点火系统、照明与信号系统、仪表系统、电子控制系统和辅助装置系统等电路组成，如图 1-31 所示。

1）电源系统

电源系统是由蓄电池、发电机、调节器及充电指示装置等组成的电路系统，电能分配

（配电）及电路保护器件也可包含在内。其功能是向所有汽车用电设备供电。

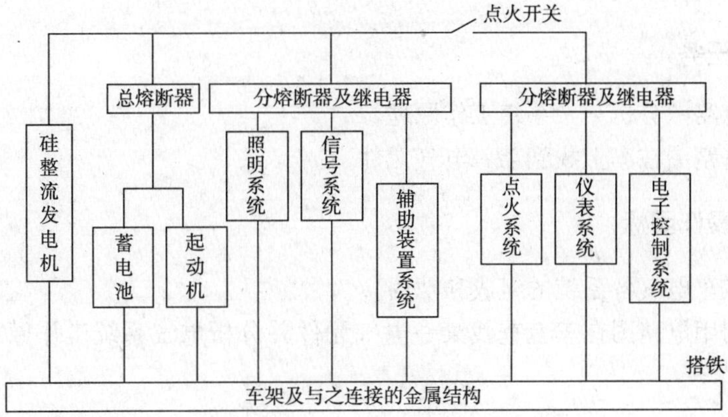

图 1-31　汽车全车电气系统原理框图

2）起动系统

起动系统是由起动机、起动继电器、起动开关及起动保护电路组成的电路系统，此系统也包括低温条件下起动预热装置及其控制电路系统。其功能是通过电力将发动机从静止状态过渡到能自行运转的状态。

3）点火系统

点火系统是汽油发动机汽车特有的电路系统，它由点火线圈、分电器、电子点火控制器、火花塞及点火开关组成。其功能是按照发动机的工作状态要求，在发动机燃烧室内产生适当的火花，点燃汽缸内的混合气。

4）照明与信号系统

照明与信号系统是由前照灯、雾灯、示廓灯、转向灯、制动灯、倒车灯、车内照明灯、喇叭及有关控制继电器和开关组成的电路系统。汽车照明系统主要用于夜间行车照明及车厢照明等，信号系统主要用于向行人和车辆发出警告和示意的信号。

5）仪表系统

为使驾驶人随时了解汽车各系统的工作状况，汽车上都设有显示汽车工作状况的仪表系统。仪表系统是由仪表及其传感器、各种报警指示灯及控制器组成的电路系统。

6）电子控制系统

电子控制系统是指汽车上由电脑控制实现各种控制功能的系统。电子控制系统主要包括发动机控制系统（包括燃油喷射、点火、排放等控制）、自动变速器及巡航控制系统、防抱死制动系统、安全气囊控制系统等。本书只对安全气囊系统作简要介绍。

7）辅助装置系统

辅助装置系统是由为提高车辆安全性、舒适性等性能而设置的各种电器装置组成的系统。辅助电器装置的种类随车型和配置不同而有所差异，汽车档次越高，辅助电器装置越完善，本书主要介绍常规电动系统、空调系统。

二、实践操作

(一)工作任务

(1)根据电路图分析某一系统工作原理。

(2)利用电路图在车上找到某一电气元件。

(二)实践操作目标

(1)了解汽车电气各系统的组成和功用。

(2)通过利用电路图在车上查找某一电气元件并分析电气系统工作原理,学习汽车电路图的使用。

(三)实践准备

(1)实践操作所用的设备。实训用车辆(丰田、大众、雪铁龙等车型)、蓄电池、工作台等。

(2)干净的抹布、常用工具、汽车电路图册、汽车维修手册等。

(四)注意事项

(1)使用电路图册和维修手册时注意保护电路图册和维修手册,避免破损。

(2)维修手册所述其他相关要求。

(五)具体内容

1. 常用颜色识别

查找资料,写出下列字母所对应的颜色:

N——	M——	B——	OR——
G——	V——	R——	BL——
J——	IC——	RO——	MV——
IC——	VI——		

2. 常用线束识别

查找资料,写出下列字母所对应的线束:(参考雪铁龙维修手册)

AV——	CN——	CP——	HB——
MT——	MC——	MV——	PB——
PC——	PP——	PG——	PD——
VG——	VD——	GC——	

3. 常用电气元件识别

查找资料,写出下列数字所对应的电气元件:(参考雪铁龙维修手册)

35——	50——	52——	53——

55——　　58——　　67——　　300——

140——　　141——　　142——　　143——

145——　　211——　　212——　　694——

4. 常用电路符号识别

查找资料，写出下列数字所对应的电气元件：

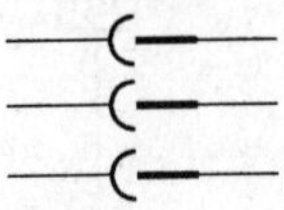
：________________

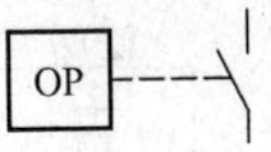

：________________

：________________

：________________

：________________

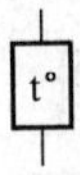

：________________

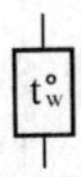

：________________

：________________

：________________

5. 电路识图

利用汽车电路图册或维修手册中的原理图和装置图了解汽车电气系统在汽车上的布局，认识汽车电气设备在汽车上的安装状态，在汽车上找到蓄电池、发电机、起动机的位置。图 1-32、图 1-33 分别为 2005 款富康充电、起动电路元件位置图和电路图。

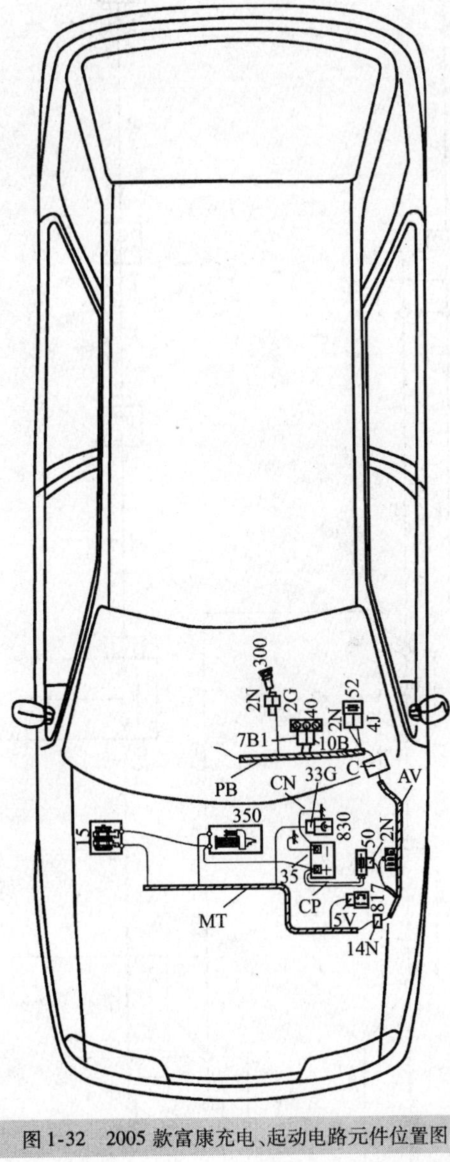

图 1-32　2005 款富康充电、起动电路元件位置图

6. 工作总结

学习心得：

____

____

____

____

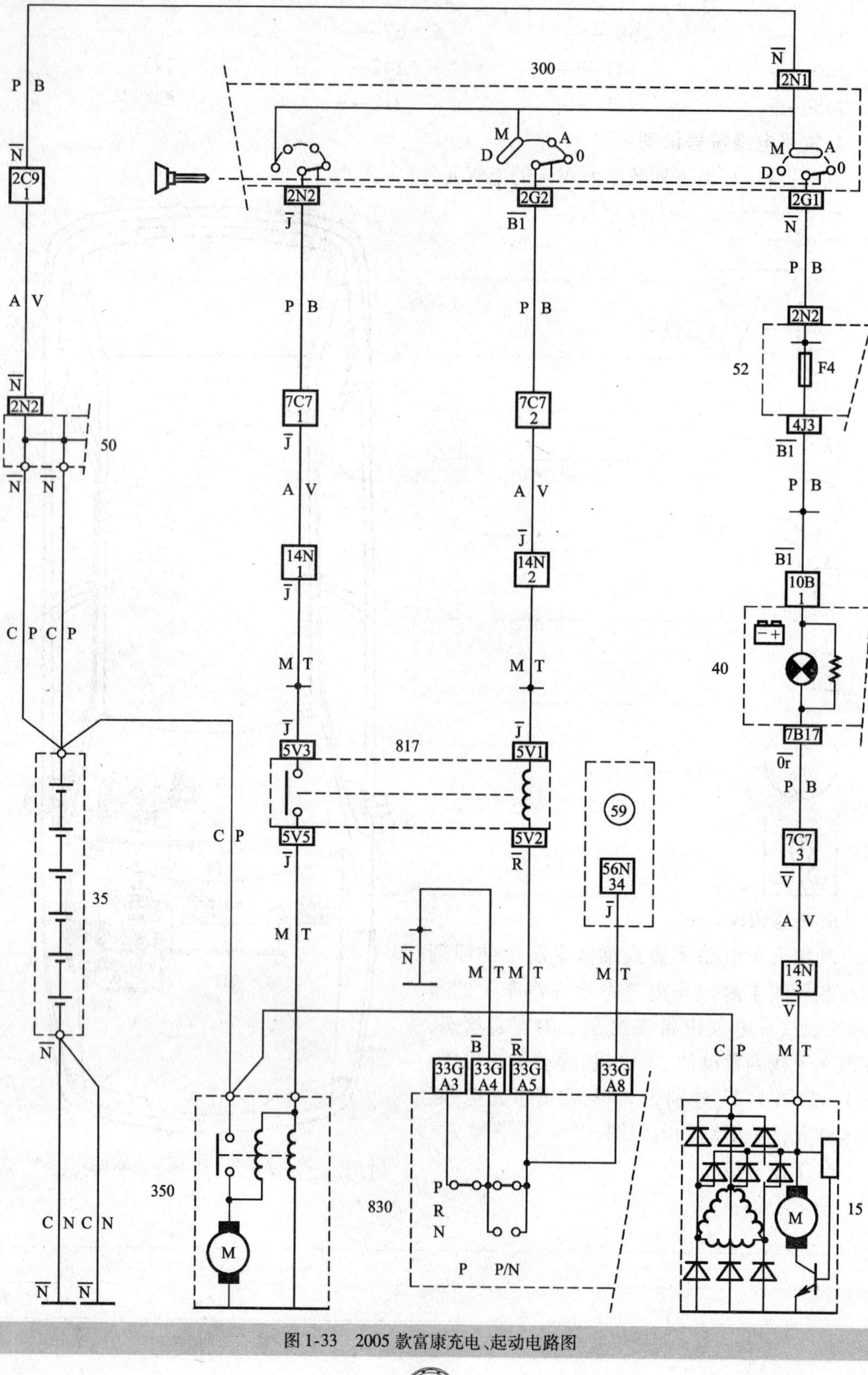

图 1-33　2005 款富康充电、起动电路图

三、学 习 拓 展

识读汽车电路图的一般要领如下。

1. 认真读几遍图注

图注说明了该汽车所有电气设备的名称及其数码代号，通过读图注可以初步了解该汽车都装配了哪些电气设备。然后通过电气设备的数码代号在电路图中找出该电气设备，再进一步找出相互连线、控制关系。

2. 牢记电气图形符号

汽车电路图是利用电气图形符号来表示其构成和工作原理的。因此，必须牢记电路图形符号的含义，才能看懂电路原理图。

3. 熟记电路标记符号

为了便于绘制和识读汽车电气电路图，有些电气装置或其接线柱等上面都赋予不同的标志代号。

4. 牢记汽车电路特点

(1)单线制。

(2)负极搭铁。

(3)用电设备并联。

5. 牢记回路原则

任何一个完整的电路都是由电源、熔断器、开关、控制装置、用电设备、导线等组成。电流流向必须从电源正极出发，经过熔断器、开关、控制装置、导线等到达用电设备，再经过导线(或搭铁)回到电源负极，才能构成回路。因此电路读图时，有三种思路：

思路一：沿着电路电流的流向，由电源正极出发，顺藤摸瓜查到用电设备，开关、控制装置等，回到电源负极。

思路二：逆着电路电流的方向，由电源负极(搭铁)开始，经过用电设备、开关、控制装置等回到电源正极。

思路三：从用电设备开始，依次查找其控制开关、导线、控制单元，到达电源正极和搭铁(或电源负极)。

实际应用时，可视具体电路选择不同思路，但有一点值得注意：随着电子控制技术在汽车上的广泛应用，大多数电气设备电路同时具有主回路和控制回路，读图时要兼顾上述两回路。

6. 浏览全图，分割各个单元系统

要读懂汽车电路图，首先必须掌握组成电路的各个电气元件的基本功能和特性。在大概掌握全图基本原理的基础上，再把一个个单元系统电路分割开来，这样就容易抓住每一部分的主要功能及特性。

在框划各个系统时，一定要遵守回路原则，注意既不能漏掉各个系统中的组件，也不能多框划其他系统的组件，一般规律是：各电气系统只有电源和总开关是公共的，其他任何一个系统都应是一个完整的独立的电气回路，即包括电源、开关(熔断器)、电器(或电子线路)、导线等。从电源的正极经导线、开关、熔断丝至电器后搭铁,最后回到电源负极。

7. 熟记各局部电路之间的内在联系和相互关系

从整车电路来讲,各局部电路除电源电路公用外,其他单元电路都是相对独立的,但它们之间也存在着内在联系(如信号共享)。因此,识图时,不但要熟悉各局部电路的组成、特点、工作过程和电流流经的路径,还要了解各局部电路之间的联系和相互影响。这是迅速找出故障部位、排除故障的必要条件。

8. 掌握各种开关在电路中的作用

对多层多挡接线柱的开关,要按层、按挡位、按接线柱逐级分析其各层各挡的功能。有的用电设备受两个以上单挡开关(或继电器)的控制,有的受两个以上多挡开关的控制,其工作状态比较复杂。当开关接线柱较多时,首先抓住从电源来的一两个接线柱,再逐个分析与其他各接线柱相连的用电设备处于何种挡位,从而找出控制关系。

对于组合开关,实际线路是在一起的,而在电路图中又按其功能画在各自的局部电路中,遇到这种情况必须仔细研究识读。

9. 全面分析开关、继电器的初始状态和工作状态

在电路图中,各种开关、继电器都是按初始状态画出的。即按钮未按下、开关未接通,继电器线圈未通电,其触点未闭合(指常开触点),这种状态称为原始状态。在识图时,不能完全按原始状态分析,否则很难理解电路的工作原理,因为大多数用电设备都是通过开关、按钮、继电器触点的变化而改变回路的,进而实现不同的电路功能。所以,必须进行工作状态的分析。

10. 掌握电气装置在电路图中的位置

大量电气装置是机电合一的,在电路图上表示时,厂家为了使画法既简单(便于画图)又便于识图,多根据实际情况采用集中或分开表示法。

集中表示法是把一个电气装置的各组成部分,在图上集中绘制的一种表示方法。此法仅适用于较简单的电路。

分开表示法,如把继电器的线圈、触点分别画在不同的电路中,用同一文字符号或数字符号将分开部分联系起来。

11. 先易后难

有些汽车电路图的某些局部电路可能比较复杂,一时难以看懂,可以暂时将其放一放,待其他局部电路都看懂后,结合看懂图中与该电路有联系的有关信息,再来进一步识读这部分电路。

12. 注意搜集资料和经验积累

对于看不懂的电路要善于请教有关人员,同时还要善于查找收集相关资料;注意深入研究典型汽车电路,做到触类旁通;特别注意实际工作经验的积累,新技术、新工艺的应用和创新。

此外,汽车电子控制系统越来越多,其读图方法除以上所述要领适用外,以下方法与步骤对汽车电子控制系统的读图很有帮助。

(1)要以电控系统的ECU为中心,因为这是整个系统的控制中心,所有电气元件都必然与这里发生关系。

(2)对 ECU 的各个接脚有大致印象,弄清楚分为几个区域,各区接脚排列的规律。

(3)找出该系统给 ECU 供电的电源线有哪些,注意一般的 ECU 都不止一根电源线,弄清楚各电源线的供电状态(如电源线或开关控制)。

(4)找出该系统的搭铁线有哪些,注意分清哪些是在 ECU 内部搭铁,哪些是在车架上搭铁,哪些是在各总成机体上搭铁。

(5)找出哪些是系统的信号输入传感器,各传感器是否需要电源,并找出相应的电源线,该传感器哪里搭铁。

(6)找出系统的执行器有哪些,弄清电源供给和搭铁情况,电脑控制执行器的方式(控制搭铁端或电源端)。

四、评价与反馈

1. 自我评价与反馈

(1)对本学习任务的学习你是否满意?

评价情况:____

(2)你能通过查看维修手册独立完成颜色识别、线束识别、电气元件识别、电器图形符号识别等工作吗?

评价情况:____

(3)你是否知道汽车电气系统的基本组成和各部分的功能和作用?

评价情况:____

(4)你会正确识读汽车电路图吗?

评价情况:____

签名:________　________年________月________日

2. 小组评价与反馈

(1)你们小组在接到任务之后讨论过汽车电气系统的组成和功用吗?

评价情况:____

(2)你们小组在学习电路符号的过程中是否能够相互协作,牢固把握电路符号的基本含义和识读技巧?

评价请况:____

(3)你们小组在查找汽车电气系统或元件过程中使用维修手册规范吗?

评价情况:____

参与评价的同学签名:________　________年________月________日

3. 教师评价及答复

____

____

____

教师签名:________　________年________月________日

五、技能考核标准

序号	项目	操作内容	规定分	评分标准	得分
1	基本信息	常用颜色识别	25	不能正确识读每项扣5分	
		常用线束识别			
		常用电气元件识别			
		常用电气图形符号识别			
		插接器识别			
2	汽车电路图	原理框图的认识	20	不能正确说明每项扣5分	
		原理图的认识			
		汽车电器定位图的认识			
		线束图的认识			
3	汽车整车电气系统的组成	电源系统认识	35	不能正确说明每项扣5分	
		起动系统认识			
		点火系统认识			
		照明与信号系统认识			
		仪表系统认识			
		电子控制系统认识			
		辅助装置系统认识			
4	维修手册的使用	准确找到维修手册中的电路图	10	错一项扣5分	
		通过电路图找到电气系统元件在汽车上的位置			
5	安全文明生产	遵守安全操作规程，正确使用工具，操作现场整洁	10	有1项不正确的，扣5分，扣完为止	
		安全用电，防火，无人身、设备事故		因违规操作发生重大人身和设备事故，此项技能考核按0分计	
6	分数合计		100		

学习任务二　拆装蓄电池

任务要求

完成本学习任务后，你应能：

1. 正确描述蓄电池的基本结构及性能；
2. 正确描述蓄电池的工作特性；
3. 就车拆装蓄电池，并能做到安全生产。

建议学时：8 学时

任务描述

一辆凯越轿车停驶一段时间后，再次使用时出现起动无力现象。经过技术人员检查后发现蓄电池已经损坏，需更换蓄电池。

学习流程

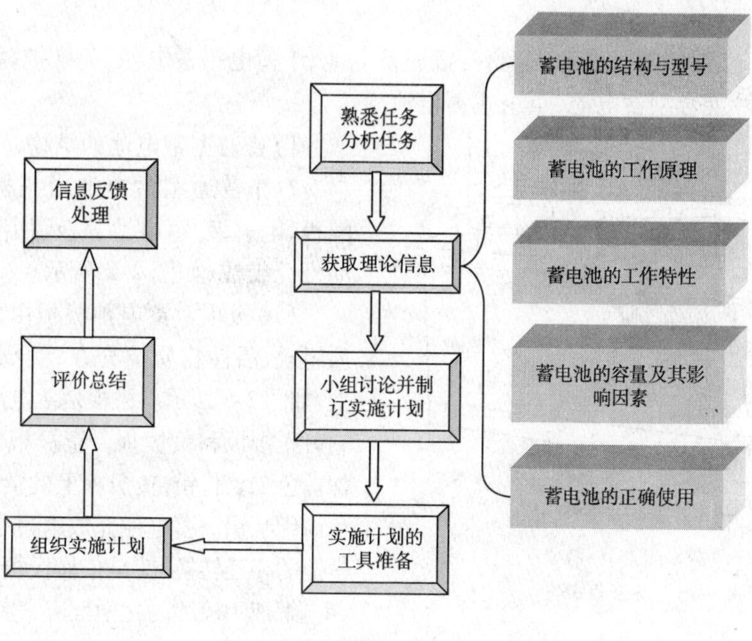

一、理论知识准备

1. 蓄电池的结构与型号

汽车蓄电池是一种储存电能的装置，它连接用电设备和充电电路，如图 2-1 所示。

a)

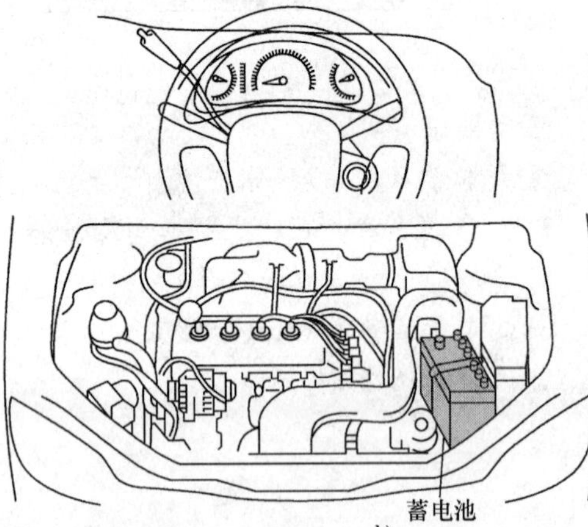

b)

图 2-1 蓄电池外观图及安装位置
a) 蓄电池外观图；b) 蓄电池在车上的安装位置

充放电是电能化学能之间的互相交换过程。在发动机停止运转、启动发动机期间以及发动机处于低怠速运转的时候，蓄电池为起动系统、点火系统、电子燃油喷射系统和汽车的其他电气设备供电，此时蓄电池处于放点状态；在发动机启动并使发电机的转速达到一定转速后，发电机即向蓄电池充电；当出现汽车整车用电需求超过发动机供电能力时，蓄电池也会参加供电而放电。

目前汽车上常用的蓄电池类型有：普通蓄电池、干荷电铅蓄电池、免维护蓄电池、封闭式免维护蓄电池、混合型蓄电池、重组式蓄电池等。

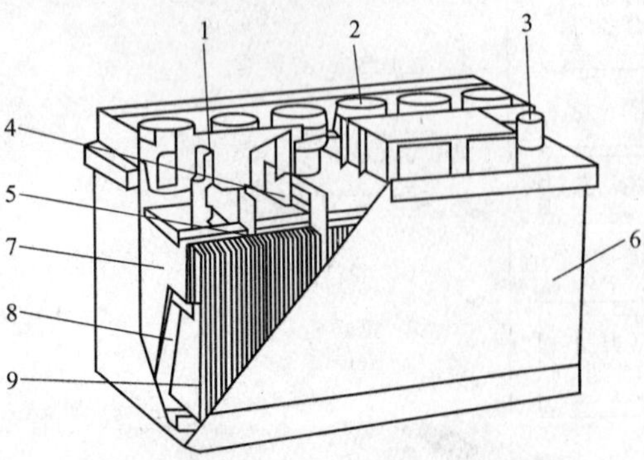

图 2-2 蓄电池的基本结构
1-负极柱；2-加液孔盖；3-正极柱；4-穿壁连接；5-汇流条；6-外壳；7-负极板；8-隔板；9-正极板

1）普通型蓄电池的结构

汽车普通型蓄电池由正极板、负极板、隔板、电解液、蓄电池盖板、加液孔盖和蓄电池外壳组成，如图 2-2 所示。

（1）极板。蓄电池极板由栅架和活性物质组成，活性物质填充在锑合金铸成的栅架上，如图 2-3 所示。极板是蓄电池的核心部分，它分正极板和负极板。正极板的活性物质是深棕色二氧化铅，负极板上的活性物质是青灰色海绵状铅。蓄电池充放电过程中，电能和化学能的相互转换，就是依靠极板上的活性物质和电解液中硫酸的化学反应来实现的。

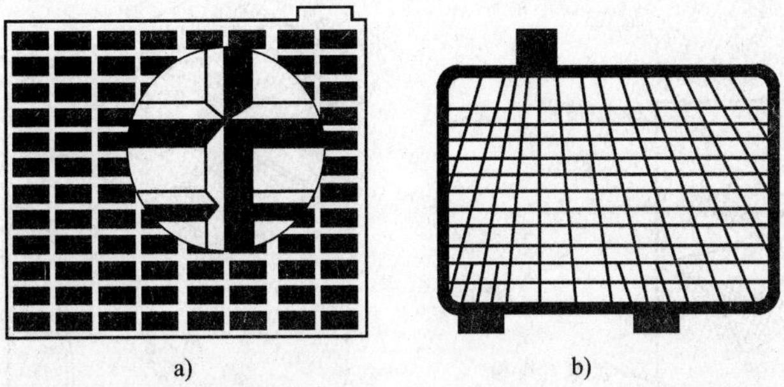

图 2-3　蓄电池极板

a) 栅架；b) 极板

由于单片极板上的活性物质数量少，所储存的电量少，为了增大蓄电池的容量，通常将多片正、负极板分别并联，用联条焊接，组成正、负极板组，如图 2-4 所示。在每个单格电池中，负极板的数量总比正极板多一片，以防止正极板工作过程中两侧活性物质体积变化不一致而造成极板拱曲。

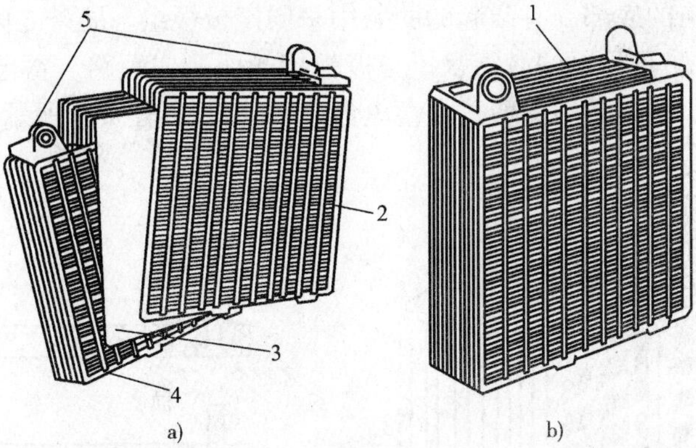

图 2-4　极板组

a) 极板组分解；b) 极板组组装后

1-极板组总成；2-负极板；3-隔板；4-正极板；5-极板联条

(2) 隔板。多孔的隔板放置在正负极板之间，以避免正负极板之间接触而短路。隔板一般采用微孔塑料，如图 2-5 所示。

(3) 电解液。电解液是蓄电池内部发生化学反应的主要物质，由化学纯净硫酸和蒸馏水按一定的比例配制而成。水的密度为 $1g/cm^3$，硫酸的密度为 $1.84g/cm^3$，两者以不同的比例混合后形成不同密度的电解液。

使用中应注意，电解液的腐蚀性极强，溅到皮肤上或眼睛里会受伤。如果接触了蓄电池电解液要立即使用苏打水冲洗(苏打中和酸)，电解液溅到眼睛里要立即用凉水或医用冲眼器冲洗，然后请医生处置。

(4) 外壳 。蓄电池的电解液和极板组装在外壳中，如图 2-6 所示。常见外壳有硬橡胶外壳和聚丙烯塑料外壳两种。

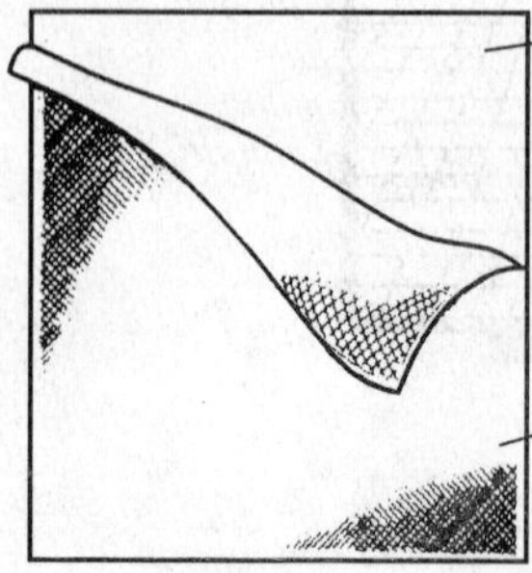

图 2-5 隔板

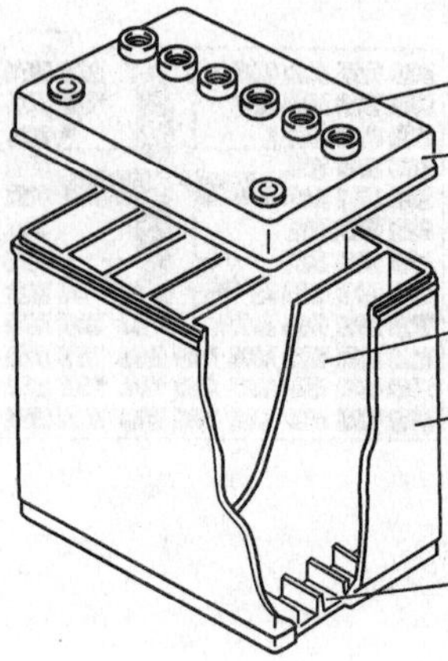

图 2-6 蓄电池外壳

蓄电池的正负极板所能产生的电动势大约为 2V，为了获得更高的电动势，通常要将多个 2V 的蓄电池单元串联起来，为此在制造蓄电池外壳时会将整体的外壳分成 3 个或 6 个互不相通的单格，如图 2-7 所示，形成 6V 或 12V 的蓄电池。

外壳的每个单格的底部制有凸起的肋条用来固定极板组。肋条之间的空隙可以积存极板脱落的活性物质，防止导电的海绵状铅与极板接触而造成短路。蓄电池各单格电池之间均用铅质联条串联。联条采用穿壁式在蓄电池内部连接，如图 2-8 所示。

图 2-7 蓄电池单格电池

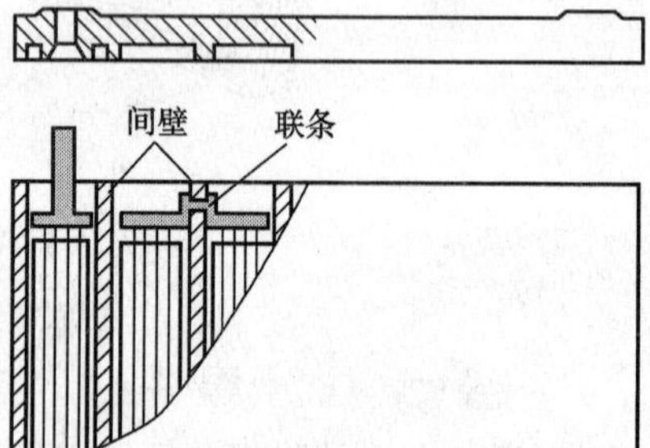

图 2-8 联条

蓄电池盖为整体结构，与外壳对应也有硬橡胶盖和聚丙烯耐酸塑料盖两种。蓄电池盖上对应每个单格电池都有一个加液孔，由带有排气孔的螺塞封堵，排气孔应保持畅通，以便随时排出蓄电池内化学反应放出的氢气（H_2）和氧气（O_2），防止外壳胀裂和发生事故，如图 2-9 所示。

蓄电池外壳上还有正、负极桩柱，如图 2-10 所示。

有些免维护蓄电池在内部装有一只指示荷电状况的相对密度计（比重计），从蓄电池盖上能看到一个圆点，如图 2-11 和表 2-1 所示。

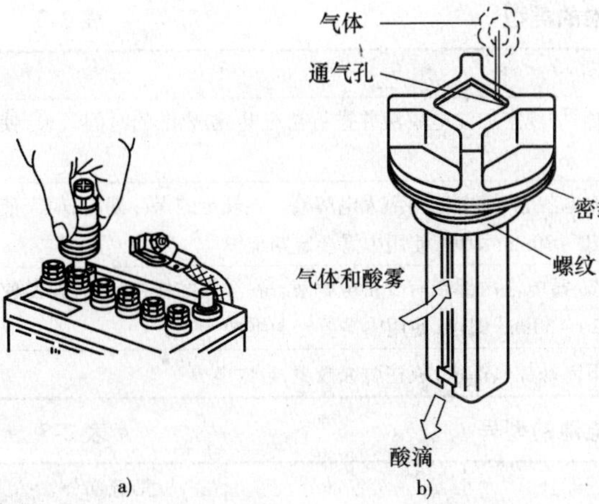

图 2-9　蓄电池盖上的加液孔

a) 蓄电池上的加液孔；b) 封堵螺塞

图 2-10　蓄电池极桩柱

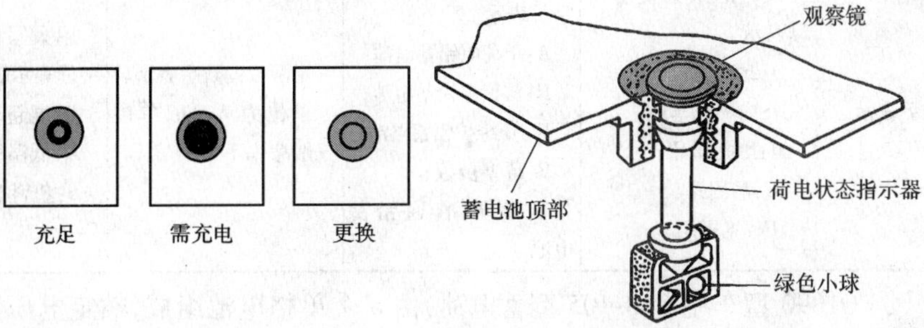

图 2-11　免维护蓄电池电量指示计

免维护蓄电池电量指示表　　　表 2-1

相对密度计圆点状态	蓄电池状态	措　施
绿色	蓄电池荷电充足（充电 65% 以上）	不需充电
模糊	蓄电池荷电不足	需充电
黄色	蓄电池损坏	更换蓄电池
透亮	电解液不足	更换蓄电池

2）蓄电池的类型

铅蓄电池由于结构简单、价格便宜、内阻小、可以短时间供给起动机强大的起动电流而被广泛采用。铅蓄电池又可以分为普通铅蓄电池、干荷电铅蓄电池、湿荷电铅蓄电池和免维护铅蓄电池。各种铅蓄电池的特点见表 2-2。

3）蓄电池的型号、标识

（1）我国蓄电池的型号。我国蓄电池的型号一般都标注在外壳上，其型号的编制由 5 部分组成，见表 2-3。

蓄电池的类型 表 2-2

类　型	特　点
普通铅蓄电池	新蓄电池的极板不带电，使用前需按规定加注电解液并进行初充电，初充电的时间较长，使用中需要定期维护
干荷电铅蓄电池	新蓄电池的极板处于干燥的已充电状态，蓄电池内部无电解液。在规定的保存期内，如需使用，只需按规定加入电解液，静置 20 ~ 30min 即可，使用中需要定期维护
湿荷电铅蓄电池	新蓄电池的极板处于已充电状态，蓄电池内部带有少量电解液。在规定的保存期内，如需使用，只需按规定加入电解液，静置 20 ~ 30min 即可，使用中需要定期维护
免维护蓄电池	使用中不需维护，可用 3 ~ 4 年不需补加蒸馏水，极柱腐蚀极少，自放电少

我国蓄电池的型号 表 2-3

第一部分	第二部分	第三部分	第四部分	第五部分
单格电池数	用途	蓄电池的类型（无字为干封普通极板铅蓄电池）	20h 率放电额定容量	特殊性能
阿拉伯数字表示	大写的汉语拼音字母表示。 Q：起动用； N：内燃机车用； M：摩托车用； JC：船用； HK：飞机用	用大写的汉语拼音字母表示。 A：干荷电铅蓄电池； H：湿荷电铅蓄电池； W：免维护铅蓄电池； B：薄型极板； 无字母：普通铅蓄电池	用阿拉伯数字表示。 单位为 A · h，单位一般略去不写	用大写的汉语拼音字母表示。 G：高起动率； D：低温性能好； S：塑料槽蓄电池

例：东风 EQ1090 型车用 6-Q-105 型蓄电池：由 6 个单格电池组成，额定电压为 12V，额定容量为 105A · h 的起动型蓄电池。

（2）进口蓄电池的标识 。

欧洲标准：DIN EN 60095-1。

标识示例：

12V	44A·h	450A

额定电压：　12V	额定容量：44A·h 额定容量表示蓄电池储存容量的大小。额定容量等于电流与时间的乘积。要求：一个12V的蓄电池可在27℃的温度下输出电流20h，而蓄电池电压不能降到10.5V以下。蓄电池接线柱电压达到10.5V前，44A·h蓄电池可以输出（44/20）2.2A的电流至少20h	低温检测电流：450A 低温检测电流是发动机冷态时蓄电池起动能力的一个特别重要参数。该检测电流是由一个充足电的蓄电池在-18℃时连续进行10s输出而其电压不降到7.5V以下的电流强度

欧洲型号:ETN。

标识示例:

5	44	105	045
额定电压: 1~4:6V蓄电池; 5~7:12V蓄电池; 8:特殊蓄电池; 9:小型牵引用蓄电池	额定容量:44A·h (详见DIN　EN标识)	流水号	低温检测电流: 45×10=450A (详见DIN　EN标识)

(3)蓄电池规格的选择。选择蓄电池除了考虑额定容量和额定电压外,蓄电池大小也必须合适。

2. 蓄电池的工作原理

蓄电池的工作过程就是化学能与电能的相互转化过程。当蓄电池将化学能转化为电能而向外供电时,称为放电过程;当蓄电池与外界直流电源相连而将电能转化为化学能储存起来时,称为充电过程。如图 2-12 所示。

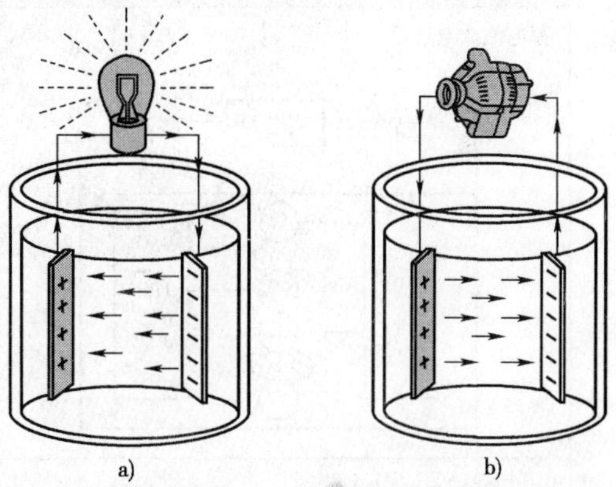

图 2-12　蓄电池基本工作原理

a)放电;b)充电

蓄电池的充电过程和放电过程如图 2-13 所示。

下面对蓄电池的充电过程和放电过程进行分析。

1)放电过程

当蓄电池充足电时,正极板上的活性物质是二氧化铅,负极板上的活性物质是纯铅,如图 2-14 所示。

放电过程中,在电解液(纯硫酸+蒸馏水)作用下,发生以下化学反应:

放电前,正极板上的二氧化铅电离为正四价铅离子(Pb^{4+})和负二价氧离子(O^{2-}),铅离子附着在正极板上,氧离子进入电解液中,使正极板具有 2V 的正电位。这时负极板上的纯铅则电离为正二价铅离子(Pb^{2+})和两个电子($2e^-$),铅离子进入电解液中,电子留在负极板上,使负极板具有 0.1V 的负电位。这样正负极板之间就有了电位差,这个电位差为 2.1V。

放电时外电路接通,如图 2-15 所示。在 2.1V 的电位差作用下,电流从正极流出,经过灯泡流回负极,使灯泡发光。

在放电过程中,正极板上的正四价铅离子(Pb^{4+})与电子结合生成正二价铅离子(Pb^{2+}),进入电解液再与硫酸根离子(SO_4^{2-})结合生成硫酸铅($PbSO_4$),并附着在正极上;负极板上,正二价铅离子(Pb^{2+})也同硫酸根离子(SO_4^{2-})结合生成硫酸铅($PbSO_4$),并附着在负极板上。

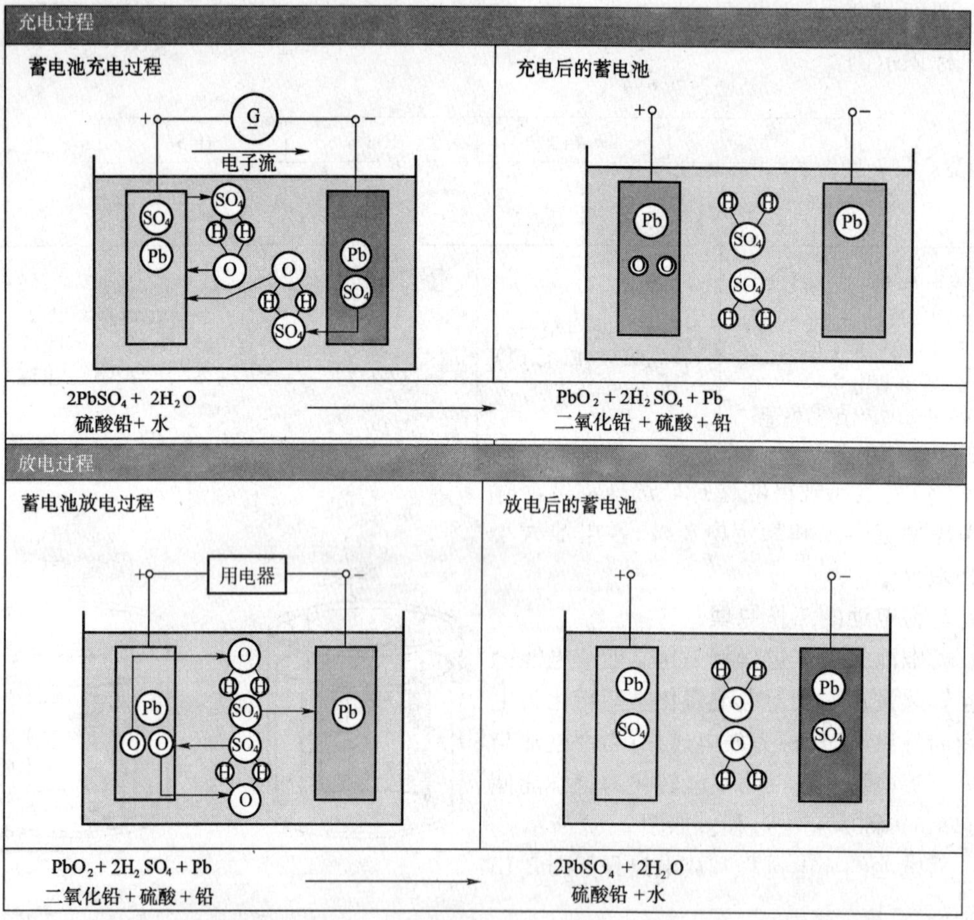

图 2-13　蓄电池的充电过程和放电过程

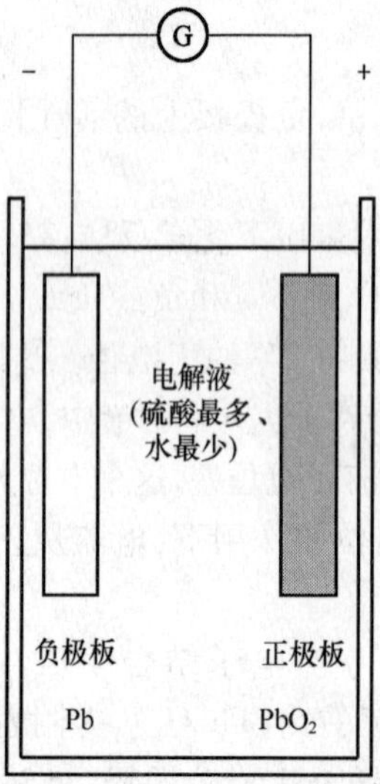

图 2-14　蓄电池充足电状态

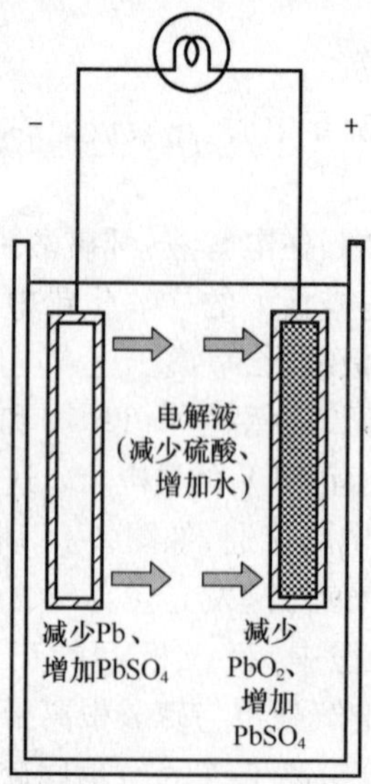

图 2-15　放电过程

如果电路不中断，上述电化学反应将继续进行。电解液中的硫酸因氢离子（H^+）和硫酸根离子（SO_4^{2-}）的迁移而被消耗，生成了水（H_2O）。所以，放电后电解液的密度是逐渐下降的。这个过程一直进行到化学反应不能再继续进行、灯泡不能正常发光为止。

2）充电过程

如果把放电后的蓄电池接一直流电源，蓄电池正极接上直流电源的正极，蓄电池的负极接直流电源的负极。当外加电源电压高于蓄电池电动势时，电流将以放电电流相反的方向流过蓄电池，使蓄电池正、负极发生与放电相反的化学反应，如图2-16所示。

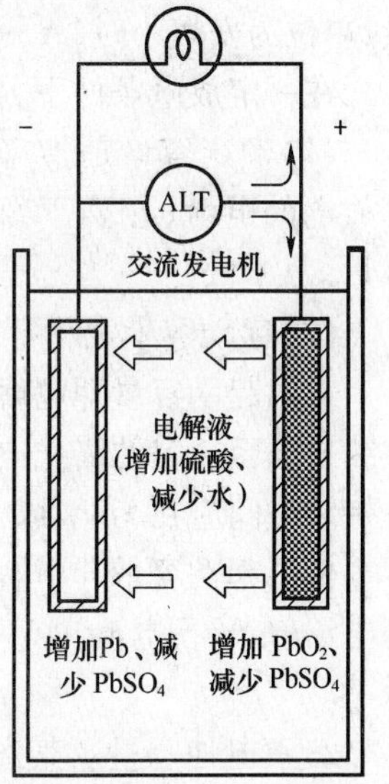

图2-16　充电过程

此时，外加电流每将正极板处两个电子经外电路输送到负极板，则正极板上便有一个正二价铅离子（Pb^{2+}）因失去两个电子而成为一个正四价铅离子（Pb^{4+}），再与水反应生成一个二氧化铅分子（PbO_2），并附在正极板上。而在负极板上，由于得到两个电子，正二价铅离子（Pb^{2+}）将生成一个纯铅分子（Pb），并附在负极板上。与此同时从正、负极上电离出来的硫酸根离子（SO_4^{2-}）则与水中氢离子（H^+）结合生成硫酸（H_2SO_4）。所以，充电时水被消耗，而硫酸增多，电解液密度逐渐增加。在充电过程中，上述化学反应不断进行。当充电进行到极板上的物质和电解液完全恢复到放电前的状态时，蓄电池即充电完毕。

综上所述，蓄电池充、放电过程中的化学反应是可逆的，总的反应式为

$$\underset{\text{正极板}}{PbO_2} + \underset{\text{电解液}}{2H_2SO_4} + \underset{\text{负极板}}{Pb} \xrightleftharpoons[\text{充电}]{\text{放电}} \underset{\text{正极板}}{PbSO_4} + \underset{\text{电解液}}{2H_2O} + \underset{\text{负极板}}{PbSO_4}$$

3. 蓄电池的工作特性

1）蓄电池的放电特性

蓄电池的放电特性是指充足电的蓄电池在恒电流放电过程中，蓄电池的端电压、电解液相对密度随放电时间的变化规律。

放电终止的标志为：

（1）单格蓄电池电压下降到放电终止电压值（以20h放电率放电时，此值为1.75V）。

（2）电解液相对密度下降到最小许可值，约为1.11。

2）蓄电池的充电特性

蓄电池的充电特性是指在恒电流充电过程中，单格蓄电池的端电压 U 和电解液的相对密度随时间的变化规律。

充电终了的3个标志：

（1）电解液呈“沸腾”状（因析出氢气和氧气所致）。

（2）电解液相对密度上升至最大值，且2～3h内不再上升。

（3）端电压上升至最大值（2.7V），且2～3h内不再升高。

4. 蓄电池容量及其影响因素

1)蓄电池容量

铅蓄电池容量是指蓄电池在完全充足电的情况下，在允许放电的范围内对外输出的电量，单位为安培小时(A·h)，蓄电池容量用以表示蓄电池对外供电的能力。

在一定放电条件下，蓄电池容量分为额定容量和起动容量。

(1)额定容量是指完全充足电的蓄电池在电解液平均温度为25℃的情况下，以20h率放电的电流(相当于额定容量的1/20)连续放电至单格电压降为1.75V时，所输出的电量。

(2)起动容量表示蓄电池连接起动机时的供电能力，有常温和低温两种起动容量。

常温起动容量即电解液温度为25℃时，以5min率放电的电流(3倍额定容量的电流)连续放电至规定的终止电压(6V蓄电池为4.5V，12V蓄电池为9V)时，所输出的电量，其放电持续时间应在5min以上。

低温起动容量即电解液温度为-18℃时，以3倍额定容量的电流连续放电至规定的终止电压(12V蓄电池为6V，6V蓄电池为3V)时所放出的电量，其放电持续时间应在2.5min以上。

2)蓄电池容量及其影响因素

蓄电池容量与放电电流、电解液温度、电解液密度及极板结构等因素有关。

(1)放电电流过大时，蓄电池容量减小。

(2)电解液温度低时，蓄电池的放电容量下降。

(3)在一定范围内，适当加大电解液密度，可使蓄电池容量增加。但密度超过某一限值时，蓄电池端电压及容量反而会减小。

(4)使用纯度不高的电解液会显著减小蓄电池的容量。

5. 蓄电池的正确使用

(1)不要连续使用起动机。每次起动时间不得超过5s，如果一次未能起动，应停顿15s以上再作第二次起动，连续三次起动不成功时，应查明原因，排除故障后再启动发动机。

(2)安装和搬运蓄电池时，应轻搬轻放，不可敲打或在地上拖曳。蓄电池在汽车上应固定牢靠，以防行车时振动和移位。

(3)要经常检查蓄电池电解液的液面高度，如发现电解液不足，要及时进行补充。

(4)要经常检查蓄电池的放电情况，若发现容量不足，应及时充电。

(5)冬季使用的注意事项：

①冬季使用蓄电池时，应特别注意保持其处于充足电状态，以免电解液密度降低而结冰。

②冬季补加蒸馏水，应在充电前进行，以便蒸馏水较快地与电解液混合而不致结冰。

③冬季蓄电池容量降低，因此在起动冷态发动机前，应进行预热，以减少起动阻力矩。

④冬季气温低，充电较困难，因此可以适当调高调节器的调节电压，以改善蓄电池的充电状态，但仍需避免过量充电。

二、实践操作

(一)工作任务

(1)研究讨论铅蓄电池的构造。

(2)就车拆装蓄电池。

(3)思考每步操作方法的目的及方法的合理性。

(二)实践操作目标

(1)熟悉铅蓄电池的构造特点。

(2)掌握蓄电池的就车拆装方法。

(三)实践准备

1. 实践操作所用的设备

(1)铅蓄电池。解体的联条外接式铅蓄电池若干;解体的联条穿壁式铅蓄电池若干;技术状况良好的铅蓄电池若干。

(2)实训用车辆(建议用丰田、大众等车型)。

2. 实践操作所用的工具和材料

常用工具、干净的抹布等。

(四)安全注意事项

(1)进行蓄电池电解液方面的工作时需多加小心。电解液具有强腐蚀性,必须佩戴防护手套和护目镜。

(2)不得将蓄电池倾倒,否则电解液可能从排气孔中流出。

(3)蓄电池充电时会产生有高爆炸危险的氧氢爆鸣气体。因此不按规定操作时有发生爆炸的危险。

(4)禁止火焰、火花和明火。

(5)进行蓄电池方面的工作时必须注意,不得用导电物体(如螺母扳手)使蓄电池桩柱搭接在一起。否则会造成蓄电池短路,其后果是有蓄电池爆炸和电解液流出的危险。

(6)遵守安装和拆卸规定。

(7)遵守工作指导。

(五)操作步骤及方法

1. 了解铅蓄电池的构造

对照比较解体的各类铅蓄电池的结构特点,仔细观察:

(1)各零部件的装配特点及相互关系。

(2)外部连接式蓄电池与穿壁连接式蓄电池的结构特点。

（3）观察正极板组与负极板组的结构组成及它们的异同点。

（4）观察隔板的安装方法及各类隔板的特征。

（5）观察加液孔盖的结构特点。

2. 蓄电池就车拆装（凯越维修手册）

1）拆卸程序

（1）先断开蓄电池负极桩柱电缆，再断开蓄电池正极桩柱电缆。

（2）从蓄电池压杆上拆卸蓄电池压杆箍带紧固螺母。

（3）拆卸蓄电池，如图2-17所示。

（4）检查蓄电池托架是否存在明显开裂或损坏。从蓄电池托架侧部松开蓄电池负极桩柱电缆线夹。必要时，拆卸蓄电池上托架螺栓和离合器液压软管托架至蓄电池托架侧螺栓，断开托架。

（5）拆卸蓄电池托架下螺栓。

（6）拆卸蓄电池托架，如图2-18所示。

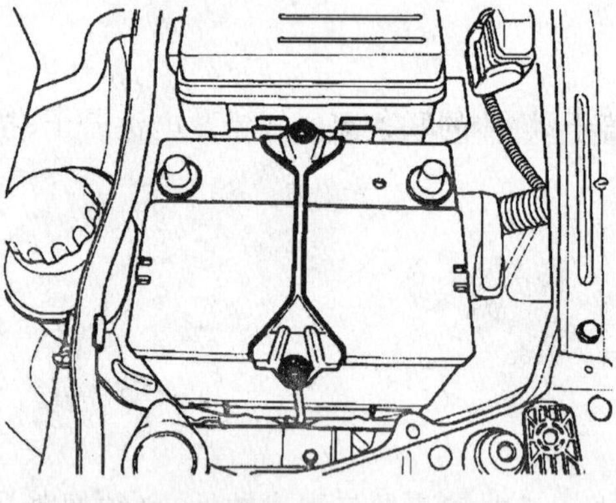

图2-17　拆卸蓄电池

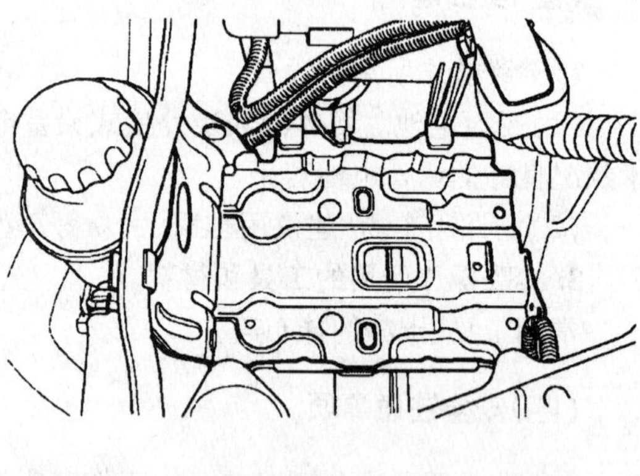

图2-18　拆卸蓄电池托架

2）安装程序

（1）紧固蓄电池托架上、下螺栓和托架侧螺栓，安装蓄电池托架。紧固蓄电池托架上、下螺栓和托架侧螺栓（若适用）至20N·m。

（2）将蓄电池负极电缆线夹卡入蓄电池托架侧部的孔中。

（3）将蓄电池装入托架。

（4）从蓄电池托架洞口，通过压杆箍带孔连接上蓄电池压杆，并初步紧固螺母，将蓄电池压杆箍带连接到蓄电池上。紧固蓄电池箍带至蓄电池压杆螺母至5N·m。

（5）连接蓄电池负极和正极桩柱与电缆。紧固蓄电池电缆螺母至5N·m。

3. 工作总结

学习心得：

____

____

____

____。

三、学 习 拓 展

如果蓄电池电量耗尽，如何重新起动汽车？

需要两样东西：另一辆车和两根用于正极和负极接线柱的跨接电缆（DIN 72553 标准）。用跨接电缆将正在通过发动机运转进行充电的蓄电池与不能起动的蓄电池连接起来，如图 2-19 所示。

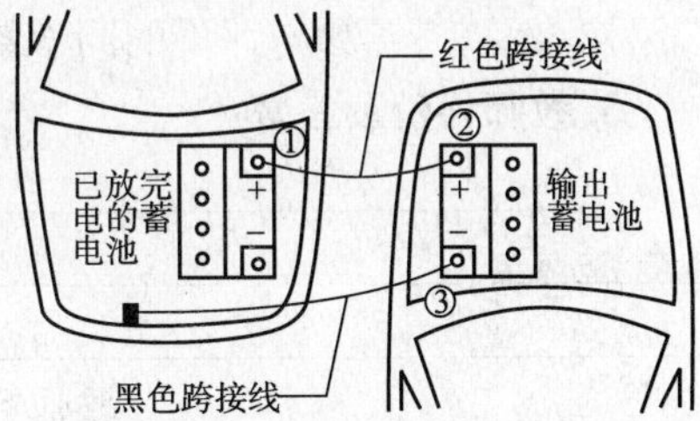

图 2-19　跨接线起动车辆

注意：跨接电缆使用过程中不得接触两车车身。

通常这是最简单的方法。起动过程分为 7 个步骤完成。

(1)只能使用额定电压相同的蓄电池。

(2)关闭两车的发动机和所有用电器（输出电能车辆的危险警告灯除外）。

(3)首先将红色跨接电缆连接在已放完电的蓄电池的正极接线柱上，然后将这根电缆的另一端接线夹固定在供电蓄电池上。

(4)然后将黑色跨接电缆连接在供电蓄电池的负极接线柱上，最后将该电缆的另一端接到已放电蓄电池车身的金属部件上。最理想区域是发动机缸体（参见车辆使用说明书）。

(5)确认跨接电缆未处于尾气排放或传动带运转的区域内。

(6)起动供电车辆的发动机，然后起动蓄电池已放电车辆的发动机（最多让起动机运转 15s）。

(7)按相反的顺序拆卸这两根跨接电缆。

只要蓄电池已放电的车辆起动，就可以将其开至最近的可充电地点进行充电。

四、评价与反馈

1. 自我评价与反馈

(1)对本学习任务的学习你是否满意？

评价情况：________________________________

(2)你能独自完成凯越(1.6L)轿车蓄电池和蓄电池托架的拆装吗？

评价情况：________________________________

(3)你是否知道凯越(1.6L)轿车蓄电池的基本组成和各部件的作用？

评价情况：________________________________

(4)你会正确使用工具吗？

评价情况：________________________________

签名：________　________年________月________日

2. 小组评价与反馈

(1)你们小组在接到任务之后是否讨论过凯越(1.6L)轿车蓄电池及蓄电池托架拆装计划？

评价情况：____

(2)你们小组在拆装凯越(1.6L)轿车蓄电池和蓄电池托架过程中是否有明确分工，相互配合得好吗？

评价请况：____

(3)你们小组在拆装凯越(1.6L)轿车蓄电池和蓄电池托架的过程中操作是否规范？

评价情况：____

参与评价的同学签名：________ ________年________月________日

3. 教师评价及答复

____

____

____

教师签名：________ ________年________月________日

五、技能考核标准

序号	项 目	操 作 内 容	规定分	评 分 标 准	得分
1	蓄电池构造	正、负极桩柱的区分	15	不能区分扣5分	
		正、负极板的区分及活性物质成分描述		不能区分和活性物质成分描述不正确扣5分	
		隔板作用的描述		描述不正确扣5分	
2	蓄电池的就车拆卸	蓄电池电缆的断开	40	方法不正确扣10分	
		拆卸蓄电池压杆箍带紧固螺母		方法不正确扣10分	
		断开托架		方法不正确扣10分	
		拆卸蓄电池托架下螺栓		方法不正确扣10分	
3	蓄电池的安装	安装蓄电池托架	35	安装不到位或不正确扣5分	
				拧紧力矩不正确扣5分	
		蓄电池装入托架		安装不到位或不正确扣5分	
		蓄电池压杆箍带连接紧固到蓄电池上		安装不到位或不正确扣5分	
				拧紧力矩不正确扣5分	
		连接紧固蓄电池负极和正极桩柱与电缆		安装不到位或不正确扣5分	
				拧紧力矩不正确扣5分	
4	安全文明生产	遵守安全操作规程，正确使用工量具，操作现场整洁	10	有1项不正确的，扣2分，扣完为止	
		安全用电，防火，无人身、设备事故		因违规操作发生重大人身和设备事故，该项技能考核按0分计	
5	分数合计		100		

学习任务三　拆装发电机

任务要求

完成本学习任务后，你应能：

1. 描述交流发电机的构造及工作原理；
2. 描述发电机调节器的结构及工作原理；
3. 熟练分解装复交流发电机。

建议学时：8学时

任务描述

一辆2008款卡罗拉轿车中高速行驶时，仪表板上的充电警告灯忽明忽暗。经技术人员分析，需对发电机进行拆换。

学习流程

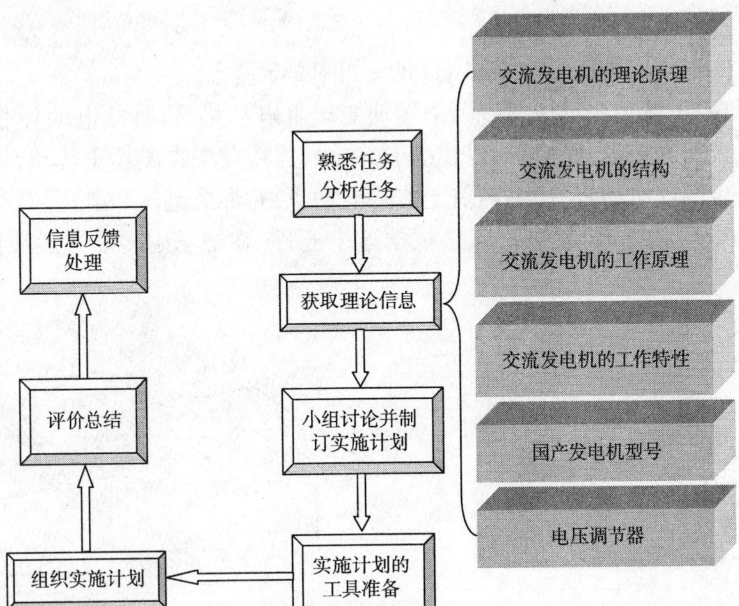

一、理论知识准备

交流发电机是汽车的主要电源，其功用是在发动机怠速以上运转时，除向起动机以外的所有用电设备供电，同时还向蓄电池充电。

1. 交流发电机的理论原理

电磁感应：当导体作切割磁力线的运动时，在导体中将会产生电场，形成感应电动势，如图 3-1 所示，这种电磁现象称为“电磁感应”。发电机是由电磁感应产生的电动势，输出电能。

电磁感应现象中，导体内产生的电动势方向将随磁力线方向以及导体运动方向变化而变化。若导体在南、北极中按图中箭头方向运动，那么电动势的方向将从右到左（磁力线方向是从北极到南极），如图 3-2 所示。

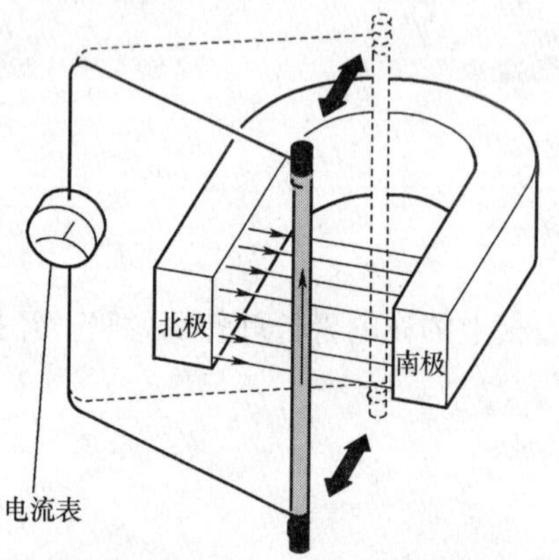

图 3-1　电磁感应

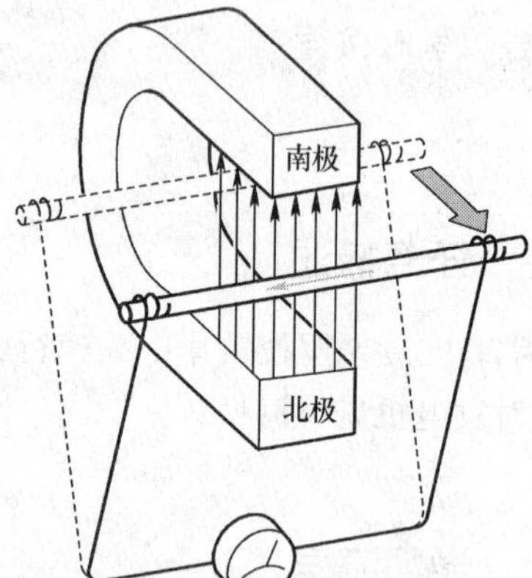

图 3-2　电动势的方向

电动势方向可用弗来明右手定律来判断，如图 3-3 所示。

发电机原理：虽然单个导体在磁场中运动能产生电动势，但是此电动势非常小，而且不能正常形成电流。如果把两个导体以线圈形式首尾连接起来在磁场中转动，如图 3-4 所示，那么线圈将产生两次电动势，产生两倍于前的电动势，并形成电压和电流。线圈的圈数越多得到的电流和电压就越大，发电机就是根据这个原理，在磁场中转动多股线圈来产生足够电能。

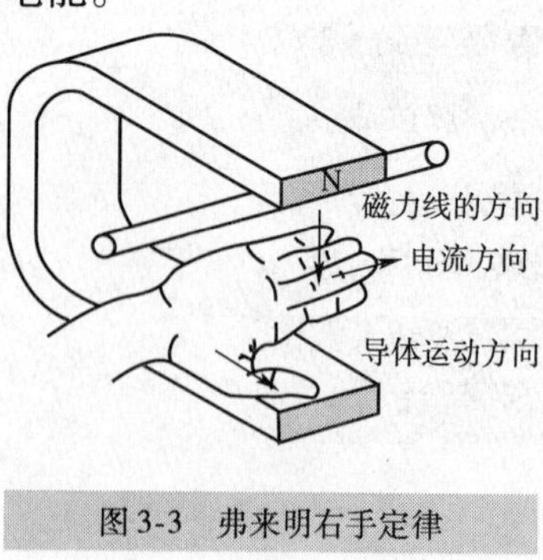

图 3-3　弗来明右手定律

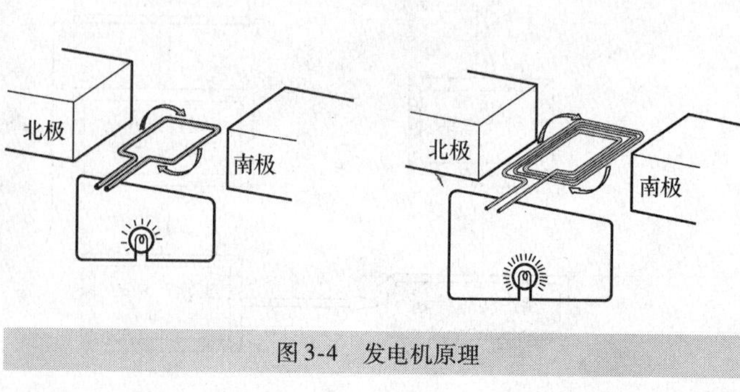

图 3-4　发电机原理

交流发电机的发电过程：当线圈产生的电流流过集电环和电刷时，流过电灯的电流量将不断变化，同时，方向也不断变化。当线圈旋转时，前半圈产生的电流，由A端电刷流出，通过电灯返回B端。在后半圈，电流将由B端流到A端。如图3-5所示。

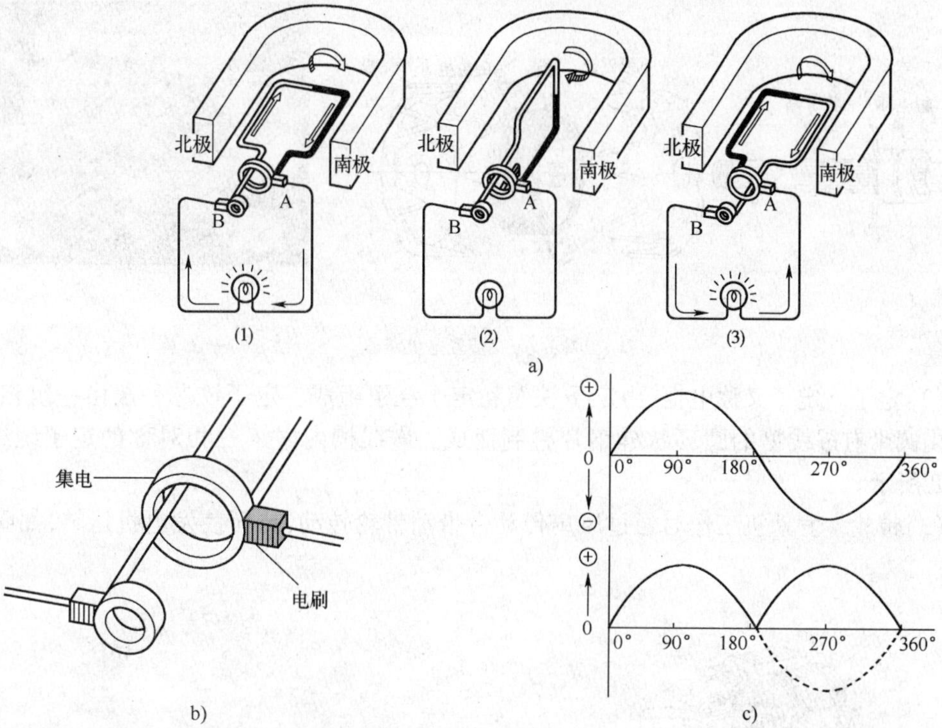

图3-5　交流发电机发电基本原理

2. 交流发电机的结构

汽车用交流发电机是由一个三相同步交流发电机及用硅二极管组成的整流器所组成，如图3-6所示。

1）三相同步交流发电机

三相同步交流发电机由转子总成、定子总成、带轮、风扇、前后端盖及电刷等部件组成。

（1）转子。转子是交流发电机的磁场部分，主要由转子轴、励磁绕组、两块爪形磁极、集电环等组成，如图3-7所示。

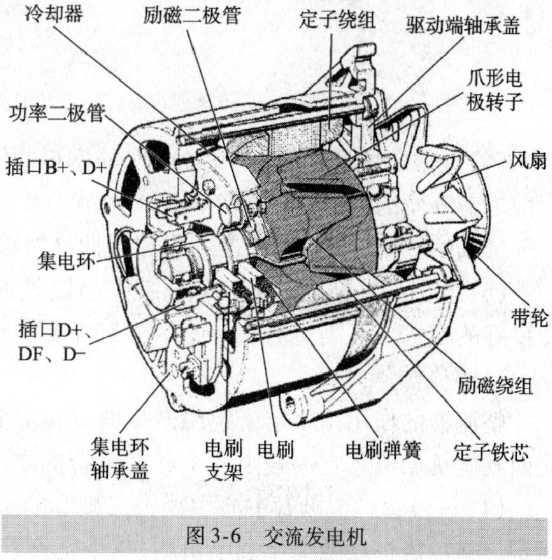

图3-6　交流发电机

由低碳钢制成的两块六爪磁极压装在转子轴上，其空腔内装有导磁用的铁芯磁轭。铁芯上绕有励磁绕组线圈，励磁绕组的两根引出线分别焊在两个集电环（又称滑环）上，两个集电环相互独立套装在轴上，并且都与轴绝缘。集电环与装在后端盖内的两个电刷相接触，两个电刷通过引线分别接在两个接线柱上。这两个接线柱即为发电机的F(磁场)接线柱和“-”(搭铁)接线柱。当这两个接线柱与直流电源相接时，便有电流流过励磁绕组从而产生磁场。

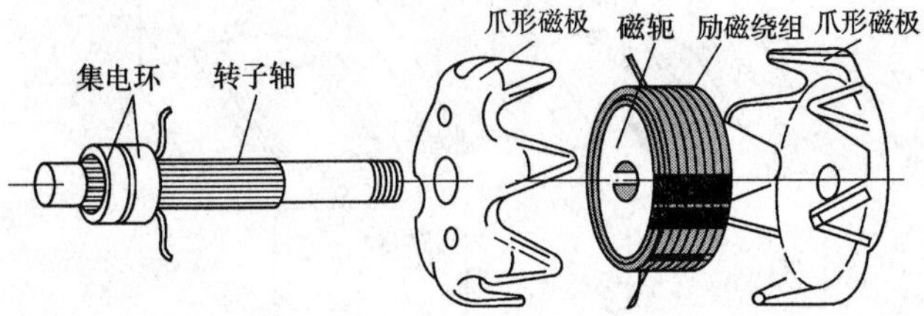

图3-7　交流发电机转子

(2)定子。定子又称电枢，由定子铁芯和定子绕组组成。定子铁芯一般由一组相互绝缘且内圆带有嵌线槽的圆环状硅钢片叠制而成。嵌线槽内嵌入三相对称的定子绕组，如图3-8所示。

(3)带轮。发动机工作时通过风扇传动带带动带轮转动，从而使发电机运转，如图3-9所示。

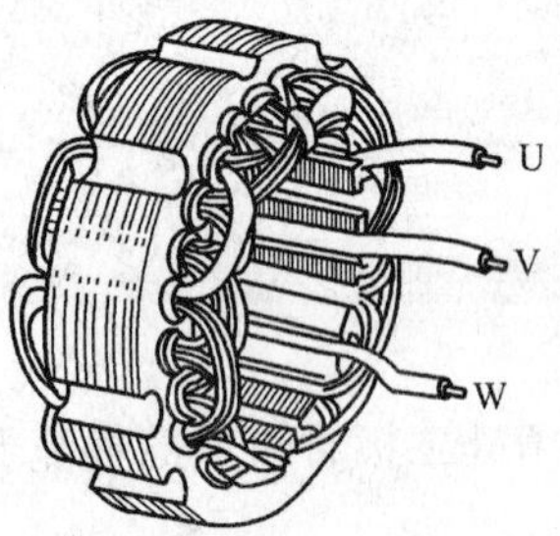

图3-8　交流发电机定子

图3-9　带轮

(4)风扇。风扇一般用1.5mm厚的钢板冲压制成或用铝合金压铸制成，并用半圆键装在前端盖外侧的转子轴上。

(5)前后端盖。前后端盖用非导磁性材料铝合金制成，在后端盖内装有电刷架和电刷。

(6)电刷与电刷架。两只电刷装在电刷架的方孔内，利用弹簧的压力使其与集电环保持良好的接触。电刷与电刷架的结构有外装式和内装式两种，其构造如图3-10所示。

2)整流器

整流器的作用是将定子绕组产生的三相交流电变成直流电输出，并可阻止蓄电池的电流向发电机倒流。它一般由六个硅二极管接成三相桥式全波整流电路，如图3-11所示。

(1)正极管。正极管中心引线为二极管的正极，外壳为负极，在管壳底上一般标有红色标记。在负极搭铁的交流发电机中，三个正极管的外壳压装在元件板的三个座孔内，共同组成发电机的正极，由一个与后端盖绝缘的元件板固定螺栓通至机壳外，作为发电机的相线接线柱 B（“ + ”、A 或电枢接线柱）。

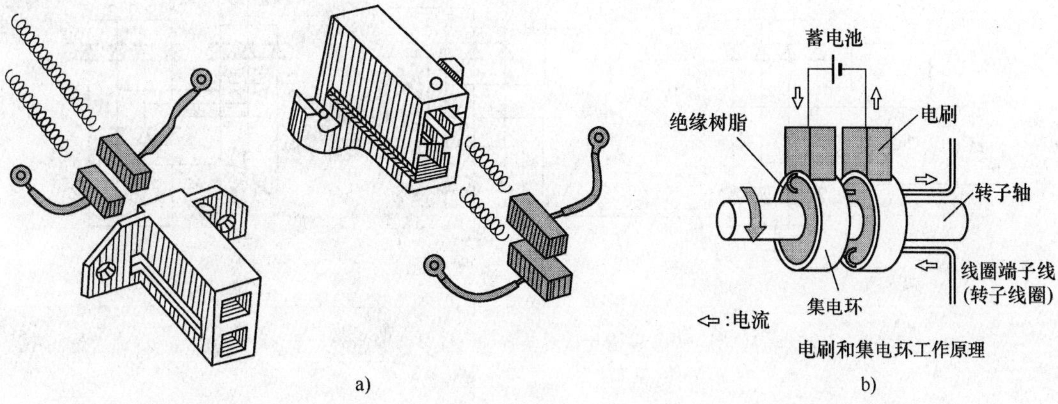

图 3-10　电刷与电刷架

（2）负极管。负极管中心引线为二极管的负极，外壳为正极，管壳底部一般有黑色标记。三个负极管的外壳压装在后端盖的三个孔内，和发电机外壳一起成为发电机的负极，图 3-12 所示为硅二极管的安装示意图。

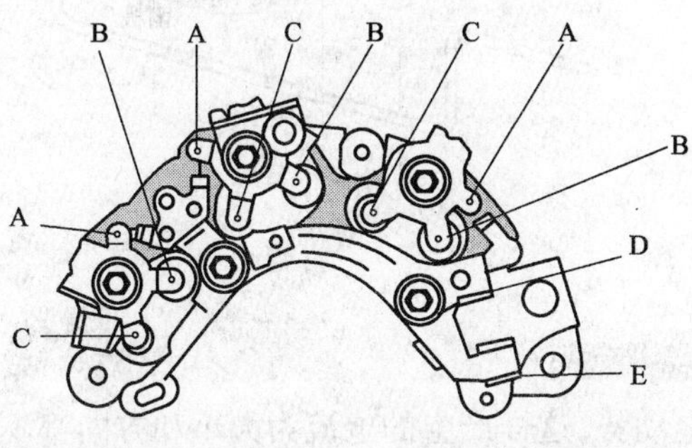

图 3-11　整流器

A-场二极管；B-正极管；C-负极管；D-磁场绕组；E-正极端子

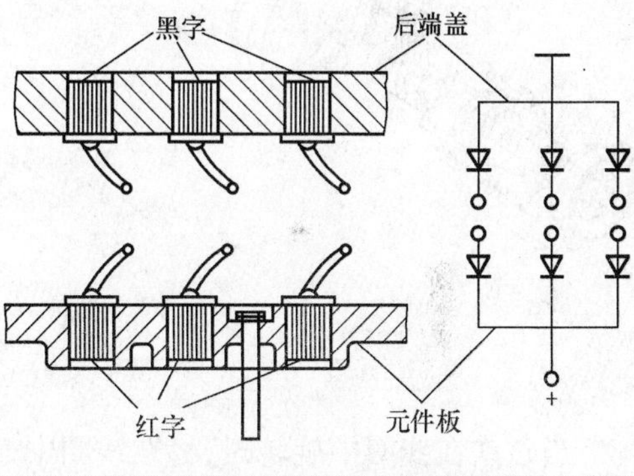

图 3-12　硅二极管的安装示意图

有些交流发电机的整流器采用 9 只二极管，增加的是 3 只小功率磁场（励磁）二极管，专门用来供给励磁电流，这样可以提高发电机的电压调节精度。采用磁场二极管后，仅用简单的充电指示灯即可以指示发电机的发电情况，节省了一只充电指示灯继电器。

另外，有些发电机为了提高发电机高速时的输出功率，增加了 2 只二极管对中性点电压进行整流，汇入发电机的输出端，同时具备上述两种功能的发电机整流器共有 11 只硅二极管，图 3-13 所示为几种不同发电机整流器。

3. 交流发电机的工作原理

1）发电原理

励磁绕组通电后，将产生轴向磁场，2 块爪形磁极间便形成了 6 对相间排列的磁极，磁极的磁力线经过转子与定子之间的气隙，再通过定子铁芯形成闭合磁路。

当转子旋转时，磁力线和定子绕组之间产生相对运动，在三相定子绕组中产生交流电动势,如图3-14所示。

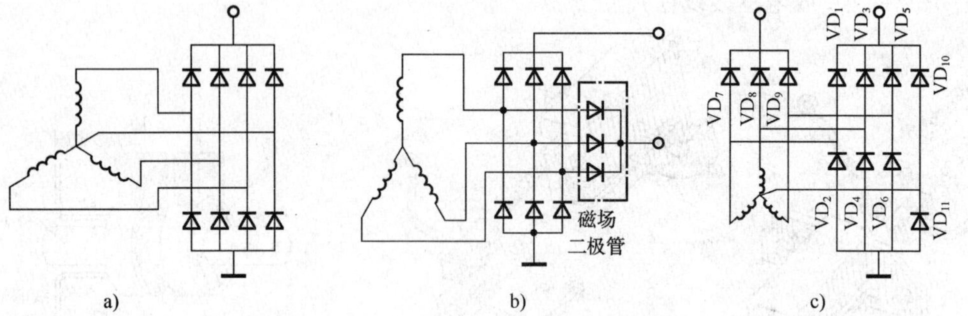

图3-13　具有中性点和磁场二极管的整流器

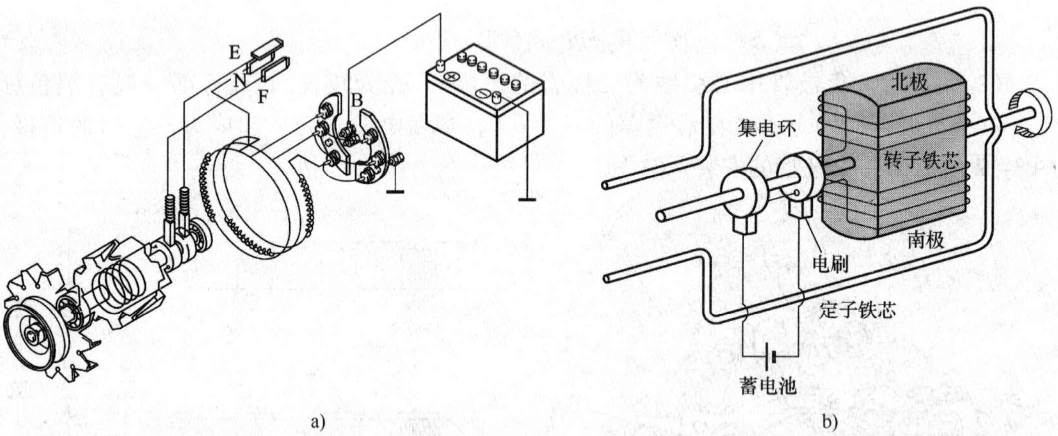

图3-14　磁铁在线圈中旋转

当磁铁在线圈中旋转时,将在线圈中产生电动势,这样产生的电流为大小和方向都不断变化的交流电流,如图3-15所示。线圈中产生的最大电流产生在磁铁的南极和北极最靠近线圈时。电流方向随磁铁转动而变化,360°为一循环。以这种方式形成的正弦波形电流称为"单相交流电"。

为了发出足够的电力,一般汽车交流发电机均采用三组线圈排列。每组线圈A、B、C彼此相隔120°。当磁铁在它们中间旋转时,便在每个线圈中产生交流电流。由于三相绕组是对称绕制的,所以产生的三相电动势也是对称的,如图3-16所示。

像这样具有三组交流电流的电称为"三相交流电"。汽车发电机发出的电即为三相交流电。

为了从线圈产生的电动势中引出电流,需要用3根导线将三组线圈连接起来。绕组的对外连接有星形,即Y形、三角形两种方式,如图3-17所示。

(1)三角形接法。采用三角形接法时,三组线圈头尾相接。这种接法使高速时发电量大,低速时发电量小。由于汽车发电机必须在低速下也能保证发出足够的电,所以三角形接法很少在汽车上使用。

(2)星形(Y)接法。采用这种接法时,只将三组线圈尾部相接。由于星形接法即使在低速下也能发出足够的电,所以被广泛地用在汽车交流发电机上。

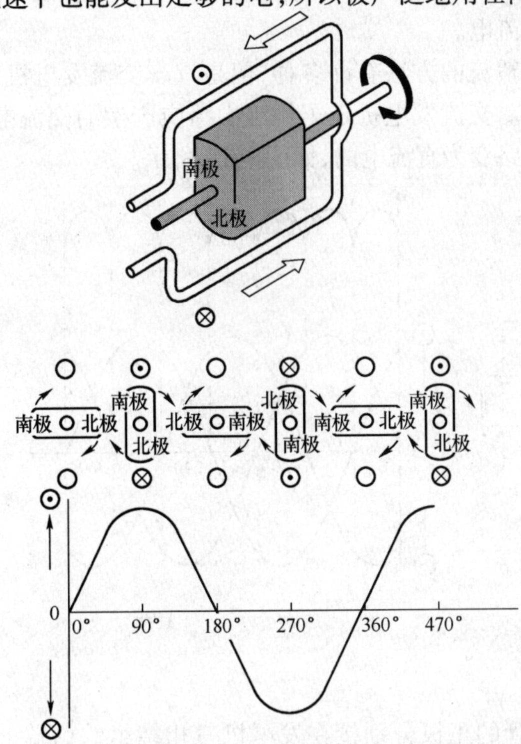

图 3-15　交流电的产生

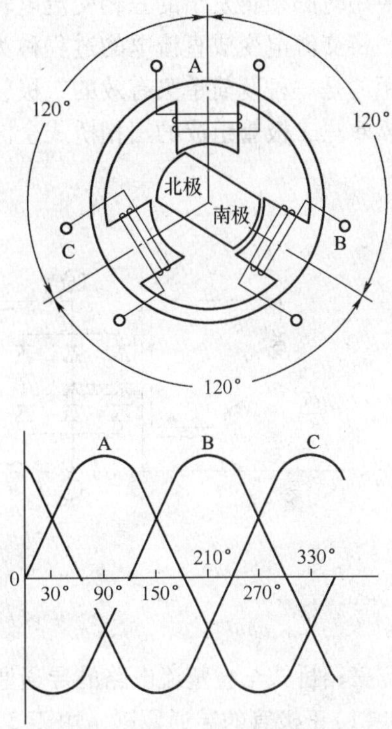

图 3-16　三相交流电的产生

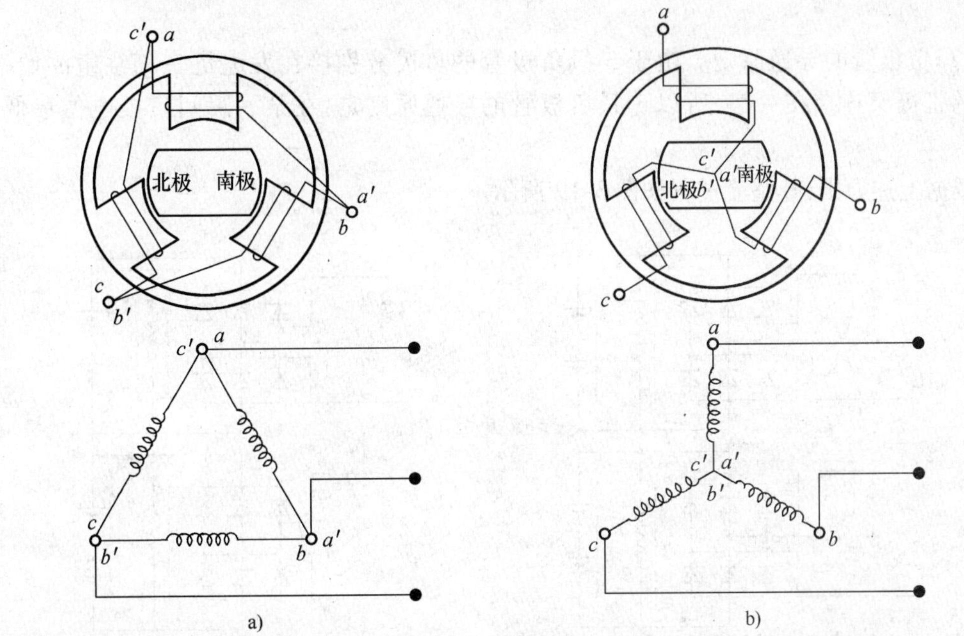

图 3-17　定子线圈的两种接法

a)三角形接法;b)星形接法

2）整流原理

汽车的电器在工作时需要直流电，蓄电池充电时也要使用直流电，所以汽车交流发电机在应用时必须将发出的三相交流电转变成直流电。

将交流电变成直流电的过程称为整流。整流的方法有许多种，但是汽车交流发电机所使用的是一种既简单又有效的二极管整流法。交流发电机定子绕组中感应产生的交流电，是靠6只二极管组成的三相桥式全波整流电路变为直流电的，如图3-18所示。

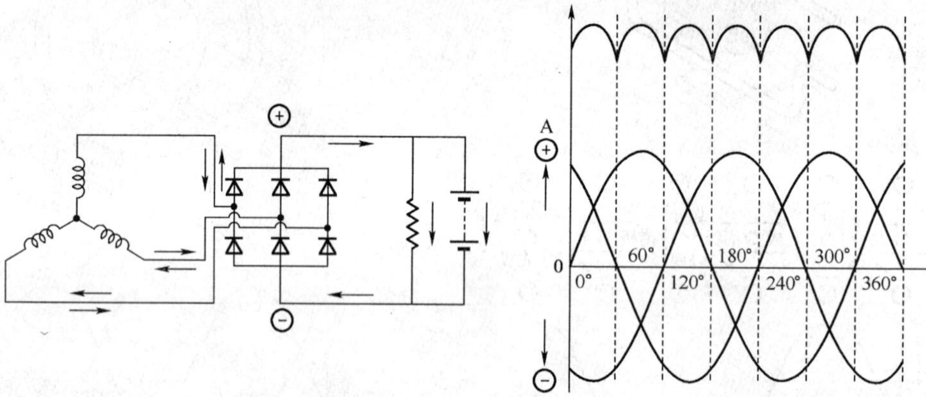

图3-18　三相桥式全波整流电路

三相桥式全波整流电路的导通原则如下。

（1）正极管的导通原则。由于3只正极管的正极分别接在发电机三相绕组的始端上，它们的负极又连接在一起，所以3只正极管的导通原则是：在某一瞬间正极电位最高者导通。

（2）负极管的导通原则。由于3只负极管的负极分别接在发电机三相绕组的始端，它们的正极又连接在一起，所以3只负极管的导通原则是：在某一瞬间负极电位最低者导通。

根据上述原则，其整流过程如图3-19所示。

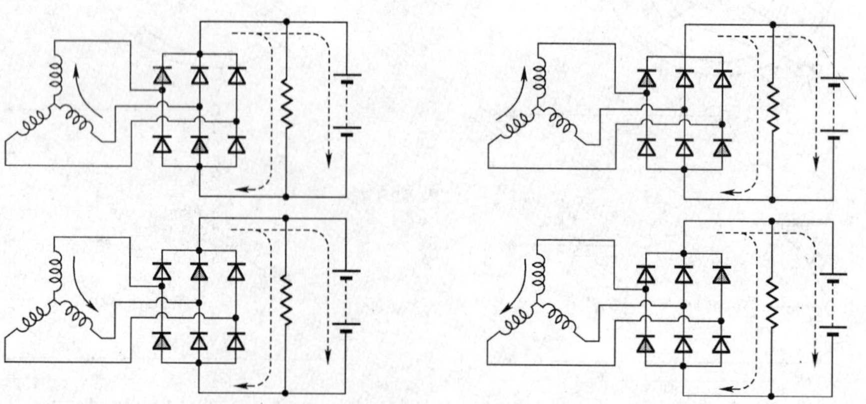

图3-19　整流过程

(3)发电机的励磁方式。交流发电机开始发电时,需先由蓄电池提供励磁电流,当发电机电压达到蓄电池电压时,才由发电机自己提供励磁电流,如图3-20所示。所以汽车上发电机必须与蓄电池并联。

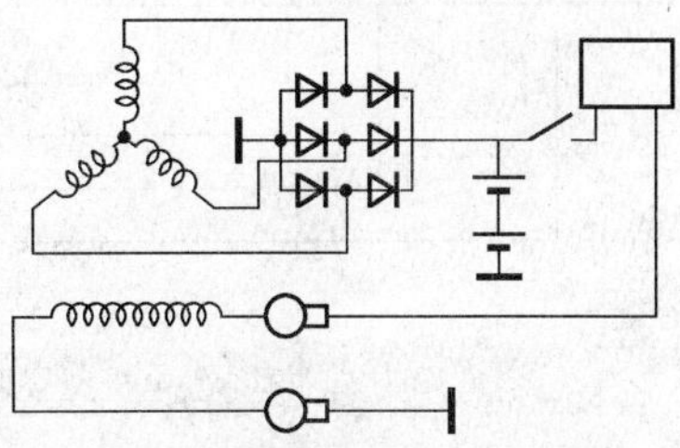

图3-20　励磁电路

4. 交流发电机的工作特性

研究发电机的特性,一般以转速为基准来分析各参数之间的关系。交流发电机的工作特性是指经整流后输出的发电机直流电压、电流和转速之间的关系,其中包括输出特性、空载特性和外特性,如图3-21所示。

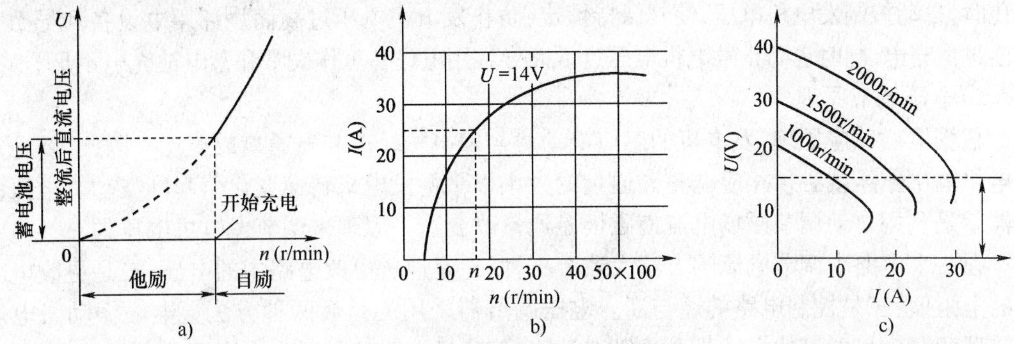

图3-21　交流发电机的工作特性
a)空载特性;b)输出特性;c)外特性

1)空载特性

空载特性指发电机空载运行时,发电机端电压和发电机转速之间的关系。空载特性可以判断该发电机低速充电性能的好坏。从空载特性图中可以看出发电机的输出电压是随着发电机的转速升高而增加的。

2)输出特性

输出特性指发电机输出电压一定时,发电机输出电流随发电机转速变化的规律。对于12V系列的发电机,规定输出电压为14V;对24V系列的发电机,规定输出电压为28V。

从输出特性曲线可以看出,当发电机转速达到一定值后,发电机的输出电流几乎不再继续增加,所以交流发电机一般不再设置限流器。

3)外特性

外特性指发电机转速一定时,发电机端电压与输出电流之间的关系。

从外特性曲线可以看出,在转速变化时,发电机端电压有较大的变化;在转速恒定时,输出电流的变化对端电压也有很大影响。因此,为了保证电流稳定,发电机必须配用电压调节器。

5. 国产发电机型号

根据中华人民共和国汽车行业标准QC/T 73—1993《汽车电气设备产品型号编制方法》的规定,汽车交流发电机的型号由产品代号、电压等级、电流等级、设计序号、变形代号组成,如图3-22所示。

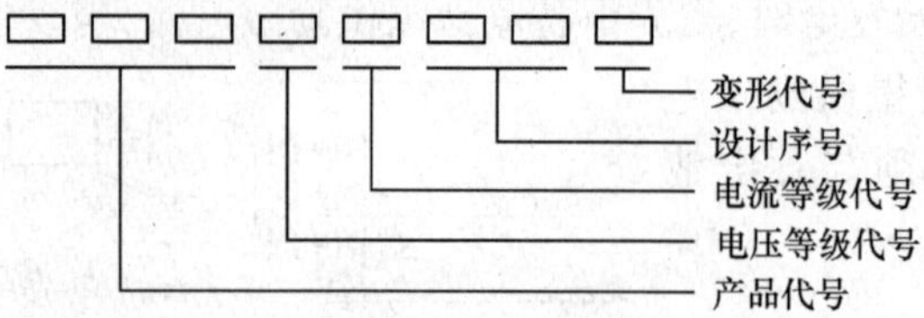

图 3-22　国产发电机型号组成

6. 电压调节器

发电机在汽车上由发动机驱动,其转速随发动机转速变化而在很大范围内变化,因此交流发电机发出的电压也会出现较大波动。为了使发电机输出电压保持稳定,一般充电系统会使用电压调节器,如图 3-23 所示。

1)电压调节器的功用

电压调节器是把发电机输出电压控制在规定范围内的调节装置,其功用是在发电机转速变化时,自动控制发电机电压,使其保持恒定,防止发电机电压过高而烧坏用电设备和导致蓄电池过量充电,同时也防止发电机电压过低而导致用电设备工作失常和蓄电池充电不足。

2)电压调节原理

根据电磁感应原理,发电机的感应电动势与发电机转速和磁通量成正比。因此,要稳定发电机输出电压就必须相应调整磁通量的大小以平衡发电机转速变化引起的波动。电压调节器就是利用自动调节磁场电流使磁极磁通量改变这一原理来调节发电机电压的。

在一个电路中调节电流的方法大致有三种:一是通过更改电路中的电压;二是更改电路中的电阻值;三是控制电路的通与断。电压调节器采用的是后两种方法。电磁振动式电压调节器调节磁场电流的方法是通过触点开闭,使磁场电路的电阻改变来调节磁场电流;晶体管电压调节器(又称电子式电压调节器)调节磁场电流的方法是利用功率管的开关特性,使磁场电流接通与切断来调节磁场电流。

3)电磁振动式电压调节器

如图 3-24 所示,当发电机电压低时,线圈电流小,铁芯吸力小,克服不了拉簧拉力,触点闭合,励磁电流通过触点,电流较大,使电压上升。当发电机电压升高到一定值时,线圈电流增大,铁芯吸力增大,克服了拉簧拉力,使触点打开,励磁电流通过电阻,电流减小,磁场减弱,电压降低。发电机电压下降后,电磁铁吸力减弱,触点又在拉簧的作用下闭合,励磁电流又增大,使电压上升,如此反复,使发电机的电压维持在一个稳定值。由于电磁振动式电压调节器的性能较差,可靠性不高,目前已基本淘汰。

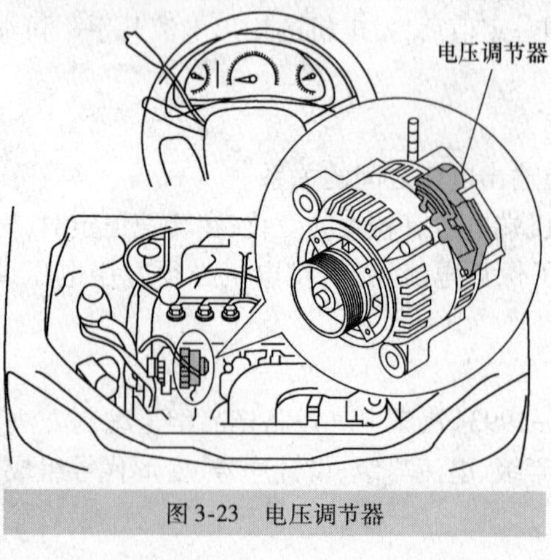

图 3-23　电压调节器

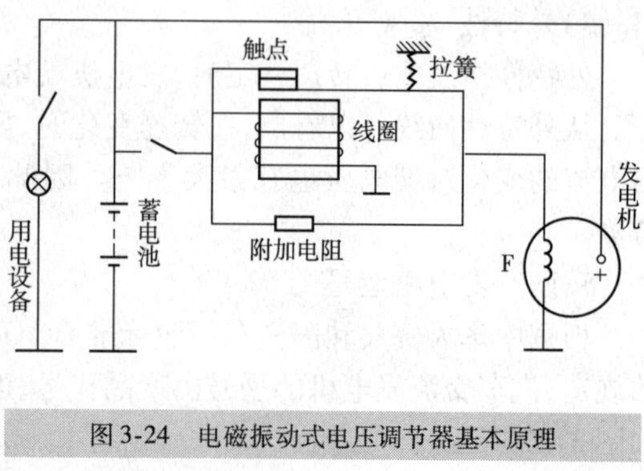

图 3-24　电磁振动式电压调节器基本原理

4）晶体管电压调节器

晶体管电压调节器原理如图 3-25 所示。

晶体管电压调节器的“+”接线柱接点火开关，F 接线柱接发电机励磁绕组，“+”和 F 之间为晶体管的集电极与发射极之间形成的开关电路，“+”与“-”之间有两个电阻 R_1、R_2 组成的分压器，其零点电压正比于发电机电压，零点与放大器之间接有稳压管 D_W，用来感受电压，其工作过程如下。

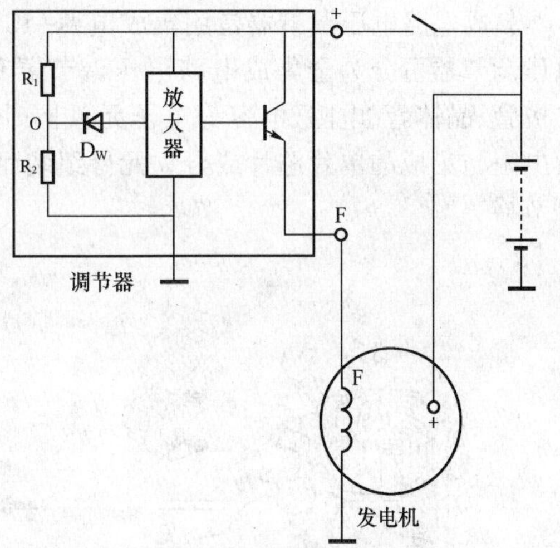

图 3-25　晶体管电压调节器基本原理图

在发电机电压较低的情况下，分压器中间零点电压也较低，此时稳压管处于截止状态，此状态经放大器放大，给晶体管的基极一个高电位信号，使晶体管导通，励磁电流可以通过晶体管流入发电机励磁绕组，使发电机电压上升，当电压上升到调节器电压调整值时，零点电压升高至稳压管的击穿电压，稳压管被击穿，此信号经放大器放大后给晶体管一个低电位信号，使晶体管截止，切断了励磁电流，发电机无励磁电流，电压便下降，这样又使晶体管导通，如此反复，使发电机的电压稳定在一调定值。

从上述晶体管电压调节器的工作情况看，晶体管电压调节器共有三个接线柱，即“+”接线柱、F 接线柱和“-”接线柱，在接线时不能接错。值得注意的是晶体管电压调节器的接线方式根据发电机和调节器的形式而有所不同，虽然调节器的接头标注都一样，但接法完全不同，图 3-26 所示为发电机和调节器的两种接线方式。

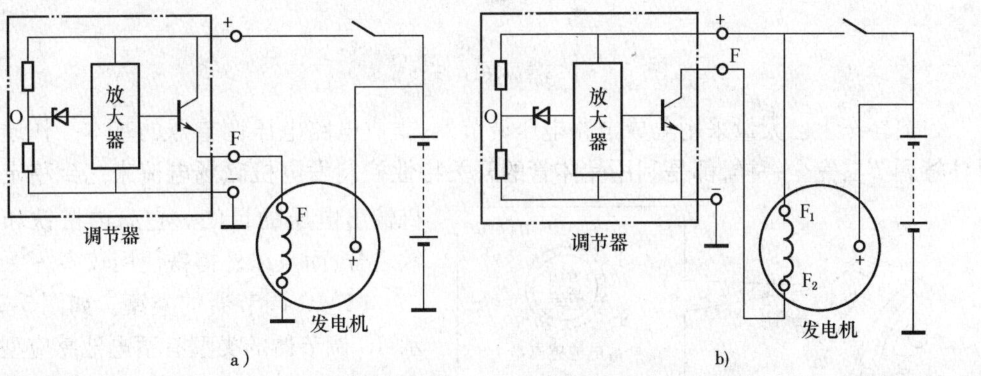

图 3-26　发电机和调节器的两种接线方式

a）内搭铁式；b）外搭铁式

图 3-26a）为磁场线圈内搭铁式，调节器装在发电机与点火开关之间，发电机励磁绕组有一端搭铁；图 3-26b）为外搭铁式，调节器装在发电机励磁绕组与搭铁之间，发电机励磁绕组无搭铁端，调节器控制励磁绕组搭铁。这两种形式的发电机与调节器不能互换，否则将会

造成发电机电压失调或不发电。

5)集成电路(IC)电压调节器

集成电路电压调节器是用集成电路(IC)组成的调节器,如图3-27所示。集成电路电压调节器可分为全集成电路电压调节器和混合集成电路电压调节器两类。前者是将二极管、晶体管、电阻、电容等电子元件同时制在一块硅基片上;后者是用厚膜电阻或薄膜电阻与集成的单片芯片或分立元件组装而成,使用最广泛的是厚膜混合集成电路电压调节器。

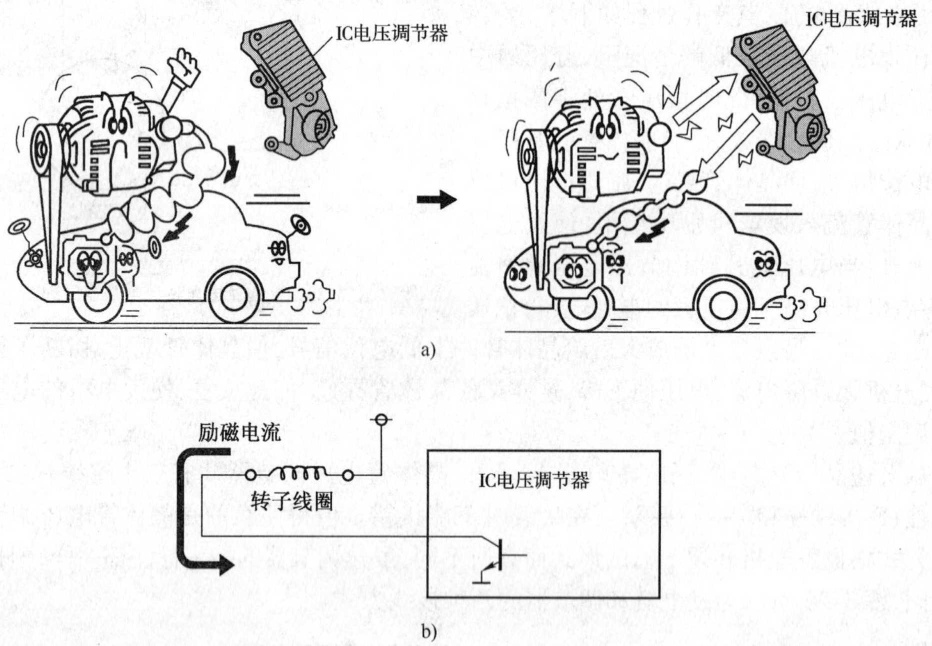

图3-27　IC电压调节器

目前轿车上已大量采用集成电路电压调节器,集成电路电压调节器的基本工作原理与晶体管调节器完全一样,都是利用晶体管的开关特性控制发电机磁场电流来达到稳定发电机输出电压的目的。它有内搭铁和外搭铁之分,而且以外搭铁使用较多。

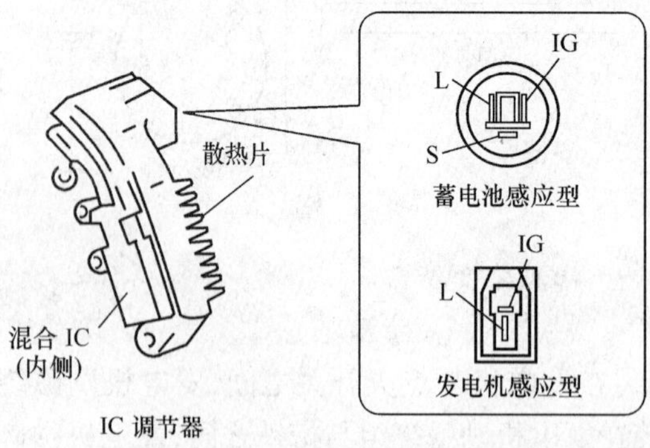

图3-28　IC调节器的类型

(1)IC调节器的类型。如图3-28所示,IC调节器的类型有蓄电池感应型和发电机感应型。

蓄电池感应型:这一类型的IC调节器通过端子S(蓄电池检测端子)检测蓄电池的电压,并把输出电压调节到规定值。

发电机感应型:这一类型的IC调节

器通过检测发电机的内部电压把输出电压调节到规定值。

(2)IC 调节器的功能。

①电压调节。

②当发电机停止发电以及充电条件异常时,IC 调节器通过亮起放电警告灯发出警告。

二、实 践 操 作

(一)工作任务

(1)研究讨论交流发电机、电压调节器的构造。

(2)分解和装复交流发电机。

(3)分解和装复电压调节器。

(二)实践操作目标

(1)掌握交流发电机的分解和组装方法。

(2)掌握电压调节器的分解和组装方法。

(三)实践准备

1. 实践操作所用的设备

供拆装用的交流发电机 5 台。

单级和双级振动式电压调节器、晶体管电子电压调节器及复合调节器各 5 个。

2. 实践操作所用的工具和材料

有关拆装工具 5 套、干净的抹布等。

(四)安全注意事项

(1)在解体发电机时,勿用拆装工具敲打,严格按照拆装步骤进行。

(2)组装时应保证元件板与后端盖、“B”接线柱(电源线接柱)、“F”接线柱(磁场接柱)、“N”接线柱(中性点引出线)与后端盖有良好的绝缘(用万用表检查)。

(3)电压调节器在观看其构造时严禁摔打。

(五)操作步骤及方法

1. 发电机的分解

(1)拆卸发电机带轮,如图 3-29 所示。

(2)拆卸发电机电刷座总成,如图 3-30 所示。

1:________________________。(填写零件名称)

2:________________________。

3:________________________。

(3)拆卸发电机电压调节器总成,如图 3-31 所示。

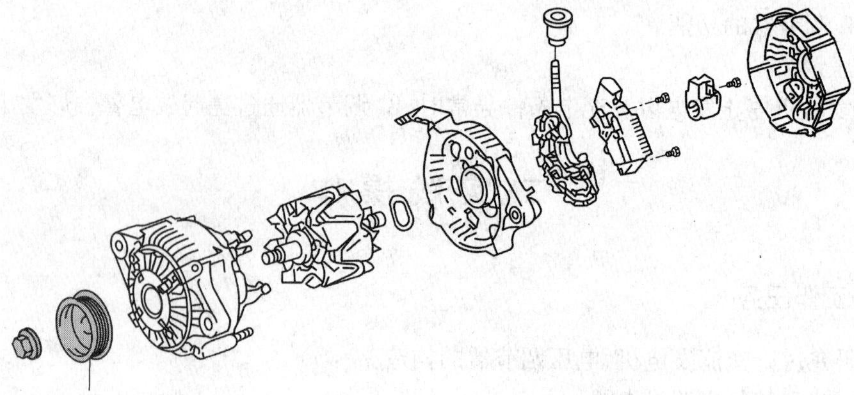

图3-29　拆卸发电机带轮

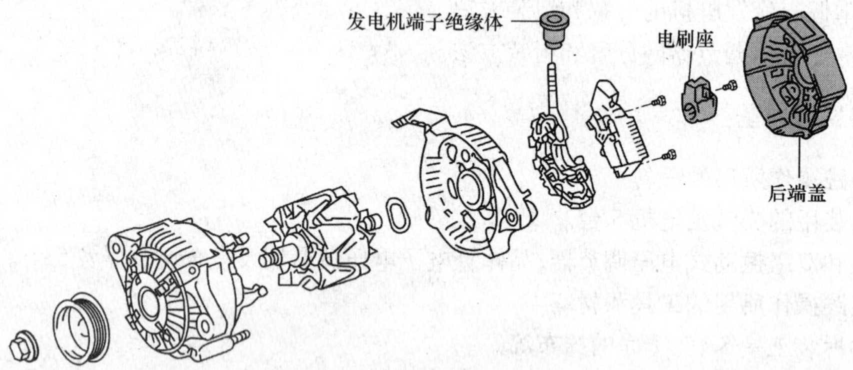

图3-30　拆卸发电机电刷座总成

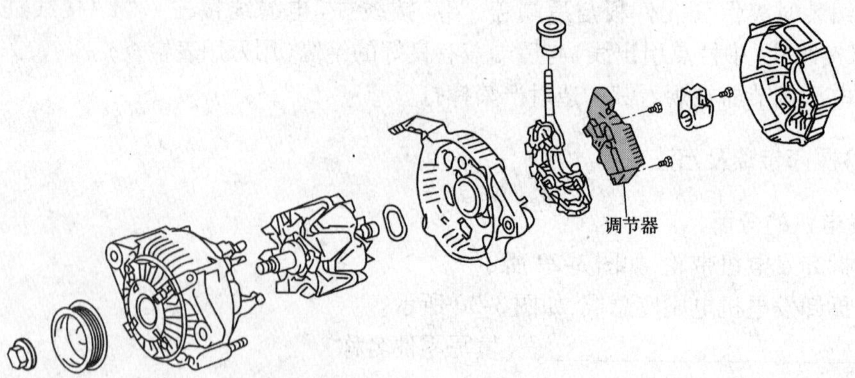

图3-31　拆卸发电机电压调节器总成

(4)拆卸整流器,如图 3-32 所示。

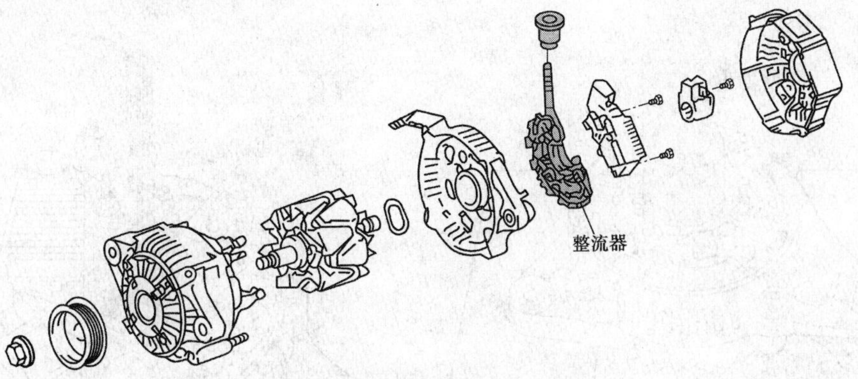

图 3-32　拆卸整流器

(5)拆卸发电机转子总成,如图 3-33 所示。

1:________________。(填写零件名称)

2:________________。

3:________________。

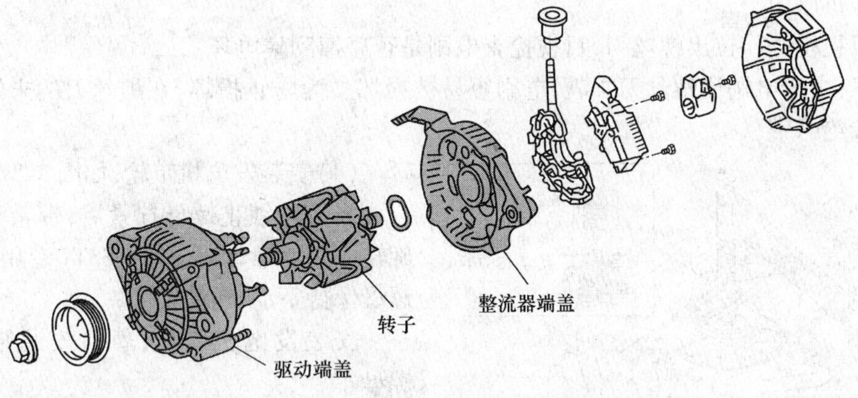

图 3-33　拆卸发电机转子总成

2. 发电机的组装

(1)安装发电机转子总成,如图 3-34 所示。

(2)安装整流器端盖(图 3-35),用压机将整流器端盖压到驱动端盖内。

注意:

①将 29mm 套筒扳手放在端机座的中心,这样压机不会压到转子轴。

②套筒扳手的尺寸可能会随着发电机的类型不同而不同。

(3)安装发电机电刷座总成,如图 3-36

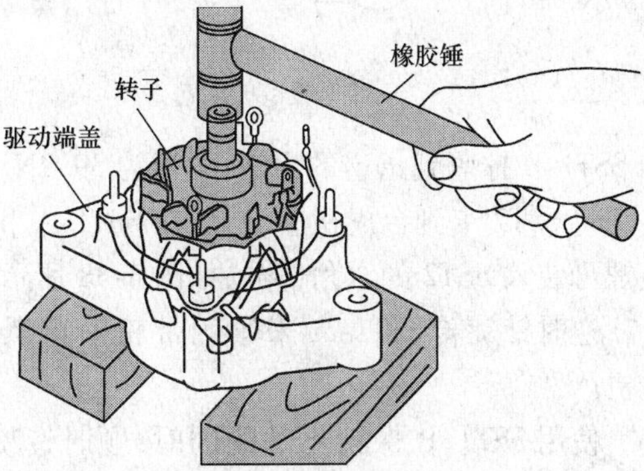

图 3-34　安装发电机转子总成

所示。

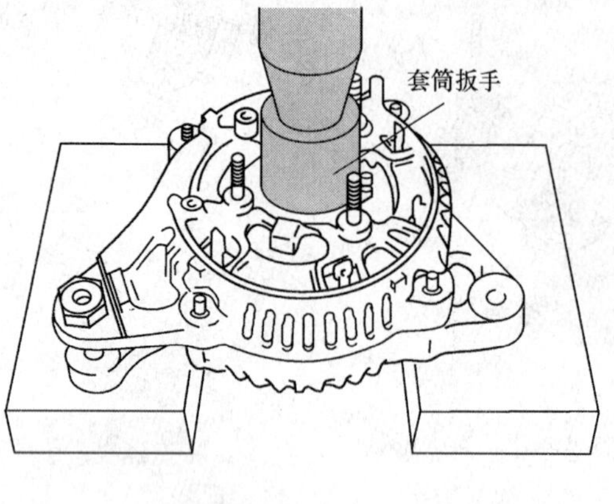

图 3-35　安装整流器端盖

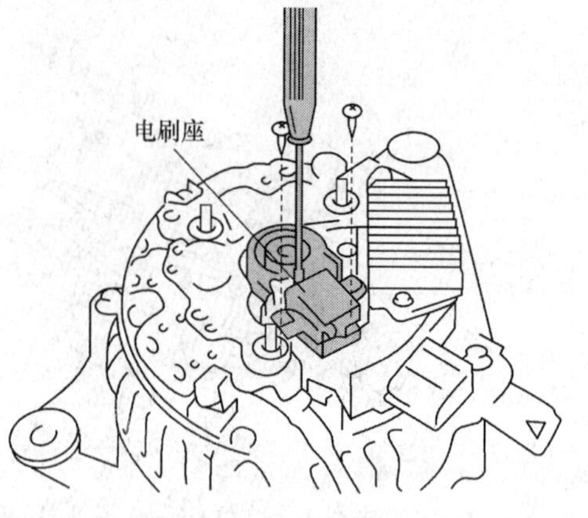

图 3-36　安装发电机电刷座总成

①安装发电机电刷座。尽可能使用最小的一字螺丝刀，将电刷压入电刷座，将电刷座安装到端盖机座内。

②目视检查。拉出螺丝刀，目视检查电刷是否碰撞到集电环。

注意：由于电刷比螺丝刀柔软，电刷容易被损坏。为防止损坏，在螺丝刀的末端包一些聚氯乙烯绝缘带。

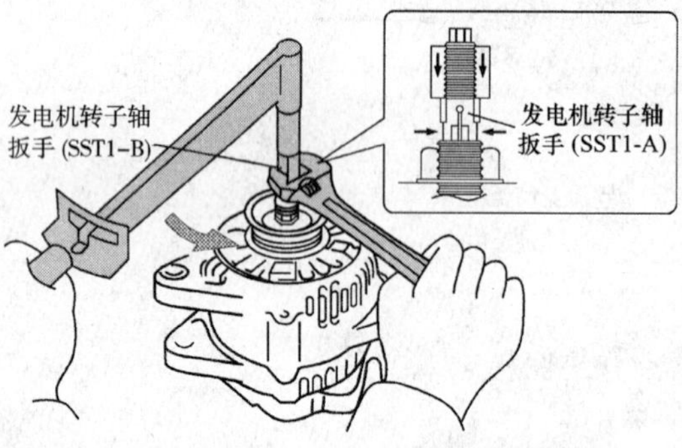

图 3-37　安装发电机带轮

(4)安装发电机带轮，如图 3-37 所示。

当带轮锁止螺母拧紧后，带轮随轴一起旋转。拧紧螺母时，使用 SST(专用工具)和螺母保持不动，转动轴。

安装发电机带轮，暂时安装带轮锁止螺母。

然后在带轮轴的末端安装 SST1-A(发电机转子轴扳手)和 SST1-B(发电机带轮定位螺母扳手)。

使用 SST1-A 在带轮轴一端，将 SST1-A 和 SST1-B 拧紧到指定的力矩，力矩为 39.2N·m。

将 SST2 卡到台虎钳上，然后在 SST1-A 和 SST1-B 安装到发电机上的情况下，将带轮锁止螺母装入 SST2 的六角部分，如图 3-38 所示。

逆时针旋转 SST1-A 来紧固带轮锁止螺母，如图 3-39 所示。然后从 SST2 上拆卸发电机。

使用 SST1-B 保持不动的同时，顺时针旋转 SST1-A 来旋松它，然后从发电机上拆卸 SST1-A 和 SST1-B，如图 3-40 所示。

确认带轮旋转平稳。

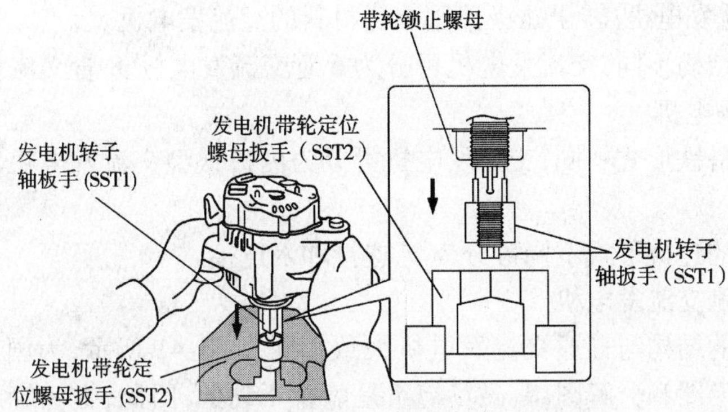

图 3-38　将带轮锁止螺母装入 SST 的六角部分

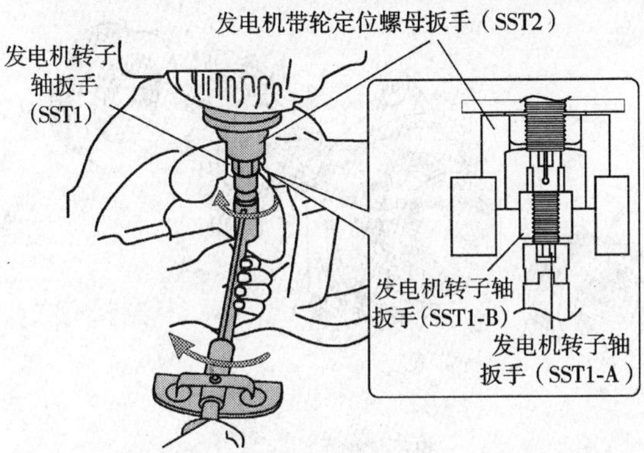

图 3-39　紧固带轮锁止螺母

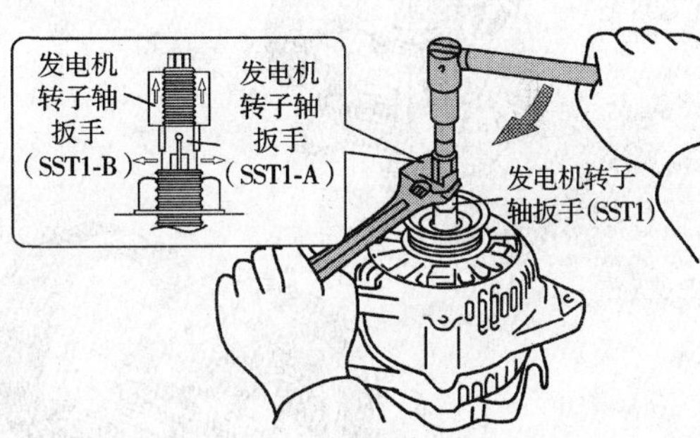

图 3-40　发电机上拆卸 SST1-A 和 SST1-B

3. 工作总结

学习心得：____

____

____

____。

三、学 习 拓 展

其他交流发电机

交流发电机按总体结构可分为：

(1)普通交流发电机：如东风 EQ1090 载货汽车用 JF132 型交流发电机。

(2)整体式交流发电机：内装晶体管电子电压调节器的交流发电机，如一汽奥迪、一汽大众高尔夫、一汽捷达和上海桑塔纳等轿车用 JFZ1913Z 型 14V、90A 交流发电机。

(3)带泵交流发电机：带真空制动助力泵的交流发电机，如 JFB1712 系列。

(4)无刷交流发电机：无电刷和集电环结构的交流发电机，如 LFW1913 型。

(5)永磁交流发电机:转子磁极采用永磁材料的交流发电机。

按整流器的结构不同,交流发电机可分为6管交流发电机、8管交流发电机、9管交流发电机、11管交流发电机。

按磁场绕组搭铁形式不同,交流发电机可分为内搭铁型交流发电机和外搭铁型交流发电机。

按电枢绕组的连接形式不同可分为Y连接和△连接。

1. 爪极式无刷交流发电机

这种发电机的结构与普通交流发电机大致相同,图3-41所示,为国产JFW14X型无刷交流发电机的外形图和分解图,其磁场绕组是静止不动的,因此,磁场绕组的两端引出线可以直接引出,省去了电刷和集电环,爪极在磁场绕组的外围旋转。

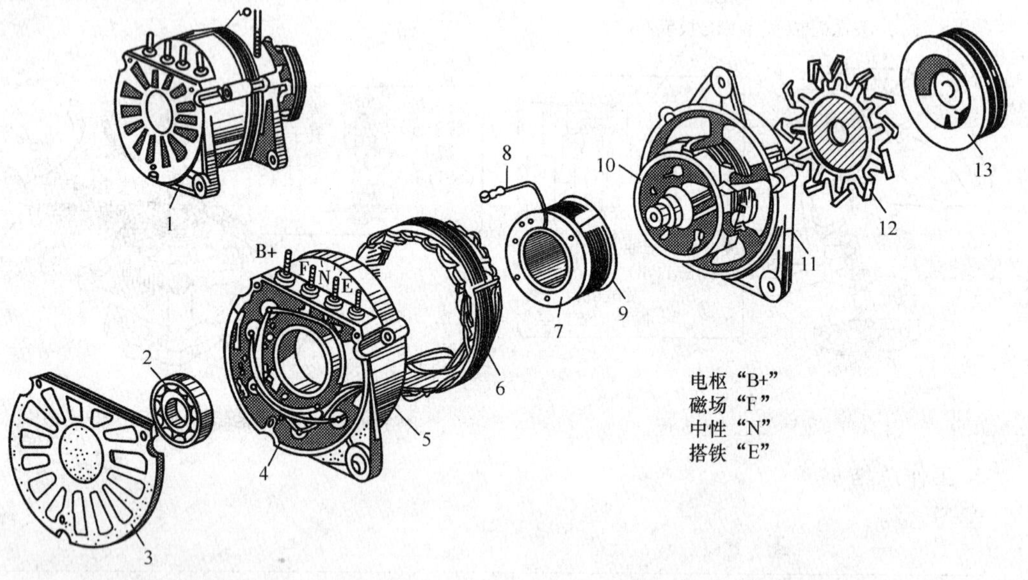

图3-41 国产JFW14X型爪极式无刷交流发电机外形及其分解图

1-外形;2-后轴承;3-防护罩;4-元件板及硅二极管组;5-磁场绕组支架及后轴承支架;6-定子总成;7-磁轭;8-磁场绕组接头;9-磁场绕组;10-爪极及转子轴总成;11-前端盖;12-风扇叶;13-传动带轮

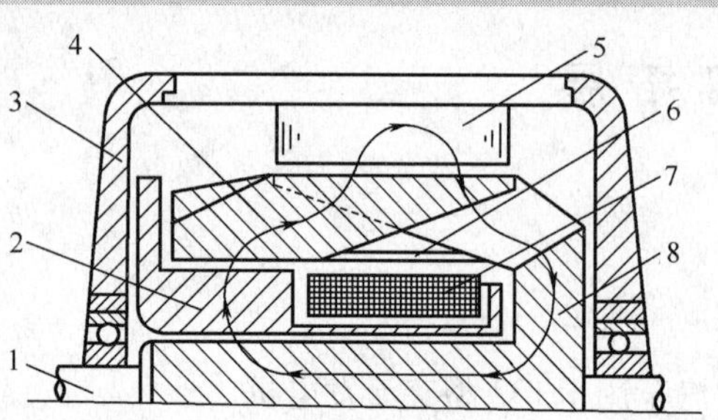

图3-42 爪极式无刷交流发电机结构原理及磁路

1-转子轴;2-磁轭托架;3-端盖;4-爪极;5-定子铁芯;6-非导磁连接环;7-磁场绕组;8-转子磁轭

爪极式无刷发电机的结构原理和磁路如图3-42所示。其特点是磁场绕组7通过一个磁轭托架2固定在后端盖3上。两个爪极中只有一个爪极直接固定在发电机转子轴上,另一个爪极4则用非导磁连接环6固定在前述爪极上。

当转子轴旋转时,一个爪极就带动另一个爪极一起在定子内转动。

当磁场绕组内有直流电通过时,其磁路是:左边爪极的磁极N→主气隙→定子铁芯

5→主气隙→右边爪极的磁极 S→转子磁轭 8→附加气隙→托架 2→附加气隙。

转子旋转时，爪极形成的 N 极和 S 极的磁力线在定子绕组内交替通过，定子槽中的三相绕组就感应出交变电动势，在回路中形成三相交流电，经整流后变为直流电。

这种交流发电机两个爪极之间连接制造工艺较困难。此外，由于磁路中增加了两个附加间隙，故在输出相同功率的情况下，其励磁绕组的励磁电流必须增大。

2. 电枢绕组为△连接的交流发电机

当电枢绕组为△连接时，二极管的作用与 Y 连接时的作用是相同的，如图 3-43 所示，表明了这两种连接的主要区别。

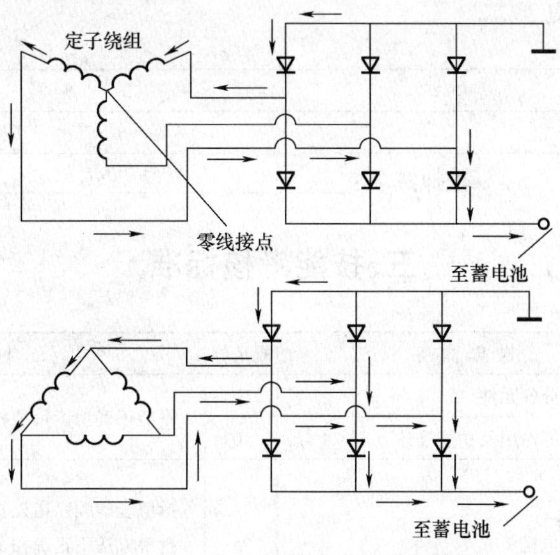

图 3-43　接 6 只二极管的△形连接定子

△连接时，绕组之间不是串联而是并联。由于并行通路能够允许更多的电流流经二极管，所以△连接的发电机可以输出更大的电流。然而，二极管的作用仍然是一样的。

四、评价与反馈

1. 自我评价与反馈

(1) 对本学习任务的学习你是否满意？

评价情况：____

(2) 你能独立完成卡罗拉(1.6L)轿车发电机的拆解、重新装配吗？

评价情况：____

(3) 你是否知道卡罗拉(1.6L)轿车发电机的基本组成？

评价情况：____

(4) 你会正确使用工具吗？

评价情况：____

签名：________　________年________月________日

2. 小组评价与反馈

(1)你们小组在接到任务之后是否讨论过卡罗拉(1.6L)轿车发电机的拆装计划?

评价情况:____________________

(2)你们小组在拆装卡罗拉(1.6L)轿车发电机过程中是否有明确分工,相互配合得好吗?

评价情况:____________________

(3)你们小组在拆装卡罗拉(1.6L)轿车发电机的过程中操作是否规范?

评价情况:____________________

参与评价的同学签名:________ ________年________月________日

3. 教师评价及答复

____

____

____

教师签名:________ ________年________月________日

五、技能考核标准

序号	项目	操作内容	规定分	评分标准	得分
1	发电机构造	正确区分各元件	10	不能正确识读每项扣5分	
		各元件的作用及功能描述	10		
2	总成分解	拆解发电机	25	拆解步骤顺序错误扣10分 拆解方法不正确扣10分 操作不熟练扣5分	
3	总成组装	重新组装发电机	25	组装步骤顺序错误扣10分 组装方法不正确扣10分 操作不熟练扣5分	
4	回答问题	发电机原理	20	错一项扣5分	
5	安全文明生产	遵守安全操作规程,正确使用工具,操作现场整洁	10	有1项不正确的,扣5分,扣完为止	
		安全用电,防火,无人身、设备事故		因违规操作发生重大人身和设备事故,此项技能考核按0分计	
6	分数合计		100		

学习任务四　就车拆装汽车发电机

任务要求

完成本学习任务后,你应能:

1. 描述汽车电路的基础知识;
2. 识读和连接电源系统线路;
3. 熟练进行汽车发电机的就车拆装。

建议学时:4 学时

任务描述

一辆丰田佳美轿车中高速行驶时,仪表板上的充电警告灯忽明忽暗。经技术人员分析,需对电源系统进行分析检修。

学习流程

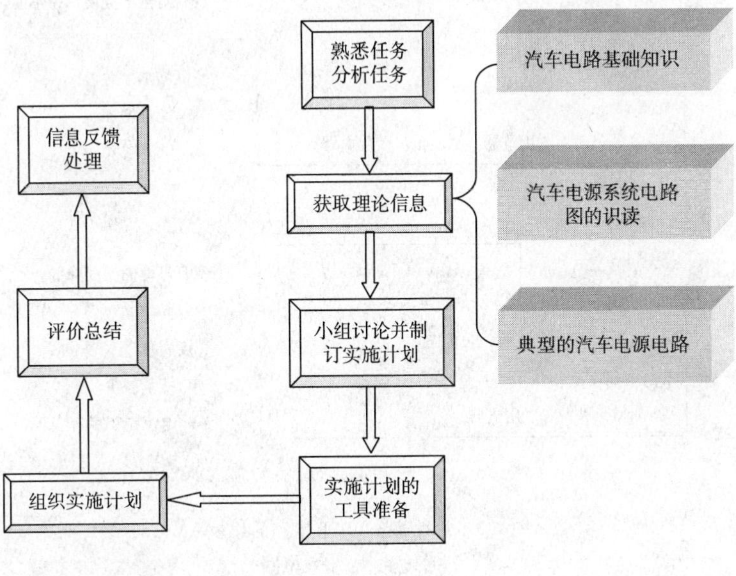

一、理论知识准备

1. 汽车电路基础知识

1)简单电路

电路中要有电流流动必须有电源。当发电机停止工作时,汽车上的电源是蓄电池。电流只在闭合的电路中流动,汽车上的电路可通过导线、导电液体或车身形成回路,由开关、导线把用电器连在电源两端的回路称为简单电路,如图4-1所示。

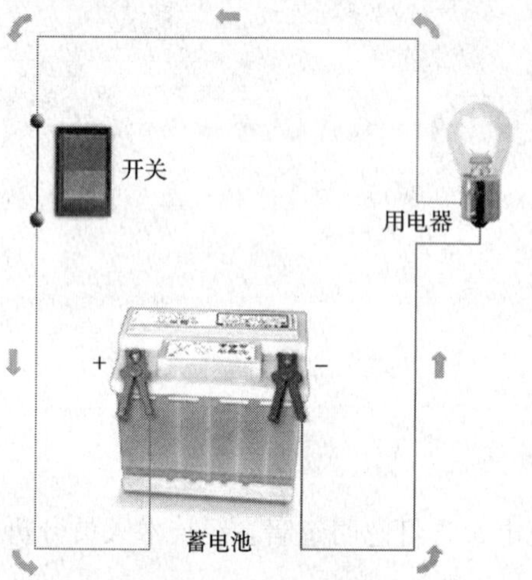

图4-1　汽车简单电路

2)基本电路连接方式

基本的电路连接方式有串联电路、并联电路和混联电路三种。

将电路元件(如电阻、电容、电感、用电器等)逐个顺次首尾串联起来组成的电路称为串联电路;并联电路是对两个同类或不同类的元件、电路、线路等首首相接,同时尾尾也相连的一种连接电路。图4-2反映了串联电路与并联电路的不同之处。

混联电路是指电路中各元件的连接既有串联连接方式又有并联连接方式,如图4-3所示。

3)短路和断路

短路和断路是汽车电路系统最主要的故障源。电源电流不通过电器元件直接连通的情况称为短路。发生短路时,电路会因电流过大引起电源损坏或火灾;当电路在某处出现非正常断开,造成电路不能形成回路的情况称为断路。如图4-4所示。

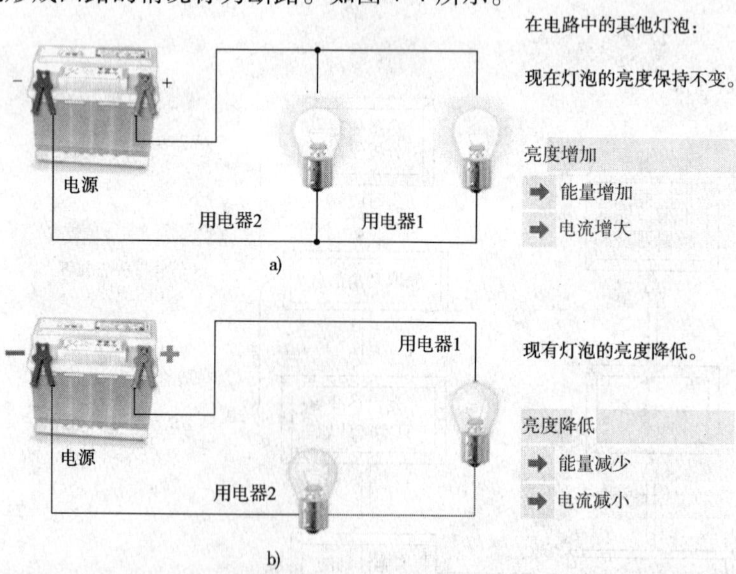

图4-2　并联电路和串联电路的比较

a)并联电路;b)串联电路

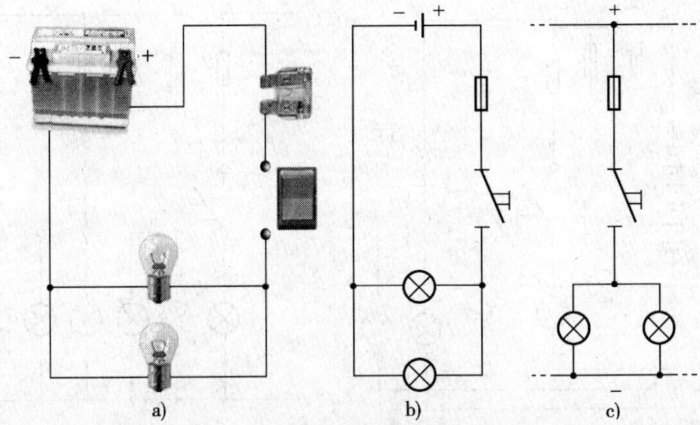

图 4-3　混联电路

a）混联电路；b）电路图；c）电气原理图

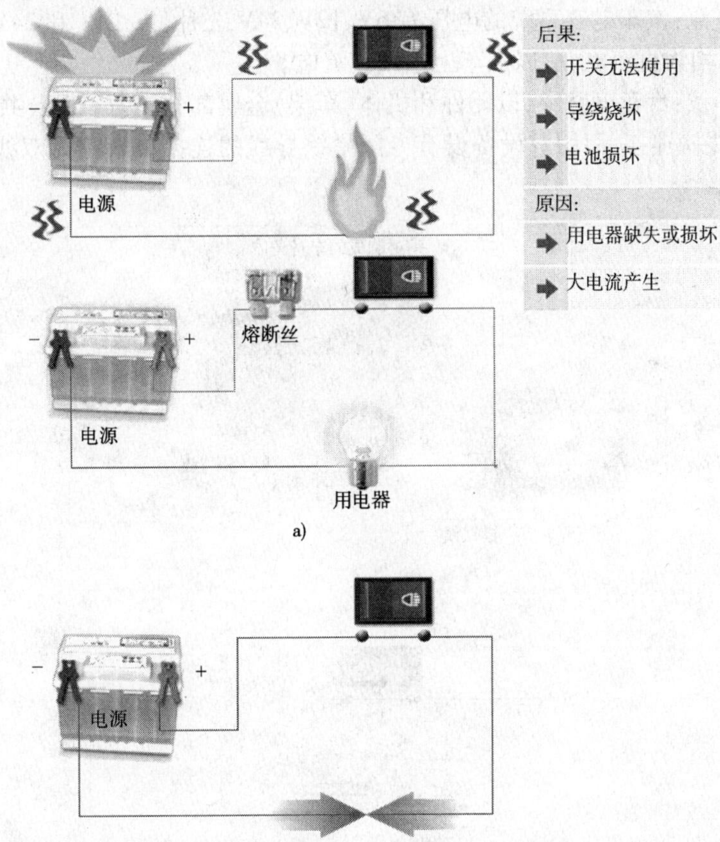

图 4-4　电路的短路与断路

a）短路；b）断路

4）一般电路图与汽车电路原理图的比较

如图 4-5 所示，与一般电路图相比，汽车电气原理图中更易看清各条电流路径的走向，各部分相互关系也明确可辨。

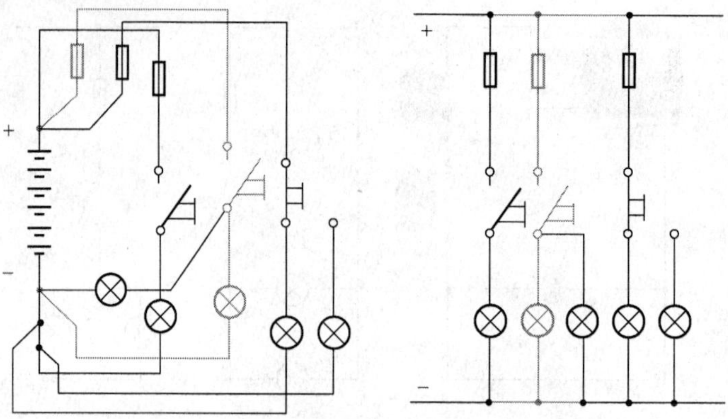

图 4-5 一般电路图与汽车电路原理图的比较

5)汽车电路的特点

(1)低压直流:汽车电气系统的电压有 6V、12V、24V 三种,以 12V 和 24V 为多,由于蓄电池充电、放电均为直流电,所以汽车上采用直流电。

(2)并联单线:汽车电路中,以元件和机体(车架)金属部分作为一根公共搭铁导线的接线方法称为单线制连接;而用电设备设有专门搭铁导线的连接方式称为双线制。如图 4-6 所示。

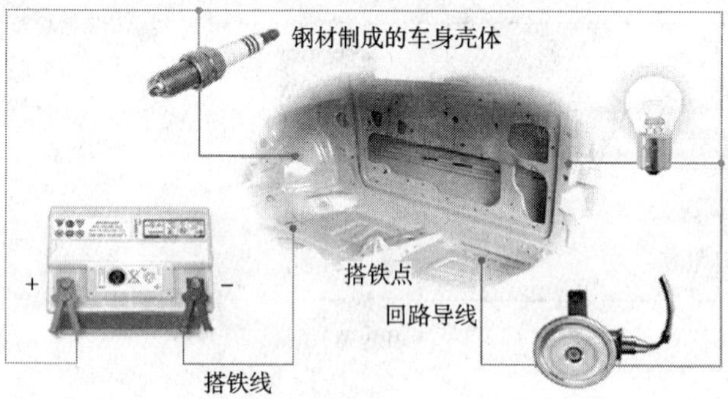

a)

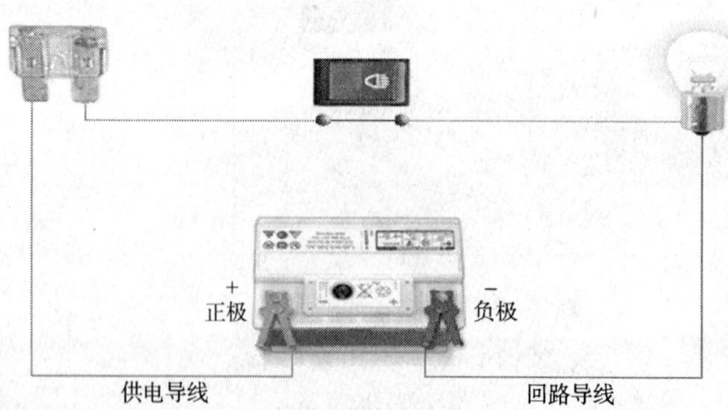

b)

图 4-6 单线电路与双线电路

a)单线电路;b)双线电路

汽车上用电设备一般都是并联的。汽车发动机、底盘等金属体作为各电气设备的公共并联支路搭铁端,而另一端是用电器到电源的一条导线,故称为并联单线。

接成并联电路,一方面能发挥蓄电池和发电机两个电源的优越性;另一方面又能满足蓄电池工作的要求,使任何一个用电设备的启用、停止非常方便,保证每个用电器的正常工作而互不干扰;而且还能限制电路的故障范围,便于电气设备的独立装拆、排除故障和维护。但仍有少数电气设备与某一电路接成串联。如电流表与电源电路串联;闪光器串接在转向灯电路之中;电源稳压器串联于油压表和燃油表电路内等。

单线制具有节约铜线、减轻质量、简化线路、便于安装、减少线路故障并易于排除故障等优点。但对某些个别电气设备,为保证其工作可靠,提高灵敏度,仍然采用双线连接方式,如发电机与调节器的连接、双线电喇叭和双线电热塞等。

(3)负极搭铁。我国规定,汽车电气系统统一采用电源负极搭铁。负极搭铁,对火花塞点火有利,对车架金属的化学腐蚀较轻,对无线电干扰小。

(4)电流表串联在电源电路中,能反映蓄电池充电、放电情况。因起动机工作时间短、电流大,所以起动机电流不经过电流表。

(5)为防止短路而烧坏线束和用电设备,汽车大部分用电设备都装有保护装置,受两级开关的控制。

(6)汽车线路有共同的布局。无论哪一种类型,哪一个国家生产的汽车,各种电气设备均按其用途安装于相同的位置,从而形成了汽车电气线路的走向和布局的共性。

(7)汽车线路有颜色和编号特征。汽车电气设备虽然采用单线制,但线路还是很多。为便于连接区别,汽车所用的低压线,必须采用不同颜色的单色或双色导线,并在每根导线上编号。

(8)为不使全车导线零乱,以便安装和保护导线的绝缘,应将导线做成线束。一辆汽车可以有多个线束。

(9)汽车电气线路由各独立电气系统组成。

2. 汽车电源系统电路图的识读

1)主干线

一般汽车用电设备以点火开关为中心将全车电路分成几条主干线,如图 4-7 所示。即蓄电池电源线(30 号线)、附件电源线(Acc 线)、钥匙开关电源线(15 号线)、起动控制线(50 号线)、搭铁线(31 号线)等。

(1)蓄电池电源线(B 线或 30 号线)。从蓄电池正极引出直通熔断器盒,也有汽车的蓄电池电源线接到起动机电源线接线柱上,再从那里引出较细的电源线。

(2)点火仪表指示灯线(IG 线或 15 号线)。点火开关在 ON(工作)和 ST(起动)挡才有电的导线,必须有汽车钥匙才能接通点火系统、预充磁、仪表系统、指示灯、信号系统、电子控制系统重要电路。

(3)专用线(Acc 线或 15A 线)。用于发动机不工作时需要接入的电器,如收放机、点烟器等。

点火开关单独设置一挡予以供电,但发动机运行时收音机等仍需接入与点火仪表指示灯等同时工作,所以点火开关触刀与触点的接触结构要作特殊设计。

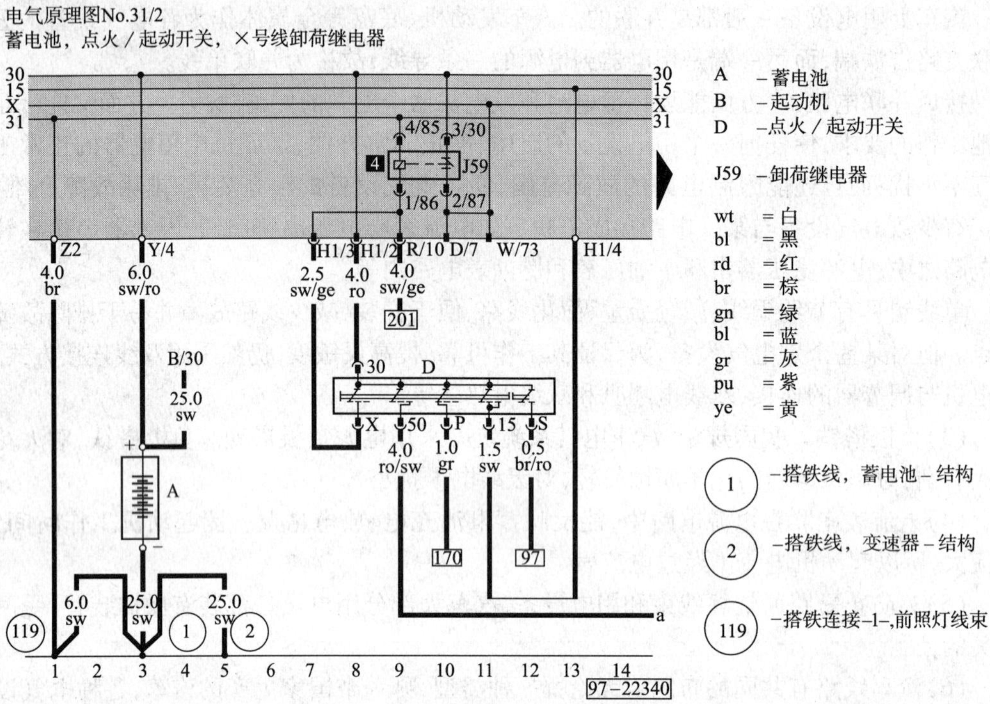

图 4-7 主干线

(4)起动控制线(ST 线或 50 号线)。起动机主电路的控制开关(触盘)常用磁力开关来通断。磁力开关的吸引线圈、保持线圈可以由点火开关的起动挡控制。大功率起动机的吸引线圈、保持线圈电流也很大(可达 40～80A),容易烧蚀点火开关的“30－50”触点对,必须另设起动机继电器(如东风、解放及三菱重型汽车)。装有自动变速器的轿车,为了保证空挡起动,常在 50 号线上串有空挡开关。

(5)搭铁线(搭铁线或 31 号线)。汽车搭铁点分布在汽车全身,由于不同金属相接(如铁、铜与铝,铅与铁),形成电极电位差,有些搭铁部位容易沾染泥水、油污或生锈,有些搭铁部位是很薄的钣金件,都可能引起搭铁不良,如灯不亮、仪表不起作用、喇叭不响等,为了保证起动时减少线路接触压降,蓄电池极桩夹头、车架与发动机机体都接上大截面积的搭铁线,并将接触部位彻底除锈、去漆、拧紧。

2)电源系统电路图

由于目前国际上还没有汽车电气设备电路图的统一标准,各个汽车生产厂家对汽车电路信息的图形表达方式各有所不同,这给识读电路图造成一定困难,但如前所述,无论哪一种类型、哪一个国家生产的汽车,各种电气设备均按其用途安装于相同的位置,从而形成了汽车电气线路的走向和布局的共性。只要认真了解各车型的具体细节规定,就能正确识读。下面以东风雪铁龙爱丽舍汽车电路图为例,简单介绍电源系统电路图的识读。

(1)汽车电器定位图。爱丽舍电源系统和起动系统电器定位图如图 4-8 所示。通过翻阅维修手册,查找线束清单和零件清单,能够确定图中各元件和线束的名称和安装位置,具体如图 4-8 所示。

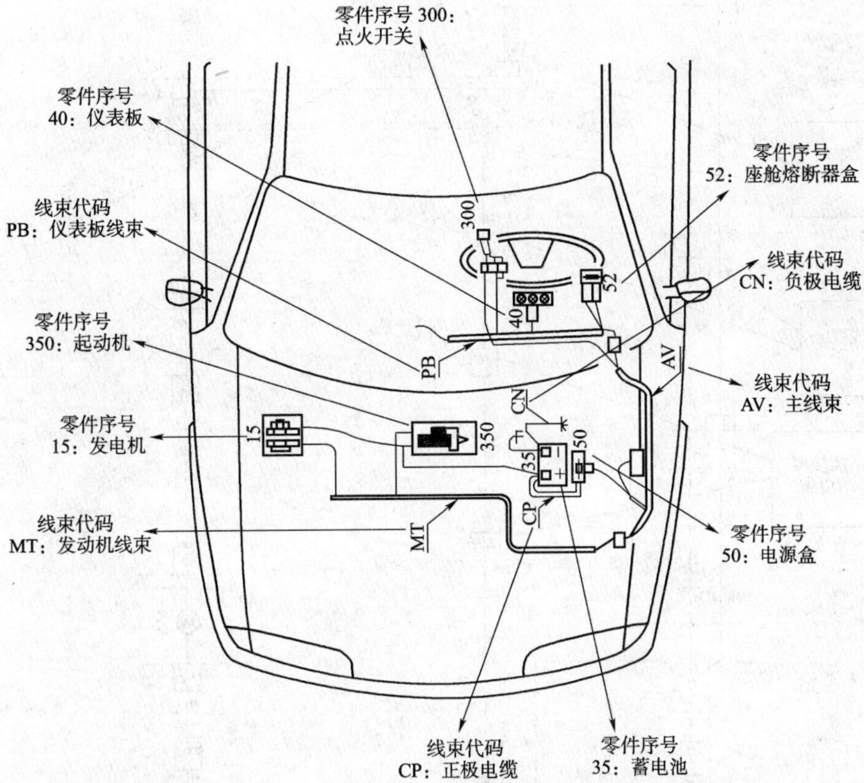

图 4-8　爱丽舍电源系和起动系元件定位图

通过汽车维修手册，查找零件清单和线束代码能够确定图 4-8 中显示的各元件的名称：

零件序号 300：点火开关。

零件序号 40：仪表板。

零件序号 350：起动机。

零件序号 15：发电机。

零件序号 35：蓄电池。

零件序号 50：电源盒。

零件序号 52：座舱熔断器盒。

线束代码 PB：仪表板线束。

线束代码 MT：发动机线束。

线束代码 CP：正极电缆。

线束代码 AV：主线束。

线束代码 CN：负极电缆。

(2) 原理图。爱丽舍电源系统和起动系统的电路原理图如图 4-9 所示。

通过汽车维修手册，我们能够确定图 4-9 中各数字和代码的含义。

①零件序号。

a. 300：汽车点火开关。点火开关主要用来控制常用电器的电源电路和点火电路，另外还控制发电机磁场电路、仪表电路、预热和起动电路以及一些辅助电器等，一般都具有

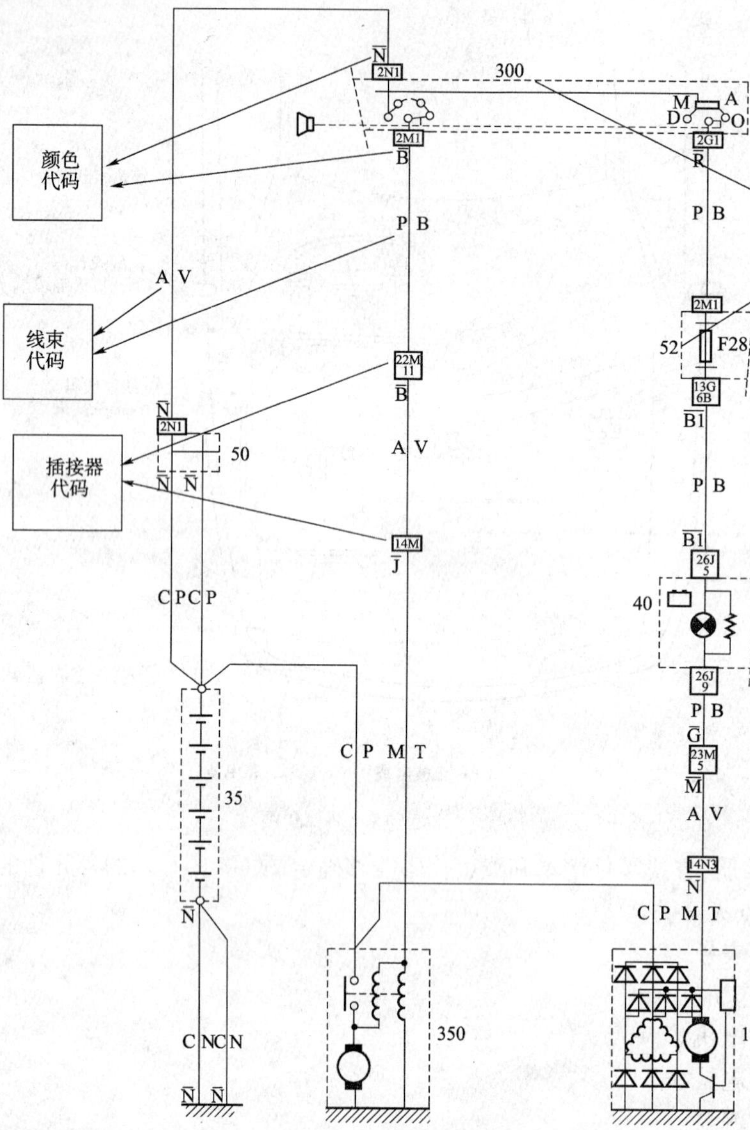

图 4-9　爱丽舍电源系统和起动系统的电路原理图

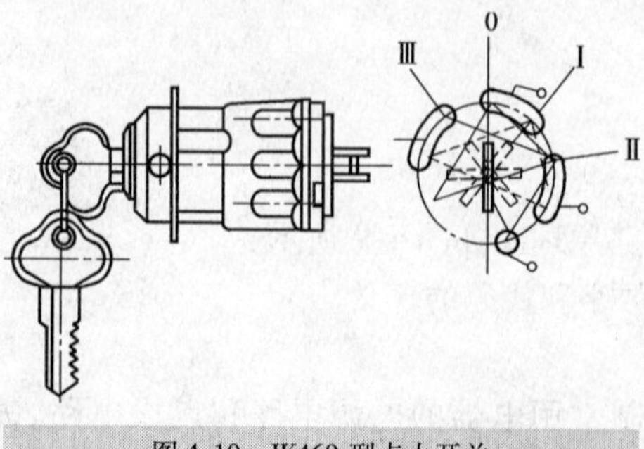

图 4-10　JK460 型点火开关

自动复位起动挡位的多挡开关并配有钥匙以备停车时锁住。图 4-10 所示为 JK460 型点火开关。

常用的点火开关多为三挡位、四挡位或五挡位。三挡位点火开关有“OFF”(断)或“LOCK”(锁住转向盘)、“ON”(通)和“ST”(起动)3 个挡位;四挡位点火开关则在“OFF”和“ON”之间增加了一个“Acc”(专用辅助电器,如收音机、点烟器)挡;而五挡点火开关则在“ON”和“ST”之间加了一挡“HEAT”(预热)挡，用于柴油发动机冷车起动前的预热。其中起动、预热挡因为工作电流很大，开关不宜接通过久，所以这两挡在操作时必须用手克服弹簧力，扳住钥匙，一松手就弹回点火挡，不能自行定位，其他挡均可自行定位。点火开关在电路图上通常采用触刀挡位图法和表格法来表示，如图 4-11 所示为五挡位点火开关的三种表示方法。

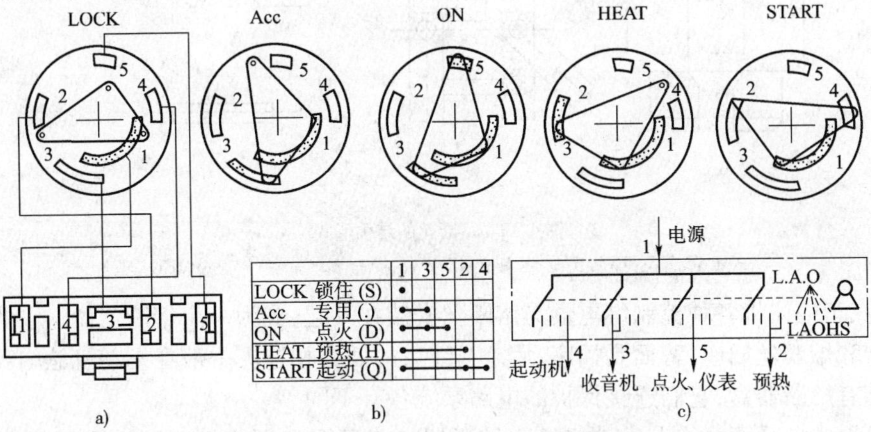

图 4-11　五挡位点火开关的三种表示方法

a)五挡位点火开关簧片各挡位置；b)表格法；c)触刀挡位图法

东风雪铁龙爱丽舍汽车点火开关的各挡位状态如图 4-12 所示。

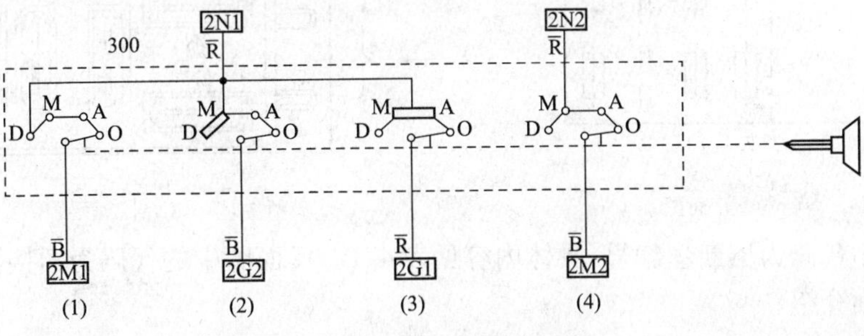

图 4-12　点火开关挡位状态

从左至右分别为：(1)起动(电路)状态(D 挡)；(2)点火状态(M 挡)；(3)附件工作状态(A 挡)；(4)点火状态(M 挡)，起动机工作时此电路断开

从图 4-12 中可以看出不同的挡位电路电压从哪个线号端子输入从哪个线号端子输出的。2N1、2N2、2M1、2M2、2G1、2G2 分别表示点火开关各插接器的线号端子。

b. 52：驾驶室内熔断器盒。熔断器盒内安装有起电路保护作用的熔断丝。熔断丝俗称保险丝，用于对局部电路进行保护，能长时间承受额定电流负载，但在超过额定负载 25% 的情况下约 3min 熔断，而在超过额定负载 100% 时，则不到 1s 即会熔断。结构一定时，流过熔断丝电流越大，熔断时间越短。

熔断丝的主要组成部分是熔体(熔片或熔丝)，材料是锌、锡、铅、铜等金属的合金，装置在一定形状的支架上。熔断丝按结构形式可分为金属丝式、管式、片式和平板式等多种形式，如图 4-13 所示。

随汽车电气装置增多，继电器和熔断丝的数量不断增加，为便于装配和使用中检查、更

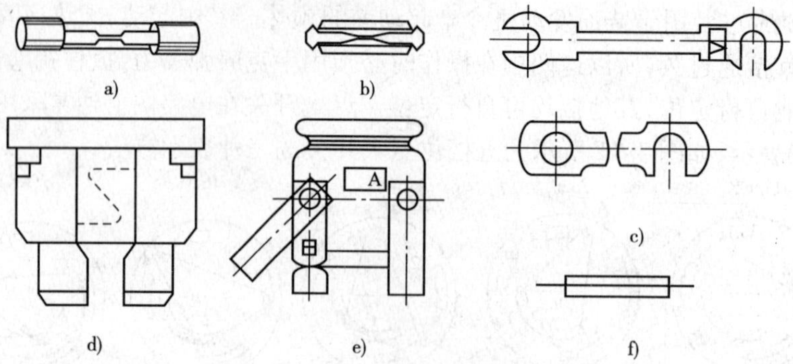

图 4-13 熔断丝的结构形式

a)玻璃管式;b)瓷芯式;c)平板式;d)片式;e)金属丝式;f)熔断丝图形符号

换,现代汽车往往将各种控制继电器与熔断丝安装在一起,成为一个熔断器盒。它的正面装有继电器和熔断丝插座,背面是插座,用来与线束的插头相连。一般在发动机舱内和驾驶室内都安装有熔断器盒,它们连接保护的电路系统各有不同。

东风雪铁龙爱丽舍汽车发动机舱内熔断器盒正面图如图 4-14 所示,反面图如图 4-15 所示。

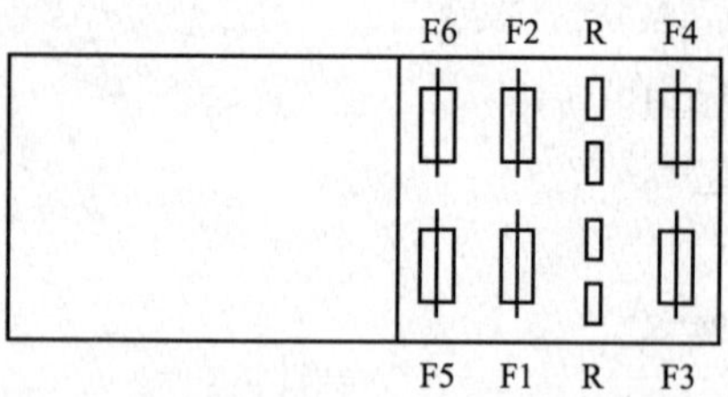

图 4-14 熔断器盒正面图

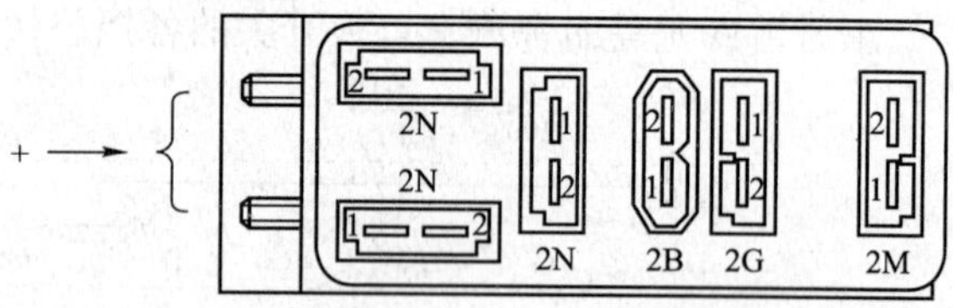

图 4-15 熔断器盒反面图

正面图中代码为熔断丝编号,具体内容见表 4-1。反面图中的代码为插接器代码,其具体含义在后面介绍。

熔断丝的分配与容量　　表 4-1

电源	熔断器				被保护元件
	序号	容量(A)	颜色	输出插接件	
蓄电池正极	1	30	绿	2G1	前雾灯
	2	30	绿	2G2	未使用
	3	30	绿	2M2	双电动风扇
	4	30	绿	2M1	电动风扇电源盒继电器
	5	20	黄	2B2	发动机点火系统及自动变速器电气系统
	6	20	黄	2B1	发动机点火系统及自动变速器电气系统

东风雪铁龙爱丽舍汽车驾驶室内熔断器盒正面图如图 4-16 所示,反面图如图 4-17 所示。

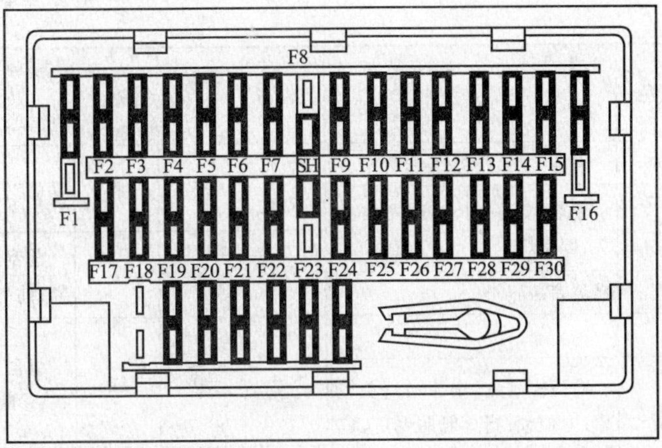

图 4-16　熔断器盒正面图

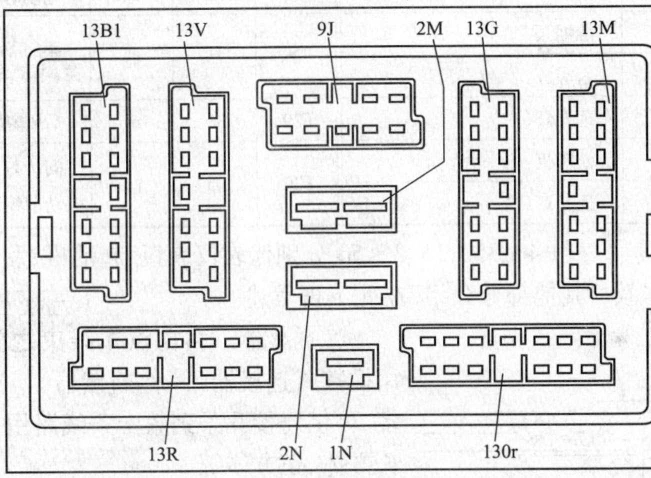

图 4-17　熔断器盒反面图

正面图熔断丝编号内容见表 4-2。

熔断丝的分配与容量　　表 4-2

熔断丝	容量（A）	颜色	被保护元件
F1	10	红	收放机
F2	5	栗	防盗控制盒;温控盒;空调;空调切断继电器;组合仪表;诊断插头
F3	10	红	ABS 电控单元
F4	10	红	近光灯(右)
F5	5	栗	后风窗加热延时继电器;鼓风机继电器
F6	10	红	自动变速器变速杆锁止继电器
F7	20	黄	喇叭
F8	—		新车交付前将 SH 熔断丝插于此位置
SH	—		
F9	10	红	近光灯(左)
F10	5	栗	左前、右后位置灯

续上表

熔断丝	容量（A）	颜色	被保护元件
F11	5	栗	右前、左后位置灯
F12	20	黄	组合仪表；制动灯；压力开关；倒车灯
F13	5	栗	仪表板照明
F14	10	红	闪光器
F15	20	黄	防盗控制盒（中控锁）；温控盒；中控锁；行李舱照明灯；危险报警灯开关
F16	20	黄	点烟器
F17	15	蓝	燃油泵
F18	10	红	后雾灯
F19	10	红	远光灯（左）
F20	30	绿	鼓风机
F21	10	红	远光灯（右）

熔断丝	容量（A）	颜色	被保护元件
F22 F23	15	蓝	（空）
F24	20	黄	前刮水器组合开关；前刮水器；前刮水器继电器
F25	10	红	组合仪表；顶灯；时钟；收放机；诊断插头；防盗控制盒
F26	15	蓝	（空）
F27	30	绿	电动车窗
F28	15	蓝	组合仪表；电动后窗切断开关；电动车窗继电器；转向灯
F29	30	绿	后风窗加热延时继电器(电源)
F30	15	蓝	阅读灯；时钟；电动后视镜；电动前窗继电器

c. 其他总成。零件序号40、350、15、35、50分别代表仪表板、起动机、发电机、蓄电池、电源盒，这些总成在本教材其他部分介绍，在此不再累述。

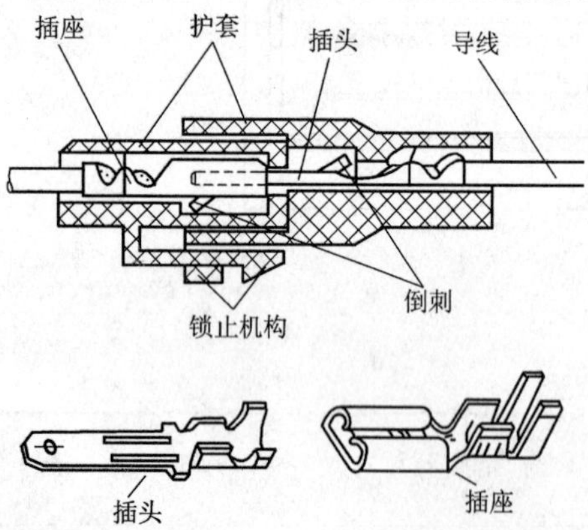

图4-18　插接件的结构图

②插接器。目前汽车线束之间的连接广泛使用插接式连接器（简称插接器）。插接器的种类很多，可供连接几条到数十条线路用，形状有圆柱体、长方体、正方体等。

插接器的插接件由阴阳两部分组成，分别称插座和插头。图4-18为一种插接件的结构图。

护套的一侧带有锁止装置，当插头与插座接合后自行锁止，防止使用中自动脱开，保证线路连接的可靠性。在检查或更换线路器件时如要分开插接器，必须先打开锁止装置，切不可强行拉动导线。

根据不同的电路布置，插接器分为三种不同类型。

a. 单列插接器。单列插接器的构造特点为插接器的接线板仅有一层，识读方法如图4-19所示。

b. 双列插接器。双列插接器的构造特点为插接器的接线板有双层，识读方法如图4-20所示。

c. 前围板插接器。前围板插接器位于风窗玻璃左下侧的车身内，共有62个通道，用于前部线束和仪表板线束的连接。该插接器为黑色（标识符号为C），由8个7通道的接线板和 3 个 2 通道的接线板组成，识读方法如图 4-21 所示。

8 B 2

图 4-19　单列插接器图标

8-通道数，表示该插接器共有 8 个通道；B-插接器的颜色，表示该插接器为白色；2-线号数，表示该插接器的第 2 号线

15M
A6

图 4-20　双列插接器图标

15-通道数，表示该插接器共有 15 个通道；M-插接器的颜色，表示该插接器为栗色；A-列数，表示该插接器中的 A 列；6-线号数，表示 A 列的第 6 号线

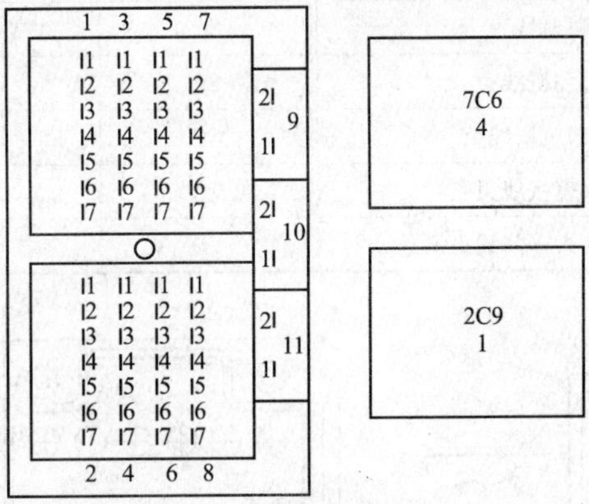

图 4-21　前围板插接器图标

7-几通道的接线板，表示 7 通道的接线板；C-表示前围板插接器；6-组数，表示第 6 组；4-线数，表示第 6 组的第 4 线

2-几通道的接线板，表示 2 通道的接线板；C-表示前围板插接器；9-组数，表示第 9 组；l-线数，表示第 9 组的第 l 线

③颜色代码。东风雪铁龙爱丽舍汽车颜色代码的含义见表 4-3。

东风雪铁龙爱丽舍汽车颜色代码　表 4-3

颜色代码	颜　色	颜色代码	颜　色
N	黑	BL	湖蓝
M	咖啡色	MV	深紫
R	大红	VI	浅紫
RO	玫瑰红（粉红色）	G	灰
OR	橙色（土黄）	B	白
J	柠檬黄	IC	透明
V	翠绿		

④线束代码。东风雪铁龙爱丽舍汽车线束代码的含义见表 4-4。

3. 典型的汽车电源电路

汽车电源系统电路包括蓄电池、交流发电机、调节器、电流表、放电警告灯继电器及放电警告灯等。

1）桑塔纳 2000 电源系统电路

桑塔纳及桑塔纳 2000 系列轿车充电系统线路如图 4-22 所示。

汽车线束代码 表4-4

线束代码	线束名称	线束代码	线束名称
AB	ABS线束	PD	右后门线束
AV	主线束	PG	左后门线束
CN	负极电缆	PL	顶灯线束
CP	正极电缆	PP	乘客车门线束
FR	后灯线束	PR	后顶灯线束
PY	预张紧器线束	UD	右制动蹄片磨损线束
HB	座舱线束	UG	左制动蹄片磨损线束
MC	喷射线束	SC	气囊线束
MT	发动机线束	SP	气囊开关线束
MV	冷却风扇线束	GC	空调线束
PB	仪表板线束	VG	左尾门线束
PC	驾驶人车门线束	VD	右尾门线束

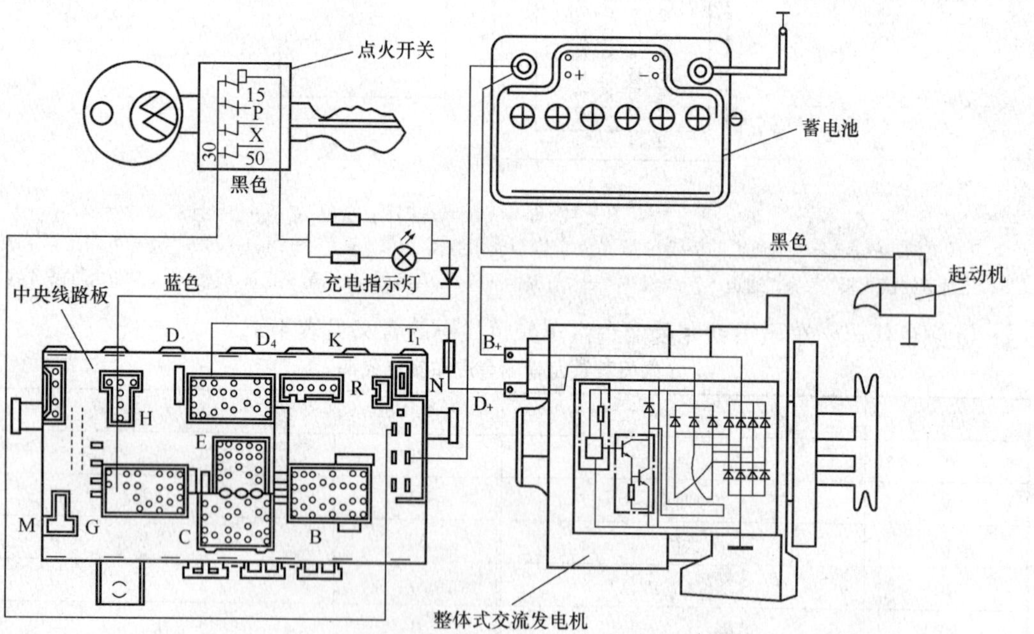

图4-22 桑塔纳2000轿车充电系统电路

整体式交流发电机的3只正极管与3只负极管组成一个三相桥式全波整流电路，称为输出电流整流电路。其输出端“B+”用红色导线与起动机“30”端子连接（1996年后部分轿车输出端“B+”用红色导线经80A易熔线与蓄电池正极柱连接，易熔线支架固定在蓄电池附近的发动机防火墙上）。3只磁场二极管与3只负极管也组成一个三相桥式全波整流电路，称为磁场电流整流电路。其输出端“D+”用蓝色导线经蓄电池旁边的单端子连接器T_1后与中央线路板D插座的D_4端子连接，再经中央线路板内部线路与A插座的A16端子相连。点火开关“30”端子用红色导线经中央线路板上的单端子插座 P 与蓄电池正极连接，点火开关“15”端子用黑色导线与仪表板左下方 14 端子黑色插座的 14 端子连接（图中未画出，可参见原版线路图），经仪表板印刷电路上的电阻 R_1、R_2 和放电警告灯（R_2 和放电警告灯串联后再与 R_1 并联）和二极管接回到 14 端子黑色插座 12 端子，再用蓝色导线与中央线路板 A 插座的 A16 端子连接。

由桑塔纳轿车原版线路图和充电系统电路图可见，放电警告灯及发电机磁场绕组线路为：

蓄电池正极端子→中央线路板单端子插座 P 端子→中央线路板内部线路→中央线路板单端子插座 P 端子→点火开关“30”端子→点火开关→点火开关“15”端子→组合仪表板下方 14 端子插接器的“14”端子→电阻 R_2 和放电警告灯（发光二极管）→二极管→中央线路板 A16 端子→中央线路板内部线路→中央线路板 D4 端子→单端子插接器 T_1（蓄电池旁边）→交流发电机“D +”端子→发电机的磁场统组→电子调节器功率管→搭铁→蓄电池负极。

2）夏利轿车电源系统电路

天津夏利 TJ7100、TJ7130 系列采用 8 管外搭铁型交流发电机，其内装集成电路 IC 调节器。放电警告灯受 IC 调节器控制。如图 4-23 所示。

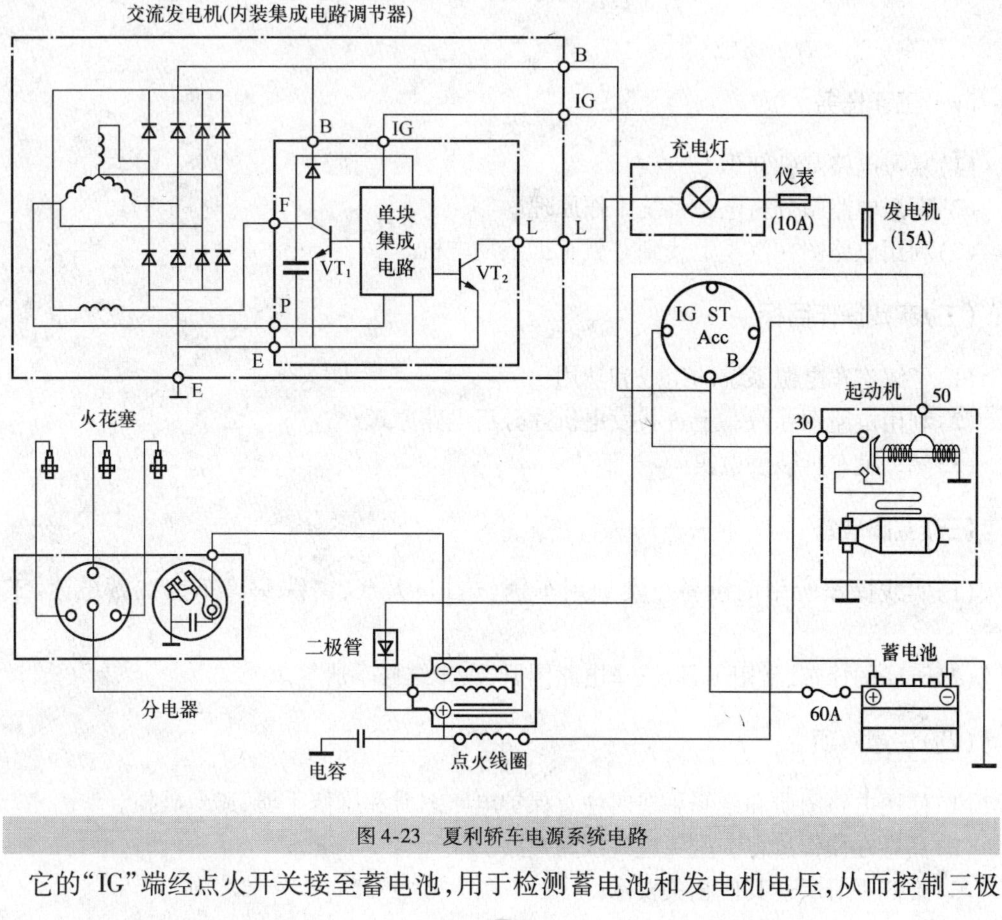

图 4-23　夏利轿车电源系统电路

它的“IG”端经点火开关接至蓄电池，用于检测蓄电池和发电机电压，从而控制三极管

VT_1 的导通与截止(发电机磁场电路)。它的P端接至发电机定子绕组某一相上,该点电压为交流发电机直流输出电压的一半。单片集成电路调节器从P端检测到交流发电机的电压,从而控制三极管 VT_2 的导通与截止(放电警告灯电路)。

当点火开关接通,发电机未转动,蓄电池电压经点火开关加到发电机"IG"端和调节器的"IG"端,调节器的电源就被接通,调节器电源电路为:蓄电池正极→易熔线(6OA)→点火开关"B"端子→点火开关触点→点火开关"IG"端子→发动机熔断器(15A)→发电机线束插接器"IG"端子→IC调节器内部电路→搭铁端子"E"→蓄电池负极。

单片集成电路检测出这个电压,使 VT_1 导通,于是磁场电路接通:磁场电路为:蓄电池正极→60A易熔线→点火开关电源端子"B"→发电机输出端子"B"→磁场绕组→调节器磁场端子"F"→调节器功率管 VT_1→调节器搭铁端子"E"→蓄电池负极。

此时,交流发电机未运转不发电,P端电压为零,单片集成电路检测出该电压使 VT_2 导通,于是放电警告灯亮,指示蓄电池放电,其电路为:蓄电池正极→易熔线(6OA)→点火开关"B"端子→点火开关触点→点火开关"IG"端子→仪表熔断器(10A)→放电警告灯→发电机线束插接器"L"端子→IC调节器功率管 VT_2→搭铁端子"E"→蓄电池负极。

二、实践操作

(一)工作任务

(1)复习电路基础知识。

(2)根据电路图分析电源系统工作原理。

(3)利用电路图在汽车上找到并就车拆装发电机。

(二)实践操作目标

(1)了解汽车电源系统的组成和功用。

(2)利用电路图在汽车上查找发电机并分析电路原理。

(3)熟练就车拆装发电机。

(三)实践准备

(1)实践操作所用的设备。实训用车辆(丰田、大众、雪铁龙等车型)、蓄电池、工作台等。

(2)干净的抹布、常用工具、汽车电路图册、汽车维修手册等。

(四)注意事项

(1)使用电路图册和维修手册时注意保护电路图册和维修手册,避免破损。

(2)注意在操作过程中避免电气线路短路。

(3)维修手册所述其他相关要求。

(五)具体内容

1. 电路基础

(1)把相关元件对应连线到图4-24中的相应位置。

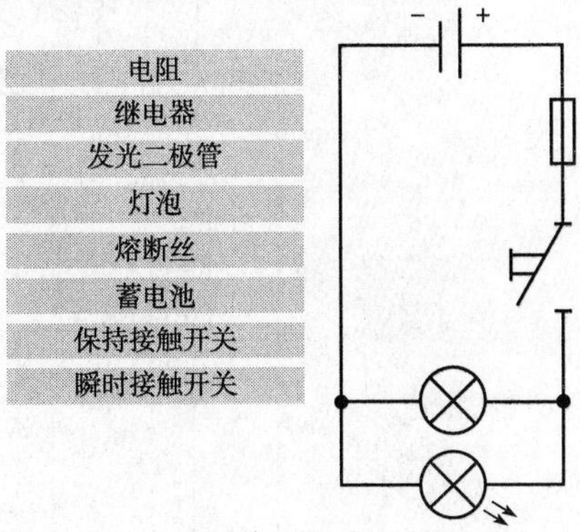

图4-24　电路图中的汽车元件

(2)导线颜色在电路图中是如何表示的?

____

____

____。

(3)导线上的数字表示什么含义?

____

____

____。

2. 汽车电源系统电路分析

以丰田佳美(3VZ-FE发动机)为例,进行说明。

1)电源系统工作原理

如图4-25所示,电源系统由蓄电池、交流发电机、电压调节器、充电警示灯、点火开关、熔断丝组成。

电源系统的充电工作过程如下:

当点火开关转到ON位时(IG2),从蓄电池出来的电流由发电机的L端子经电压调节器(IC片)流至端子E,接通充电警示灯电路,使充电警示灯点亮。

当发动机启动时(点火开关在ST位置),从蓄电池出来的电流由发电机的S端子经电压调节器流到端子F,接通发电机转子绕组,产生发电机所需的磁场。

当发动机启动后,点火开关转到ON位,此时发电机的励磁电流已经由发电机本身发出的电流来供应。随着发动机转速的升高,发电机的输出电压也随之增大。当输出电压大于蓄电池电压时,端子B处便产生反向的充电电流。同时,端子L处的电压提高,蓄电池与端子L之间的电位差消失,充电警示灯熄灭。当发动机高速运转时,发电机的输出电压由电压调节器进行调节,使发电机的输出电压保持恒定,不会因转速升高而变化。

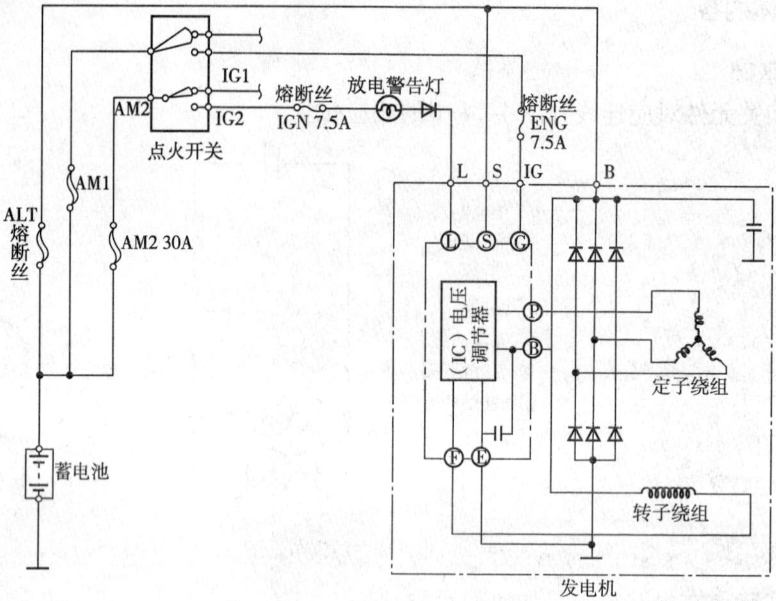

图 4-25　充电系统工作原理

2）元件位置

图 4-26 所示为 5S 和 1MZ 发动机的电源系统元件位置图。

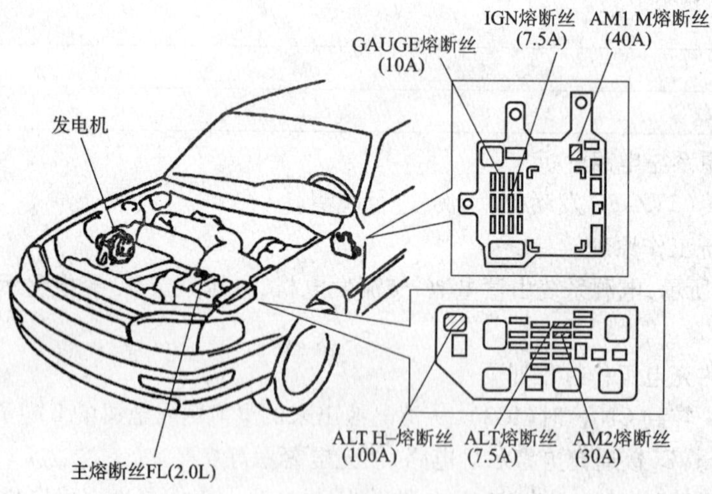

图 4-26　发动机的电源系统元件位置图

3）电路图

电源系统各元件的电路连接及工作原理，如图 4-27 所示。

4）接头视图

图 4-28 所示为电源系统元件的接头视图，接头端子的连接情况参见电路图图 4-27，接头名称参见维修手册。

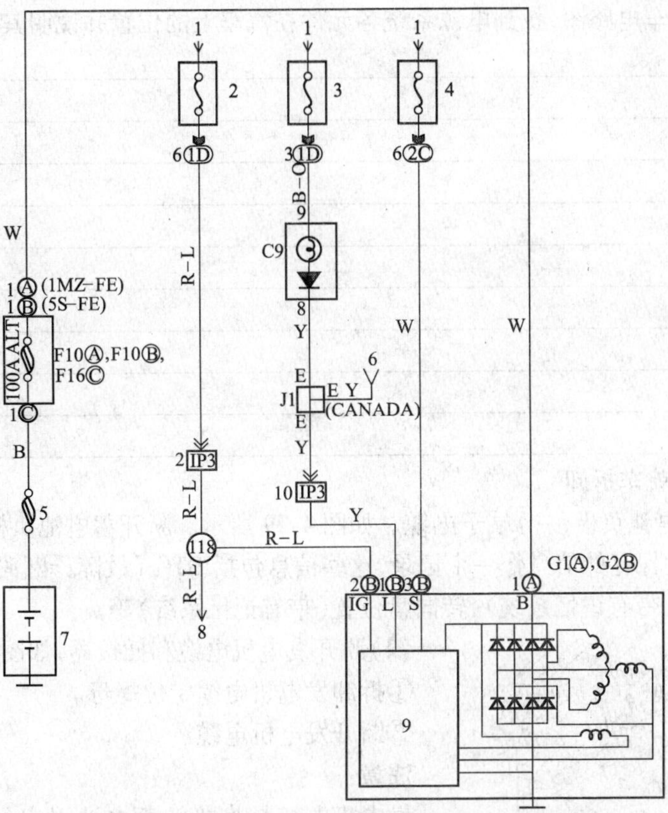

图 4-27　电源系统各元件的电路连接及工作原理

1-接自电源；2-仪表熔断丝（10A）；3-点火开关熔断丝；4-发电机熔断丝（7.5A）；5-主熔断丝（2.0L）；6-接自日间行车信号灯继电器（主继电器）；7-蓄电池；8-接至倒车开关（手动变速器）、接至驻车/空挡位置开关（空挡起动开关）（自动变速器）、接至车速传感器（速度传感器）；9-电压调节器；F10Ⓐ、F10Ⓑ、F16Ⓒ-熔断丝盒；J1-接线盒；G1Ⓐ、G2Ⓑ-交流发电机；C9-充电警示灯（仪表组）

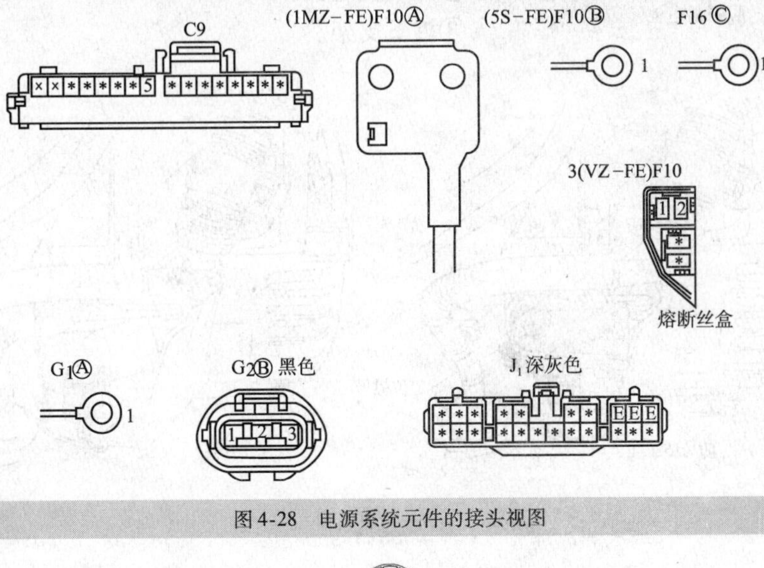

图 4-28　电源系统元件的接头视图

通过识读汽车电路图，找到电源系统各元件在汽车上的位置并说明其作用和工作原理。

3. 发电机的就车拆卸

(1)脱开蓄电池负极(－)端子电缆。如图4-29所示。断开蓄电池负极(－)电缆之前，对ECU等元件内保存的信息作一个记录，这些信息包括DTC（故障诊断码）、选择的收音机频道、座椅位置（带有记忆系统）、转向盘位置(带有记忆系统)等。

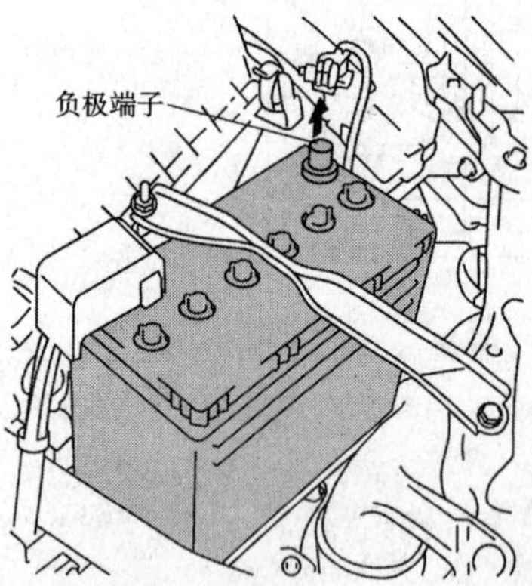

图4-29 脱开蓄电池负极

(2)脱开发电机电缆和插接器，如图4-30所示。

①拆卸发电机电缆定位螺母。

②断开发电机电缆。

注意：

发电机电缆是直接从蓄电池引出的，在端子上有一个防短路罩壳。断开插接器的卡爪，握住插接器，再断开插接器。

(3)拆卸发电机。如图4-31所示。

①拆下传动带。

②拆下发电机。

③拆下支架。

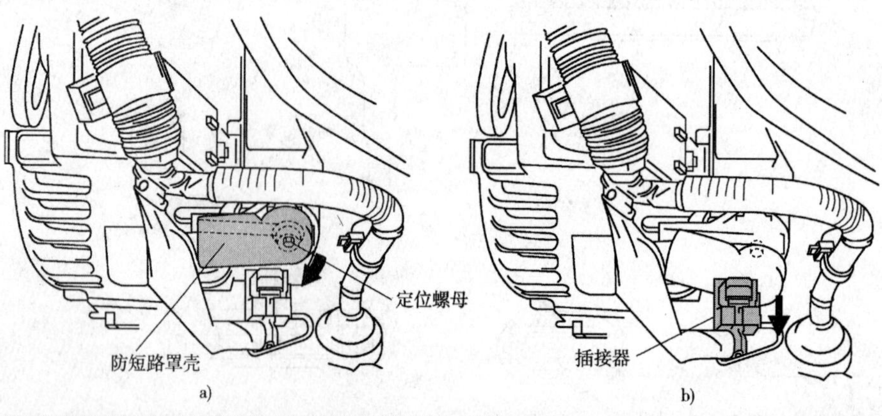

图4-30 脱开发电机电缆和插接器

4. 发电机的安装

(1)安装发电机,如图 4-32 所示。

①滑动轴套直到表面和托架平齐(管接头一端)。

提示:用锤子和铜棒将发电机安装部分的轴套向外滑动,以便安装发电机。

②初步安装发电机,使它通过贯穿安装螺栓 A。

③初步安装螺栓 B。

④安装传动带。

⑤通过用锤子的手柄等物移动发电机来调整传动带的张紧度。

⑥拧紧安装螺栓 A 和螺栓 B 以牢固地安装发电机。

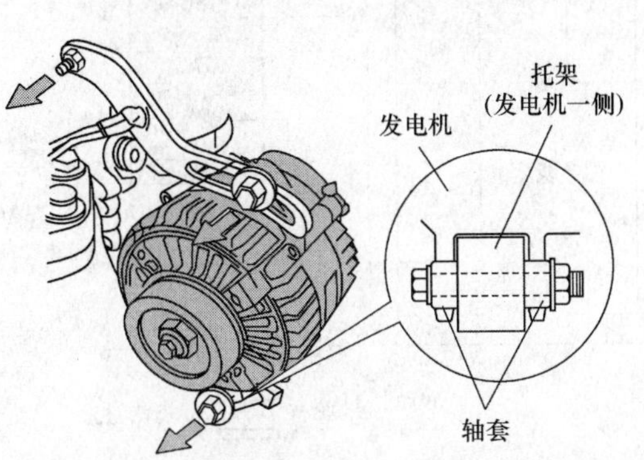

图 4-31　拆卸发电机

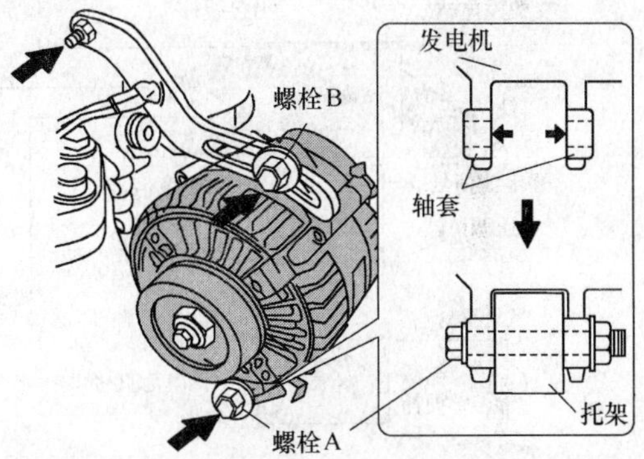

图 4-32　安装发电机

(2)连接发电机电缆和插接器。

(3)连接蓄电池负极。

5. 工作总结

学习心得:____

____

____

____。

三、学 习 拓 展

1. 计算机调压电路

现在越来越多的现代汽车上,分立式的电压调节器已经被淘汰了,取而代之的是将电压调节器电路接在汽车上的电子控制模块或组件中,如图 4-33 所示,其中模块式计算机用于控制通过转子中磁场绕组的电流。

这种系统不是利用类似可变电阻的作用来控制通过转子的磁场绕组中的电流,而是由计算机以每秒 400 个脉冲固定频率向磁场提供电流脉冲,通过改变开与关的时间,就得到了正确的励磁电流平均值，从而使发电机发出适当的输出电压。在发动机高速运转而电路系统低负荷时，磁场电路的接通时间也许只占10%。而在发动机低速运转而电路系统高负荷时，计算机会使电路的接通时间提高到75%或更高，以增加通过磁场电路的平均电流，满足输出的要求。

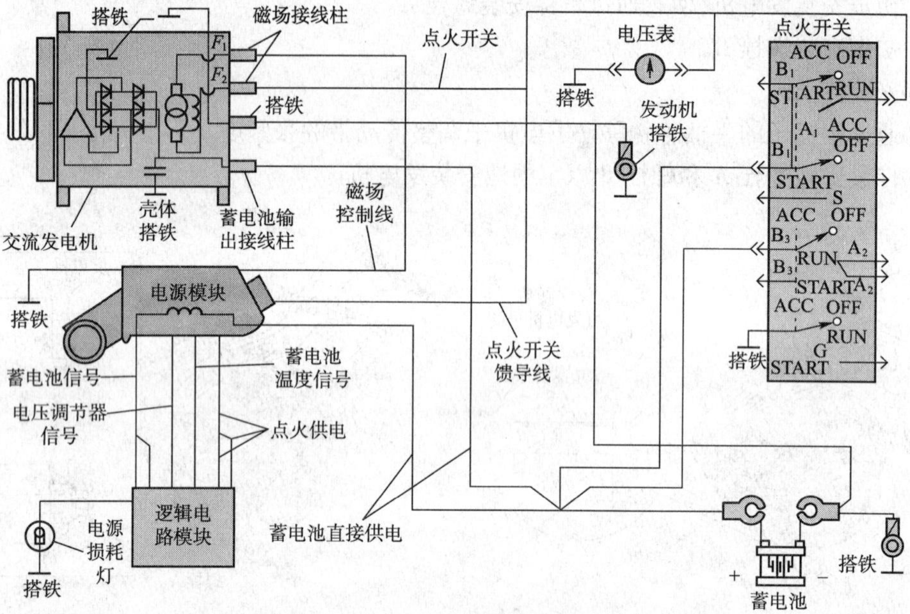

图4-33 计算机调压电路

这种系统的显著特点就是能根据车辆的需求和环境温度的变化而改变输出电压。这种精确的控制使得车辆可以采用小一些、轻一些的蓄电池。这种系统还能减少磁性阻力，能增加发动机几千瓦的功率输出。由于能精确地处理充电速率，所以能增加单位油量的行驶距离，消除潜在的由低怠速时的附加电压降引起的怠速粗暴问题。更为重要的是，这种系统能发挥计算机的诊断能力，用于诊断充电系统中诸如低输出电压或高输出电压之类的故障。

2. 过压保护电路

半导体元器件对瞬变电压是很敏感的，当瞬变电压达到某一值时，半导体元件就会完全损坏。由于发电机的励磁电流及转速都很高，所以产生的瞬变能量也很大。当出现瞬变电压时，必须采取措施保护半导体元件不受损坏。

防止过电压，一般可从两方面着手：一方面是提高电子元件的承压能力，把电子设备中各元件承受的电压选择高于电系中可能产生的瞬变高电压，并还要考虑温度的影响因素，这种方法的优点是可不增加系统中元件的数量，但不够经济；另一方法是另增加过电压保护装置，来吸收电系中可能产生的各种瞬变性过电压能量，以保护电子设备中各电子元件的正常工作，这种保护可以是局部保护，也可以是整个系统集中保护。

稳压管保护电路是目前应用最广泛的一种，其典型线路如图4-34所示。

在交流发电机励磁二极管输出端与搭铁之间接一个稳压二极管DW2。在正常情况下，这个稳压二极管是不导通的，当出现瞬时过电压时，该稳压管导通，电压只能升到 DW2 的击穿电压。该浪涌电压的能量通过 DW2 到搭铁消耗之后，DW2 又恢复到不导通状态。

可以看出，采用稳压管保护装置，线路简单，安装方便（可安装在发电机或调节器内），当线路中没有出现瞬变高电压时，稳压管不导通，故无功率损耗，另外还具有反应迅速（反应时间为几十纳秒）的优点。

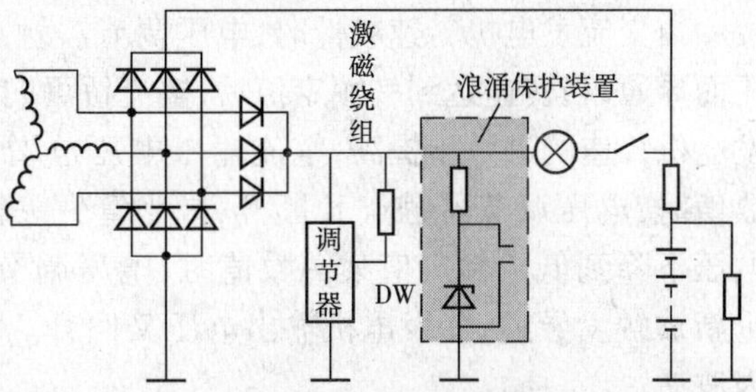

图 4-34　稳压管保护电路

其缺点是：一旦稳压管被浪涌电压击穿后不能恢复时，变成一短路的低电阻，它会将励磁电源连到搭铁，此时发电机无剩磁，电压下降，放电警告灯亮，可以警告驾驶人，应更换稳压管；如果稳压管处于开路状态，则系统就得不到保护。如果蓄电池的极性接反，则这只稳压管会被大电流烧坏，故国外有些交流发电机充电系统中，考虑用快速熔断器作为反接保护。

3. 晶闸管整流电路

晶闸管（俗称可控硅）像晶体管一样也有三条管脚，可它的内部结构与晶体管不同；三条管脚分别为阳极、阴极和控制极，如图 4-35 所示。

只要给控制极施加一触发脉冲（不是连续的电流），晶闸管便从截止变导通。这时，只要阳极和阴极之间保持足够高的电压，电流便连续通过阳极和阴极。要电流停止，必须降低阳极和阴极之间的电压，或给控制极施以反极性的电压脉冲。

晶闸管整流电路用于永磁式无刷交流发电机，由于转子采用永磁结构，工作时所产生的旋转磁通是不可调的，所以在定子绕组中产生的三相交流感应电动势将随发电机转速变化。因此，为了保证该发电机在不同转速下输出电压的稳定，采用了电压调节器和三相半控桥式整流电路，其电路原理图如图 4-36 所示。

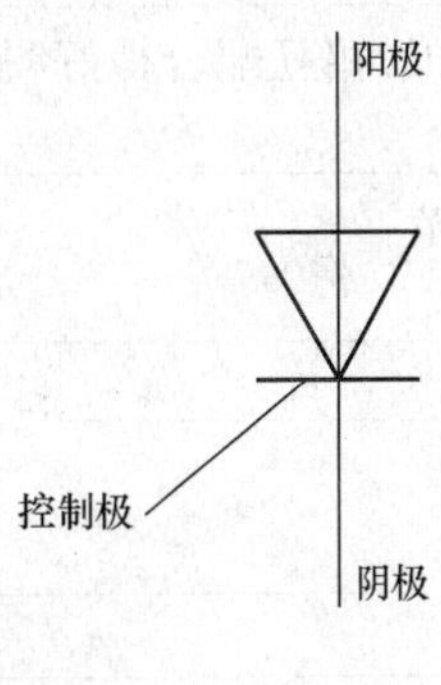

图 4-35　晶闸管

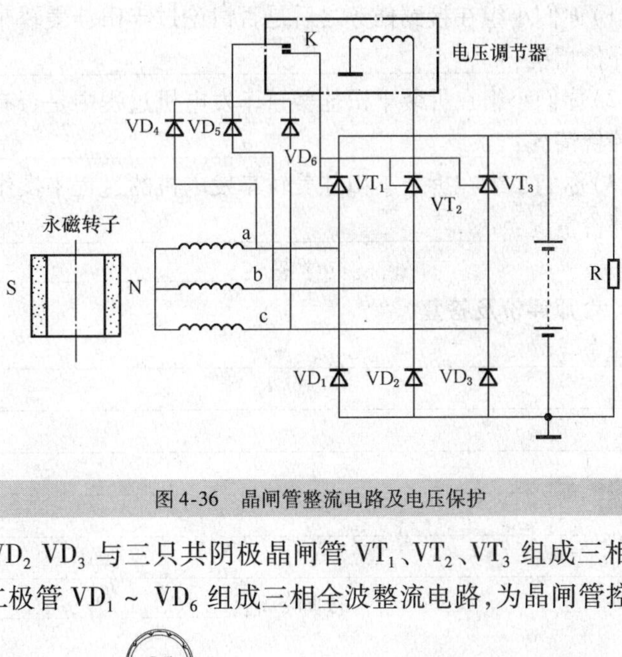

图 4-36　晶闸管整流电路及电压保护

三只共阳极硅二极管 VD_1 VD_2 VD_3 与三只共阴极晶闸管 VT_1、VT_2、VT_3 组成三相半控桥式整流电路。另外由硅整流二极管 VD_1 ~ VD_6 组成三相全波整流电路，为晶闸管控制极提供触发电压,与电压调节器的一个触点相接,另一个触点则与晶闸管的控制极相连,电压调节器触点控制线圈并联在三相半控桥的输出端,其电压控制原理如下:

当交流发电机转速较低时,电压调节器触点 K 闭合,晶闸管的控制极获得正向触发电压而导通,当转速达到一额定值后,整流桥可向蓄电池和负载提供三相全波整流电压。随着发电机转速的进一步提高,整流输出电压也增大。当整流输出电压超过额定电压值某一数值时,电压调节器触点 K 断开,晶闸管失去正向触发电压而截止,输出电压下降。输出电压下降到低于额定值某一数值时,电压调节器线圈电流减小使 K 又闭合,三个晶闸管重新被触发导通,使发电机输出电压又回升。如此反复,使发电机输出电压在规定的范围内波动。

四、评价与反馈

1. 自我评价与反馈

(1)对本学习任务的学习你是否满意?

评价情况:____

(2)你是否能对丰田佳美轿车电源电路进行正确分析?

评价情况:____

(3)你能独立完成丰田佳美轿车发电机就车拆装吗?

评价情况:____

(4)你会正确使用工具吗?

评价情况:____

签名:__________ __________年________月________日

2. 小组评价与反馈

(1)你们小组在接到任务之后是否讨论过丰田佳美轿车发电机的就车拆装计划?

评价情况:____

(2)你们小组在拆装丰田佳美轿车发电机过程中是否有明确分工,相互配合得好吗?

评价情况:____

(3)你们小组在拆装丰田佳美轿车发电机的过程中操作是否规范?

评价情况:____

参与评价的同学签名:__________ __________年________月________日

3. 教师评价及答复

____

____

____

____

____

____

教师签名:__________ __________年________月________日

五、技能考核标准

序号	项　目	操作内容	规定分	评分标准	得分
1	电路基础	汽车电路基础知识考查	15	每项错误扣5分	
2	根据电路图分析工作原理	识读电路图、分析原理	20	识读错误扣10分 工作原理分析不正确扣10分	
3	就车拆卸发电机	总成拆卸	25	拆卸步骤顺序错误扣10分 拆卸方法不正确扣10分 操作不熟练扣5分	
4	就车安装发电机	总成安装	25	安装步骤顺序错误扣10分 安装方法不正确扣10分 操作不熟练扣5分	
5	安全文明生产	遵守安全操作规程，正确使用工具，操作现场整洁	15	有1项不正确的，扣5分，扣完为止	
		安全用电，防火，无人身、设备事故		因违规操作发生重大人身和设备事故，此项技能考核按0分计	
6	分数合计		100		

学习任务五　拆装起动机

任务要求

完成本学习任务后，你应能：

1. 描述起动机的结构及工作原理；
2. 识读起动系统电路；
3. 熟练拆装起动机。

建议学时：10 学时

任务描述

一辆轿车不能起动，点火开关旋转到起动挡，能听到起动机旋转声音无力，经技术人员分析，需对起动机进行检修。

学习流程

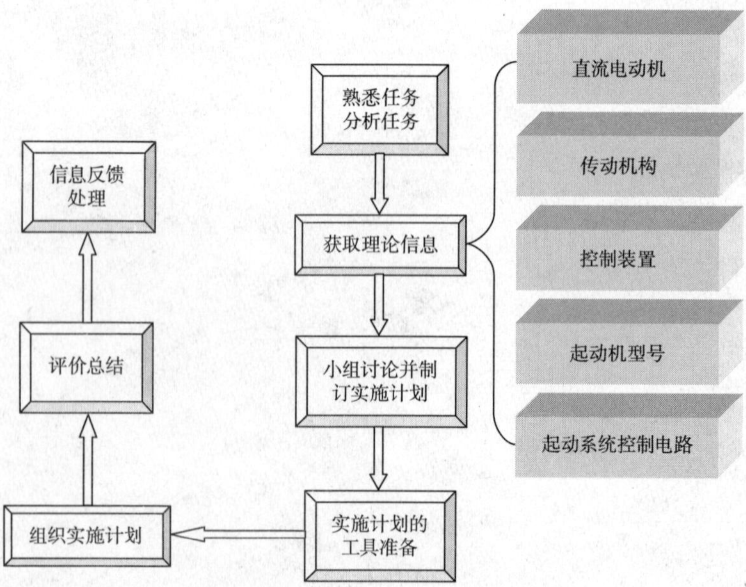

一、理论知识准备

汽车装用的汽油发动机或柴油发动机属于内燃机,其本身不能起动,必须借助外力引导发动机完成最初基本的进气、压缩、燃烧做功及排气等工作过程,如图 5-1 所示。

发动机所借助的外力一般是指以蓄电池为电源的直流电动机,人们把启动发动机用的这种电动机称为起动机。电力起动具有操作简便、起动迅速、具有重复起动能力并且可以远距离控制的特点,在现代汽车上得到广泛采用。

汽车起动机与普通直流电动机的最大区别在于:起动机是一种带有与发动机啮合、脱开机构的电动机。

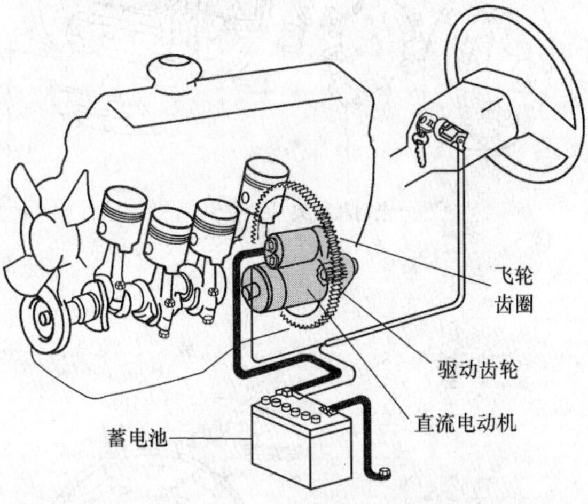

图 5-1　起动机的作用

电力起动机一般由直流串励式电动机、传动机构和控制装置(也称电磁开关)三部分组成,如图 5-2 所示。直流串励式电动机的作用是产生转矩;传动机构(啮合机构)的作用是在发动机启动时,使起动机驱动齿轮啮入飞轮齿圈,将起动机的转矩传给发动机曲轴,而发动机起动后,使驱动齿轮打滑或与飞轮齿圈自动脱开;控制装置(电磁开关)的作用是用来接通和切断电动机与蓄电池之间的电路。

图 5-2　起动机的组成

1-驱动轴;2-挡圈;3-小齿轮;4-滚柱式单向离合器;5-啮合弹簧;6-啮合拨杆;7-啮合继电器;8-保持线圈;9-吸引线圈;10-复位弹簧;11-桥形接片;12-触点;13-电气接口;14-整流器支座;15-整流器;16-电刷支架;17-电枢;18-磁铁;19-极靴;20-行星齿轮箱

1. 直流电动机

直流电动机的作用是产生转矩。发动机起动用电动机主要有直流串励式电动机和复励式电动机。汽车上比较普遍采用的是直流串励式电动机。直流串励式电动机的励磁绕组与电枢绕组相串联,电枢电流等于励磁绕组电流,并与总电流相等,具有较"软"的机械特性,因此特别适合应用于直接驱动式起动机。

1)直流串励式电动机构造

直流串励式电动机由磁极、电枢、换向器等组成,如图 5-3 所示。

(1)磁极。磁极由固定在机壳上的磁极铁芯和磁场绕组组成,其作用是产生电枢旋转所需的磁场。汽车起动机一般采用 4 个或 6 个磁极。励磁绕组一端接在外壳的绝缘接线柱上,另一端与两个非搭铁电刷相连,其内部电路的连接如图5-4所示。

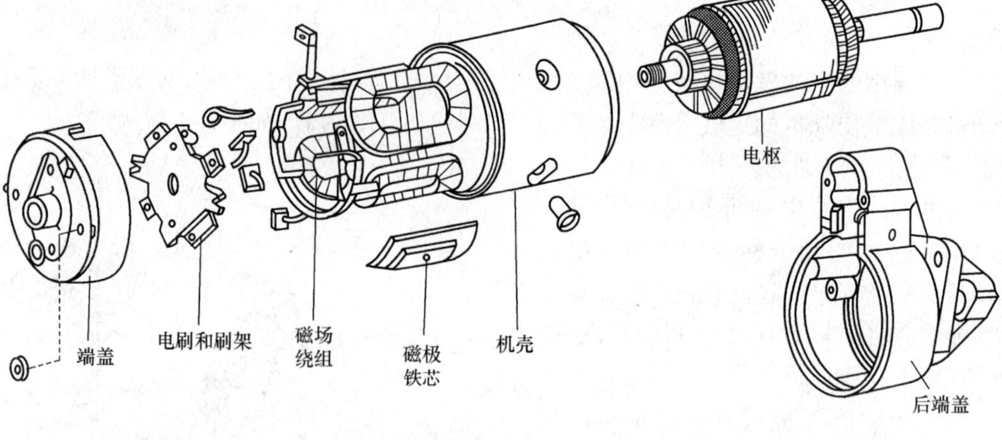

图5-3　直流串励式电动机的结构

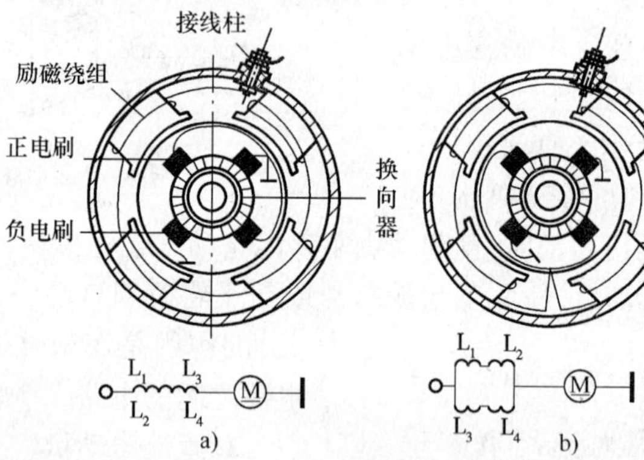

图5-4　磁极内部电路的连接

a)四个绕组相互串联;b)两个绕组串联后再并联

(2)电枢。电枢由外圆带槽的硅钢片叠成的铁芯和电枢绕组组成,如图5-5所示。

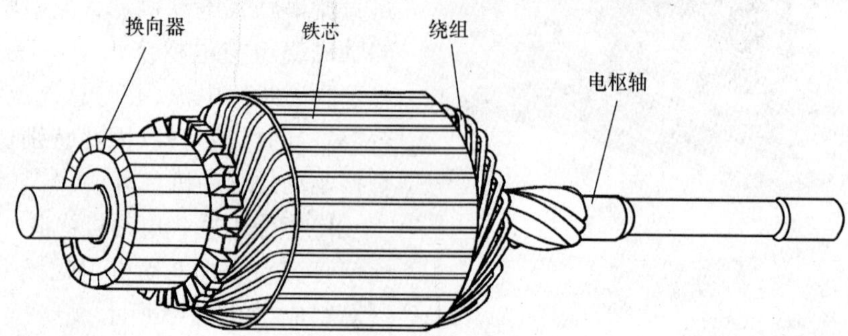

图5-5　电枢总成

电刷和装在电枢轴上的换向器用来连接磁场绕组和电枢绕组的电路,并使电枢轴上的电磁力矩保持固定方向。电刷装在端盖上的电刷架中,通过电刷弹簧保持与换向片之间具有适当的压力,如图 5-6 所示。

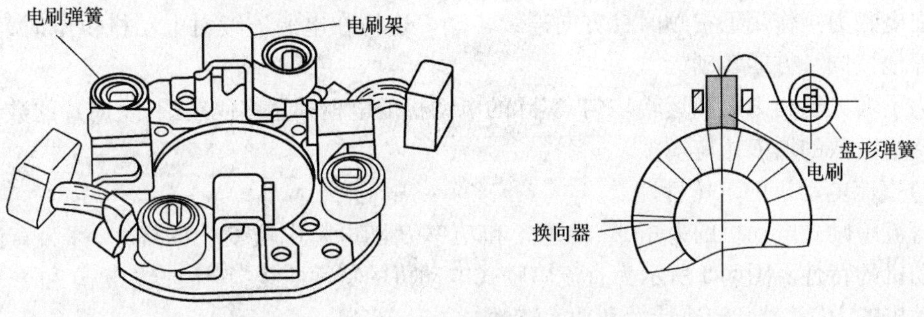

图 5-6　电刷及电刷架

4 个磁极的电动机装有 4 个电刷,其中两个与机壳绝缘,接励磁绕组的尾端,电流由这两个电刷进入电枢绕组,另外两个为搭铁电刷,通过电枢绕组的电流由这两个电刷搭铁。

(3)机壳。机壳是电动机的磁极和电枢的安装机体,一般做成圆筒状,其上有一绝缘接线端,是电动机的引入线。起动机的电磁开关也安装在机壳上。

2)直流电动机的工作原理

直流电动机是根据载流导体在磁场中将受到电磁力作用会发生运动的原理进行工作的。直流电动机的原理如图 5-7 所示。

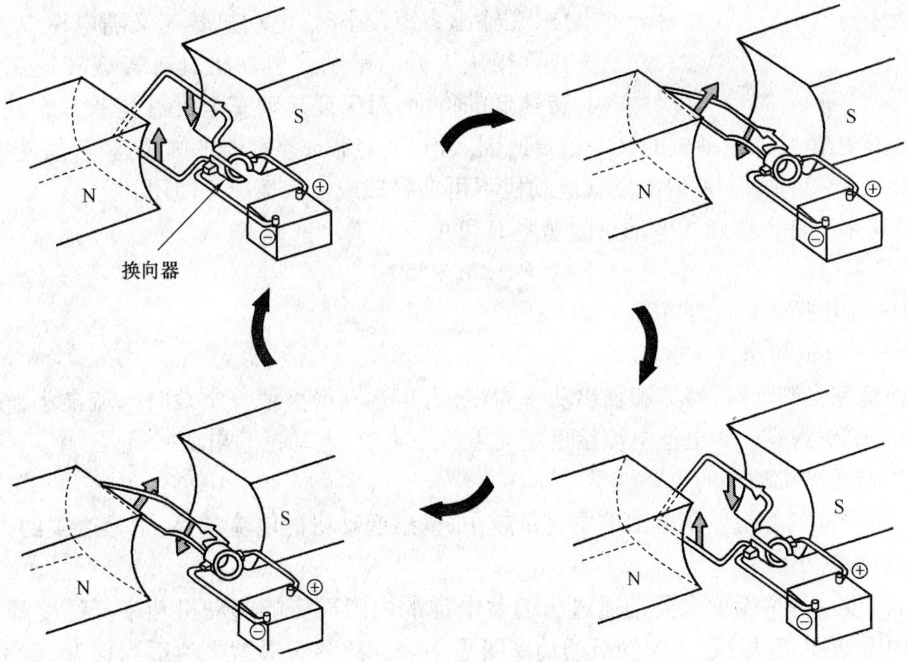

图 5-7　直流电动机的原理图

在磁场中放置一个线圈,线圈的两端分别与两片换向片连接,两只电刷分别与两片换向片接触,并与蓄电池的正极和负极接通。电流方向为:蓄电池正极→正电刷→换向片→线圈→负电刷→蓄电池负极。在环状线圈中电流的方向交替变化,用左手定则判断可知,环状线圈在电磁力矩作用下按顺时针方向连续转动。这样在电源连续对电动机供电时,其线圈就不停地按同一方向转动。

为了增大输出力矩和运转均匀,实际的电动机的电枢采用多匝线圈,换向片的数量也随线圈绕组匝数的增多相应增多。

3)直流电动机的工作特性

直流串励式电动机的力矩 M、转速 n 和功率 P 随电枢电流变化的规律,称为直流串励式电动机的特性。图5-8所示为直流串励式电动机的特性曲线,其中曲线 M、n 和 P 分别代表电动机的力矩特性、转速特性和功率特性。

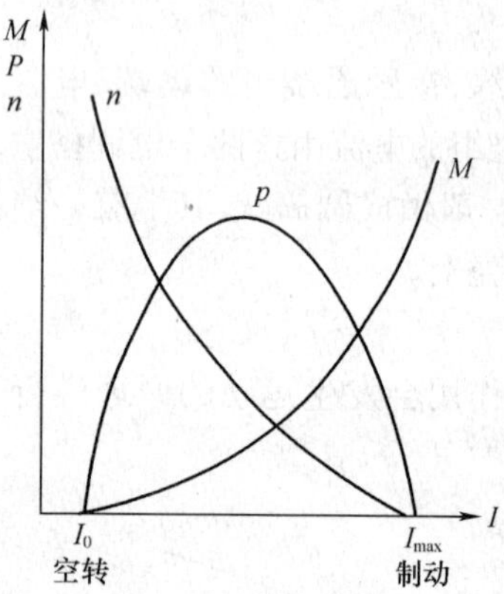

图5-8 直流串励式电动机的特性曲线

(1)力矩特性。在起动机起动的瞬间,因发动机的阻力矩很大,起动机处于完全制动状态。此时,电枢转速为零,电枢电流达到最大值,力矩也相应达到最大值。力矩与电枢电流的平方成正比,所以此时电流所产生的力矩很大,足以克服发动机阻力矩,使发动机的起动变得很容易。这就是汽车起动机采用串励式电动机的主要原因。

(2)转速特性。串励式电动机输出力矩大时,电枢电流也大,电动机转速随电流的增加而急剧下降;反之,在输出力矩较小时,电动机转速又随电枢电流的减小而很快上升。串励式电动机具有轻载转速高,重载转速低的特性,对保证起动安全可靠是非常有利的,这是汽车上采用串励式电动机的又一重要原因。但是,轻载或空载时的高转速,容易使串励电动机发生"飞车"事故。所以串励式电动机不可在轻载或空载情况下使用。

(3)功率特性。串励式电动机的功率 P 可用下式表示:

$$P = Mn/9550$$

式中:M——电枢轴上的力矩,N · m;

n——电枢转速,r/min。

电动机完全制动时,转速和输出功率为零,力矩达到最大值。空载时电流最小,转速最大,输出功率也为零。当电枢电流接近制动电流一半时,电动机输出功率最大。

4)影响起动机功率的主要因素

(1)蓄电池的容量。蓄电池的电容量越小,供给起动机的电流越小,于是产生的力矩越小,导致功率减小。

(2)温度。环境温度主要是通过影响蓄电池的内阻而影响起动机功率。温度降低,蓄电池的内阻增加,容量减小,起动机的功率明显下降。故冬天对蓄电池适当保温,就可以提高起动机功率,改善起动性能。

(3)接触电阻和导线电阻。接触电阻大、导线过长及截面过小,都会造成较大的电压降,使起动机的功率减小。

2. 传动机构

传动机构由驱动齿轮、单向离合器、拨叉、啮合弹簧等组成,安装在起动机轴的花键部分。

起动时,传动机构使驱动齿轮沿起动机轴移出,与飞轮齿圈啮合,将电动机产生的转矩通过飞轮传递给发动机的曲轴,使发动机起动;起动后,飞轮转速逐渐提高,带动驱动齿轮高速旋转,引起电动机超速。因此,在发动机起动后,传动机构应使驱动齿轮与电动机轴自动脱开,防止电动机超速。

传动机构中,结构和工作情况比较复杂的是单向离合器,它的作用是传递电动机转矩,启动发动机,而在发动机起动后自动打滑,保护起动机电枢不致超速。常用的单向离合器主要有以下几种。

1)滚柱式单向离合器

滚柱式单向离合器如图 5-9 所示。

(1)构造。滚柱式单向离合器的构造如图 5-10 所示,驱动齿轮与外壳制成一体,外壳内装有十字块和四套滚柱、压帽和弹簧。十字块与花键套筒固连,壳底与外壳相互扣合密封。

花键套筒的外面装有啮合弹簧及衬圈,末端安装拨环与卡圈。整个离合器总成套装在电动机轴的花键部位上,可作轴向移动和随轴转动。

图 5-9　滚柱式单向离合器

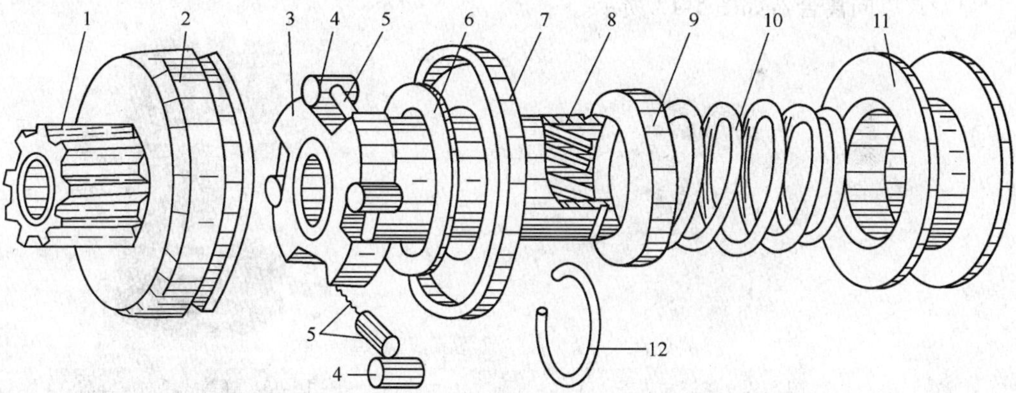

图 5-10　滚柱式单向离合器

1-驱动齿轮;2-外壳;3-十字块;4-滚柱;5-压帽及弹簧;6-垫圈;7-护盖;8-花键套筒;9-弹簧座;10-啮合弹簧;11-拨环;12-卡簧

在外壳与十字块之间,形成 4 个宽窄不等的楔形槽,槽内分别装有一套滚柱、压帽及弹簧。滚柱的直径略大于楔形槽窄端,略小于楔形槽的宽端,因此当十字块作为主动部分旋转时,滚柱滚入窄端,将十字块与外壳卡紧,使十字块与外壳之间能传递转矩;当外壳作为主动部分旋转时,滚柱滚入宽端,则放松打滑,不能传递转矩。

(2)工作过程。起动时,拨叉动作,将离合器推出,驱动齿轮啮入飞轮齿圈后,电动机通电,带动十字块旋转。由于十字块处于主动状态,迫使 4 套滚柱滚入窄端。如图 5-11 所示,它将十字块与外壳卡紧，传递转矩，驱动曲轴旋转，启动发动机。

起动后，飞轮齿圈带动驱动齿轮与外壳高速旋转，当转速超过十字块时，将迫使滚柱滚入宽端打滑，各自自由转动，起飞散保护作用。

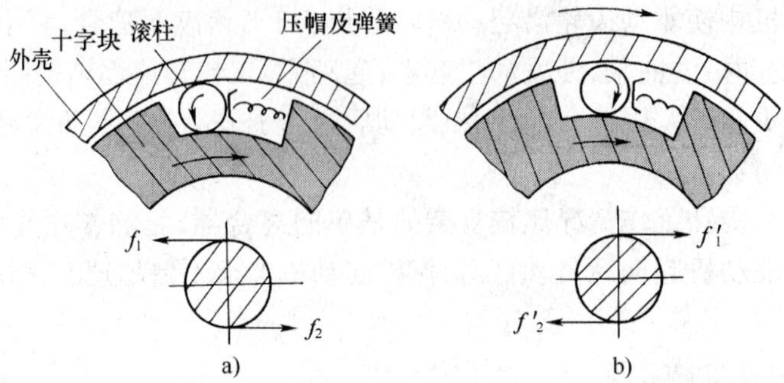

图 5-11　滚柱的受力及作用示意图
a）起动时；b）起动后

2）摩擦片式离合器

摩擦片式离合器如图 5-12 所示。

中等功率和大功率的起动机多采用摩擦片式单向离合器。它是通过摩擦片的压紧（传递转矩）和放松（防止飞散）来实现离合的。

3）弹簧式单向离合器

弹簧式单向离合器如图 5-13 所示。

图 5-12　摩擦片式离合器

图 5-13　弹簧式单向离合器

起动时，电枢轴带动连接套筒旋转，扭力弹簧顺其旋转方向扭转，圈数增加，内径变小，将齿轮柄与连接套筒包紧，成为整体。于是，电动机的转矩传给驱动齿轮，带动曲轴旋转，启动发动机。起动后，驱动齿轮转速高于电枢转速，扭力弹簧被反向扭转，内径变大，齿轮柄与连接套筒松脱，各自转动（齿轮柄被飞轮齿圈带动高速旋转，连接套筒随电枢低速旋转），使发动机转矩不能传给电枢，起飞散保护作用。

3. 控制装置

控制装置的作用是控制驱动齿轮与飞轮齿圈的啮合与分离，并控制电动机电路的接通与切断。

在现代汽车上，起动机均采用电磁控制装置控制电路，电磁式控制装置是利用电磁开关的电磁力操纵拨叉，使驱动齿轮与飞轮啮合或分离。

电磁式控制装置的具体结构尽管有所不同，但一般 12V 电源系统汽车用起动机都是由电磁铁机构操纵拨叉，控制离合器驱动齿轮。

1）电磁控制装置的结构

电磁控制装置在起动机上称为电磁开关，图 5-14 所示为电磁开关结构图。

电磁开关上有 4 个接线柱，分别是两个主电路接线柱、附加电阻短路接线柱和起动机接线柱（电磁开关接线柱）；两个线圈，即吸引线圈和保持线圈，两线圈的公共端接起动开关或起动机接线柱，吸引线圈的另一端接起动机开关主接线柱，保持线圈的另一端搭铁。活动铁芯与拨叉通过调节螺钉相连，固定铁芯的中心装有推杆，其上套有接触盘、活动铁芯及推杆，接触盘上装有复位弹簧，其电路如图 5-15 所示。

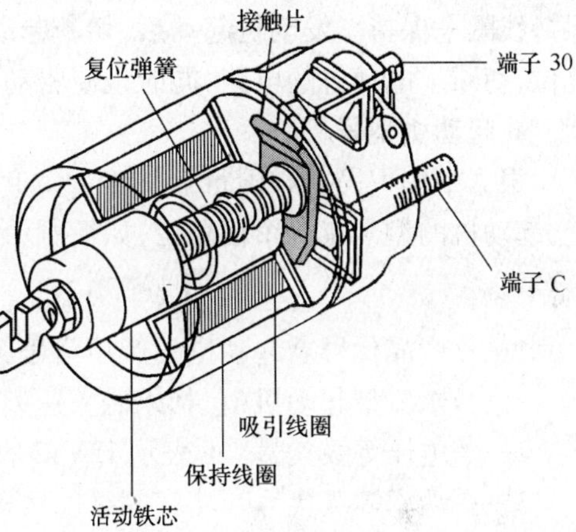

图 5-14　电磁开关结构图

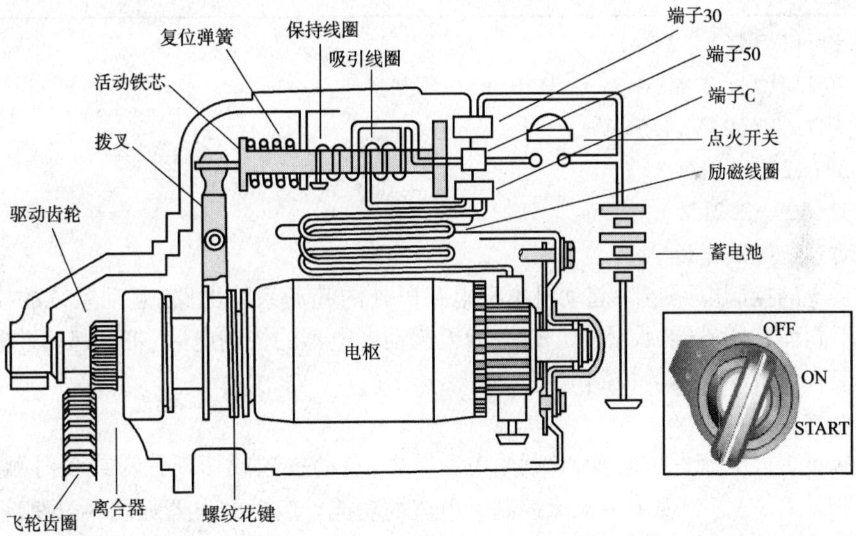

图 5-15　电磁开关电路

2）基本工作过程

当起动电路接通后，保持线圈的电流经起动机接线柱 50 进入，经线圈后直接搭铁，吸引线圈的电流也经起动机接线柱 50 进入，但通过线圈后未直接搭铁，而是进入电动机的励磁线圈和电枢后再搭铁。两线圈通电后产生较强的电磁力，克服复位弹簧弹力使活动铁芯移动，一方面通过拨叉带动驱动齿轮移向飞轮齿圈并与之啮合，另一方面推动接触片移向接线柱 50 和 C 的触点，在驱动齿轮与飞轮齿圈进入啮合后，接触片将两个主触点接通，使电动机通电运转。在驱动齿轮进入啮合之前，由于经过吸引线圈的电流经过了电动机，所以电动机在这个电流的作用下会产生缓慢旋转,以便于驱动齿轮与飞轮齿圈进入啮合。在两个主接线柱触点接通之后,蓄电池的电流直接通过主触点和接触片进入电动机,使电动机进入正常运转,此时通过吸引线圈的电路被短路,因此,吸引线圈中无电流通过,主触点接通的位置靠保持线圈来保持。发动机起动后,切断起动电路,保持线圈断电,在弹簧的作用下,活动铁芯复位,切断了电动机的电路,同时也使驱动齿轮与飞轮齿圈脱离啮合。

4. 起动机型号

根据中华人民共和国行业标准 QC/T 73—1993《汽车电气设备产品型号编制方法》规定,起动机的型号有五个信息位,如下所示:

1 2 3 4 5

1——产品代号。起动机的产品代号:QD 表示起动机;QDJ 表示减速起动机;QDY 表示永磁型起动机(包括永磁减速型起动机)。

2——电压等级代号。1 表示 12V;2 表示 24V。

3——功率等级代号。功率等级代号含义见表 5-1。

起动机功率等级代号含义 表 5-1

1	2	3	5	6	7
1kW 以下	1 ~ 2kW	2 ~ 3kW	3 ~ 4kW	4 ~ 6kW	6 ~ 7kW

4——设计序号(1 ~ 2 位)。

5——变型代号(省略、A、B、C、D、E、F、…Y、Z)。

例如:QD263Y(24V、4.5kW)。

QD1538(12V、3.2kW)。

QDJ131(12V、2.2kW)。

5. 起动系统控制电路

起动系统的控制电路指除起动机本身电路以外的起动系统电路,起动系统的控制电路随车型的不同而有所不同,大体上可以分为无起动继电器的控制电路、带有起动继电器的控制电路和带有保护继电器的控制电路。

1)继电器

继电器属于大电流保护装置,它利用电磁原理,自动接通或切断一对或多对触点,以实现用小电流控制大电流的功能。起动继电器如图 5-16 所示。

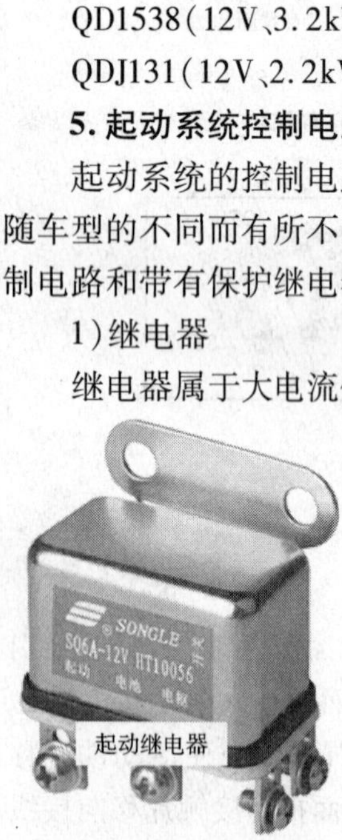

图 5-16 起动继电器

汽车上的继电器(relay)可分为专用继电器和一般继电器两大类。专用继电器在开关接通后能自动控制电路通断转换,以实现特定功能,如闪光继电器、刮水间歇继电器等;一般继电器是单纯实现电路通断与转换的继电器,它通过流经继电器线圈的小电流,控制用电装置的大电流,减小开关的负荷,保护开关,以实现以小(电流)控大(电流),以弱控强的功能。常用的继电器有前照灯继电器、喇叭继电器、起动继电器、预热继电器、卸荷继电器等。

一般继电器由电磁线圈、铁芯、衔铁、触点、外壳和接线端子或引脚等组成,如图 5-17 所示。为了减小继电器线圈断电时产生的自感电动势，保护开关和电子元件，有些继电器线圈两端还并联有电阻或续流二极管。

汽车继电器按外形分有圆形、方形和长方形三种；按引脚数目分有三脚、四脚、五脚等多种。

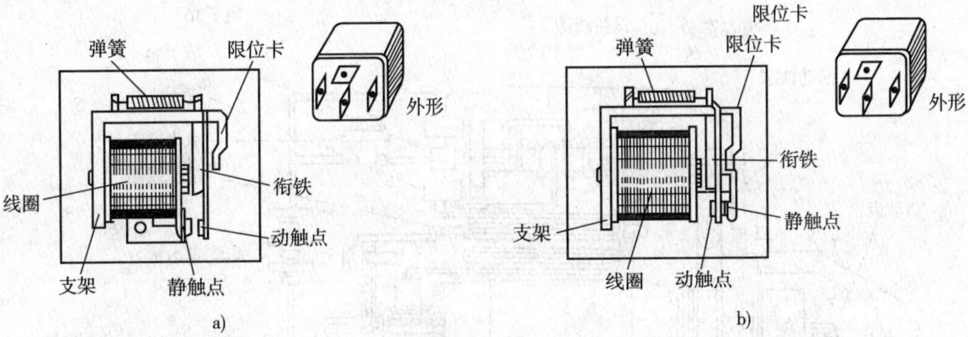

图 5-17　继电器结构
a）常开型；b）常闭型

按触点不工作时的状态不同，汽车继电器可分为以下三类。

第一类继电器常态下触点是断开的，继电器动作后触点才接通，称为动合型继电器，也称为常开型继电器。

第二类继电器常态下触点是闭合的，继电器动作后触点断开，称为动断型继电器，也称为常闭型继电器。

第三类继电器平时常态下动断触点接通，动合触点断开，如果继电器线圈通电，则变成相反状态。这类继电器亦称开闭混合型继电器，也称为混合型继电器。

为方便使用和接线，在继电器的外壳上都有简明扼要的接线图，如图 5-18 和图 5-19 所示。通常插脚“86”为搭铁端，“85”接控制开关，“88”或“30”为电源端，“87”则接负载。

图 5-18　继电器的外壳上的接线图

继电器标称电压有 12 V 和 24V 两种，线圈电阻一

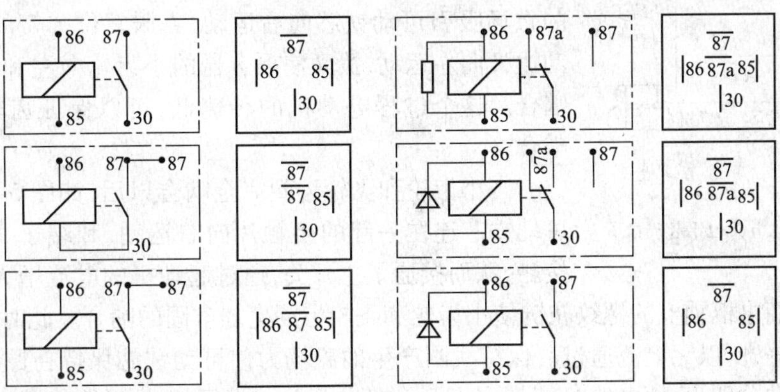

图 5-19　继电器接线图及接脚

般分别为 65 ~ 85Ω 和 200 ~ 300Ω。不同标称电压和电流的继电器不能换用。

2）无起动继电器的起动控制电路

无起动继电器的起动控制电路如图 5-20 所示。

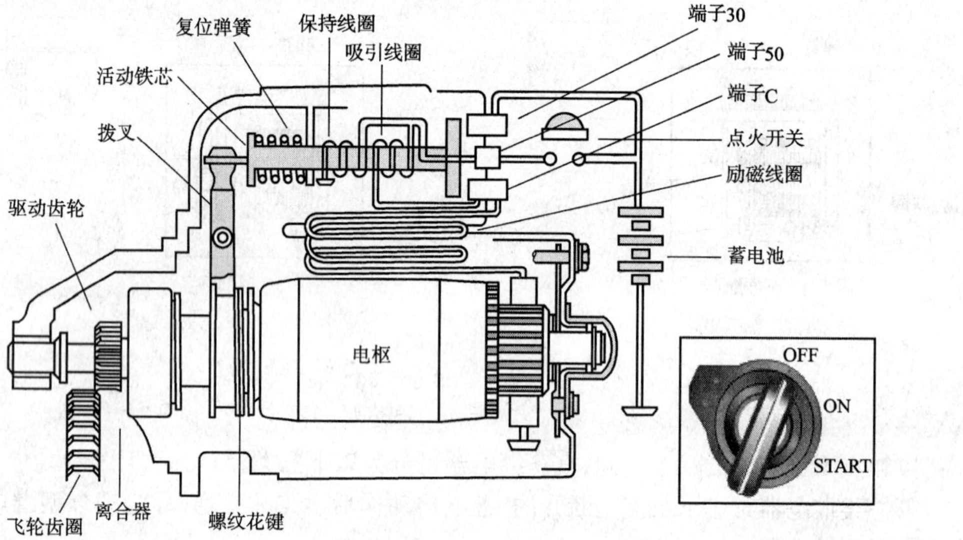

图 5-20　无起动继电器的起动控制电路

下面以丰田 AE 系列轿车和普通桑塔纳轿车为例，介绍无起动继电器的控制电路。

（1）丰田 AE 系列轿车起动控制电路。图 5-21 ~ 图 5-23 所示为丰田 AE 系列中常用的起动机控制电路及其工作过程。

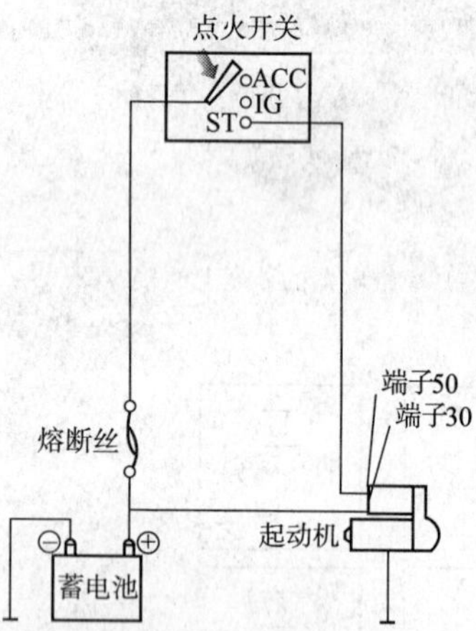

图 5-21　点火开关位于起动位置

如图 5-21 所示，当点火开关位于起动挡时，电流的流向为：蓄电池“ + ”→点火开关起动开关→端子 50→保持线圈→搭铁。同时吸引线圈中也通过电流，方向为：蓄电池“ + ”→点火开关起动开关→端子 50→吸引线圈→端子 C→励磁线圈→电枢→搭铁。此时由于吸引线圈和励磁线圈中的电流非常小，电动机低速运转。同时吸引线圈和保持线圈中产生的磁场吸引可动铁芯向右运动，克服复位弹簧的作用力，拉动拨叉向左运动，拨叉使离合器的小齿轮向左和飞轮的齿圈啮合。这个过程电动机的转速低，可以保证齿轮之间平顺啮合。

当小齿轮和飞轮齿圈完全啮合以后，如图 5-22 所示，与可动铁芯连在一起的接触片向右运动，和端子 30 及端子 C 接触，从而接通了主开关，通过起动机的电流增大，电动机的转速升高。而电枢轴上的螺纹花键使小齿轮和飞轮齿圈更加牢固的啮合。此时吸引线圈两端的电压相等，所以无电流通过。保持线圈产生的磁场力使可动铁芯保持在原位不动。此时的电流方向分别为：蓄电池“ + ”→点火开关起动开关→端子 50→保持线圈→搭铁；蓄电池“ + ”→端子 30 接触片→端子 C→励磁线圈→电枢绕组→搭铁。

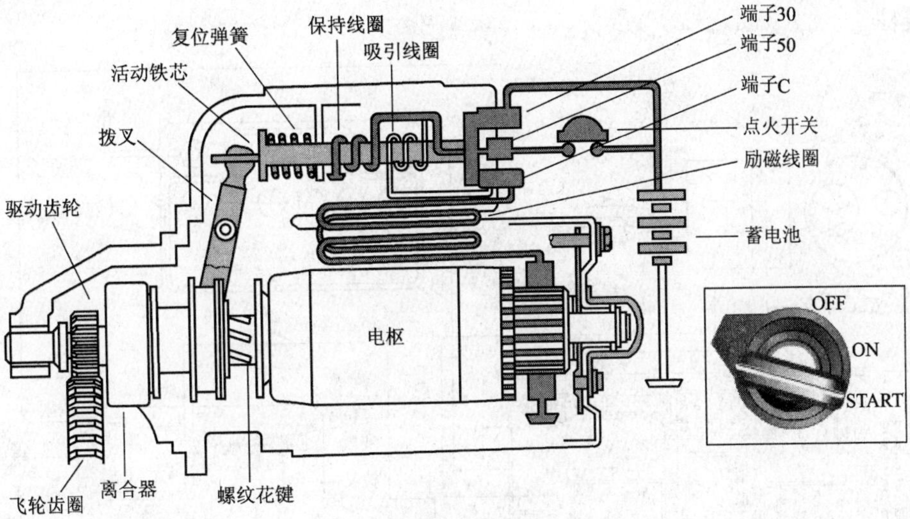

图 5-22　小齿轮和飞轮齿圈啮合

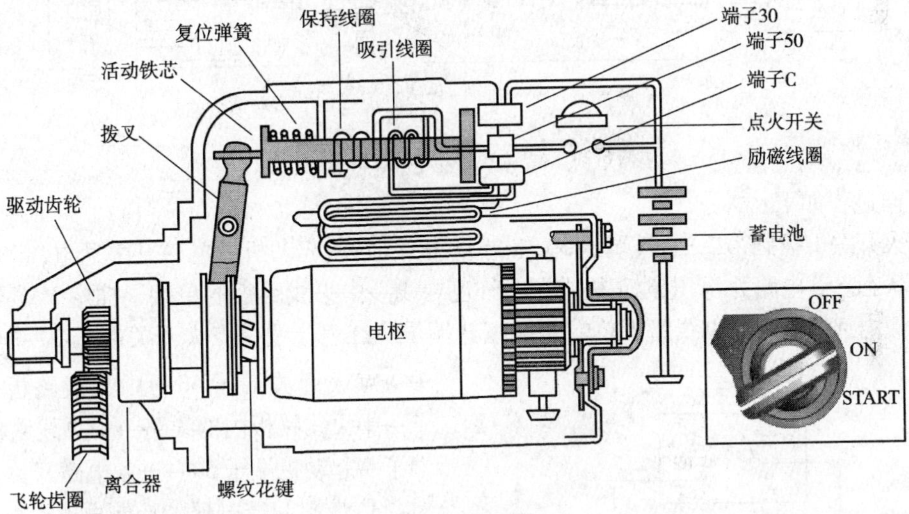

图 5-23　起动完成

发动机起动以后，点火开关会从“START”挡回到“ON”挡，这就切断了端子 50 上的电压。这时，接触片和端子 30 及端子 C 仍保持接触。如图 5-23 所示，电路中的电流为：蓄电池“+”→端子 30→接触片→端子 C→吸引线圈→保持线圈→搭铁。同时电流还经过端子 C→励磁线圈→电枢→搭铁。由于此时吸引线圈和保持线圈的电流方向相反，产生的磁场力相互抵消，在复位弹簧的作用下，可动铁芯向左运动，使得小齿轮与飞轮齿圈脱离，同时，接触片和两个端子断开，切断电动机中的电流，整个起动过程结束。

(2) 普通桑塔纳轿车的起动控制电路。桑塔纳轿车采用 QD1225 型起动机，起动系统的控制电路采用无起动继电器的起动电路，如图 5-24 所示，在其控制电路中，点火开关 30 接线柱接电源，由红/黑色导线从点火开关上 50 接线柱送至中央线路板 B8 结点，再通过中央线路板 C18 结点，引到起动机电磁开关 50 接线柱。用黑色导线连接蓄电池正极与起动机

30 接线柱。

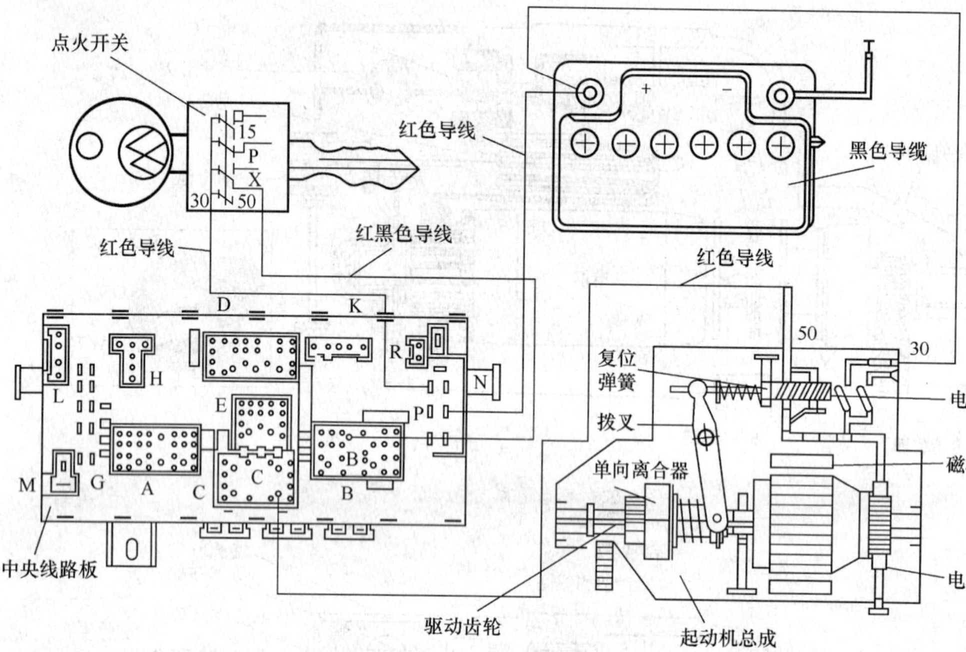

图 5-24　桑塔纳系列轿车起动系统线路

工作过程如下：

点火开关 1 拨到第二挡，其端子 30 与端子 50 接通，使起动机的电磁开关通电，起动机进入工作状态。其电路为：蓄电池正极端子→红色导线→中央线路板的单端子插座 P 端子→中央线路板内部线路→中央线路板单端子插座 P 端子→红色导线→点火开关端子 30→点火开关→点火开关端子 50→中央线路板 B8 端子→中央线路板内部线路→中央线路板 C18 端子→起动机端子 50→进入电磁开关。

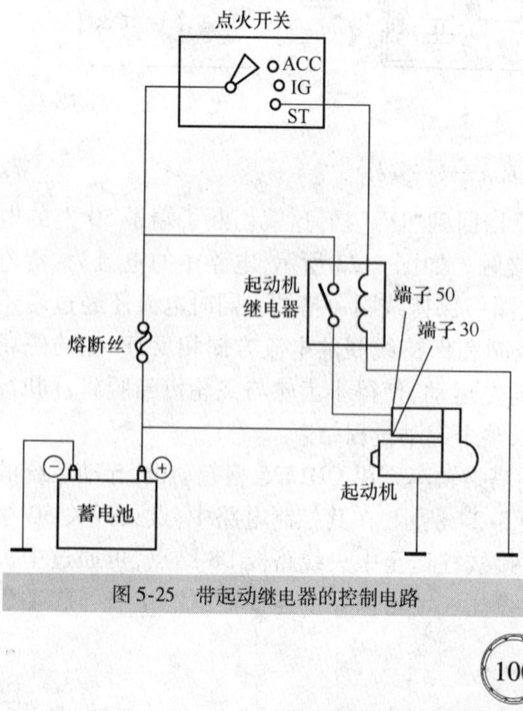

图 5-25　带起动继电器的控制电路

3）带起动继电器的控制电路

装起动继电器的目的是减小通过点火开关的电流，防止点火开关烧损。起动继电器有四个接线柱分别标有起动机、电池、搭铁和点火开关，点火开关与搭铁接线柱之间是继电器的电磁线圈，起动机和电池接线柱之间是继电器的触点。接线时，“点火开关”接线柱接点火开关的起动挡，“电池”接线柱接电源，“搭铁”接线柱直接搭铁，“起动机”接线柱接起动机电磁开关上起动机接线柱，如图 5-25 所示。

发动机启动时，将点火开关起动挡接

通,继电器的电磁线圈通电,使触点闭合,电源的电流便经继电器的触点通往起动机电磁开关的起动机接线柱,电磁开关通电后,便控制起动机进入工作状态,从电路中可以看出,起动期间流经点火开关起动挡和继电器线圈的电流较小,大电流经过继电器开关流入起动机,保护了点火开关。起动过程的工作原理如前述,此处不再重复。

4)带保护继电器的控制电路

为了防止发动机起动以后起动电路再次接通,一些起动电路中还安装了带有保护功能的组合式继电器。下面以 CA1090 型汽车起动系统电路为例,介绍其作用和工作过程。

(1)组合继电器。CA1090 型汽车起动系统装用了 JD171 型组合继电器,如图 5-26 所示。

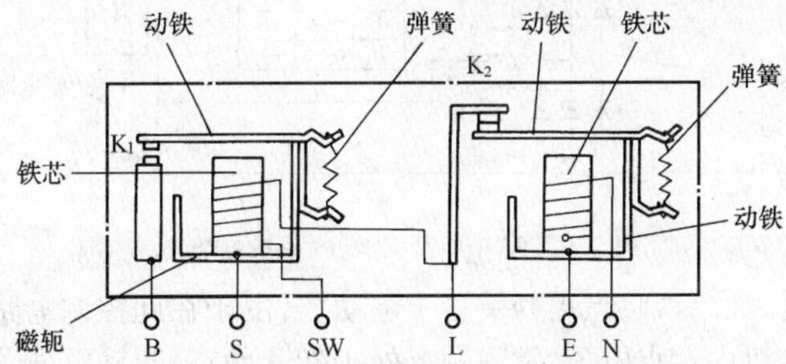

图 5-26　JD171 型组合继电器

组合继电器由两部分构成:一部分是起动继电器,其作用与前述起动继电器的作用相同;另一部分是保护继电器,它的作用是与起动继电器配合,使起动电路具有自动保护功能,另外还控制充电指示灯。

组合继电器中的起动继电器、保护继电器都由铁芯、线圈、磁轭、动铁、弹簧触点组成,其中起动继电器触点 K_1 为常开式,保护继电器触点 K_2 为常闭式。由于起动继电器线圈与保护继电器触点 K_2 串联,因此,当 K_2 打开时,K_1 不可能闭合。组合继电器共有六个接线柱分别为 B、S、SW、L、E、N,分别接电源、起动机电磁开关、点火开关起动挡、充电指示灯、搭铁和发电机中性点。

(2)起动系统的工作过程。CA1091 型汽车的起动电路如图 5-27,其工作过程如下。

当点火开关置于起动挡(Ⅱ挡)时,起动继电器线圈通电,电流回路为蓄电池正极→熔断器→电流表→点火开关起动触点Ⅱ→起动继电器线圈→保护继电器常闭触点→搭铁→蓄电池负极。

起动继电器线圈通电使起动继电器的常开触点闭合,接通了起动机电磁开关电路,使起动机进入起动状态。

发动机起动后,松开点火开关,钥匙自动返回点火挡(Ⅰ挡),起动继电器触点打开,切断了起动机电磁开关电路,电磁开关复位,停止起动机工作。

发动机起动后,如果点火开关没能及时返回Ⅰ挡,这时组合继电器中保护继电器线圈由于承受交流发电机中性点的电压,使常闭触点断开,自动切断了起动继电器线圈的电路,触点断开,使起动机电磁开关断电,起动机便自动停止工作。发动机起动后,由于触点的断开,也切断了充电指示灯的搭铁电路,充电指示灯也熄灭。

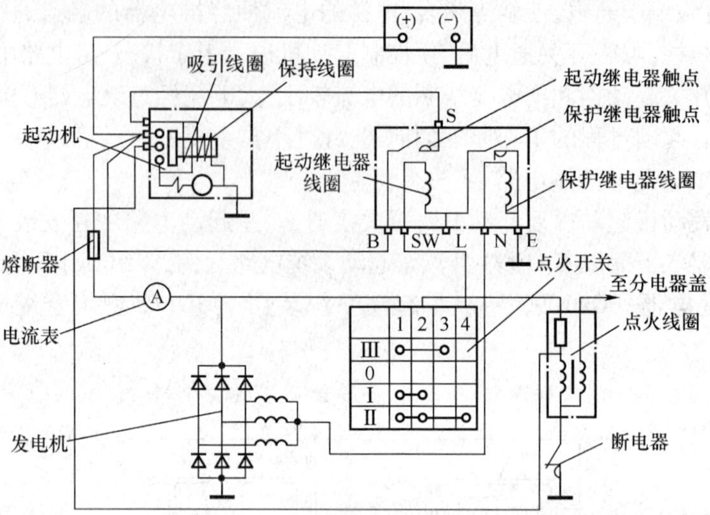

图 5-27　CA1091 型汽车起动系统电路图

在发动机运行时，如果误将点火开关置于起动挡，由于在此控制电路中，保护继电器的线圈总加有交流发电机中性点电压，常闭触点处于断开状态，起动继电器线圈不能通电，起动机电磁开关不能动作，避免了发动机在运行中使起动机的驱动齿轮进入与飞轮齿圈的啮合而产生的冲击，起到了保护作用。

有的汽车起动继电器线圈通过防盗系统搭铁，发动机启动时，只有防盗系统发出起动信号后，继电器线圈才能搭铁，如果防盗系统没有收到起动信号，则继电器线圈中无电流，起动机就不能工作，实现了防盗功能。

二、实 践 操 作

（一）工作任务

（1）讨论起动机及其继电器的构造原理。
（2）识读汽车起动电路并分析工作原理。
（3）拆装起动机。

（二）实践操作目标

（1）巩固起动机构造原理知识。
（2）识读并分析起动电路。
（3）熟练掌握起动机的拆装。

（三）实践准备

1. 实践操作所用的设备

实训用车辆（丰田、大众、雪铁龙等车型）、蓄电池、工作台等。

供拆装用的321型起动机5台。

2. 实践操作所用的工具和材料

有关拆装工具5套、干净的抹布等。

(四)注意事项

(1)起动机的拆装过程必须按照规定的步骤进行,绝不能毫无规律地乱拆和乱装,特别是解体作业,规定不能解体的小总成绝对不能拆,以免损坏。

(2)在进行解体作业过程中,进度放慢点为宜,并且每进行一步,都要仔细研究构造、工作原理、装配关系、接线关系和作用等。

(3)拆下的零部件(或小总成)要按先后顺序排列好(平垫和弹簧垫可串在螺杆上,再拧上螺母),以免装配时出现差错和遗漏,还要特别注意小件不能丢失。

(4)在拆装过程中,要避免用锤子、大活扳手等工具敲击,以免零部件损伤。

(5)使用电路图册和维修手册时注意保护电路图册和维修手册,避免破损。

(6)维修手册所述其他相关要求。

(五)具体内容

1. 外部观察

用10~15min的时间,对起动机进行观察与思考;熟悉起动机的外部形状、总体构造及在汽车上的安装情况;各接线柱的名称、作用及连线情况;对照实物分析起动系统的工作原理。

2. 起动系统电路识读

起动系统包括蓄电池、起动机、起动离合器和齿轮、电磁起动操纵装置、起动机继电器、点火开关和配线。

图5-28所示为丰田佳美(3VZ-FE发动机)起动系统电路原理图,当点火开关转到

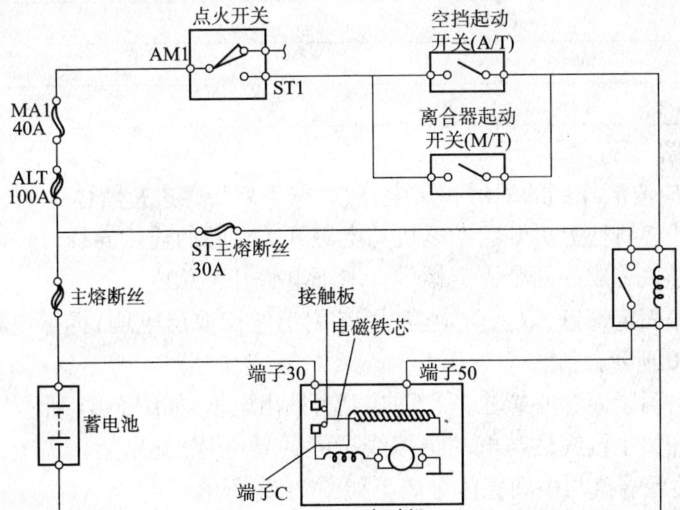

图5-28　起动系统工作原理图

START 位置时，电流从端子 50 流到电磁起动线圈的绕组，产生电磁力（向左）推动电磁铁芯，接通起动机的端子 30 和电机绕组，使蓄电池电流直接流向起动机，使起动机运转并带动发动机曲轴转动。

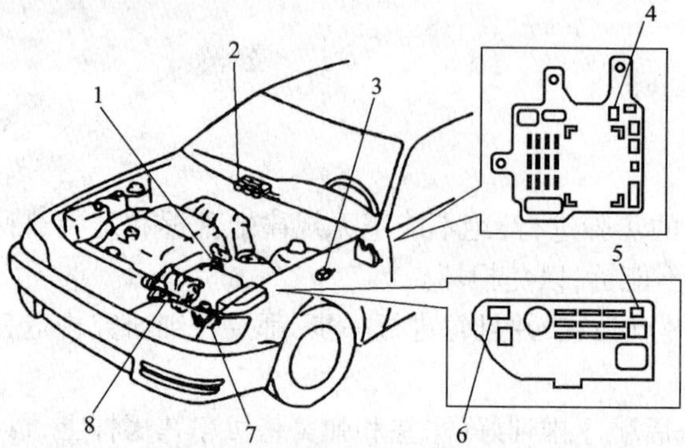

图 5-29　起动系统的元件位置

1-主熔断丝(2.0L)；2-起动继电器；3 离合器起动开关（M/T）；4-AM1 主熔断丝（40A）；5-ST 主 M-熔断丝（30A）；6-ALT H-熔断丝（100A）；7-空挡起动开关（A/T）；8-起动机

当发动机正常运转后，起动离合器自动切断起动机和发动机曲轴的连接，以免大大高于起动机转速的发动机反拖动起动机引起事故。同时点火开关转到 ON 位，电磁起动装置的电磁力即刻消失，电磁铁在复位弹簧和电磁反力的作用下迅速回到原来的位置，并切断起动机的电流使之停止运转。

起动系统的元件位置如图 5-29 所示。

通过识读汽车电路图，找到起动系统各元件在汽车上的位置并说明其作用和工作原理。

。

3. 起动机的分解

起动机解体前应清洁外部的油污和灰尘，然后按下列步骤进行解体：

(1) 从电磁开关接线柱上拆开起动电机与电磁开关之间的连接导线。

(2) 松开电磁开关总成的两个固定螺母。取下电磁开关总成。

(3) 旋出防尘盖固定螺钉，取下防尘盖，用专用钢丝钩取出电刷；拆下电枢轴上止推圈处的卡簧，如图 5-30 所示。

(4) 用扳手旋出两紧固穿心螺栓，取下前端盖，抽出电枢，如图 5-31 所示。

(5) 拆下电磁开关主接线柱与电动机接线柱间的导电片；旋出后端盖上的电磁开关紧固螺钉，使电磁开关后端盖与中间壳体分离。如图 5-32 所示。

(6) 从后端盖上旋下中间支撑板紧固螺钉，取下中间支撑板，旋出拨叉轴销螺钉，抽出拨叉，取出离合器，如图 5-33 所示。

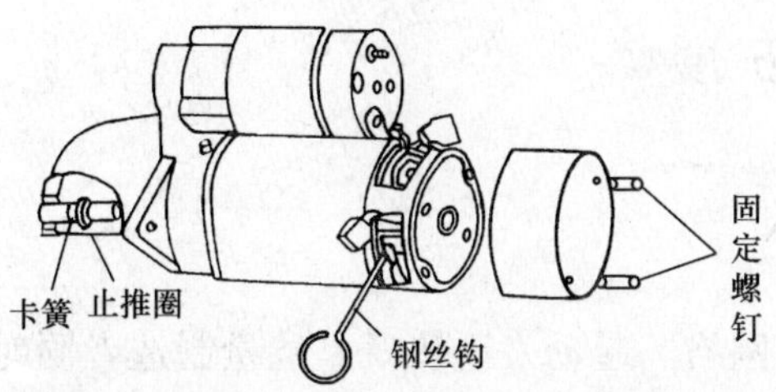

图5-30　拆卸电刷

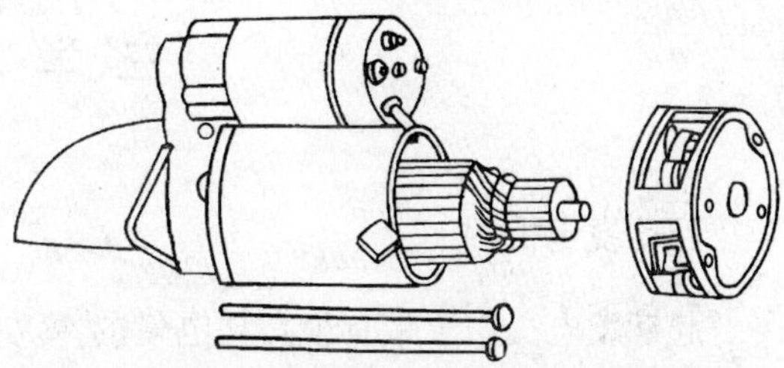

图5-31　拆卸前端盖和电枢

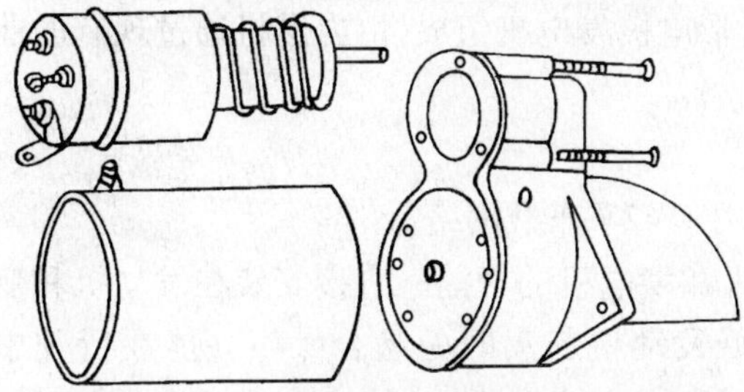

图5-32　拆卸电磁开关

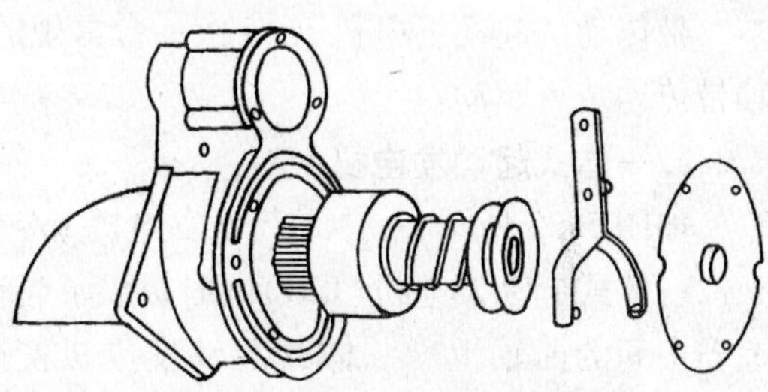

图5-33　拆下离合器

(7)将已解体的机械部分浸入清洗液中清洗,电气部分用棉纱沾少量汽油擦拭干净。

有必要时,可分解电磁开关,其步骤是:

①拆下电磁开关前端固定螺钉,取下前端盖。

②取下独盘锁片、触盘、弹簧,抽出引铁。

③取下固定铁芯卡簧及固定铁芯,抽出铜套及吸引线圈和保持线圈。

4. 起动机的装复

起动机的形式不同,具体装复的步骤不可能完全相同,但基本原则是按分解时的相反步骤进行。

装复的一般步骤是:先将离合器和移动叉装入后端盖内,再装中间轴承支撑板,将电枢轴装入后端盖内,装上电动机外壳和前端盖,并用长螺栓接合紧,然后装电刷和防尘罩,装起动机开关可早可晚。

5. 工作总结

学习心得:____

____

____

____

____

____

____。

三、学习拓展

起动发电机

起动发电机用于带有很高耗电量的 42V 车载网络。起动发电机既是能量制造者同时又是能量消耗者。目前有两种系统正处于研发阶段。

1. 带传动的起动发电机 RSG

如图 5-34 所示,带传动的起动发电机 RSG 适用于现代发动机。

带传动的起动发电机 RSG 由一台常规的齿形电极发电机组成,由内燃机通过现有的曲轴带传动装置驱动。

2. 一体式起动发电机 ISG

如图 5-35 所示,一体式起动发电机 ISG 适用于 42V 车载网络。

一体式起动发电机(ISG)同时提供了起动机和发电机的功能。直接安装在发动机和变速器中间的曲轴上。一体式起动发电机能降低发动机起动时的啮合噪声并能在行驶中发电。

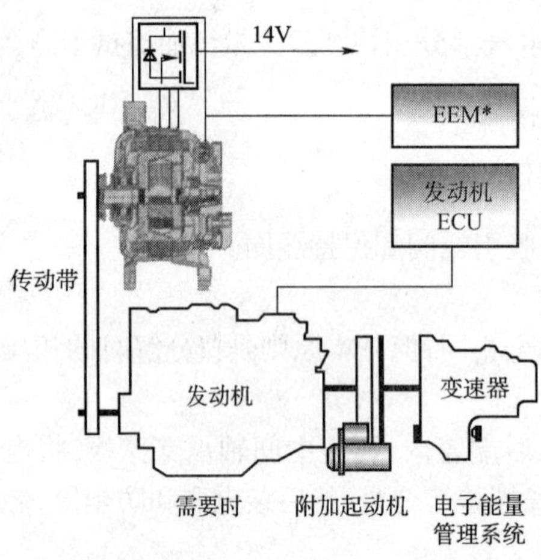

图 5-34　带传动的起动发电机 RSG

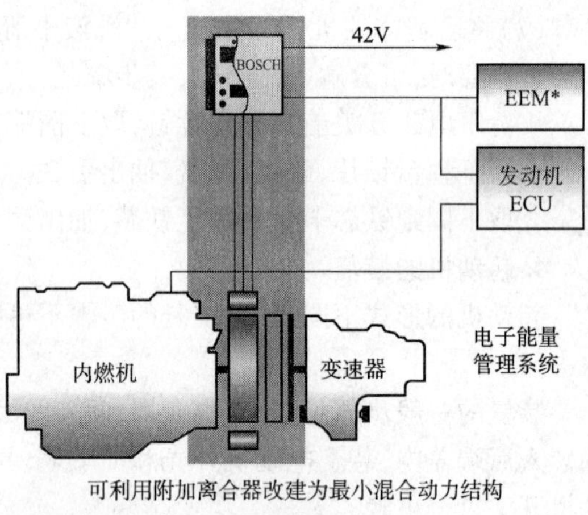

图 5-35　一体式起动发电机 ISG

一体式起动发电机 ISG 可提供以下功能:

(1)Start－Stop 运行模式能在停车时(交通信号灯)自动关闭发动机。踩下离合器踏板后又将发动机起动。

(2)它从发电机运行模式转换为发动机运行模式并在加速时对发动机提供辅助(助力器)。

(3)在制动时将汽车的动能转换成电能并提供给车载网络(能量回收)。

由此可节省将近 30% 的燃油。

四、评价与反馈

1. 自我评价与反馈

(1)对本学习任务的学习你是否满意?

评价情况:____

____

(2)你能独立完成丰田佳美轿车起动机拆卸、拆解、重新装配和安装吗?

评价情况:____

____

(3)你是否知道丰田佳美轿车起动机的基本组成?

评价情况:____

____

(4)你会正确使用工具吗?

评价情况:____

____

签名:________　________年________月________日

2. 小组评价与反馈

(1)你们小组在接到任务之后是否讨论过丰田佳美轿车起动机的拆装计划?

评价情况:____

____

(2)你们小组在拆装丰田佳美轿车起动机过程中是否有明确分工,相互配合得好吗?

评价情况:____

____

(3)你们小组在拆装丰田佳美轿车起动机的过程中操作是否规范?

评价情况:____

____

参与评价的同学签名:________　________年________月________日

3. 教师评价及答复

____

____

____

____

____

____

____

教师签名:________　________年________月________日

五、技能考核标准

<table>
<tr><th>序号</th><th>项 目</th><th>操作内容</th><th>规定分</th><th>评分标准</th><th>得分</th></tr>
<tr><td rowspan="2">1</td><td rowspan="2">起动机构造观察</td><td>正确区分各元件</td><td>10</td><td rowspan="2">不能正确识读每项扣5分</td><td></td></tr>
<tr><td>各元件的作用及功能描述</td><td>10</td><td></td></tr>
<tr><td>2</td><td>总成分解</td><td>拆解起动机</td><td>25</td><td>拆解步骤顺序错误扣10分
拆解方法不正确扣10分
操作不熟练扣5分</td><td></td></tr>
<tr><td>3</td><td>总成组装</td><td>重新组装起动机</td><td>25</td><td>组装步骤顺序错误扣10分
组装方法不正确扣10分
操作不熟练扣5分</td><td></td></tr>
<tr><td>4</td><td>起动电路</td><td>起动电路识读</td><td>20</td><td>错一项扣5分</td><td></td></tr>
<tr><td rowspan="2">5</td><td rowspan="2">安全文明生产</td><td>遵守安全操作规程,正确使用工具,操作现场整洁</td><td rowspan="2">10</td><td>有1项不正确的,扣5分,扣完为止</td><td></td></tr>
<tr><td>安全用电,防火,无人身、设备事故</td><td>因违规操作发生重大人身和设备事故,此项技能考核按0分计</td><td></td></tr>
<tr><td>6</td><td>分数合计</td><td></td><td>100</td><td></td><td></td></tr>
</table>

学习任务六　拆装点火系统

任务要求

完成本学习任务后,你应能:

1. 描述传统点火系统和电子点火系统的组成及工作原理;
2. 就车拆装点火系统元件;
3. 识读点火系统电路图,连接点火系统线路。

建议学时:10 学时

任务描述

一辆 2009 款卡罗拉(1.6L)自动挡轿车,出现发动机怠速不稳,经维修人员检查分析后,确定为电子点火系统故障,需对电子点火系统进行检修。

学习流程

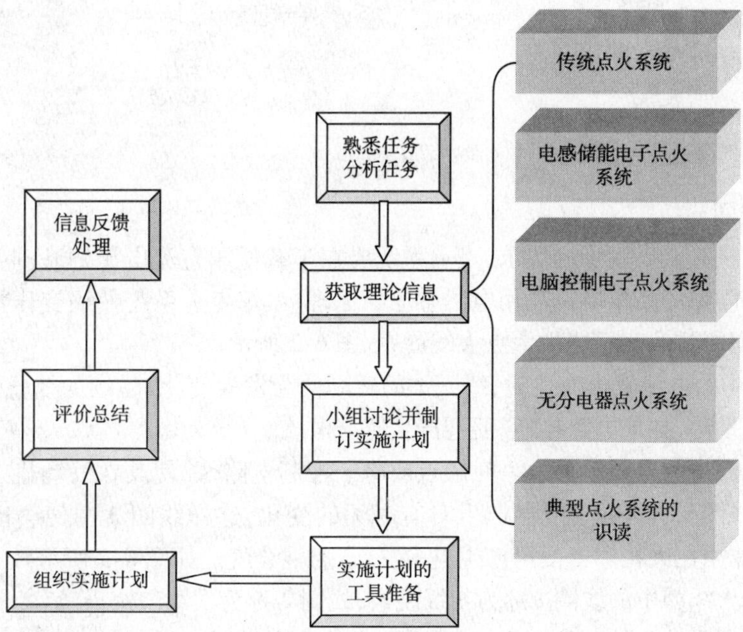

一、理论知识准备

点火系统的作用是按照汽油机工作的要求，产生适当的电火花，点燃汽缸内的混合气。按点火的控制方式不同，点火系统可分为传统点火系统和电子点火系统。

无论汽车上采用何种点火系统，都必须满足发动机对点火的基本要求：

(1)点火系统应能够产生足以击穿火花塞间隙的高压电。

(2)火花塞产生的电火花应具有足够的能量。

(3)点火的时间应能适应发动机的工作情况。

(4)工作可靠。

1. 传统点火系统

传统点火系统主要由点火线圈(含附加电阻和附加电阻短路开关)、分电器总成(包括断电器、配电器、电容器、点火提前调节装置)、火花塞、点火开关、高低压线等部件组成。整个电路可以分成两个部分，即由线圈1、触点、电源等构成的低压电路和由线圈2 、分配装置等构成的高压电路。如图6-1 所示。

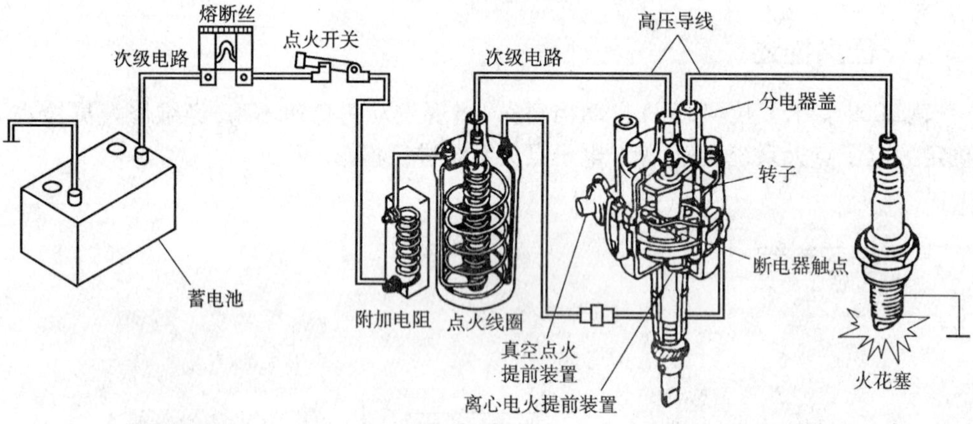

图6-1　传统点火系统的组成

1)点火线圈

根据发动机对点火系统的要求，点火系统要在车载低压直流电源的基础上产生能够足以击穿火花塞间隙的高压电。利用电磁感应的原理，汽车点火系统使用变压器将低压电变为高压电，我们将这一变压器称为点火线圈，如图6-2 所示。

当线圈1中的电流发生变化时，线圈1 的磁场便会发生变化，磁场的变化便会在线圈2 中产生感应电动势，如果电路接通，便会产生感应电流。

如果在线圈1 的电路中加入一对触点或电子控制电路，并使其在发动机工作中不断地接通和断开，线圈1中的电流便会产生时有时无的变化，这样线圈2 中便会出现感应电动势，此电动势作用在火花塞上便可产生电火花，点燃混合气。如图6-3 所示。

我们将点火线圈中的线圈1称为初级绕组，线圈2 称为次级绕组。

点火线圈按磁路和结构的不同，可分为开磁路点火线圈和闭磁路点火线圈。开磁路点火线圈多用于传统点火系统及普通的电子点火系统；闭磁路点火线圈多用于高能电子点火系统。

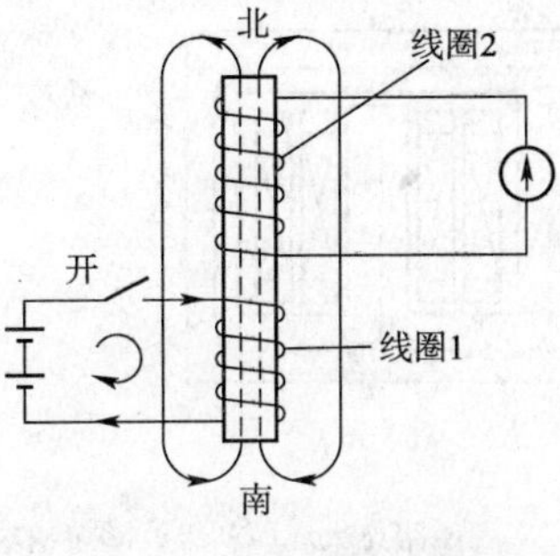

图 6-2　点火线圈的变压原理

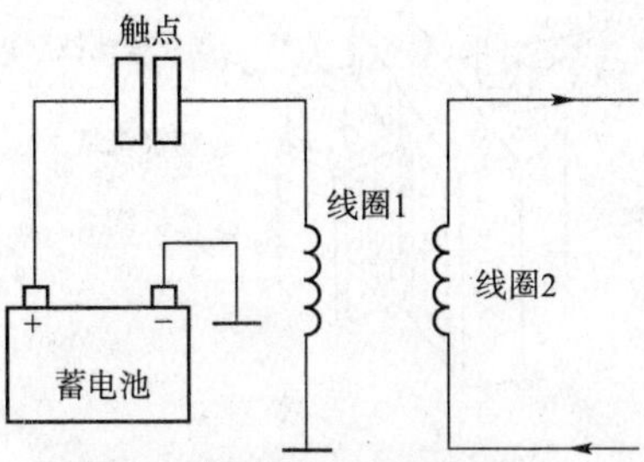

图 6-3　点火的基本原理

(1)开磁路点火线圈。开磁路点火线圈的结构如图 6-4 所示，点火线圈的中心部分是一个包在硬纸板套内的软铁芯，在纸板套外缠绕次级绕组和初级绕组，在绕组与外壳之间装有导磁钢套，用来加强磁通。外壳的底部有绝缘磁杯，点火线圈的上部是胶木盖，中央突出的部分是高压线插口，高压线插口两侧的接线柱是低压接线柱。在点火线圈的外壳内充满了沥青或变压器油。

当点火线圈的初级绕组通过电流时，如图 6-5 所示，铁芯磁化后所产生磁场的磁力线上部和下部都是从空气中通过的，铁芯未形成闭合的磁路。因此，这种点火线圈称为开磁路点火线圈。

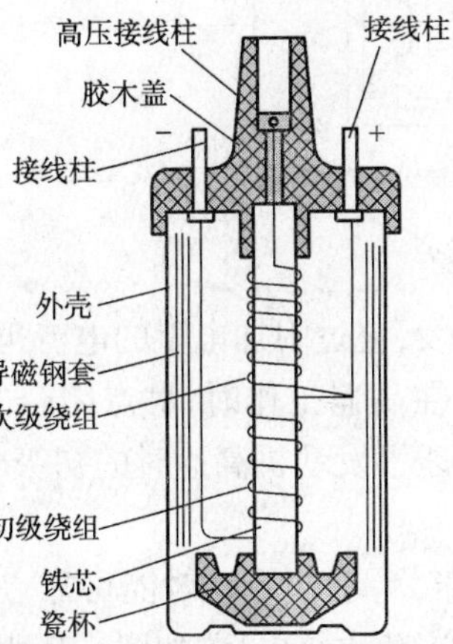

图 6-4　开磁路点火线圈的结构

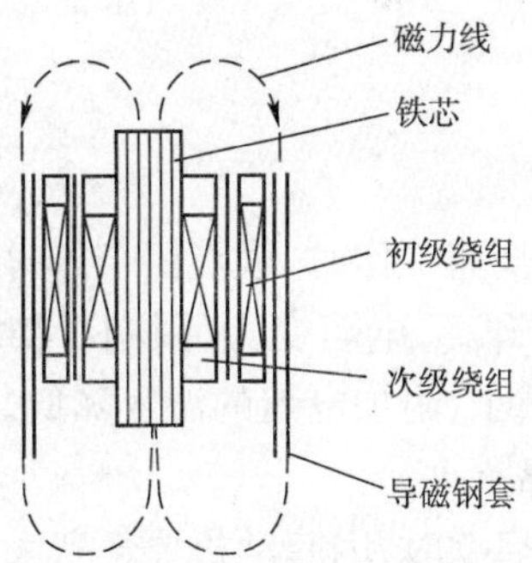

图 6-5　开磁路点火线圈初级线圈接通电流时

(2)闭磁路点火线圈。闭磁路点火线圈的结构如图 6-6 所示。这种点火线圈的铁芯加工成日字形。

如图 6-7 所示，闭磁路点火线圈的磁路磁力线可由铁芯构成闭合磁路，称为闭磁路点火线圈。闭磁路点火线圈的能量变换效率高，结构紧凑，体积小，已在电子点火系统中广泛采用。

(3)附加电阻和附加电阻短路开关。点火系统所产生的高压与初级电路断开时初级电流的大小有关，在初级绕组电阻一定时，触点闭合的时间长，初级电流就大，触点断开时的次级电压就高；在相同的触点闭合时间内，初级绕组的电阻小，初级电流就大，次级电压也高。

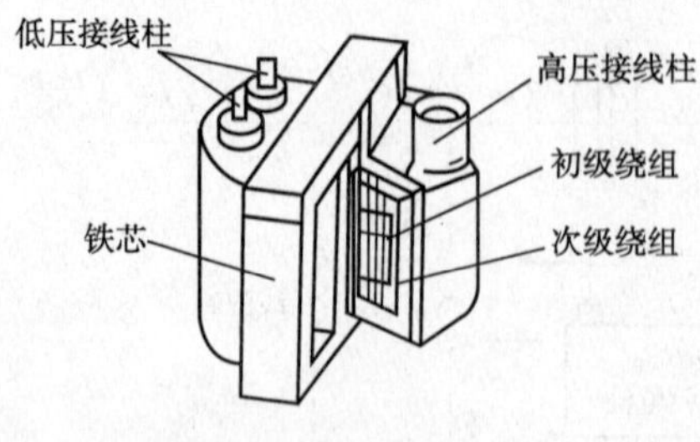

图 6-6　闭磁路点火线圈

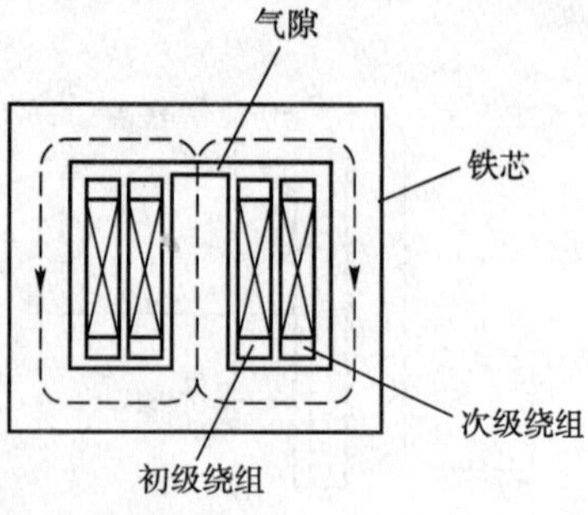

图 6-7　闭磁路点火线圈初级线圈接通电流时

由于发动机的转速变化范围很宽，当发动机转速较高时，触点闭合的时间变短，初级电流下降，次级电压也随之下降，这将造成发动机高速点火不可靠。如果靠减小初级绕组的电阻来增加初级电流，则发动机在低速运转时，初级电流过大，点火线圈会因温度过高而损坏。

为了解决这个矛盾，在点火系统的低压电路中加入一个附加电阻，如图 6-8 所示。这个附加电阻是个热敏电阻，温度高时电阻变大，温度降低时，电阻变小。

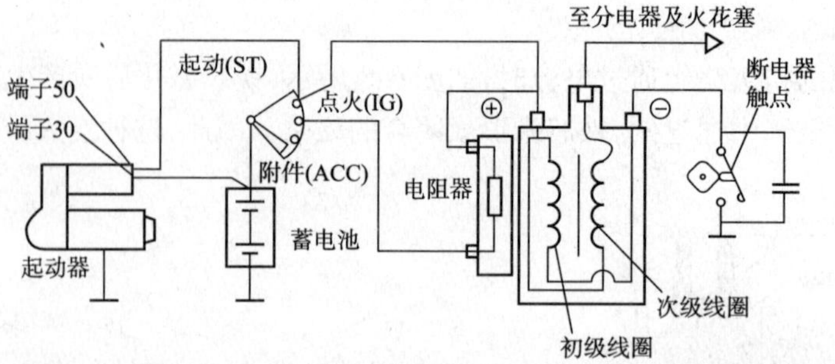

图 6-8　点火电路中的附加电阻

发动机在低速工作时，触点闭合的时间长，初级电流大，流过附加电阻的电流也大，使附加电阻的温度升高，电阻变大，限制了初级电流；发动机在高速工作时，触点闭合的时间变短，初级电流减小，附加电阻的温度降低，使电阻减小，保证了发动机高速时的初级电流不致过小，能够可靠点火。

在发动机启动时，因起动机要耗费大量蓄电池的电能，为了使起动时能可靠点火，在起动机接通时，接通辅助开关将附加电阻短路，提高初级电流和次级电压，如图 6-9 所示。

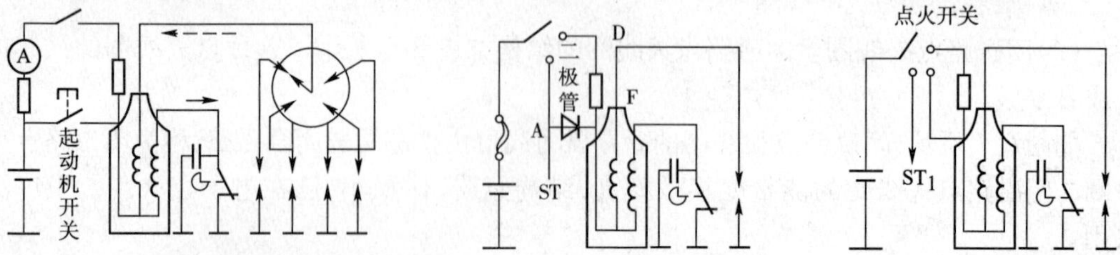

图 6-9　附加电阻的开关电路

2)分电器总成

分电器总成包括断电器、配电器、电容器和点火提前调节装置4个部分。如图6-10所示。

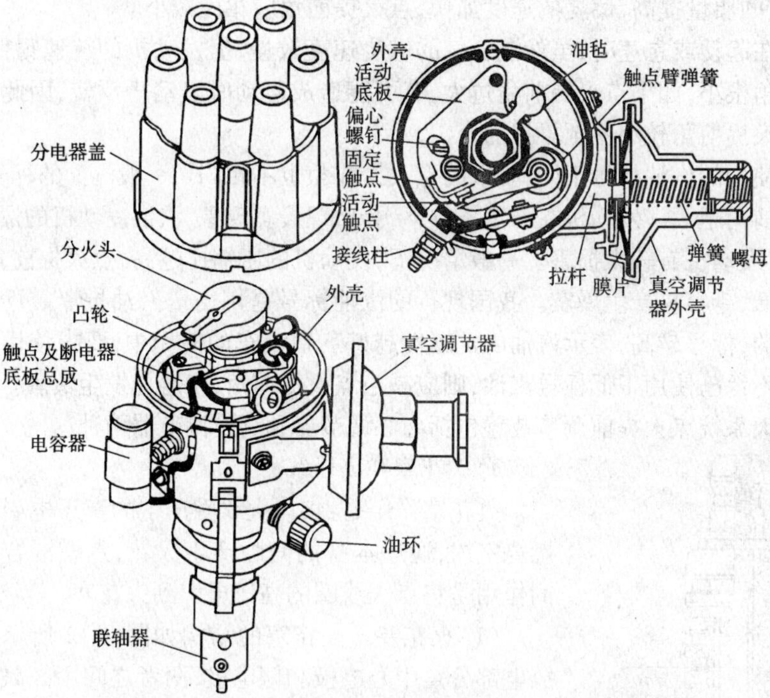

图6-10　分电器的组成

(1)断电器。断电器的作用是控制低压电路的适时通断,其核心部分是凸轮和触点。凸轮在旋转时,控制触点接通和断开。

(2)配电器。配电器的作用是将点火线圈产生的高压电适时地分配给正确的汽缸。配电器安装在断电器的上方,由胶木制的分电器盖和分火头等组成。

(3)电容器。断电器的触点并联了一个电容器,利用电容器的容电特性来吸收初级绕组中的自感电动势,防止在触点处形成火花,如图6-11所示。

(4)点火提前调节装置。发动机在工作中,从开始点火到混合气燃烧产生最大压力,有一定的时间延迟,所以点火的时刻要有适当的提前。

点火提前一般用点火提前角来表示,点火提前角是指从火花塞跳火开始到活塞行至上止点为止这一段时间曲轴转过的角度。能使发动机发出最大功率、油耗最低的点火提前角称为最佳点火提前角。

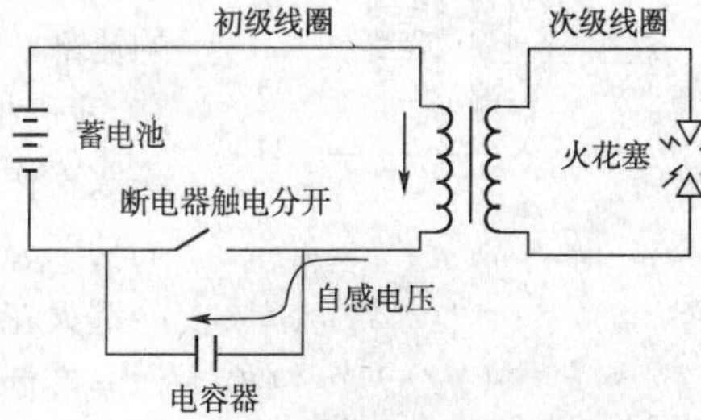

图6-11　分电器上的电容器

发动机的工况发生变化时,点火提前角也要发生相应的变化。当发动机的负荷(节气门开度)不变时,发动机转速高时,需要增大点火提前角;发动机转速低时,需要减小点火提前角。但由于高速时发动机汽缸内的混合气的压力、温度有所提高,进气扰流增强,混合气燃烧的速度有所加快,所以高速时随发动机的转速增加,点火提前角增加的幅度会减小。

当发动机的转速一定时,随着发动机负荷(节气门开度)的增大,进入汽缸的混合气量增多,混合气的质量提高,燃烧的速度加快,点火提前角应相应减小。

发动机在起动或怠速时,虽然混合气的燃烧速度较慢,但发动机的转速很低,燃烧所对应的曲轴转角很小,如果点火提前角过大,有可能造成起动时发动机反转,因此要求起动或怠速时的点火提前角较小甚至不提前。

发动机使用的汽油标号不同,要求的点火提前角也不相同。一般汽油的标号越高,所允许的点火提前角越大。发动机在一定条件下,会出现爆震现象,汽油发动机的爆震是一种不正常燃烧,对发动机有较大损害。一般情况下,发动机的压缩比越高、点火提前角越大、汽油的辛烷值越低,越容易产生爆震。我国现行的汽油标号是用衡量汽油抗爆震性能的汽油辛烷值来标定的,标号越高,表示汽油的抗爆性越好。在汽车的使用中,要求使用高标号汽油的汽车如果不得已使用了低标号汽油,则应减小点火提前角,以避免发生爆震。

传统点火系统点火提前调节装置包括离心调节器和真空调节器两种。

3)火花塞和高压线

火花塞作用是:将点火线圈产生的高压电引入发动机的燃烧室内,通过本身的间隙产生火花,点燃混合气。高压线的作用是将点火线圈的高压电引到火花塞。

(1)火花塞。火花塞的结构如图6-12所示。火花塞的放电部分是中心电极和侧电极,两者之间用高氧化铝陶瓷绝缘体隔开。

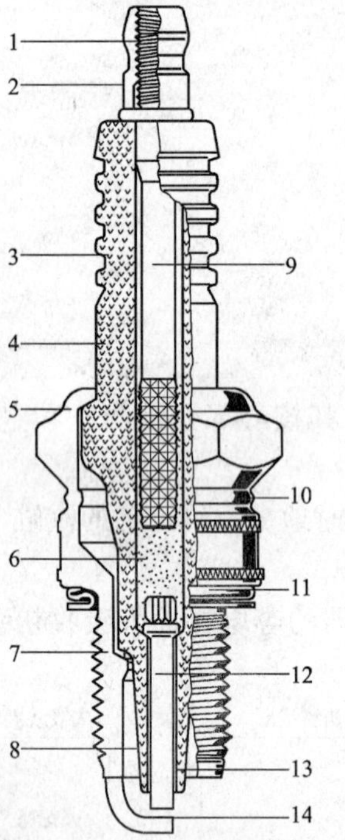

图6-12 火花塞的结构
1-连接螺母;2-连接螺纹;3-漏电阻挡层;4-绝缘体(Al_2O_3);5-凸缘环;6-导电玻璃;7-内部密封环;8-呼吸腔;9-连接销;10-收缩和热压配合区;11-外部密封环;12-中心电极;13-绝缘体底端;14-搭铁电极

要使火花塞工作良好就必须使火花塞保持在适当的温度范围以内,此温度范围的下限称为火花塞的自洁温度,如果火花塞的最高工作温度低于此温度,在火花塞的陶瓷绝缘体表面会产生积炭;温度范围的上限称为早燃温度,如果火花塞中心电极的温度超过此温度,火花塞在产生火花前就能将混合气点燃,发生早燃。

火花塞陶瓷绝缘体暴露在燃烧室内的部分,称为火花塞的裙部。在相同的工作条件下,裙部长的火花塞,工作温度高,我们把这种火花塞称为热型火花塞。反之,裙部短的火花塞工作温度低,称为冷型火花塞,如图6-13所示。高速、大功率、高压缩比的发动机,汽缸内的工作温度高,一般采用冷型火花塞;低速、小功率、低压缩比的发动机,汽缸内的工作温度低,一般选用热型火花塞。介于两者之间的发动机,应采用热值中等的火花塞。在使用中如果要更换火花塞,应选用厂家规定型号的火花塞,确保热值匹配。

(2)高压线。目前,在汽车上使用两种高压导线,一种是汽油发动机汽车点火系统所用的点火高压线,另外一种是

HID 汽车氙气灯专用高压导线。

在汽车点火线圈至火花塞之间的电路使用的点火高压线，简称高压线。高压线用来传送高电压，其工作电压一般在 15kV 以上，但通过的电流很小（毫安级），因此高压线的绝缘包层很厚，耐压性能好，但线芯截面积很小。如图 6-14 所示。

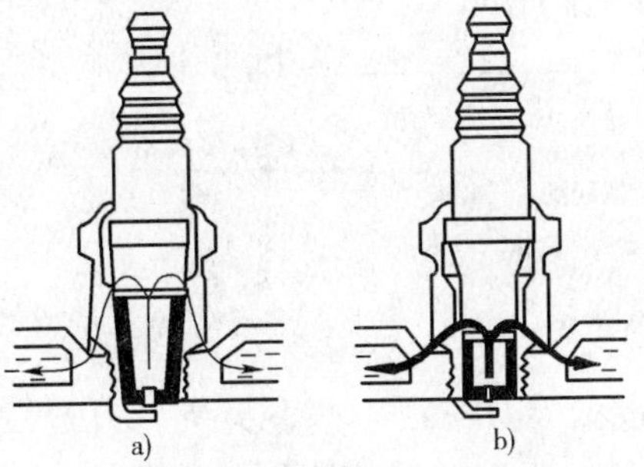

图 6-13　不同类型的火花塞

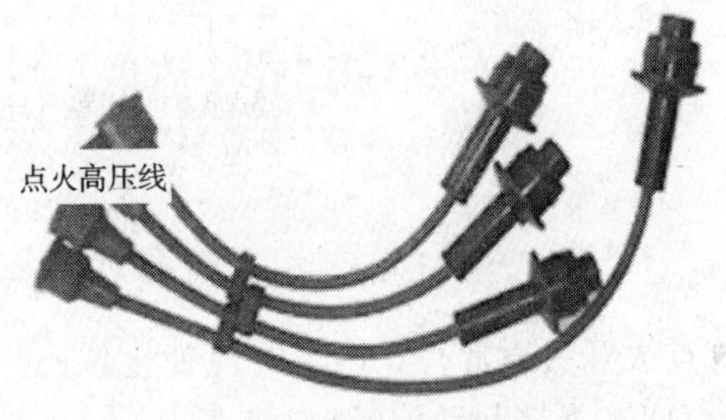

图 6-14　点火高压线

高压线有铜芯线和阻尼线等几种。带阻尼的高压线可抑制和衰减点火系统产生的高频电磁波，降低对无线电设备及电控装置的干扰。因此，高压阻尼点火线在汽车点火系统中已广泛使用。不同车型采用的阻尼高压线的阻值不相同，在检修或更换高压线时要注意测量。

HID 汽车氙气灯高压线是专用导线，采用硅橡胶绝缘，非常柔软，工作环境温度范围很宽（-60 ~ +105℃），可耐 23kV 高电压。

4）点火开关

点火开关是一个复合开关，需用钥匙对其进行操纵。一般都具有自动复位的起动挡位并配有钥匙以备停车时锁住，因此又称钥匙开关。如图 6-15 所示。

点火开关除控制点火电路外，通常还控制仪表电路、发电机励磁电路、起动继电器电路及一些辅助电器电路等。

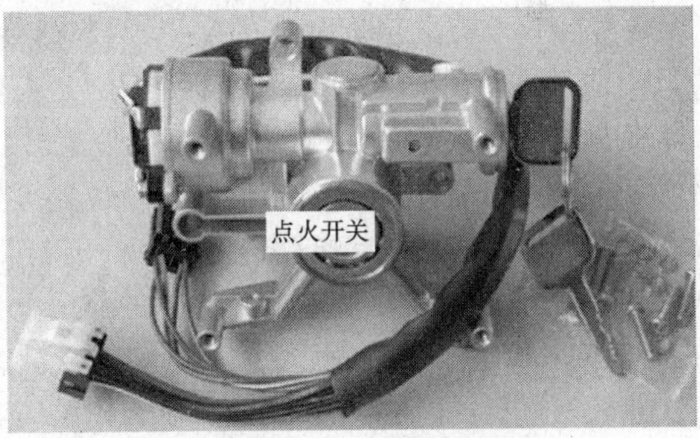

图 6-15　点火开关

点火开关通常由锁芯和开关两部分组成，锁芯部分用钥匙控制。钥匙插进锁芯后，可以使锁芯转动，转动的锁芯带动开关部分，接通和切断有关电路，开关部分的接线插销或插座和外电路连接。此外，现在相当数量的点火开关都有锁死转向盘的作用，即将钥匙从点火开关拔下后，转向盘被锁止，起防盗的作用。

点火开关的原理图如图 6-16 所示。点火开关原理图右侧表示此开关为旋转式 4 挡钥匙开关。虚线中间下三角及数字表示开关在 0、Ⅰ、Ⅱ位可以定位，Ⅲ位不能定位（开关旋转至Ⅲ位松开时自动回到Ⅱ位）。原理图左侧表示开关在 0、Ⅰ、Ⅱ、Ⅲ位时的通断功能。

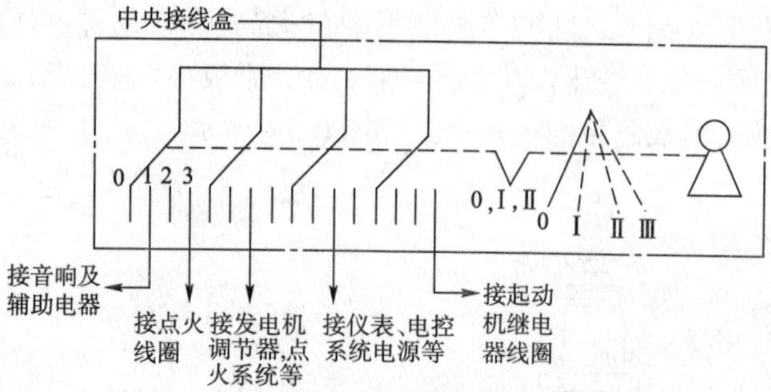

图6-16 点火开关的原理图

点火开关通常有0挡断电及锁止位(进口汽车也标为OFF)、Ⅰ挡点火位(进口汽车也标为ON)、Ⅱ挡起动位(进口汽车也标为ST,自动复位)、Ⅲ挡辅助电器位(进口汽车也标为ACC,在0位时逆时针转),如图6-17所示。对应这四个挡位点火开关的接线端通常也有四条,分别是电源(BAT)、附件(ACC)、点火(IG)、起动(ST)。

接线柱 / 开关挡位	1 (BAT)	2 (IG)	3 (ACC)	4 (ST)
Ⅲ	○	———	○	
0	○			
Ⅰ	○	○	○	
Ⅱ	○	○	———	○

○—○:连接。

图6-17 点火开关挡位图

1号(BAT,取英文蓄电池Battery的字头)为电源接线柱,与蓄电池正极和发电机电枢接线柱相连。

2号(IG,取英文点火Ignition的字头)为点火接线柱,连接点火电路、仪表电路及发电机励磁电路等。

3号(ACC,取英文辅助设备Accessory的字头)为辅助电器接线柱,连接收放机、点烟器等辅助电器。

4号(ST,取英文起动Start的字头)为起动接线柱,连接起动电路。

对应于进口轿车点火开关这四个挡位分别是LOCK、ACC、ON、START,如图6-18所示。

钥匙插入点火开关,从锁止(LOCK)位置转到附件(ACC)位置,方向锁解除,同时接通收放机和点烟器等电路;转到点火(ON)位置可接通点火、发电机励磁、仪表、转向信号、刮水器等电路及附件的所有电路;转到起动(START)位置,接通起动电路及点火电路,点火开关在这一位置不能锁止,松手后在弹簧的作用下自动回到点火位置。点火开关的钥匙只能在锁止(LOCK)位置才能拔下,拔下后转向盘被锁在原位不能转动。现在许多轿车的点火开关中还有高级的防盗装置,钥匙中有专门的防盗芯片,只有在钥匙芯片发出的信息通过点火开关传送至防盗电脑被确认后,才能启动发动机。

近年来,有很多汽车采用按钮式点火开关,并将其安装在仪表板台板上,如图6-19所示。将钥匙插入点火开关后,轻按一下按钮即可接通汽车电源,稍长时间按下按钮则可启动发动机,再按一下按钮即可熄火。

2. 电感储能电子点火系统

电感储能电子点火系统与传统点火系统的主要区别在于低压电路,电感储能电子点火系统低压电路用点火信号发生器和点火模块替代了传统分电器的断电器。

1)点火信号发生器

目前常用的点火信号发生器的类型有:磁感应式(磁脉冲式)、霍尔效应式和光电式,其中前两种的应用更加广泛。美国、日本生产的车辆采用磁感应式的较多,德国、西欧生产的汽车采用霍尔效应式的较多。

图6-18　丰田花冠EX点火开关

图6-19　丰田佳美点火开关

(1)磁感应式信号发生器。磁感应式信号发生器的基本结构如图6-20所示,主要包括信号转子、永久磁铁、感应线圈和支座等,信号转子上有与发动机汽缸数相同的凸起。

这种信号发生器产生点火信号的基本原理如图6-21所示,图中信号转子的4个位置表示了信号发生器磁通变化的情况。随着转子的转动,转子的凸起交替接近和离开信号线圈铁芯,凸起与铁芯所形成的气隙交替变化,使得磁路中的磁通量和磁通的变化率交替变化,从而使线圈中产生的感应电动势发生交替变化。

信号转子旋转时所产生的磁通变化情况及信号线圈所产生的感应电动势的情况如图6-22所示。

从这种信号发生器的工作原理可以看出,其信号电压是随着发动机转速的提高而增大的,同时转速上升后,信号电压上升的速度也加快,到达点火触发电压的时间也会相应提前。

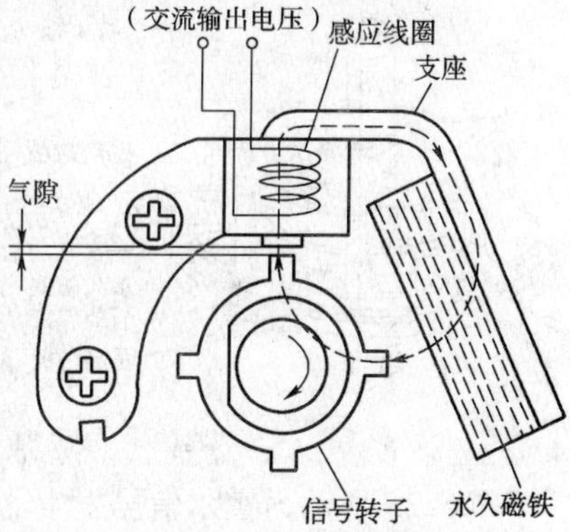

图6-20　磁感应式信号发生器

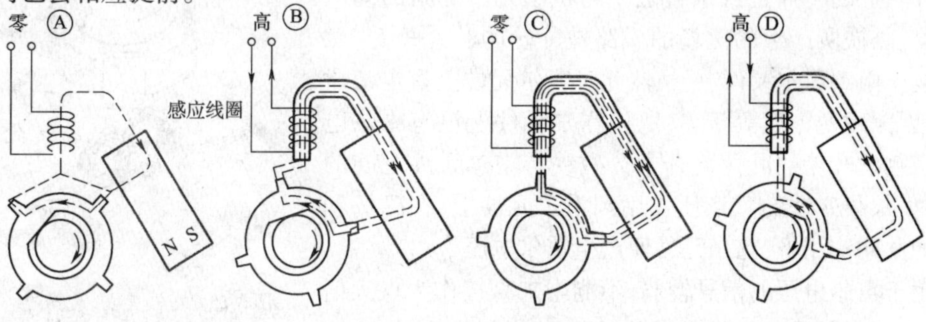

图6-21　磁感应信号发生器的工作情况

a)磁通变化(零);b)磁通变化(最大);c)磁通变化(零);d)磁通变化(最大)

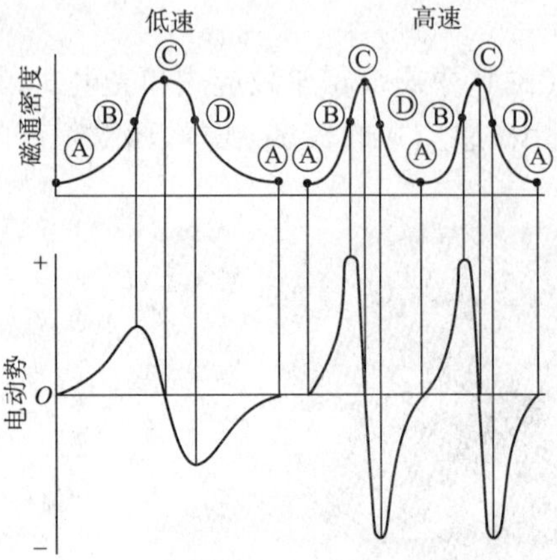

图6-22　磁路中磁通的变化及信号线圈中的感应电动势

磁感应式点火信号发生器还有另外一种结构形式，如图6-23所示，其工作原理与前述点火信号发生器的原理相同，在结构上采用盘状永久磁铁，磁铁的上面装有软铁极片，极片上制有与汽缸数相等的凸齿，信号感应线圈与转子同心，转子上也有与汽缸数相等的凸齿。转子转动时，也会因线圈中的磁通发生变化而产生感应电动势。

从磁感应信号发生器的工作原理来看，这种信号发生器在工作中不需要电源，是一种无源信号发生器。输出线即为信号线圈的两端。

(2)霍尔效应式信号发生器。霍尔效应是美国科学家霍尔在1879年发现的，其原理如图6-24所示。给一块放在磁场中的半导体基片通以电流时，在垂直于磁场和电流的方向上便会产生一个与电流和磁通密度成正比的电压，此电压即为霍尔电压。在电流一定时，霍尔电压的大小与磁通密度成正比，只要改变磁通密度，就可以改变霍尔电压的大小。霍尔信号发生器就是基于此原理制成的。

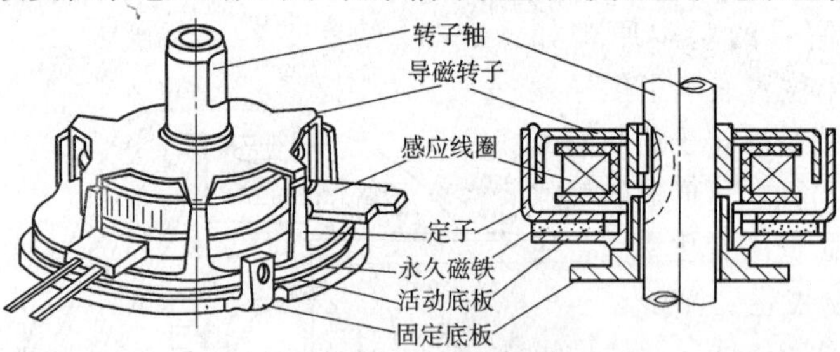

图6-23　圆盘型的磁感应信号发生器

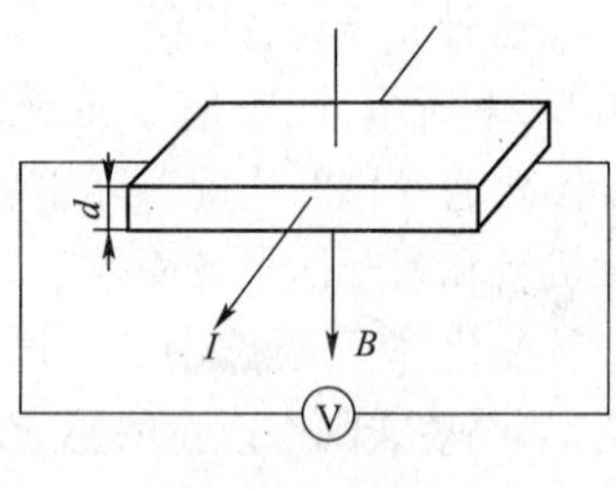

图6-24　霍尔效应

图6-25所示为霍尔信号发生器的结构，包括与分火头制成一体的触发叶轮、霍尔集成电路、带导磁板的永久磁铁、触发开关及专用插座等。

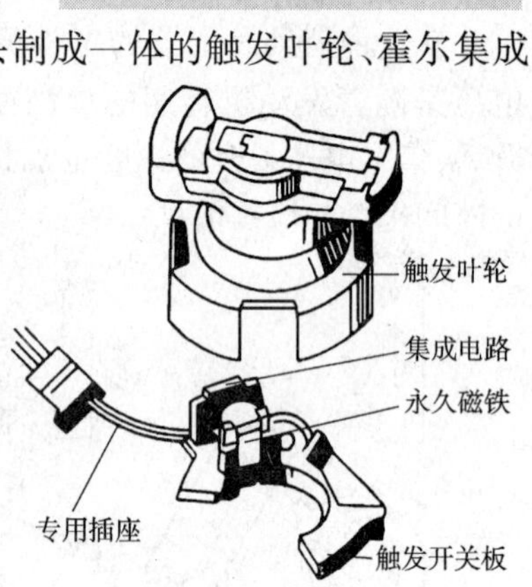

图6-25　霍尔信号发生器的结构

其基本工作原理如图6-26所示，触发叶轮转动时，当触发叶轮上的叶片进入永久磁铁与霍尔元件之间的间隙时，永久磁铁所产生的磁场的磁路被叶轮的叶片短路，磁场不能作用到霍尔元件上，虽然此时霍尔元件上有电流通过，但因为磁通密度等于零，所以霍尔元件上没有霍尔电压。当触发叶轮的叶片离开永久磁铁与霍尔元件之间的间隙时，永久磁铁的磁场便作用到霍尔元件上，在磁场和电流的共同作用下，霍尔元件便产生霍尔电压。

由于霍尔电压的信号较弱，不能用来直接作为点火信号，因此要对其进行放大并转换为矩形的方波信号，这一任务由霍尔集成电路来完成，集成电路的工作原理框图如图6-27所示。

由于霍尔信号发生器在工作中需要始终提供通过霍尔元件的电流，所以这种信号发生器是属于有源的信号发生器,其接线端一般有三条导线,一条为信号线,一条为电源线,另一条为搭铁线。

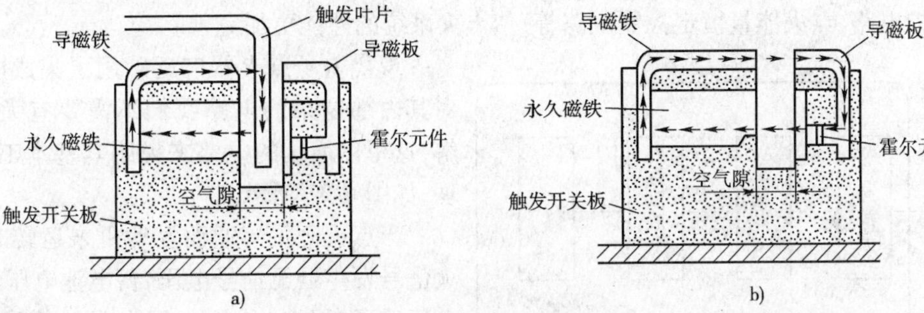

图 6-26　霍尔信号发生器的工作原理

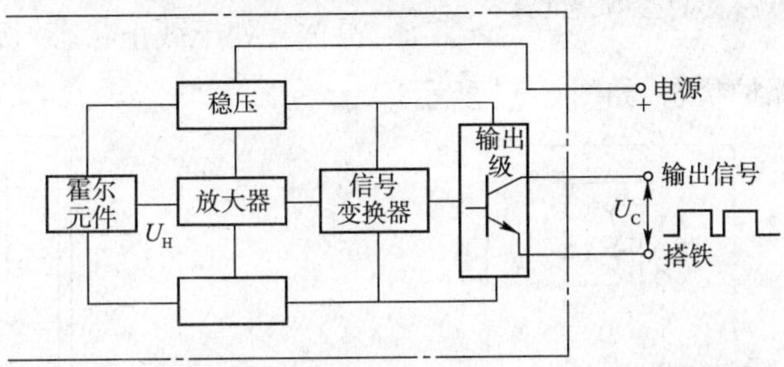

图 6-27　霍尔信号发生器集成电路原理框图

(3)光电感应式信号发生器

光电式信号发生器的主要组成部分是发光元件、光敏元件和遮光转子,如图 6-28 所示。

其工作原理如图 6-29 所示,遮光转子上有与汽缸数相对应的缺口,转子转动时,发光元件所发出的光线通过遮光转子的缺口可以照射到光敏元件上,当转子挡住光线时,光敏元件得不到光线的照射,这样光线的时通时断,光敏元件就产生了点火信号脉冲电压。这种信号发生器由于要提供光源,所以也是一种有源的信号发生器。

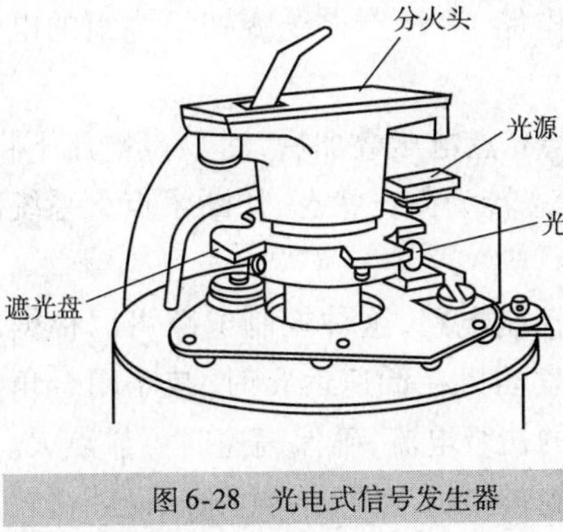

图 6-28　光电式信号发生器

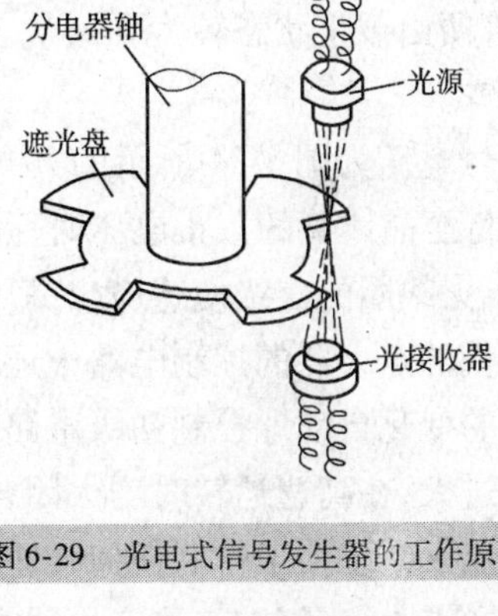

图 6-29　光电式信号发生器的工作原理

2)点火器(点火模块)

点火器的作用是按照点火信号发生器发出的点火信号接通和断开点火系统的初级电路,使点火线圈的次级产生高压。目前汽车上所采用的点火器中的电路形式多种多样,但其基本功能是大致相同的，其电路是由相应的功能电路组成，如图 6-30 所示。现代汽车的电子点火器中除了最基本的电路外，还增加了闭合角控制电路、初级电路、电阻可变电路、停车断电保护电路、点火能量恒定控制电路等，使点火系统的性能更加完善。

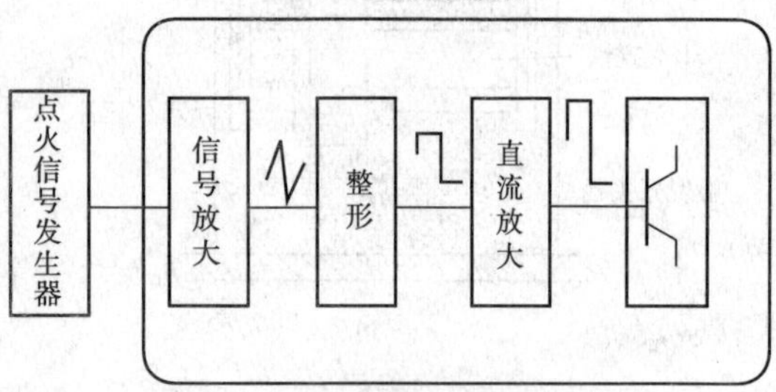

图 6-30　电子点火器的基本功能电路

现代电子点火器广泛采用了集成电路，对其内部复杂的电路我们不需要有太多了解，这里以简化的电路来说明其基本工作原理，如图 6-31 所示。

当点火开关接通而发动机未运转时，点火信号发生器无信号电压，蓄电池电压经 R_1 分压后通过信号线圈作用在晶体管的基极上。此时，电压低于晶体管的导通电压，使晶体管处于截止状态，切断了点火系统的初级电路。此为停机保护状态，如图 6-32 所示。

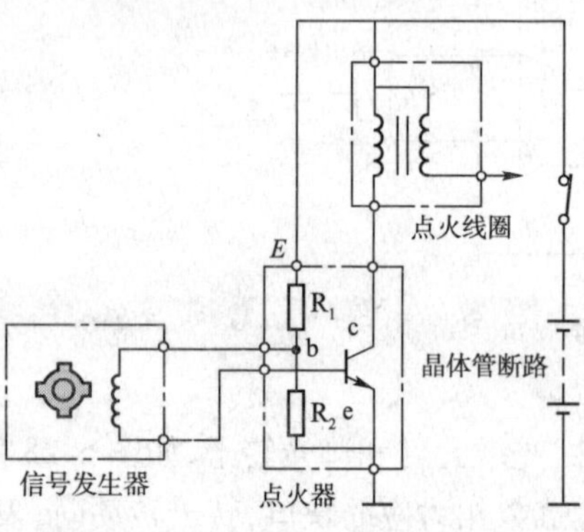

图 6-31　简化的点火器电路

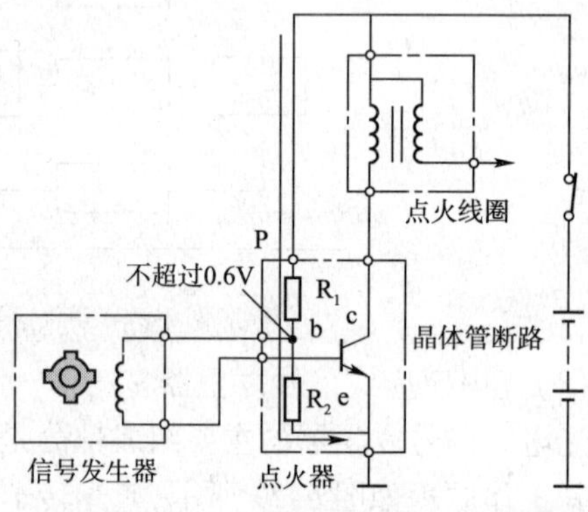

图 6-32　点火开关接通，发动机未启动时

发动机起动后，信号发生器不断发出交变的电压信号，当信号电压为图 6-33 所示的情况时，信号电压与 P 点电压叠加后使 Q 点电压上升，当 Q 点电压超过了晶体管的导通电压后，晶体管便由截止状态转为导通状态，接通了初级电路，流经点火线圈初级绕组的电流经晶体管搭铁。

当信号电压为图 6-34 所示的方向时，信号电压与 P 点电压叠加后，使 Q 点电压下将，当 Q 点电压将至晶体管的截止电压时，晶体管从导通状态转为截止状态，切断了点火系统的初级电路，点火线圈的次级便感应出高压电动势。

在现代的点火器的控制电路中还加入了闭合角控制电路，这种控制电路可以根据发动机的转速的变化自动地控制初级电路的导通时间。发动机在低速运转时，减小闭合角防止初级电流过大，在高速运转时增大闭合角，保证一定的初级电流，确保高速时可靠点火。

为使点火系统在工作的任何转速情况下都能得到较为稳定的初级电流从而获得较高的次级电压和点火能量，在有些点火器中还设计了恒流控制电路限制初级电流。

点火线圈和点火器往往是配套设计、配套使用的，如果将不配套的点火线圈和点火器一起使用，有可能造成点火器和点火线圈的损坏。

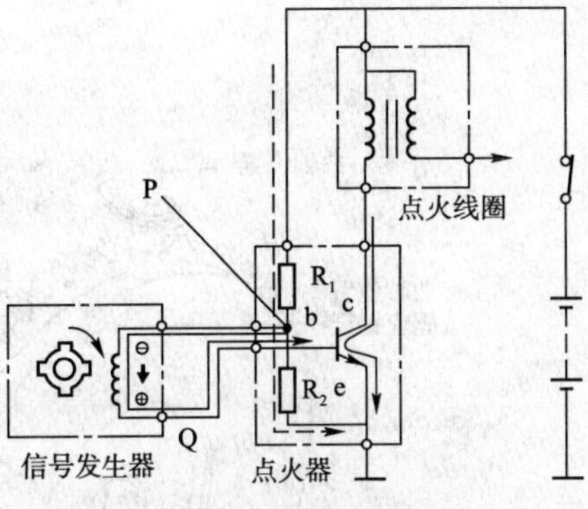

图 6-33　初级电路导通

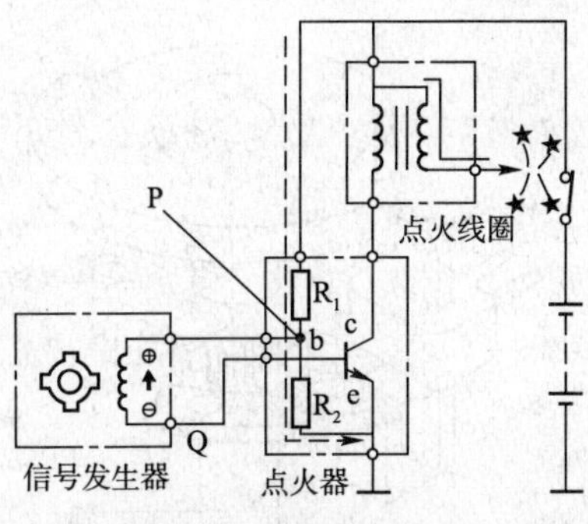

图 6-34　初级电路截止

3. 微机控制电子点火系统

前述电子点火系统仍然采用离心点火提前调节器和真空点火提前调节器,其控制的点火提前角与最佳点火提前角有较大误差。微机控制电子点火系统其点火提前角由微机精确控制,进一步提高了发动机的动力性、经济性和环保性。其组成主要包括与点火有关的各种传感器、电子控制器(ECU)、点火器、点火线圈、火花塞等,如图 6-35 所示。

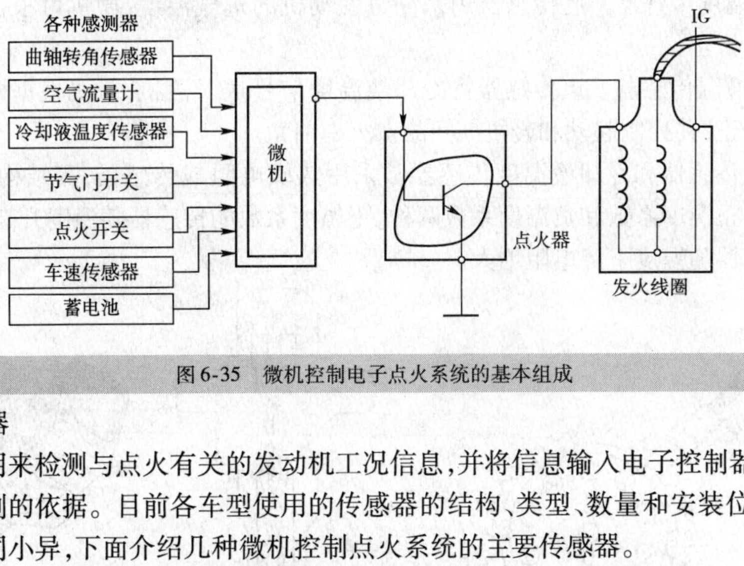

图 6-35　微机控制电子点火系统的基本组成

1)传感器

传感器用来检测与点火有关的发动机工况信息,并将信息输入电子控制器,作为运算和控制点火时刻的依据。目前各车型使用的传感器的结构、类型、数量和安装位置各不相同,但其作用大同小异,下面介绍几种微机控制点火系统的主要传感器。

(1)曲轴转角和转速传感器。该传感器可将发动机曲轴转过的角度变换为电信号输入微机,微机通过这个信号计算出曲轴转过的角度,也可以通过此信号计算出曲轴的转速。

(2)曲轴基准位置传感器(点火基准传感器)。此传感器可在曲轴转至某一特殊位置时,发出电信号,微机将这一信号作为计算曲轴位置的基准点,并与曲轴转角信号一起计算出任意时刻曲轴所处的位置。

曲轴转角及转速传感器和曲轴基准位置传感器是微机控制点火系统最基本的输入信号,常用的传感器有磁感应式、霍尔效应式和光电式,安装的位置有分电器内、飞轮壳上、曲轴前端、凸轮轴前后端等。安装在分电器的磁感应式的曲轴转角及转速传感器如图 6-36 所示,安装在飞轮上的传感器如图 6-37 所示,安装在凸轮轴上的磁感应传感器如图 6-38

所示。

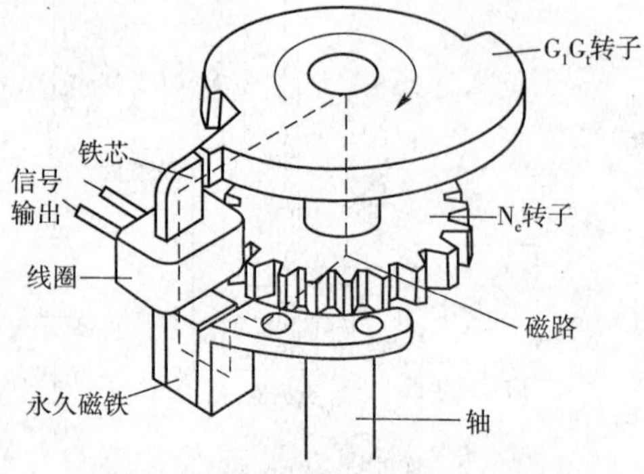

图 6-36　安装在分电器的磁感应式的曲轴转角及转速传感器

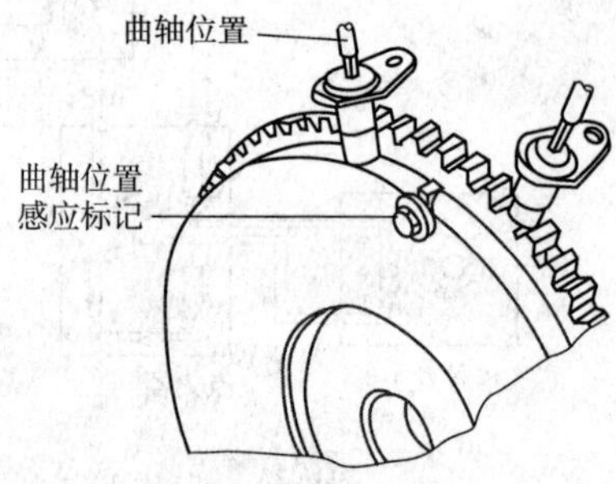

图 6-37　安装在飞轮上的曲轴位置传感器

(3)进气压力传感器。对于 D 形电控燃油喷射系统的发动机,此传感器用来检测发动机的负荷,并将其转换为电信号输入微机,微机以此作为确定点火提前角的基本信号。

(4)空气流量传感器。在 L 形电控燃油喷射系统中,空气流量传感器用来测量进入汽缸的空气量,作为发动机的负荷信号,同时也作为点火提前角的基本信号。

(5)进气温度传感器。此传感器用来测量发动机的进气温度,微机可根据此信号对点火提前角进行修正。

(6)冷却液温传感器。该传感器将冷却液温度信号送入微机,微机根据此信号对点火提前角进行修正,并控制起动和暖机期间的点火提前角。

进气温度传感器和冷却液温度传感器常采用热敏电阻式传感器,其结构如图 6-39 所示。传感器分正温度系数和负温度系数两种,正温度系数的传感器随温度升高电阻增大;负温度系数传感器随温度下降电阻增大。

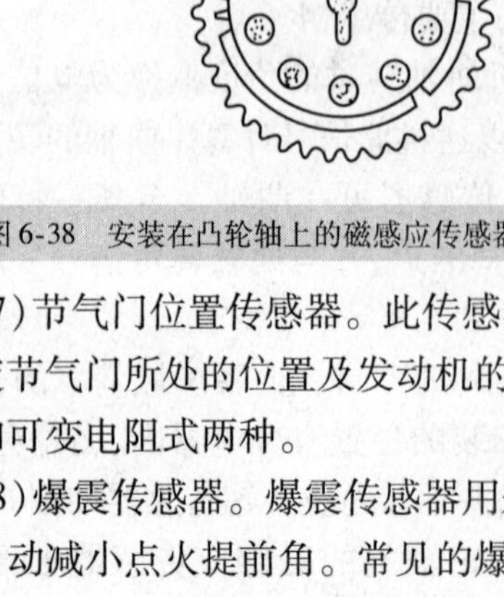

图 6-38　安装在凸轮轴上的磁感应传感器

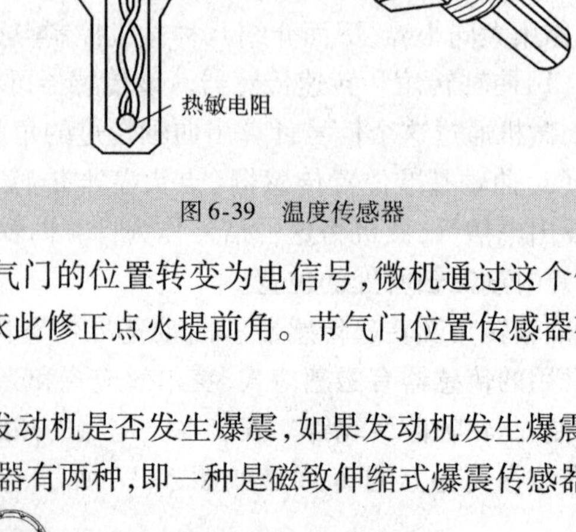

图 6-39　温度传感器

(7)节气门位置传感器。此传感器将节气门的位置转变为电信号,微机通过这个信号来判定节气门所处的位置及发动机的工况,依此修正点火提前角。节气门位置传感器有触点式和可变电阻式两种。

(8)爆震传感器。爆震传感器用来检测发动机是否发生爆震,如果发动机发生爆震,微机将自动减小点火提前角。常见的爆震传感器有两种,即一种是磁致伸缩式爆震传感器,另一种是压电式爆震传感器。

(9)各种开关输入信号。

①起动开关信号:在起动机接通时,通知微机发动机处于起动状态,并以此控制起动时的点火提前角。

②空调开关信号:发动机在怠速工况下使用空调时,微机在提高发动机转速的同时,也对点火提前角进行修正。

③空挡开关信号:在配置自动变速器的车辆上,此信号可以使微机获得变速器位于空挡的信息,对点火提前角进行必要的修正。

以上这些传感器,一般都与电控燃油喷射系统的各传感器共用,确定最佳的供油量和最佳点火提前角。

2)电子控制器

电子控制器俗称电脑,它在点火系统工作时,接受前述各种传感器传来的信号,按照特定的程序进行判断、运算后,给点火器输出最佳点火提前角和点火初级电路导通时间的控制信号。

3)点火器

点火器是微机点火控制系统的功率输出级,它按电子控制器输出的指令工作,并对点火信号进行放大,驱动点火线圈工作。各种发动机的点火器的内部结构也不一样,有的只有大功率晶体管,单纯起开关作用,有的除起开关作用外,还有电流控制闭合角控制、判别缸位、点火监视等功能,有的发动机不单设点火器,将大功率晶体管组合在电子控制器中,由电子控制器直接控制点火线圈中的初级电流的通断。

4)其他

微机控制点火系统除了上述主要组成部件外,还有点火线圈、火花塞等,其作用与传统点火系统的组件相同,此处不再赘述。

5)最佳点火提前角的确定

微机控制电子点火系统所控制的最佳点火提前角通常包括初始点火提前角、基本点火提前角和修正点火提前角三部分。如图6-40所示。

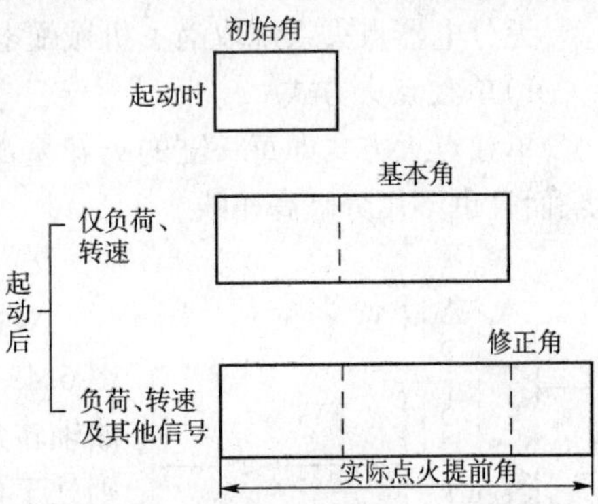

图6-40 实际点火提前角

实际点火提前角 = 初始点火提前角 + 基本点火提前角 + 修正点火提前角

(1)初始点火提前角。初始点火提前角由发动机的结构及曲轴位置传感器的安装位置决定,是未经电子控制器修正的点火提前角,通常为固定值,此点火提前角一般用作发动机启动时的点火提前角。

(2)基本点火提前角。基本点火提前角是由电子控制器根据发动机的转速和负荷所确定的点火提前角,是发动机运行过程中最为主要的点火提前角。

(3)修正点火提前角。由电子控制器根据除发动机转速和负荷以外的信号,对点火提前角进行的修正。主要包括以下几个方面。

①暖机修正。为了改善低温时发动机的驱动性能,在冷却液的温度较低时,应适当增大

点火提前角。在发动机的暖机过程中，点火提前角的修正值随冷却液温度而变化。

②过热修正。发动机在正常运行过程中，如果冷却液的温度过高，则有可能引起爆震。为了避免这种情况，应适当减小点火提前角；而发动机在怠速时过热，会适当增大点火提前角。

③空燃比反馈修正。装有氧传感器和三元催化器的发动机，微机可根据氧传感器的信号增减喷油量，使空燃比保持在14.7左右，确保三元催化器的转换效率最高。

④怠速稳定性修正。为了维持稳定的怠速转速，会适当修正点火提前角：当实际转速高于目标转速时，适当减小点火提前角；而实际转速低于目标转速时，应适当增加点火提前角。

6）点火提前角的控制方式

微机控制点火系统发动机在控制点火提前角的同时，不断检测发动机的有关工作情况，如发动机是否发生爆震、怠速是否稳定等，然后根据检测的结果，及时对点火提前角进行进一步修正，使发动机始终处于最佳点火工作状态。这种控制方式称为闭环控制，主要有爆震控制和怠速稳定控制。

（1）爆震控制。理论和实践均已证明，严重的爆震会使发动机的动力性和经济性严重恶化，而发动机工作在临近爆震或有轻微爆震的情况下，其热效率最高，动力性和经济性最好。控制爆震的直接而有效的手段是控制点火提前角，因此利用点火提前角的闭环控制可使发动机工作在爆震边缘，提高发动机的动力性和经济性。

（2）怠速稳定控制。有些汽车的电子控制器用控制点火提前角的方法来稳定发动机的怠速，这实际上是以转速为目标的闭环控制。当发动机转速超过目标转速时，控制系统减小点火提前角，使转速降低；发动机转速低于目标值时，控制系统增加点火提前角，使转速上升。

4. 无分电器点火系统 DIS（Direct Ignition System 或 Distributorless Ignition System）

无分电器点火系统取消了机械配电，其高压电配电主要有以下三种方式。

1）单独点火方式

单独点火方式即每一缸的火花塞配一个点火线圈，如图6-41所示。不但取消了分电器，而且也不用分缸高压线。

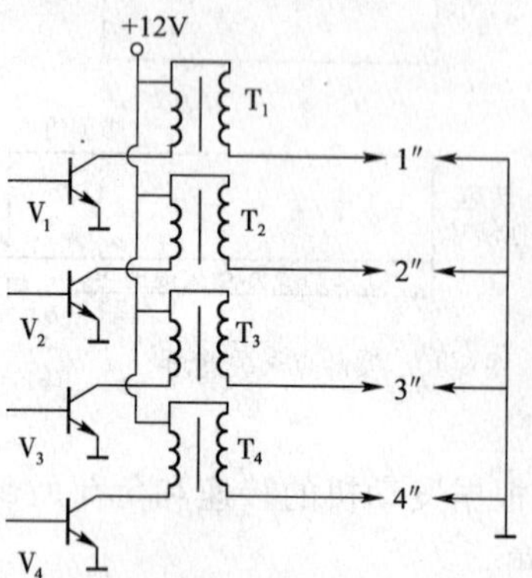

图6-41 单独点火方式

2）双缸同时点火方式

双缸同时点火方式即点火线圈同时为两个汽缸点火，如图6-42所示。同时点火的两个汽缸的工作行程应相差360°曲轴转角，即一个汽缸处于压缩行程上止点时，另一个汽缸则处于排气上止点。点火时，两个汽缸的火花塞同时跳火。处于压缩行程的汽缸内压力很大，必须要足够的电压才能让火花塞击穿电极形成火花，给汽缸提供足够的点火能量；而处于排气行程的汽缸内压力较小，火花塞很容易跳火形成无效火花，不会造成大的能量损失。

3）二极管配电点火方式

这种高压配电方式的基本电路如图6-43所示。其点火线圈有两个初级绕组和一个次级绕组。这种配电方式与双缸同时点火方式一样，每次点火也有两个火花,一个有效火花,一个无效火花。

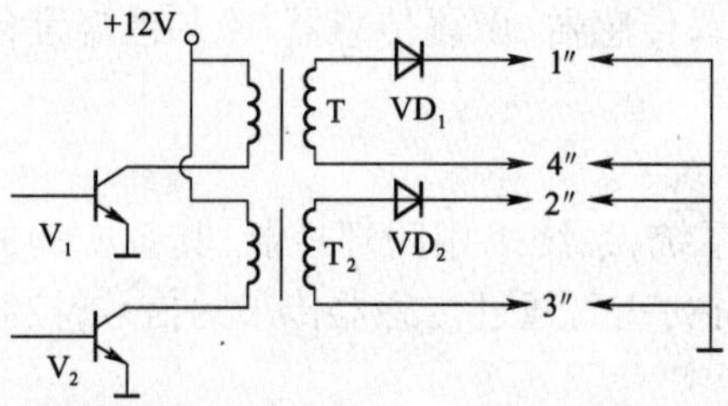

图 6-42　双缸同时点火方式

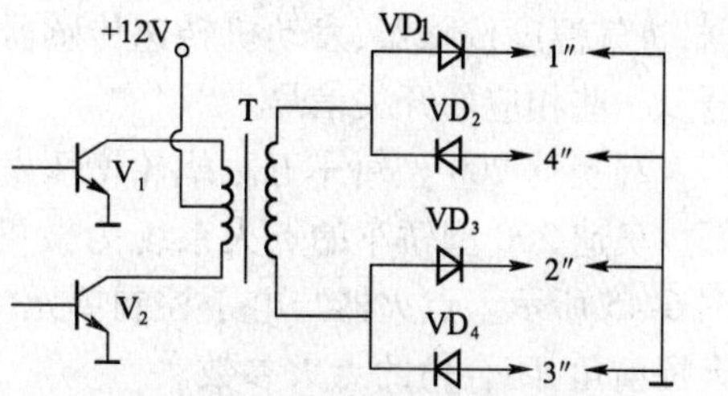

图 6-43　二极管配电点火方式

无分电器点火系统的工作原理与前述的电子点火系统的工作原理基本相同,都是利用各种传感器产生的各类信号一,通过微机的运算对点火线圈的初级绕组进行控制,使点火线圈的次级绕组产生高压电动势,所不同的是前述的电子点火系统用一个点火线圈,而无分电器点火系统则采用多个点火线圈,因此无分电器点火系统就要对需要进行点火的汽缸进行识别,控制需要点火汽缸的点火线圈通断,产生高压电。为此,无分电器的点火系统除了需要前述点火系统所需的各种信号外,还需要有汽缸的识别信号。

汽缸识别信号可采用曲轴位置传感器或凸轮轴位置传感器信号,通过微机运算后得出,再将汽缸识别信号送到点火器,点火器中的汽缸判断电路收到汽缸识别信号后,确定哪一个汽缸的点火线圈需要点火。

5. 典型点火系统的识读

1)桑塔纳 2000AFE 发动机微机控制点火系统

桑塔纳 2000AFE 发动机所采用的微机控制点火系统是发动机电控系统的一个子系统,其组成除了各种传感器以外,主要包括点火线圈、分电器、火花塞、带抗干扰元件的连接插座、高压线等,如图 6-44 所示。分电器用压板安装在发动机的汽缸盖上,分电器轴由凸轮轴直接驱动,转速传感器为霍尔效应式,安装在分电器内。点火子系统根据发动机的各种传感器的信号,并利用电子控制器中所存储的脉谱图,控制点火时刻、闭合角及爆震,使点火提前角始终处于最佳状态。

桑塔纳 2000AFE 发动机微机控制点火系统将点火器的大功率晶体管设在电子控制器(ECU)的内部,

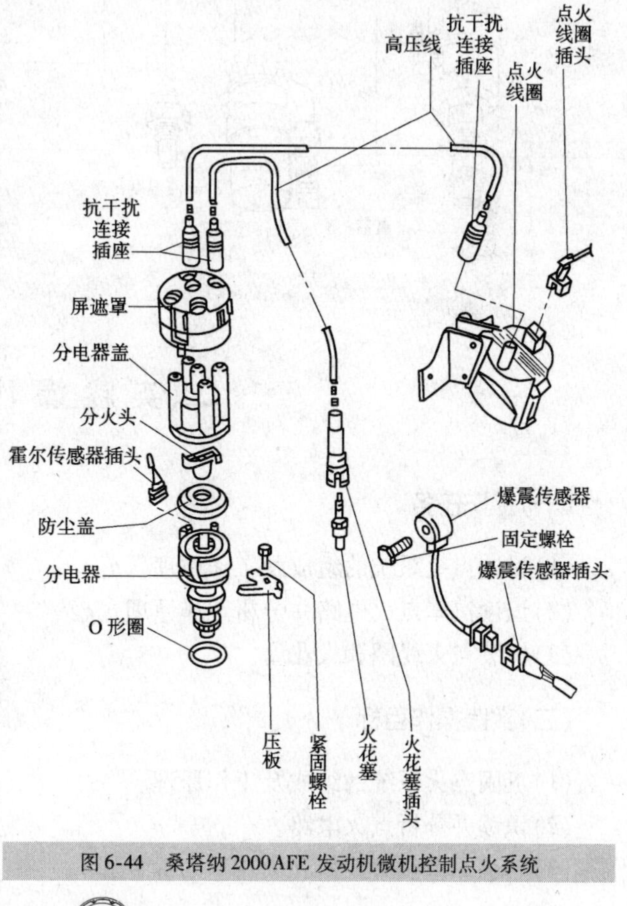

图 6-44　桑塔纳 2000AFE 发动机微机控制点火系统

由 ECU 直接控制点火线圈的初级绕组的电流。点火系统的传感器主要包括：进气压力传感器，进气温度传感器、发动机转速传感器、节气门位置传感器、爆震传感器、冷却液温度传感器及一些相应的开关信号。

2）奥迪 200 型轿车五缸蜗轮增压发动机点火系统

奥迪 200 型轿车的点火系统为微机控制点火系统，系统采用闭环控制，其系统构成如图 6-45 所示。点火器与电子控制单元（ECU）集成在一起，通过传感器传来的信号，控制点火提前角、闭合角的点火参数。

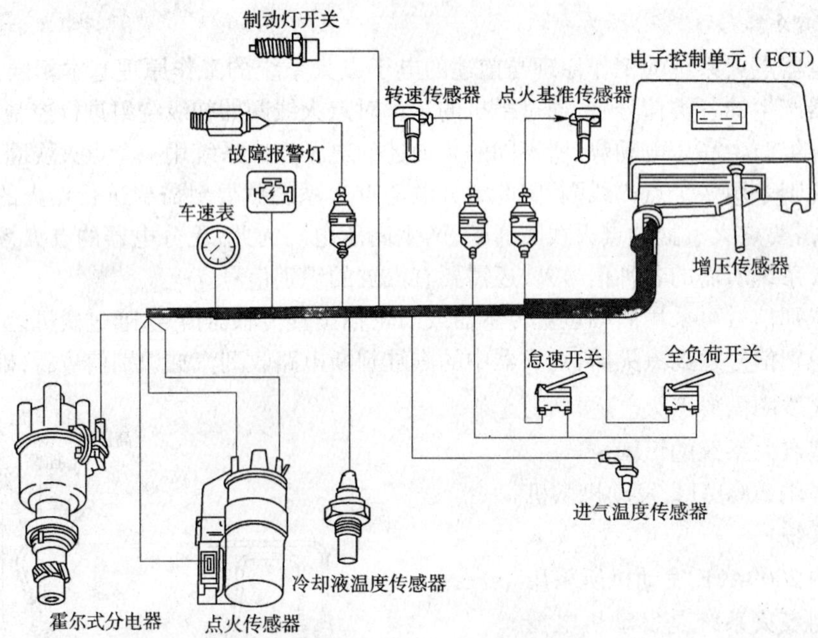

图 6-45　奥迪 200 型轿车的点火系统

二、实践操作

（一）工作任务

（1）讨论点火系统的组成及工作原理。

（2）识读汽车点火电路并分析工作原理。

（3）拆装点火线圈和火花塞。

（二）实践操作目标

（1）巩固点火系统的组成及工作原理。

（2）识读并分析点火电路。

（3）熟练掌握点火线圈和火花塞的拆装。

(三)实践准备

1. 实践操作所用的设备

实训用车辆(丰田、大众、雪铁龙等车型)、蓄电池、工作台等。

2. 实践操作所用的工具和材料

有关拆装工具、干净的抹布等。

(四)注意事项

(1)遵守安全操作规程,正确使用工具。

(2)正确拆装,保证拆装质量。

(3)拆下的零部件要按先后顺序排列好,以免装配时出现差错和遗漏,要特别注意小件不能丢失。

(4)安装时要做到固定牢靠,接线正确。

(5)使用电路图册和维修手册时注意保护电路图册和维修手册,避免破损。

(6)维修手册所述其他相关要求。

(五)具体内容

1. 外部观察

用 10 ~ 15min 的时间,对点火系统进行观察与思考;熟悉点火系统的外部形状及在汽车上的安装情况;各元件的名称、作用及连线情况;对照实物分析点火系统的工作原理。

点火系统部件安装位置如图 6-46、图 6-47 所示。

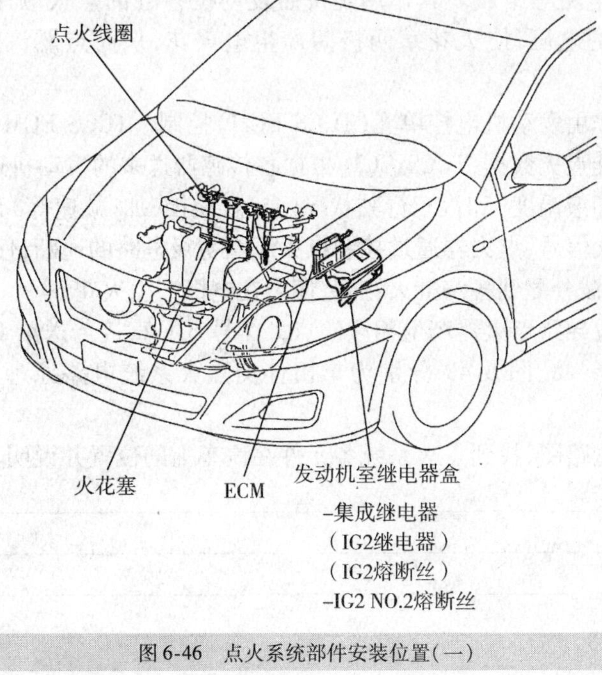

图 6-46　点火系统部件安装位置(一)

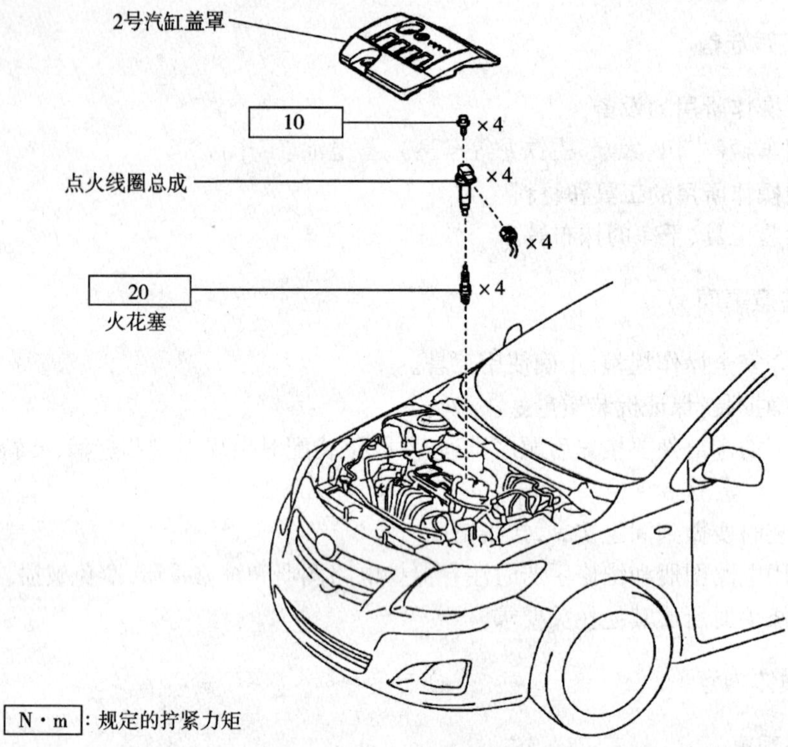

图 6-47　点火系统部件安装位置(二)

2. 起动系统电路识读

发动机点火系统由点火线圈、点火器总成、分电器(分电器式点火系统)和位于 ECM 内的电子点火提前电路等组成。其作用是按照发动机各缸的点火顺序,在一定的时刻供给火花塞以足够高的电压,使火花塞两极间产生电火花,从而点燃汽缸中已压缩的可燃气体。

点火系统的工作由发动机电控单元(TCCS ECM)控制。TCCS ECM 内储存有大量发动机各种工况下的最佳点火数据,TCCS ECM 根据各传感器送来的发动机运转工况(包括发动机转速、进气量、冷却液温度)和汽车行驶状况(怠速、换挡、加/减速等)计算点火正时,并向点火器发出 1 个点火信号,点火器通过控制点火线圈初级电路的通断,使次级线圈产生高压电,依次按点火顺序被分配到各汽缸火花塞,使之在电极产生火花。

经耦合线圈感应导致点火器产生相应的点火信号 IGF 直接传送给 ECM,以监督点火系统的正常工作。图 6-48、图 6-49 分别为丰田佳美点火系统电路原理图和各主要元件位置图。

通过识读汽车电路图,找到点火系统各元件在汽车上的位置并说明其作用和工作原理。

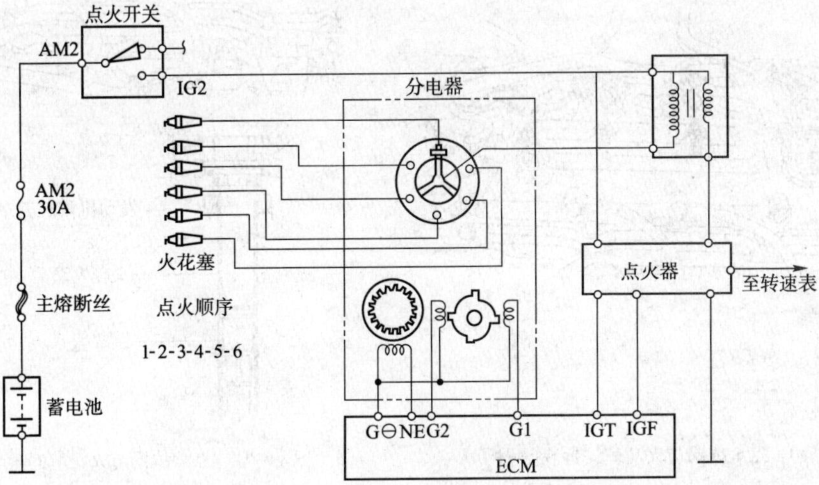

图 6-48　丰田佳美 3VZ-FE 发动机点火系统原理图

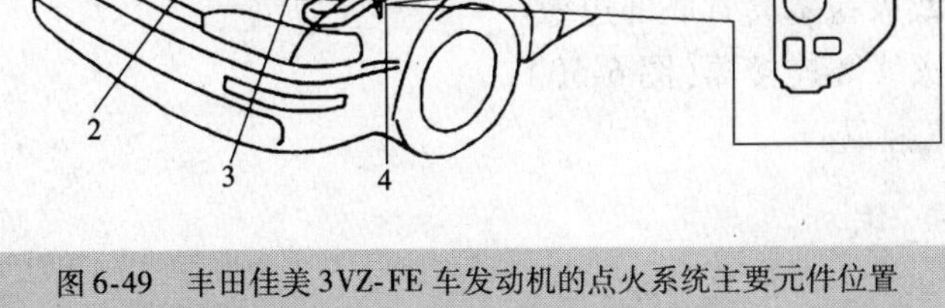

图 6-49　丰田佳美 3VZ-FE 车发动机的点火系统主要元件位置

1-ECM(发动机 ECM);2-火花塞;3-主熔断丝(2.0L);4-点火线圈;5-分电器;6-点火器;7-AM2 熔断丝(30A)

3. 点火线圈和火花塞的拆装

1)点火线圈和火花塞的拆卸

(1)拆卸 2 号汽缸罩。

(2)拆卸点火线圈总成。

①如图 6-50 所示,断开 4 个点火线圈插接器。

②如图6-51所示，拆下4个螺栓和4个点火线圈。注意：拆下点火线圈时，不要损坏发动机缸盖罩开口上的火花塞盖或火花塞套管顶部边缘。

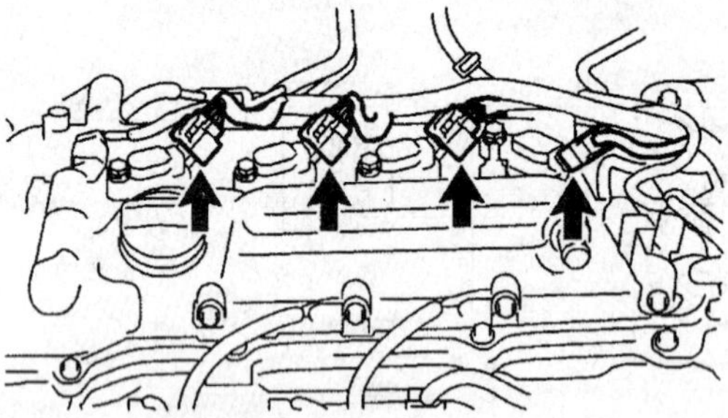

图6-50　点火线圈与火花塞的拆装(一)

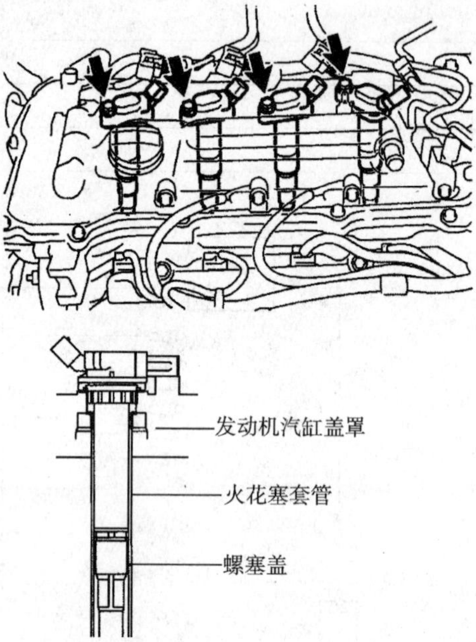

图6-51　点火线圈与火花塞的拆装(二)

图6-52　点火线圈与火花塞的拆装(三)

(3)拆卸火花塞。如图6-52所示，用14mm火花塞扳手和100mm加长杆拆下4个火花塞。

2)点火线圈和火花塞的安装

(1)安装火花塞(图6-52)。用14mm火花塞扳手和100mm加长杆安装4个火花塞。

(2)安装点火线圈总成。

①用4个螺栓安装4个点火线圈(图6-51)。**注意：**安装点火线圈时，不要损坏发动机缸盖罩开口上的火花塞盖或火花塞套管底部边缘。

②连接4个点火线圈连接器(图6-50)。

(3)安装2号汽缸罩。

4. 工作总结

学习心得：____。

三、学 习 拓 展

火花塞的类型

除了普通火花塞外，现在汽车上还使用其他类型的火花塞，简介如下。

1. 白金尖形火花塞

白金尖形火花塞的结构基本与前述的火花塞相同，只是中心电极和侧电极都覆盖一层很薄的断电触点薄膜。白金薄膜非常耐蚀，大大延长了火花塞的使用寿命（从普通火花塞的10000km 延长到 100000km）。另外，为了改善火花塞的放电性能，这种火花塞的中心电极的直径减小，电极间隙增大，在使用过程中也不必调整火花塞间隙，如图 6-53 所示。

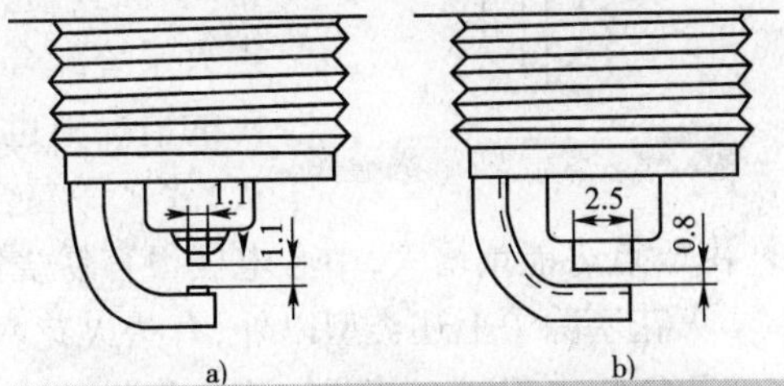

图 6-53　白金尖形火花塞与普通火花塞的比较
a）白金尖形火花塞；b）普通火花塞

为了区别普通火花塞和白金尖形火花塞，白金尖形火花塞的陶瓷绝缘体的上部有五条深蓝色的条纹，如图 6-54 所示。

2. 多极火花塞

多极火花塞的侧电极一般为两个以上，其优点是点火可靠，电极间隙不需经常调整，故在电极容易烧蚀和火花塞间隙不能经常调整的汽油机上采用，特别是一些对点火要求较高的发动机已广泛采用多极火花塞，如图 6-55 所示。

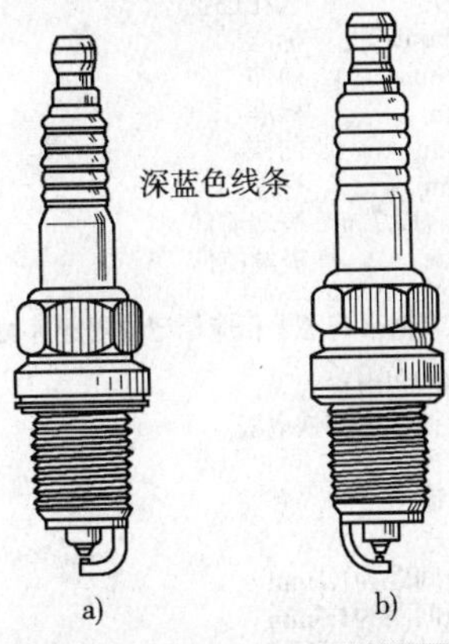

图 6-54　白金尖形火花塞的标记
a）白金尖形火花塞；b）普通火花塞

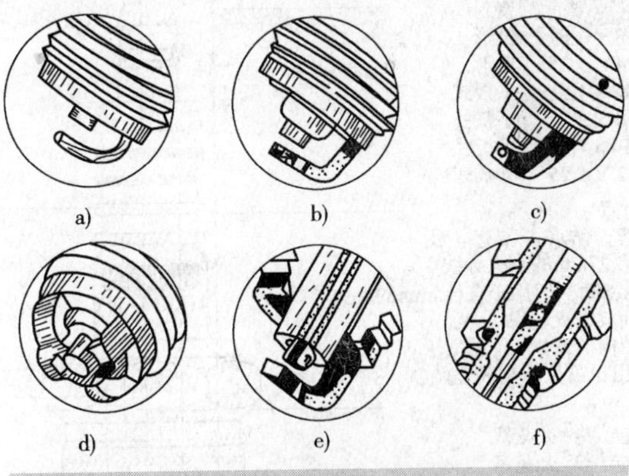

图 6-55　不同类型的火花塞
a）标准型；b）电极突出型；c）细电极型（带 U 形槽）；d）多极型；e）铜芯电阻型；f）内装电阻型

3. 突出型火花塞

突出型火花塞的绝缘体裙部较长，突出于壳体端面之外、具有吸收热量大，抗污能力好的优点，能直接受到进气的冷却，不易产生炽热点火，热适应范围宽，是应用范围最广的火花塞之一，如图 6-55 所示。

4. 细电极型火花塞

细电极型火花塞电极很细，特点是火花强烈，点火能力好，在寒冷条件下也能保证发动机迅速可靠起动，热范围较宽，能满足多种用途，如图 6-55 所示。

5. 铜芯电阻型火花塞

铜芯电阻型火花塞在高速发动机上普遍采用，其内部的电极导热性能良好，热值较普通火花塞提高 10% ~40%，高速时能限制炽热点火，而火花塞裙部的加长，使热值的下限拓宽，同时也提高了电极的耐油污、抗烧蚀的能力，如图 6-55 所示。

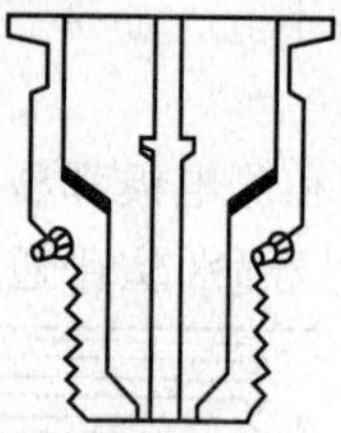

图 6-56　沿面跳火型火花塞

6. 沿面跳火型火花塞

沿面跳火型火花塞又称沿面间隙型火花塞，是一种最冷型的火花塞，如图 6-56 所示，其中心电极与壳体端面之间的间隙是同心的。它必须与点火能量大、电压上升率快的电容放电型点火系统配合使用，可完全避免火花塞的炽热点火，即使在油污的情况下也能正常发火。其缺点是可燃混合气不易接近电极，故在稀混合气的情况下，不能充分发挥汽油机的功能。另外，由于点火能量增大，中心电极很容易烧蚀。

火花塞除了上述类型以外，有些火花塞为了抑制点火系统对无线电的干扰，在内部加装 5 ~ 10kΩ 的电阻或在外部加装屏蔽罩。加装电阻的火花塞称为电阻型火花塞，加装屏蔽罩的火花塞称为屏蔽型火花塞。

火花塞的标识

这里以 BOSCH 火花塞的标识为例介绍火花塞标识，如图 6-57 所示。

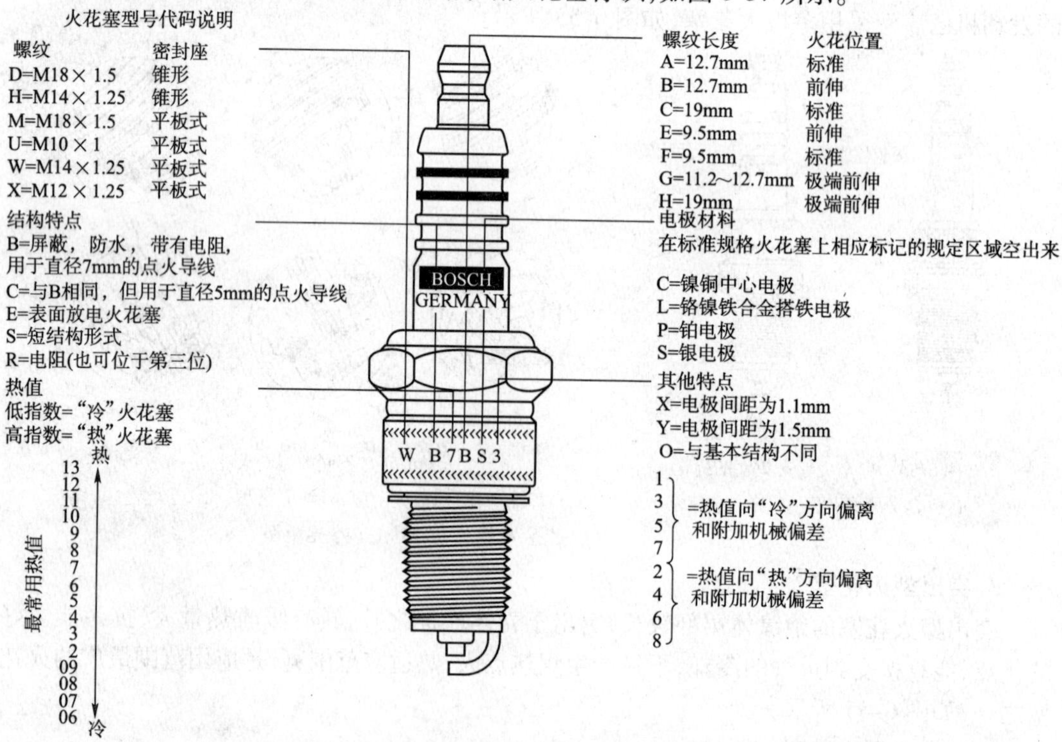

图 6-57　火花塞的标识

四、评价与反馈

1. 自我评价与反馈

(1)对本学习任务的学习你是否满意?

评价情况:______________________________

(2)你能独立完成卡罗拉(1.6L)轿车点火系统的拆卸、拆解、重新装配和安装吗?

评价情况:______________________________

(3)你是否知道卡罗拉(1.6L)轿车点火系统的基本组成?

评价情况:______________________________

(4)你会正确使用工具吗?

评价情况:______________________________

签名:________　________年________月________日

2. 小组评价与反馈

(1)你们小组在接到任务之后是否讨论过卡罗拉(1.6L)轿车点火系统的拆装计划?

评价情况:______________________________

(2)你们小组在拆装卡罗拉(1.6L)轿车点火系统过程中是否有明确分工,相互配合得好吗?

评价情况:______________________________

(3)你们小组在拆装卡罗拉(1.6L)轿车点火系统的过程中操作是否规范?

评价情况:______________________________

参与评价的同学签名:________　________年________月________日

3. 教师评价及答复

____

____

____

____

____

____

____

____

____

____

____

____

____

____

教师签名:________　________年________月________日

五、技能考核标准

序号	项目	操作内容	规定分	评分标准	得分
1	点火系统观察	正确找到各元件	10	不能正确识读每项扣5分	
		各元件的作用及功能描述	10		
2	总成拆卸	拆卸点火线圈和火花塞	25	拆卸步骤顺序错误扣10分 拆卸方法不正确扣10分 操作不熟练扣5分	
3	总成装复	重新装复点火线圈和火花塞	25	装复步骤顺序错误扣10分 装复方法不正确扣10分 操作不熟练扣5分	
4	点火电路	点火电路识读	20	错一项扣5分	
5	安全文明生产	遵守安全操作规程，正确使用工具，操作现场整洁	10	每项不正确的，扣5分，扣完为止	
		安全用电，防火，无人身、设备事故		因违规操作，发生重大人身和设备事故，此项技能考核按0分计	
6	分数合计		100		

学习任务七　拆装照明和信号系统

任务要求

完成本学习任务后，你应能：

1. 描述前照灯的结构原理；
2. 描述转向信号灯的结构原理；
3. 描述喇叭的结构原理；
4. 描述其他信号灯的结构原理；
5. 就车拆装照明与信号系统元件。

建议学时：6 学时

任务描述

一辆轿车一个前照灯不亮，经技术人员分析，可能是前照灯灯泡损坏或前照灯线路有故障，需对照明系统进行检修。

学习流程

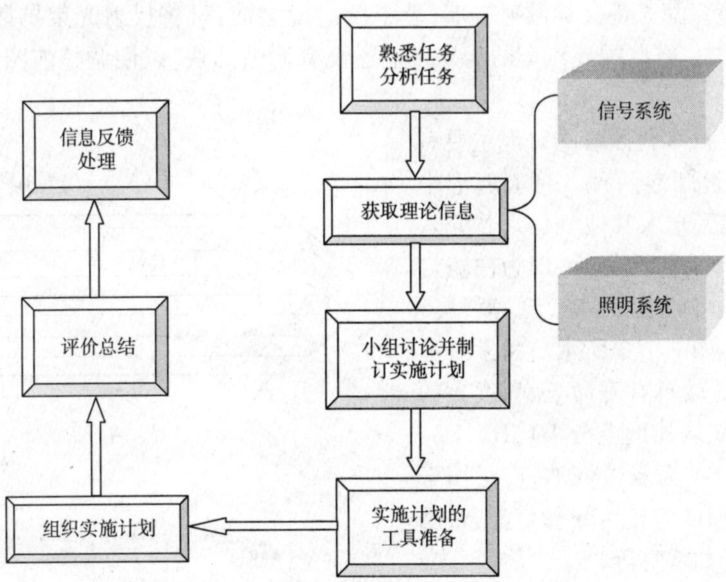

一、理论知识准备

1. 照明系统

汽车照明系统主要由照明设备、电源和线路(包括控制开关)组成,其中主要照明设备有:前照灯、雾灯、仪表灯、室内灯、牌照灯等。在照明设备中,前照灯具有特殊的光学性质,而其他灯在此方面无特殊要求,因此下面重点讨论前照灯。

前照灯俗称大灯,安装于汽车头部的两侧,用于夜间或光线昏暗路面上汽车行驶时的照明。国家标准规定,机动车前照灯必须具备远光和近光两种照明方式,并可通过变光装置转换,当前照灯由远光变换为近光时,所有远光灯必须同时熄灭。

1)对前照灯的基本要求

由于汽车前照灯的照明效果对夜间行车安全影响很大,故世界各国多以法律的形式规定了前照灯的照明标准,其基本要求主要有:前照灯应能保证车前有明亮而又均匀的照明,使驾驶人能够看清车前 200 ~250m 内路面上的物体;前照灯应具备防止炫目的功能,以避免夜间两车相会时,使对方驾驶人炫目而造成交通事故。

2)前照灯的组成

前照灯的光学系统包括反射镜、配光镜和灯泡三部分,如图 7-1 所示。

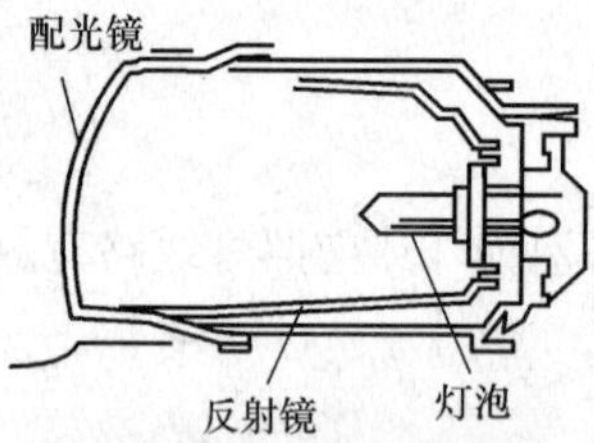

图 7-1 前照灯的组成

(1)反射镜。反射镜又称反光镜,其作用是最大限度地将灯泡发出的光线聚合成强光束,以增加照射距离。反射镜一般成旋转抛物面状,内表面镀铬、铝或银,然后抛光,目前多采用真空镀铝。一般前照灯灯泡发出的亮度有限,若无反射镜,只能照明车前数米的距离。当有了反射镜,将灯丝置于焦点 F 上,灯丝大部分光线经反射成为平行光束射向远方,其距离可达 150m 或更远,如图 7-2 所示。

(2)配光镜。配光镜又称散射玻璃,装于反射镜之前,可将反射光束扩散分配,使路段的照明更加均匀。有些国外汽车的配光镜上还设有调整凸块,以便调整前照灯光束分布曲线的形状。

(3)灯泡。汽车前照灯的灯泡主要有白炽灯泡和卤素灯泡两种。将玻璃泡中的空气抽出,然后充入其他气体。若充入玻璃泡中的气体为惰性气体,即为白炽灯泡;若充入的是卤族元素(碘、氯、氟、溴)即为卤素灯泡,如图 7-3 所示。卤素灯泡与白炽灯泡相比较具有寿命长、亮度大的特点。卤素灯泡从外形上分 H1、H2、H3、H4 四种,其中 H4 为双丝灯泡,广泛用于前照灯,H1、H2、H3 灯泡为单丝灯泡,常用于辅助前照灯(如雾灯等)。

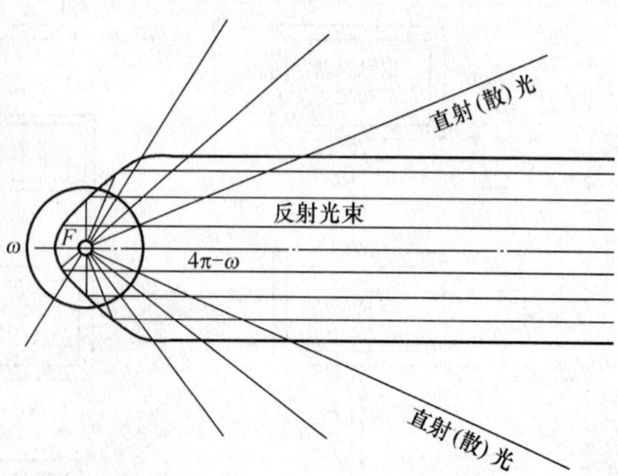

图 7-2 反射镜的聚光示意图

3)防炫目措施

我国交通法规规定,夜间会车时,须在距对面来车150m以外互闭远光灯,改用防炫目近光灯。近光灯防炫目措施主要有以下三个方面。

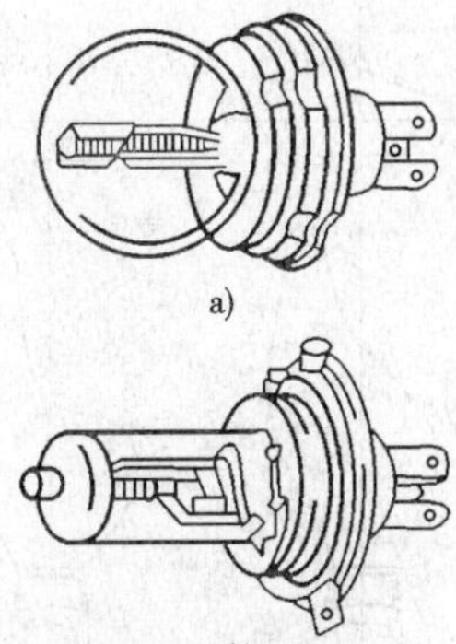

图7-3　前照灯灯泡
a)白炽灯;b)卤素灯

(1)采用双丝灯泡。前照灯一般采用双丝灯泡,一个灯丝为远光灯丝,位于反射镜的焦点位置,射出的光线远而亮;一个灯丝为近光灯丝,位于反射镜焦点的上方或前方并稍向右偏斜,经反射后光线大部分向下倾斜,从而减少了对迎面来车驾驶人的炫目作用,如图7-4所示,前照灯近光的此种配光形式称为对称形配光。

(2)加装配光屏。在近光灯丝下加装配光屏(遮光罩),当接通近光灯时,配光屏能将近光灯丝下部分的光线完全遮住,消除了向上的反射光线;而接通远光灯丝时,配光屏不起作用。配光屏在安装时偏转一定的角度,使其近光的光形分布不对称,形成一条明显的明暗截止线,前照灯近光的此种配光形式称为E形非对称形配光,如图7-5所示。由于此种前照灯防炫目效果好,目前灯泡绝大部分采用这种结构形式。

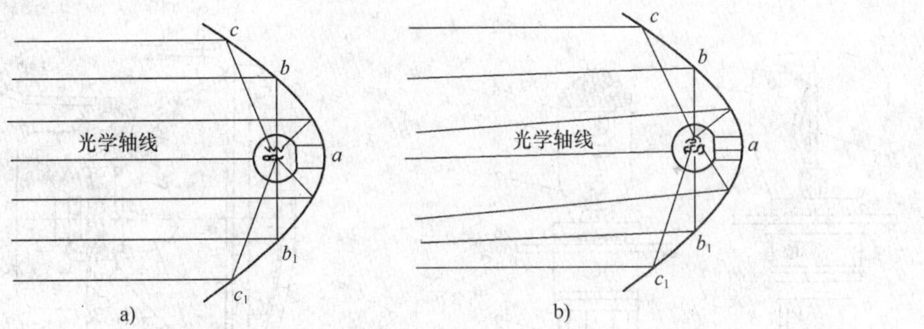

图7-4　对称形配光前照灯的工作情况

(3)采用Z形配光光形。其近光光形如图7-6所示,明暗截止线呈Z字形,故称为Z形配光。此种光形能使对面来车驾驶人和非机动车人员都不炫目,提高了夜间行车的安全性。各种配光光形如图7-6所示。

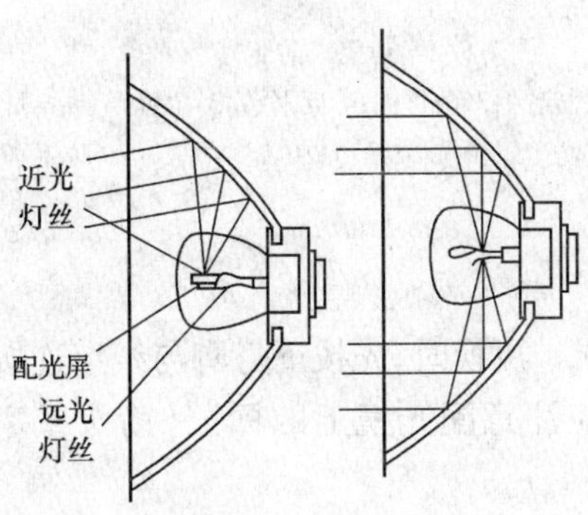

图7-5　具有配光屏的双丝灯泡的工作情况

为确保正确的配光光形,必须保证灯泡安装的正确位置,为此将灯泡的插头做成插片式,如图7-7所示,用插头凸缘上的半圆形开口与灯头上的半圆形凸起配合定位。另外,为保证可靠连接,三个插片呈不均匀分布。

4)前照灯的分类

前照灯按装车灯数目不同,可分两灯制和四灯制,

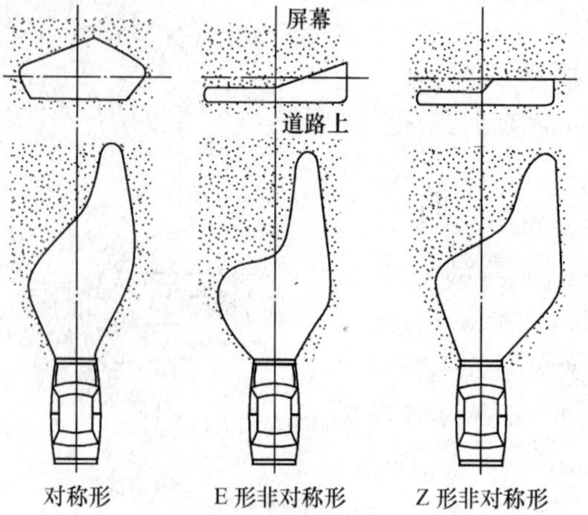

图 7-6　前照灯的配光光形

两灯制前照灯均采用双丝灯泡，为远、近双光束灯；四灯制的前照灯装于外侧的一对使用双丝灯泡，为双光束灯，装于内侧的一对为远光单光束灯。

前照灯按结构又可分为可拆式前照灯、半封闭式前照灯、封闭式前照灯、投射式前照灯和高亮度弧光灯。

(1)可拆式前照灯。这是最早使用的一种，目前已趋淘汰。

(2)半封闭式前照灯。半封闭式前照灯的结构如图 7-8 所示，其灯泡拆卸只可从反射镜的后方进行。更换时，先拔下灯泡上的插座，取下密封罩、卡簧，即可取下灯泡。

(3)封闭式前照灯。封闭式前照灯又称真空灯，其灯丝焊在反射镜底座上，反射镜与配光镜熔合为一体，形成灯泡，里面充入惰性气体，如图 7-9 所示。

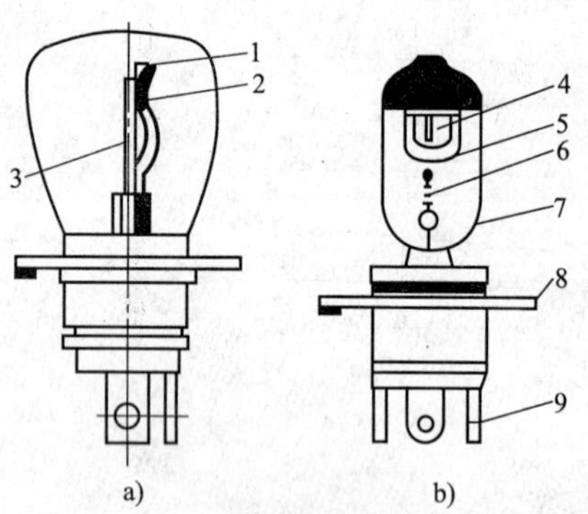

图 7-7　前照灯灯泡插头

1、7-配光屏；2、4-近光灯丝；3、5-远光灯丝；6-定焦盘；8-泡壳；9-插片

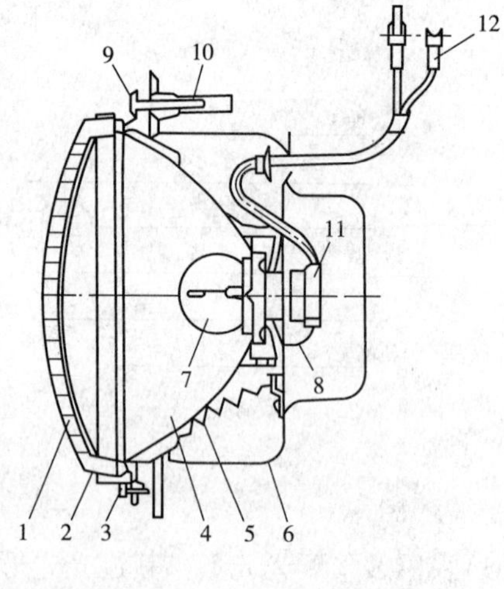

图 7-8　半封闭式前照灯

1-配光镜；2-固定圈；3-调整圈；4-反射镜；5-拉紧弹簧；6-灯壳；7-灯泡；8-防尘罩；9-调节螺钉；10-调整螺母；11-胶木插座；12-接线片

当封闭式前照灯灯丝烧坏后，需要更换整个灯芯总成。更换时，先拔下灯脚与线束连接的插座，然后拆下灯圈，如图 7-10 所示。安装灯芯时，应注意配光镜上的标记(箭头或字符)，不应出现倒置或偏斜现象。

(4)投射式前照灯。投射式前照灯装用很厚的无刻纹的凸形配光镜，反射镜为椭圆形，所以其外径很小，其结构如图 7-11 所示。

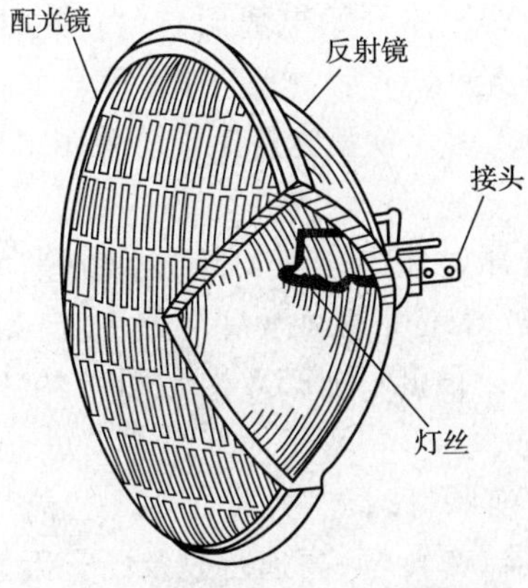

图 7-9　封闭式前照灯灯泡

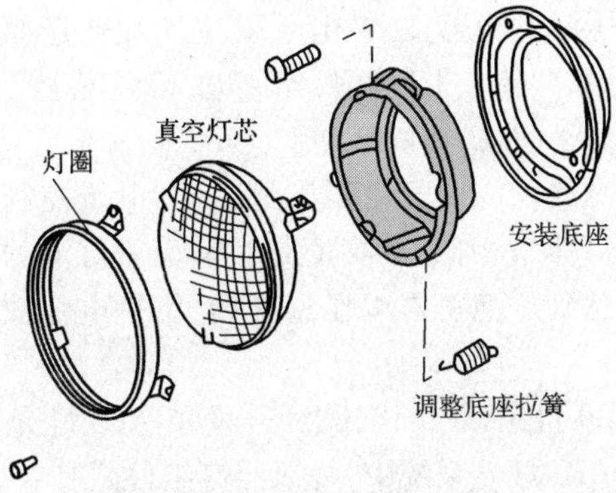

图 7-10　封闭式前照灯的更换

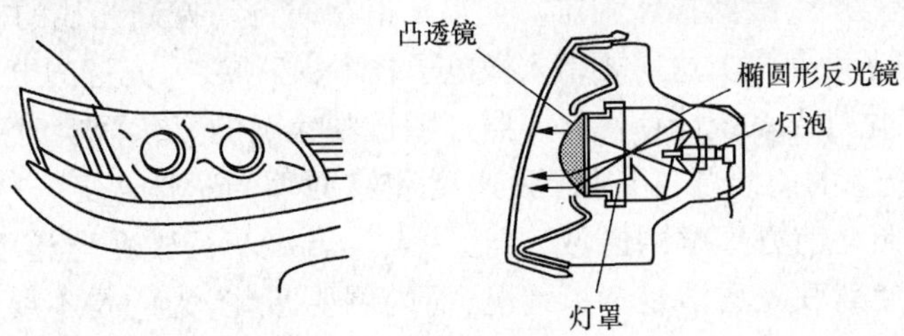

图 7-11　投射式前照灯的结构

由于投射式前照灯的反射镜近似于椭圆形状，它具有两个焦点。第一个焦点处放置灯泡，光束经反射会聚至第二个焦点。凸形配光镜的焦点与第二焦点相重合。灯泡发出的光通过配光镜投射到远方。投射式前照灯，使用的光源一般为卤素灯泡。

在第二焦点附近设有遮光板，可用于遮住投向上半部分的光，形成明暗分明的配光。它的这种配光特性可适用于前照灯近、远光灯，也可用作雾灯。

采用投射式前照灯，可利用的光束增多，若将反射镜做成扁长断面，很多光束便可横向扩散，不仅结构紧凑，而且经济实用。

(5) 高亮度弧光灯。高亮度弧光灯也称氙灯，其结构如图 7-12 所示，目前奔驰 E 级车、宝马 7 系列、丰田雷克萨斯、本田阿库拉等高档车都使用了这种新型前照灯。这种灯的灯泡没有传统的灯丝，取而代之的是装在石英管内的两个电极，管内充有氙及微量金属(或金属卤化物)。

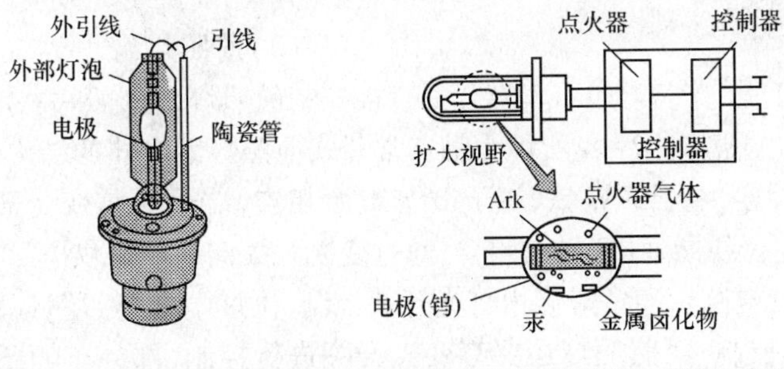

图 7-12　高亮度弧光灯

当在电极上有足够的引弧电压时(5000~12000V),气体开始电离而导电。此时,气体原子处于激发状态,由于电子发生能级跃迁而开始发光;0.1s后,电极间蒸发了少量汞蒸气,电源立即转入汞蒸气弧光放电,待温度上升后再转入卤化物弧光灯工作。采用多种气体是为了易于起动,加快起动。

弧光放电前照灯由弧光灯组件、电子控制器和升压器组成。其灯泡发出的光色成分和日光灯非常相似,其亮度是目前卤素灯泡的2.5倍,寿命可达卤素灯泡的5倍。由于灯泡点燃达到灯泡正常工作温度后,维持电弧放电的功耗很低(约35W),故可节约40%的电能。

在20世纪90年代,欧洲开发了AFS灯光系统的前照灯,日本开发了ILS智能灯光系统。在AFS灯光系统中,每只照灯组件内有8个反射器,在转弯、高速行驶及雨雾天气等不同情况下受控生成能适应各种驾驶环境的灯光模式。但由于其体积较大,存在装配上的局限性,且灯泡更换不方便,因此推广困难。而ILS正在向自动控制光线的方向发展,为驾驶人提供比较理想的光束模式。这需要引入微电子技术,必须装入先进的电控元件,属于智能化灯光系统。智能化灯光系统能使汽车前照灯随行驶状况的变化而实时变化,将会出现具有10~15种不同光束的前照灯,相对行驶速度和路面而"随机应变"。例如在高速公路上,汽车前照灯会照亮前方不宽的区域,要远一点。当汽车行驶在弯道上,在汽车转弯时外侧要亮度大些,使驾驶人看清楚弯道情况,而内侧要暗些,为的是不要使对面会车的驾驶人炫目。

5)前照灯电路

前照灯电路主要由灯光开关、变光开关、前照灯继电器及前照灯组成。

(1)灯光开关。灯光开关的形式有拉钮式、旋转式和组合式等多种,现代汽车上用得较多的是将前照灯、尾灯、转向灯及变光等开关制成一体的组合开关,如图7-13所示。

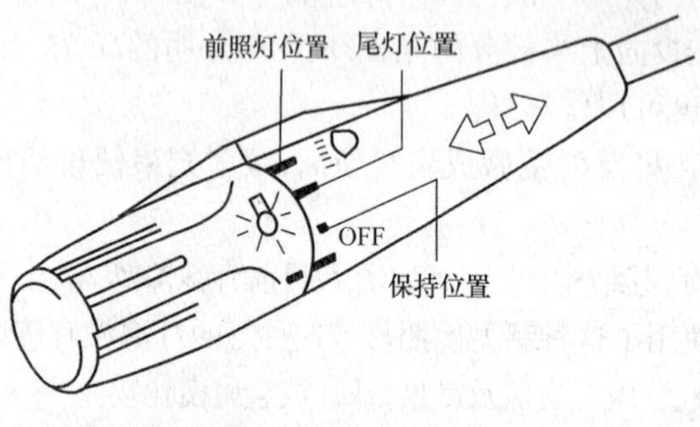

图7-13　组合开关

通过转动上下、前后操纵开关便可依次接通尾灯、前位灯、前照灯、左右转向灯,而且也能实现近光与远光的相互转换。

(2)变光开关。变光开关又称变光器,其作用是根据汽车行驶的需要,变换近光和远光。变光开关分组合开关和脚踏变光开关两种。目前车辆上多采用组合开关式变光开关,脚踏变光开关已不多用。

(3)前照灯继电器。前照灯的工作电流较大,特别是四灯制的汽车,如用车灯开关直接控制前照灯,车灯开关易烧坏,因此在灯光电路中设有灯光继电器。图7-14所示为触点常开式前照灯继电器的结构和引线端子,端子SW与前照灯开关相连,端子E搭铁,端子B与电源相连,端子L与变光开关相连。当接通前照灯开关后,继电器线圈通电,触点闭合,通过变光开关向前照灯供电。

(4)灯光的控制电路。通常灯光由灯光开关控制,位灯(小灯)、尾灯、牌照灯、仪表灯一般由灯光开关直接控制,而前照灯还要有变光开关进行控制,部分车辆还装有灯光继电器等。图7-15所示为CA1091型汽车的前照灯及信号系统电路原理图。

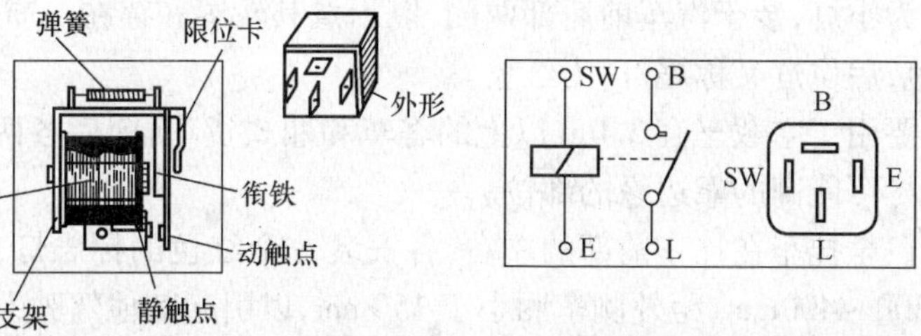

图 7-14　前照灯继电器

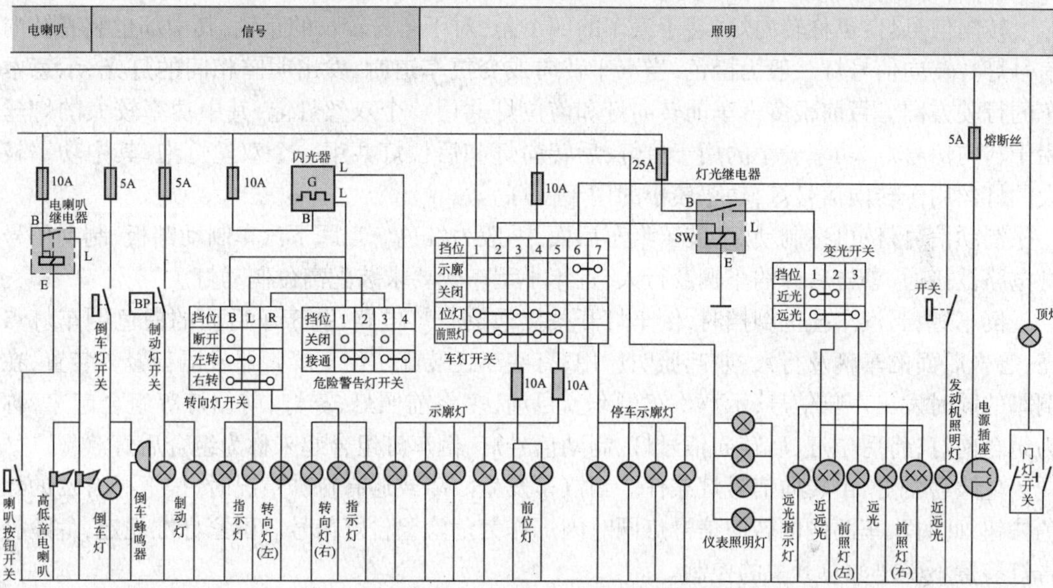

图 7-15　CA1091 型汽车的前照灯电路

2. 信号系统

信号系统主要用于向他人或其他车辆发出警告和示意的信号，如图 7-16 所示，其主要的信号设备有：位灯、示廓灯、挂车标志灯、转向信号灯、制动信号灯、倒车灯、危险警告灯、驻车灯。

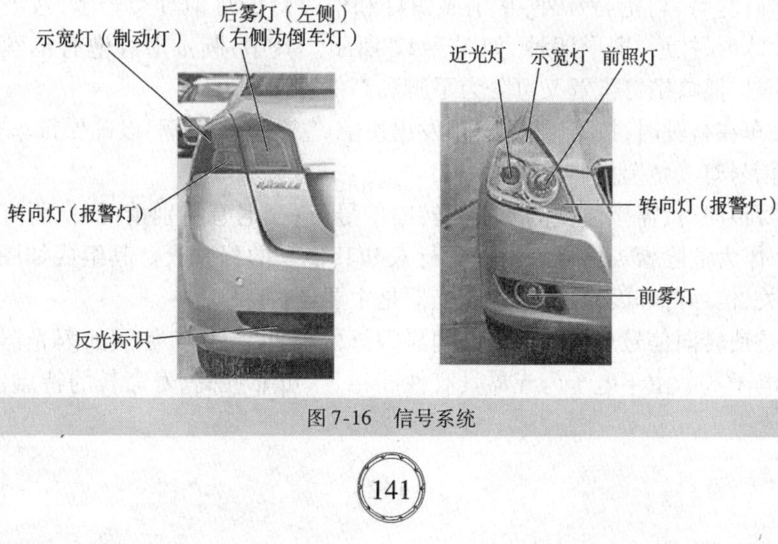

图 7-16　信号系统

位灯:也称为小灯,装于汽车前后部两侧,以示意其轮廓和存在。前位灯又称示宽灯,一般为白色或黄色,后位灯又称尾灯,为红色。

示廓灯:主要用于空载车高3.0m以上的客车和厢式货车,前后各两只,前面为白色,后面为红色,装于尽可能高的靠边缘的部位。

挂车标志灯:全挂车在挂车前部的左右,各安装一个红色的标志灯,其高度要求高出全挂车的前栏板300~400mm,距外侧车厢小于150mm,以引起其他驾驶人的注意。

国家标准规定,汽车的位灯、示廓灯、牌照灯、仪表灯及挂车标志灯应能同时启灭,当前照灯点亮时,这些灯必须点亮,当前照灯关闭和发动机熄火时仍能点亮。

转向信号灯:也称转向灯,装于汽车的四个角,对于车身较长的车辆,其中部也装有转向信号灯。转向信号灯一般为橙色,当汽车转向或变更车道时,发出明暗相间的灯光,示意本车的行驶方向。目前很多汽车前转向灯和前位灯共用一个双丝灯泡,其中功率较大的灯丝用于转向信号灯,功率较小的用于位灯;后转向灯和后位灯共用一个双丝灯泡,其中功率较大的灯丝用于转向信号灯,功率较小的用于位灯。

制动信号灯:也称制动灯,装于汽车后面,一般为红色。当踩下汽车制动踏板,制动信号灯电路被接通,警告后面的车辆及行人,近年小型车辆要求装配高位制动灯。

倒车灯:当汽车挂上倒挡时,倒车灯开关接通倒车灯电路,装于车后面的白色倒车灯点亮,警告后面的车辆及行人,兼起照明作用;有些车还装配了倒车蜂鸣器或语音警告装置,在倒车的同时发出声响信号,示意汽车倒车。目前,多将前照灯、雾灯、前位灯等组合起来,称为组合前灯;将后位灯、后转向信号灯、制动信号灯、倒车灯组合起来称为组合后灯。

危险警告灯:由转向信号灯兼任。当汽车发生故障或遇有特殊情况时,按下标有△的红色按钮,此时汽车两侧的转向信号灯同时闪烁作为危险警告灯信号。国家标准规定,危险警告灯装置不受电源总开关的控制。

驻车灯:装于车头和车尾两侧,用于夜间停车时标志车辆形位。当接通驻车灯开关时,仪表照明灯、牌照灯并不亮,耗电量比位灯小。

汽车信号系统主要用于向外界传递信息,它们与照明系统一起组成了汽车灯系。现代汽车中还有阅读灯、踏步灯、后照灯、行李舱灯等装置,警车、消防车、救护车和出租车等特殊类型车辆,在车顶部装有警示灯(或标志灯),在此不做一一赘述。

除前照灯(雾灯)灯泡特殊外,常用照明灯和信号灯的灯泡种类较多,按玻璃体形状可分为圆锥形、球形、柱形、楔形四种,如图7-17所示。其中,圆锥形灯泡有单丝和双灯丝之分。双丝灯泡按插口销钉位置又可分为平脚和高低脚两种。

喇叭:汽车在行驶时,按下喇叭按钮,发出声响,警告行人车辆,以确保行车安全。

1)转向信号灯及危险警告灯装置

当汽车要转向时,需接通左侧或右侧转向信号灯;当遇有特别情况时,所有转向信号灯应同时闪烁,作为危险警告信号。以提醒行人和其他车的驾驶人。其组成如图7-18所示,主要包括开关、信号灯和闪光器,其中闪光器是主要器件。

闪光器是使转向信号灯按一定时间间隔闪烁的器件。目前,使用的闪光器主要有电热式、电容式、电子式。由于电子闪光器具有性能稳定、可靠性高、寿命长的特点,已获得广泛应用。

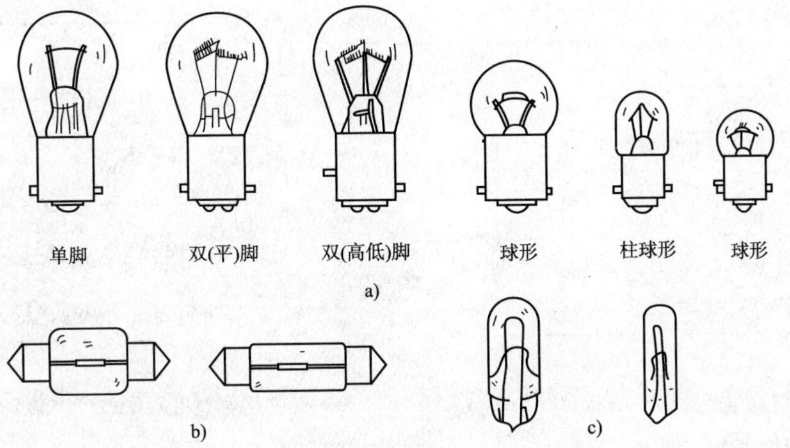

图 7-17　灯泡形状

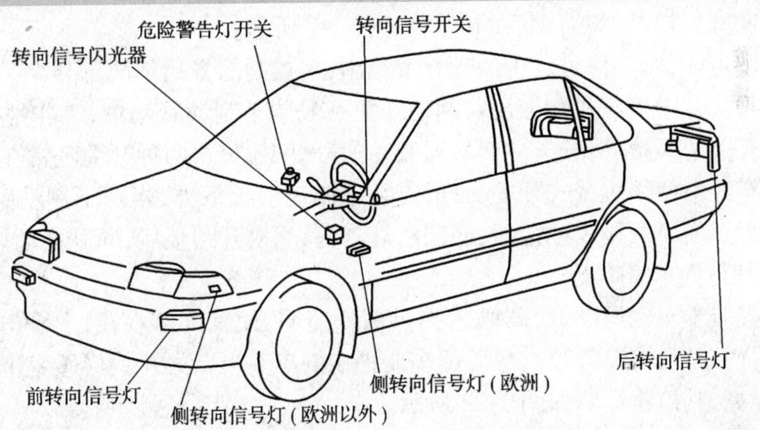

图 7-18　转向信号灯的组成

电子闪光器可分为触点式（带继电器）和无触点式（不带继电器），不带继电器的电子闪光器又称为全电子闪光器。

(1)带继电器触点式晶体管闪光器。如图 7-19 所示，当接通电源开关和转向灯开关后，主线路为蓄电池“+”极→电源开关 SW→接线柱 B→R_1→继电器 J 的触点→接线柱 S→转向开关→转向灯及转向指示灯（左或右）→搭铁→蓄电池“-”极。当继电器 J 的触点闭合时，转向灯亮，触点断开时，转向灯灭，而触点的闭合与否取决于晶体管的导通状况，电容 C 的充放电使晶体管反复导通截止，这样触点也就时通时断，使转向信号灯闪烁发光。

(2)不带继电器无触点式晶体管闪光器。无触点晶体管闪光器又称全电子式闪光器，即把触点式晶体管闪光器中的继电器去掉，采用大功率晶体管来取代原来的继电器，如图 7-20 所示。本闪光器电路的振荡部分实际上是一个典型的非稳态多谐振荡器，其电路结构对称，也就是说，$R_1=R_4$、$R_2=R_3$、$C_1=C_2$，VT_1 与 VT_2 为同型号的三极管，且其参数相同。闪光器的输出级采用一只大功率晶体管 VT_3。当 VT_3 导通时，可将转向灯电路接通，使灯点亮；当 VT_3 截止时，转向灯电路被切断而使灯变暗，从而发出频率为 70～90 次/min 的闪光信号。

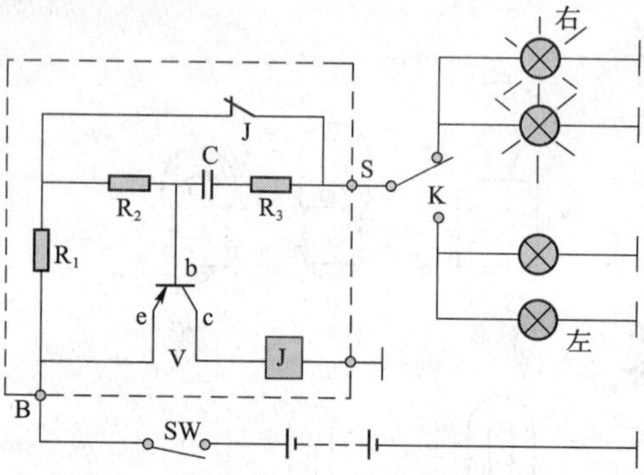

图 7-19 带继电器触点式晶体管闪光器电路

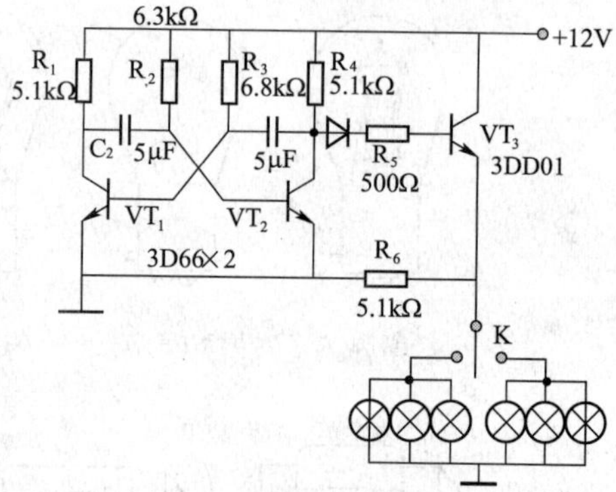

图 7-20 不带继电器无触点式晶体管闪光器电路

2）制动信号灯

制动信号灯安装在车辆尾部，当汽车制动时通知后面行人或车辆该车正在制动。制动信号灯由制动开关控制，其简化后的电路如图 7-21 所示。

由电路图可知，制动信号灯由制动开关控制，从控制的方式不同可分为：气压式、液压式和机械式三种。其中气压式和液压式制动开关一般装于制动管路中，工作情况都是利用气压或液压使开关中两接柱相连，从而导通制动信号灯电路，这两种开关经常在载货货车上使用。小型轿车经常使用机械式开关，一般安装于制动踏板下方，当踩下制动踏板时，制动开关内的活动触点便将两接线柱接通，使制动灯点亮；当松开踏板后，断开制动灯电路。

3）倒车灯与倒车蜂鸣器

倒车灯安装于车辆尾部，给驾驶人提供额外照明，使其能够在夜间倒车时看清车的后部，也警告后面车辆，该车驾驶人想要倒车或正在倒车。当点火开关接通变速器换至倒车挡时，倒车灯点亮，其简化电路如图 7-22 所示。

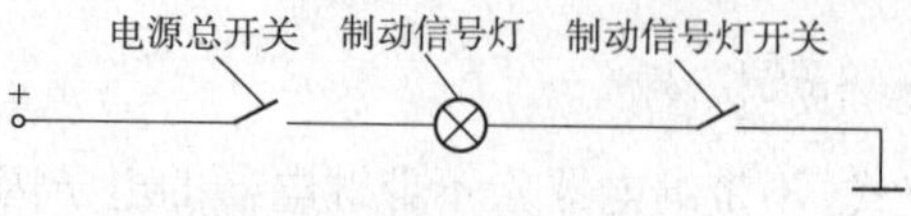

图 7-21 制动信号灯电路示意图

图 7-22 倒车灯电路示意图

倒车开关装在变速器盖上，为了提醒后面行人或车辆注意，有些车上装有倒车蜂鸣器。

4）喇叭和喇叭继电器

喇叭是用来警告行人和其他车辆以引起注意，保证行车安全的，按其发音动力有电喇叭和气喇叭之分。气喇叭主要用于具有空气制动装置的重型载货汽车上，电喇叭主要用于中小型车辆中。电喇叭又分为普通电喇叭和电子电喇叭。

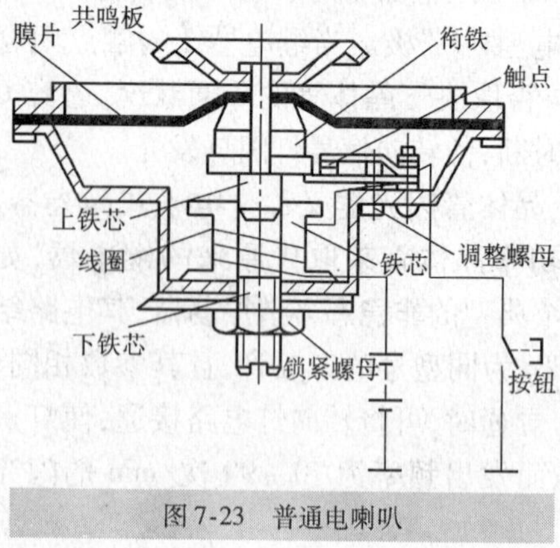

图 7-23 普通电喇叭

（1）普通电喇叭。下面以盆形电喇叭为例，介绍普通电喇叭工作情况，如图 7-23 所示。按下喇叭按钮时，电流从蓄电池“+”极→线圈→触点→喇叭按钮→搭铁→蓄电池“-”极构成回路。电流流经线圈时产生电磁吸力，向下吸上铁芯，上铁芯下移，与下铁芯(音调调整螺栓)碰撞,同时使触点断开,使线圈断电,电磁吸力消失,膜片带动上铁芯回位,使触点再次闭合,如此往复。其频率激励与膜片一体的共鸣盘产生共鸣,从而发出谐音。

(2)电子电喇叭。电子电喇叭主要由多谐振荡器和功率放大器组成,图 7-24 所示为电子电喇叭的结构,其电路如图 7-25 所示。

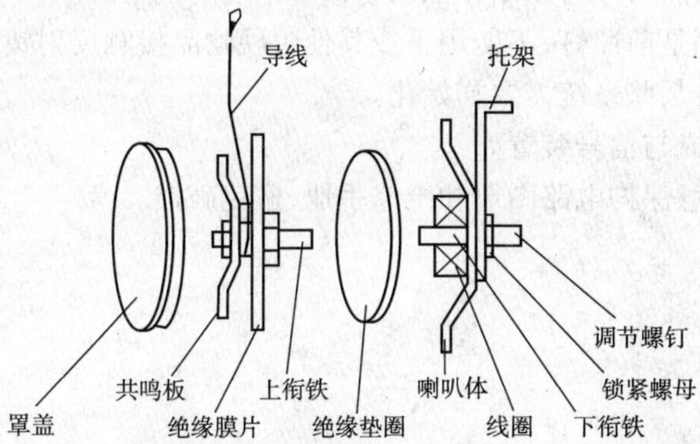

图 7-24　电子电喇叭

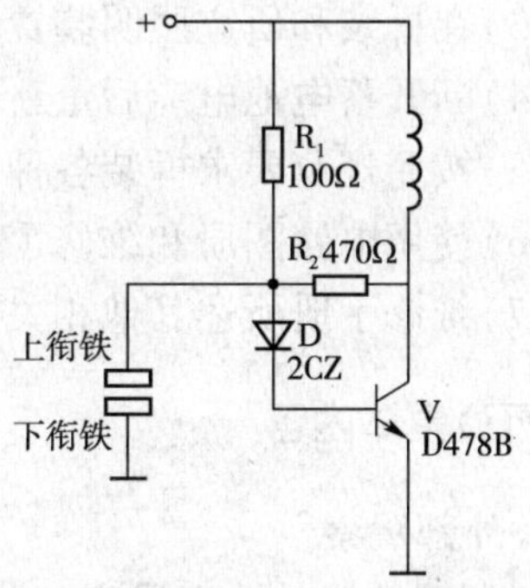

图 7-25　WDL-120G 型电子电喇叭电路

(3)喇叭继电器。由于现代汽车大多装有双喇叭,消耗电流较大,为保护喇叭触点不被烧蚀,通常在喇叭电路中设有继电器,喇叭按钮只有小电流通过,用以控制喇叭继电器,而供喇叭的大电流只流经喇叭继电器,不流经喇叭按钮。

二、实 践 操 作

(一)工作任务

(1)讨论照明和信号系统的组成及各部件的工作原理。

(2)识读汽车照明和信号系统电路并分析。

(3)选择照明和信号系统中的某一元件进行拆装练习。

(二)实践操作目标

(1)巩固照明和信号系统的组成及工作原理。

(2)识读并分析汽车照明和信号系统电路。

(3)熟练掌握汽车照明和信号系统元件的拆装。

(三)实践准备

1. 实践操作所用的设备

各种前照灯、位灯、灯光继电器、电喇叭及继电器、闪光继电器、倒车蜂鸣器、刮水电动机。

实训用车辆(丰田、大众、雪铁龙等车型)、蓄电池、工作台等。

2. 实践操作所用的工具和材料

有关拆装工具、车辆维修手册、干净的抹布等。

(四)注意事项

(1)遵守安全操作规程,正确使用工具。

(2)必须首先拆下蓄电池的搭铁线,然后才可以断开照明与信号系统的线束。

(3)在拆装和研究照明装置时,特别是前照灯,不能用手或其他尖硬物品接触反射镜。

(4)断开蓄电池电缆后重新连接时,某些系统需要初始化。

(5)按照规范要求拆装各种车灯总成与信号装置。

(6)使用电路图册和维修手册时注意保护电路图册和维修手册,避免破损。

(7)维修手册所述其他相关要求。

(五)具体内容

1. 外部观察

1)照明装置的构造研究

对各类照明装置的实物拆开,并认真观察。

(1)各零部件的结构特点。

(2)各零部件的装配方法。

(3)前照灯的防炫目结构,安装调整结构。

(4)各类灯的密封措施。

2)信号装置的构造研究

(1)注意观察灯光继电器与喇叭继电器的异同点。

(2)仔细观察闪光继电器的内部结构、调整内容及调整部位。

(3)结合电喇叭工作原理,了解喇叭音质及音量的调整结构和调整方法。

3)汽车前照灯自动变光器

仔细观察前照灯自动变光系统各组成及各零件的结构特点,并将观察结果填入下表中。

	组　成	结构特点
前照灯自动变光系统		

2. 电路识读(丰田佳美)

1)制动灯

制动灯各元件的电路连接及工作原理如图 7-26 所示。

(1)电路工作原理。电流一直通过制动灯熔断丝流向制动灯开关的端子 2(3VZ-FE 发动机)。

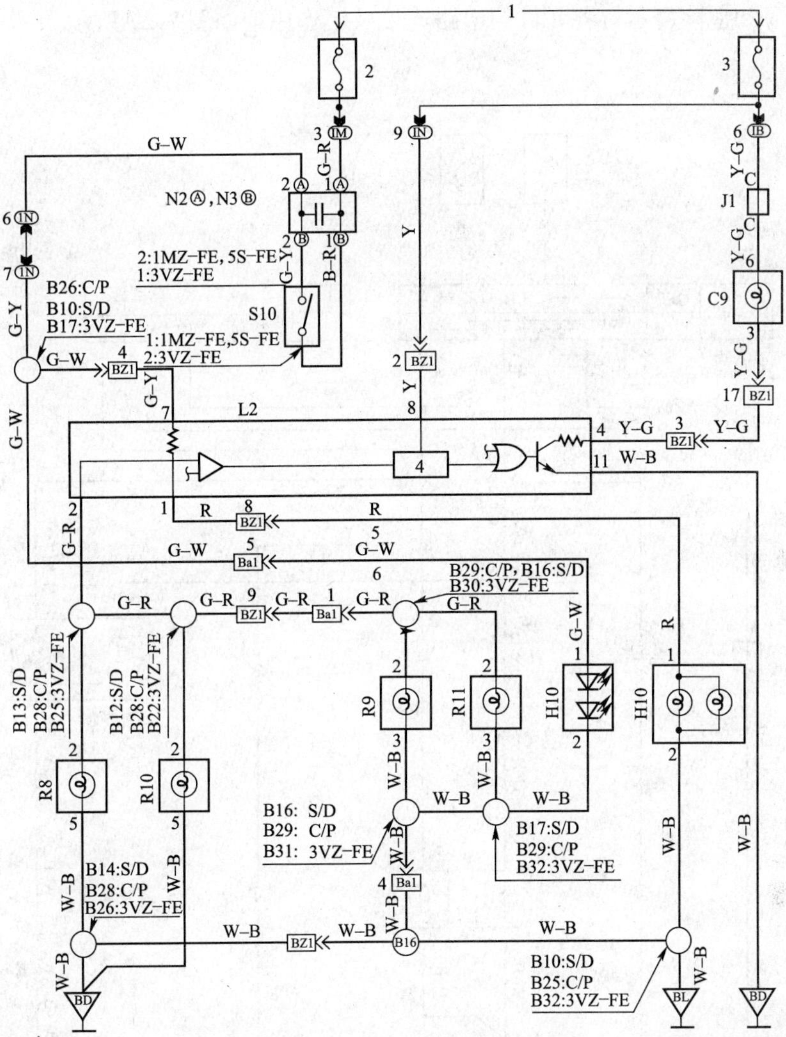

图 7-26　制动灯电路图

1-接自电源；2-制动灯熔断丝（25A）；3-仪表熔断丝（10A）；4-延时保持；5-不带后阻流板；6-带后阻流板；R8-左制动灯（左后组合灯）；R9-左制动灯（后组合灯）；R10-右制动灯（右后组合灯）；R11-右制动灯（后组合灯）；H10-高位制动灯；N2、N3-制动灯噪声过滤器；S10-制动灯开关；J1-插接接头；C9-倒车警示灯（仪表组）；L2-车灯故障传感器

当点火开关接通时，电流从仪表熔断丝流向车灯故障传感器的端子 8，同时通过倒车警示灯流向车灯故障传感器的端子 4。

（2）制动灯断路警示。当点火开关接通、制动踏板踏下（制动灯开关接通）时，如果制动灯电路断路，从车灯故障传感器端子 7 流向端子 13 的电流发生变化，因而车灯故障传感器检测到断路，车灯故障传感器的警示电路接通。由此，电流从车灯故障传感器的端子 4→端子 11→搭铁，倒车警示灯点亮，踏下制动踏板，流向车灯故障传感器端子 8 的电流使警示电路保持接通，倒车警示灯保持点亮，直至点火开关断开。

2)转向信号和危险警示灯

转向信号和危险警示灯各元件的电路连接及工作原理如图 7-27 所示。

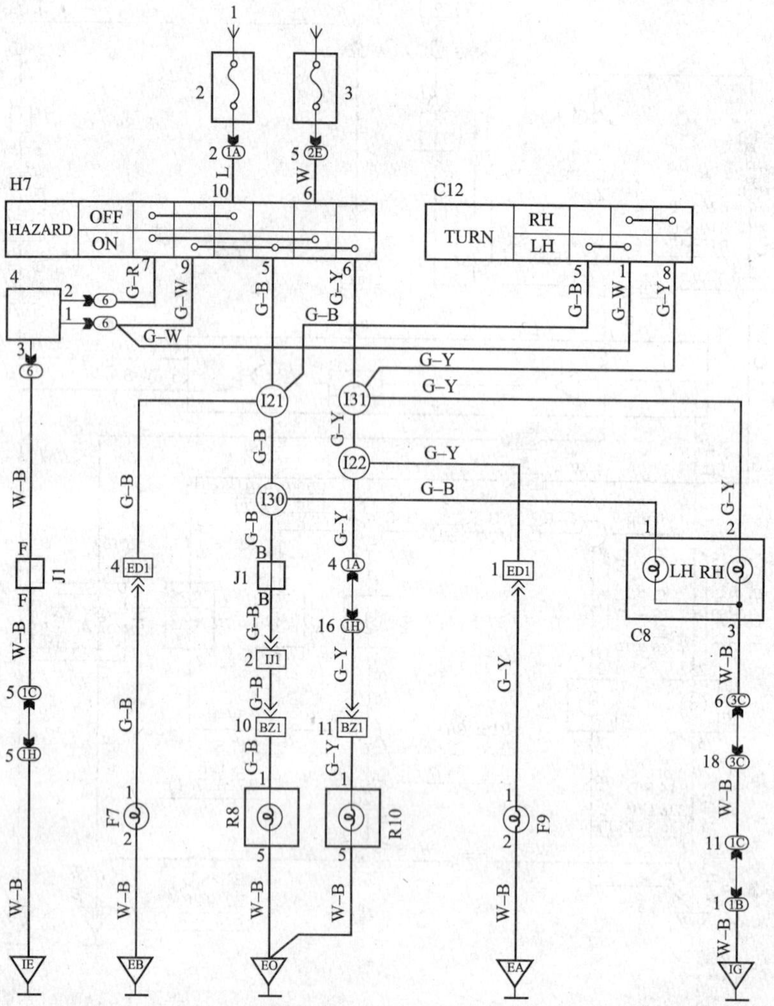

图 7-27　转向信号和危险警示灯电路图

1-接自电源;2-转向信号灯熔断丝(7.5A);3-危险警示灯-喇叭熔断丝(15A);4-转向信号闪光器;H7-危险警示灯开关;C8-转向信号指示灯(仪表组);C12-转向信号指示灯开关(组合开关);J1-插接接头;R8-左后转向信号指示灯(左后组合灯);R10-右后转向信号指示灯(右后组合灯);F7-左前转向信号指示灯;F9-右前转向信号指示灯

3)前照灯

前照灯各元件的电路连接及工作原理如图 7-28、图 7-29 所示。

蓄电池电流始终从主熔断丝→前照灯继电器(线圈侧)→日间行车信号灯继电器(主继电器)的端子 5 和变光开关的端子 14。

前照灯继电器(线圈侧)→组合继电器的端子 3→端子 4→车灯控制开关的端子 13。

主熔断丝→No.2 日间行车信号灯继电器(线圈侧)→日间行车信号灯继电器(主继电

器）的端子 17。

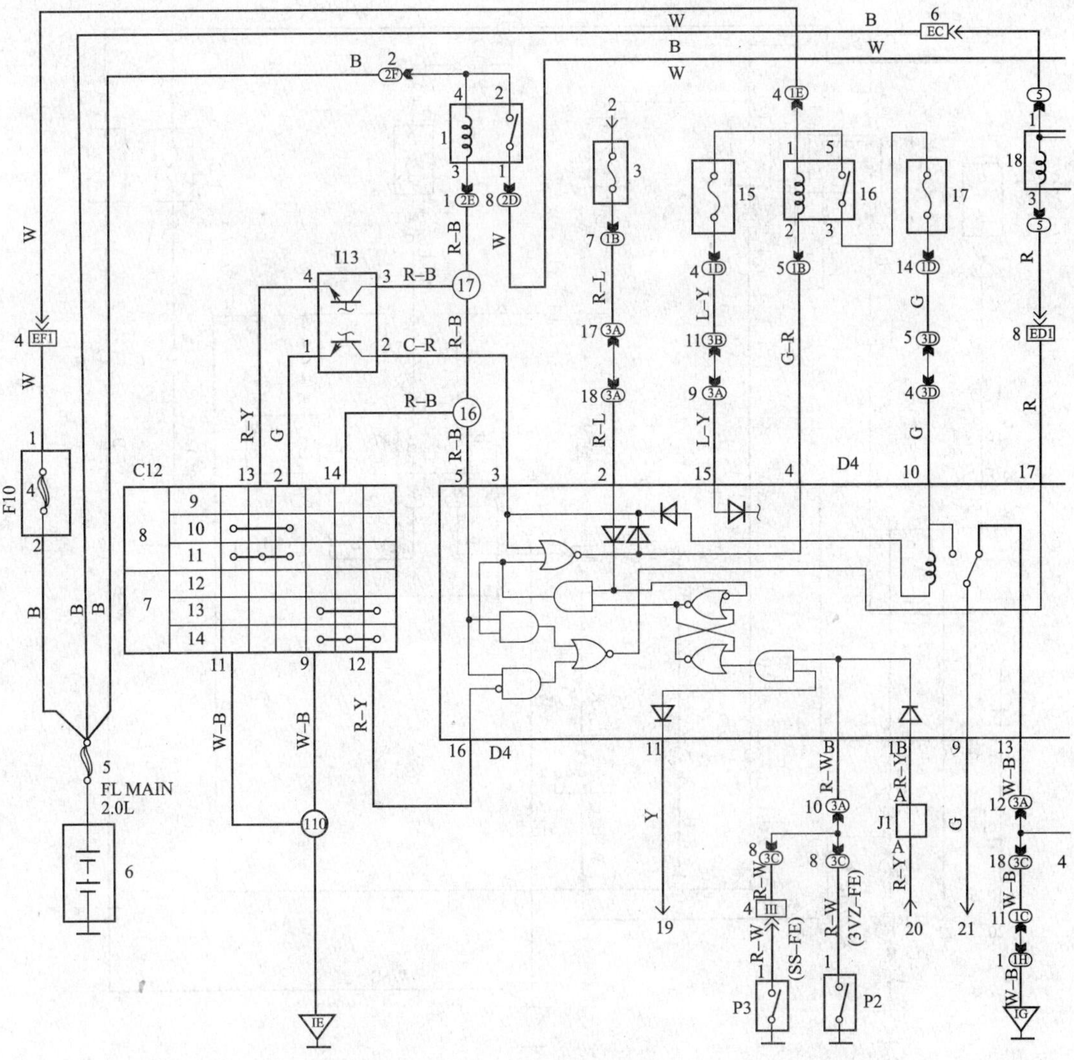

图 7-28　前照灯电路图

1-前照灯继电器；2-接自电源；3-仪表熔断丝（10A）；4-交流发电机熔断丝（100A）；5-主熔断丝（2.0L）；6-蓄电池；7-变光开关；8-车灯控制开关；9-断开；10-尾灯；11-前照灯；12-近光；13-远光；14-闪光；15-电脑盒熔断丝（15A）；16-尾灯继电器；17-尾灯熔断丝（15A）；18-No.2 日间行车信号灯继电器；19-接至发电机（交流发电机）“L”；20-接自仪表组；21-接至照明系统；I13-组合继电器；C12-组合开关

主熔断丝→交流发电机熔断丝（100A）→尾灯继电器（线圈侧）→日间行车信号灯继电器（主继电器）的端子 4。

（1）日间行车信号灯的工作原理。发动机启动时，发电机（交流发电机）的端子 L 处产生的电压加在日间行车信号灯继电器（主继电器）的端子 11 上。

如果此时拉起驻车制动操纵杆（驻车制动开关接通），继电器未通电，因此日间行车信号灯系统不工作。

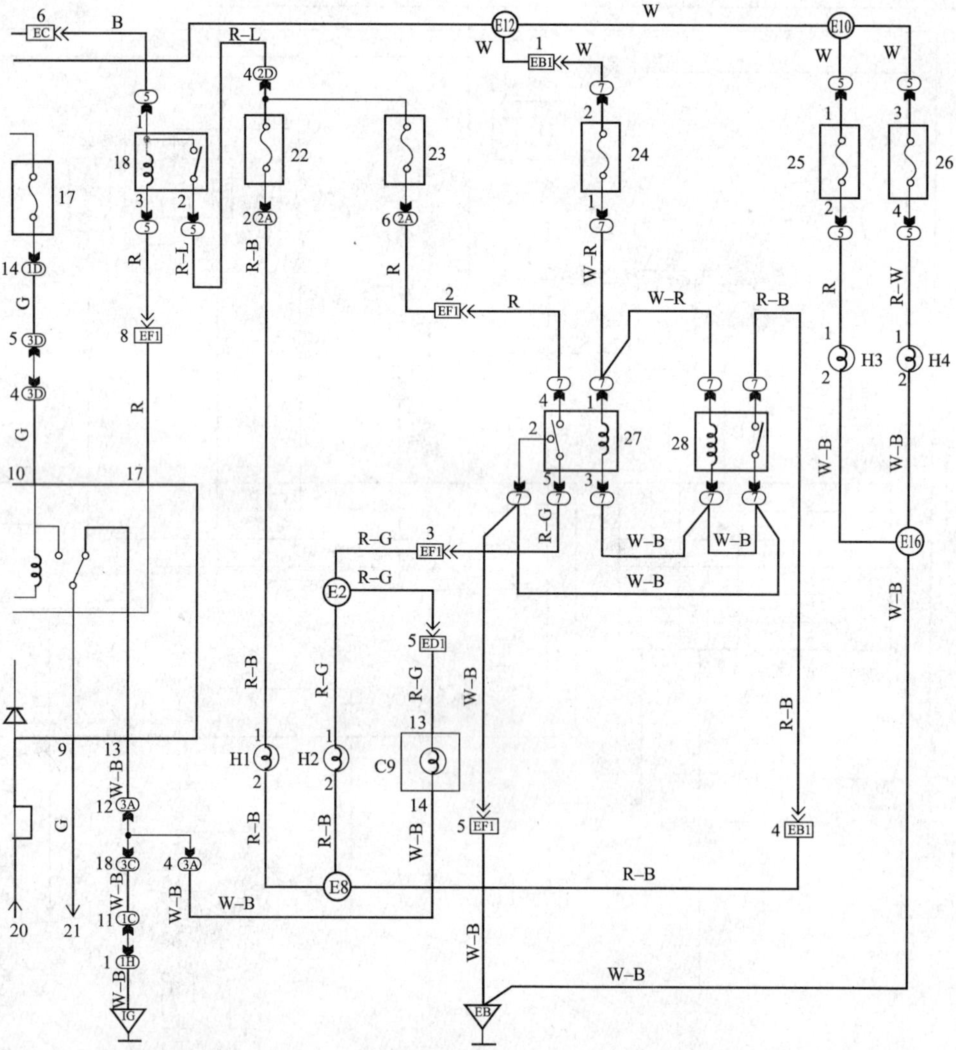

图 7-29　前照灯电路图

22-左前照灯远光熔断丝(15A);23-右前照灯远光熔断丝;24-日间行车信号灯熔断丝(7.5A);25-左前照灯近光熔断丝(15A);26-右前照灯近光熔断丝(15A);27-No.3 日间行车信号灯继电器;28-No.4 日间行车信号灯断电器;C9-远光指示灯(仪表组);F10-熔断丝盒;H1-左前照灯远光指示灯;H2-右前照灯远光指示灯;H3-左前照灯近光指示灯;H4-右前照灯近光指示灯;D4-日间行车信号灯继电器(主继电器);J1-插接接头;P2-驻车制动开关

如果释放驻车制动操纵杆(驻车制动开关断开),则信号输入日间行车信号灯继电器(主继电器)的端子 8。因此,继电器接通,电流从主熔断丝→交流发电机熔断丝(100A)→尾灯继电器(触点侧)→尾灯熔断丝→日间行车信号灯继电器(主继电器)的端子 10→端子 3→组合开关的端子 2→端子 11→搭铁,同时,电流也从主熔断丝流向 No.2 日间行车信号灯继电器(触点侧)→前照灯远光熔断丝→左前照灯远光指示灯的端子 1→端子 2→右前照灯远光指示灯的端子2→端子1→N0.3日间行车信号灯继电器的端子5→端子2→搭铁,因而尾灯和前照灯点亮。

一旦日间行车信号灯系统工作后,尾灯、前照灯点亮,即使驻车制动操纵杆拉起(驻车制动开关接通),尾灯、前照灯仍保持点亮。

当点火开关接通,发电机(交流发电机)的端子L无电压时发动机失速,此时尾灯、前照灯仍保持点亮,如果点火开关断开,则尾灯和前照灯熄灭。如果当释放驻车制动操纵杆(驻车制动开关断开)时发动机起动,则日间行车信号灯系统工作,尾灯、前照灯点亮。

(2)前照灯的工作原理。

①车灯控制开关在前照灯位置。当车灯控制开关转至前照灯位置,电流从前照灯继电器(线圈侧)流向组合继电器的端子3→端子4→车灯控制开关的端子13→端子11→搭铁,前照灯继电器接通。

因而使电流流向前照灯继电器(触点侧)→DRL熔断丝→N0.3日间行车信号灯继电器(线圈侧)和No.4日间行车信号灯继电器(线圈侧)→搭铁,No.3和No.4日间行车信号灯继电器接通。同时,电流从前照灯继电器(触点侧)流向前照灯近光熔断丝→前照灯近光的端子1→端子2→搭铁,前照灯近光指示灯点亮。

②变光开关在闪光位置。当变光开关转至闪光位置,电流从前照灯继电器(线圈侧)→变光开关的端子14→端子9→搭铁,前照灯继电器接通。同时,信号从变光开关的端子12和端子14传送至日间行车信号灯继电器(主继电器)的端子16和端子5,日间行车信号灯继电器(主继电器)接通,当前照灯继电器和日间行车信号灯继电器(主继电器)接通时,N0.2日间行车信号灯继电器也接通,则前照灯近光和远光指示灯都点亮。

③变光开关在远光位置。当车灯控制开关转于前照灯位置,信号从车灯控制开关的端子13→组合开关的端子4→端子3→日间行车信号灯继电器(主继电器)的端子5;开关转至远光位置时,信号从变光开关的端子12传送至日间行车信号灯继电器(主继电器)的端子16。这些信号促使No.2日间行车信号灯继电器接通,则电流从No.2日间行车信号灯继电器(触点侧)→左前照灯远光熔断丝→左前照灯远光的端子1→端子2→No.4日间行车信号继电器(触点侧)→搭铁,同时,电流也从右前照灯远光熔断丝→No.3日间行车信号灯继电器(触点侧)→右前照灯远光的端子1→端子2→No.4日间行车信号灯继电器(触点侧),则前照灯远光指示灯点亮。

4)车灯自动熄灭电路

车灯自动熄灭电路中各元件的连接及工作原理如图7-30所示。

点火开关接通时,电流通过仪表熔断丝流至组合继电器的端子7,电压一直通过尾灯继电器(线圈侧)加在组合继电器的端子A2上,以及通过前照灯继电器(线圈侧)加在组合继电器的端子A3上。

(1)正常照明的工作原理。

①尾灯工作原理。车灯控制开关转至尾灯位置时,信号输入组合继电器的端子A1。根据此信号,电流从组合继电器的端子A2→端子A1→车灯控制开关的端子2→端子11→搭铁,尾灯继电器接通,尾灯点亮。

②前照灯工作原理。车灯控制开关转至前照灯位置时,信号输入组合继电器的端子A1

和 A4。根据此信号，电流从组合继电器的端子 A3→端子 A4→车灯控制开关的端子 13→端子 11→搭铁，前照灯继电器接通，前照灯点亮，同时尾灯都会点亮。

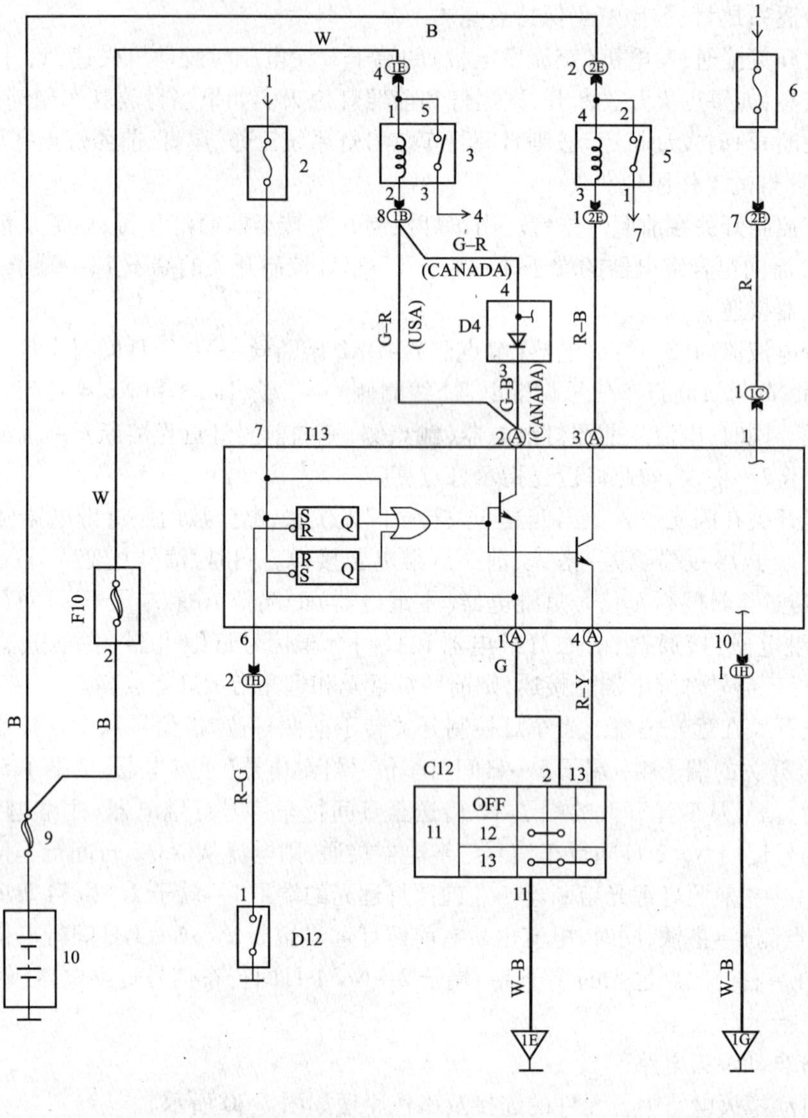

图 7-30 、车灯自动熄灭电路图

1-接自电源；2-仪表熔断丝（10A）；3-尾灯继电器；4-接至尾灯熔断丝；5-前照灯继电器；6-车顶灯熔断丝（20A）；7-接至前照灯熔断丝；8-交流发电机熔断丝（100A）；9-主熔断丝（2.0L）；10-蓄电池；11-车灯控制开关；12-尾灯；13-前照明灯；D4-日间行车信号灯继电器（主继电器）；D12-左前门灯开关；I13-组合继电器；F10-熔断丝盒；C12-组合开关

（2）车灯自动熄灭的工作原理。在车灯点亮、点火开关断开（信号输入组合继电器的端子 7）的情况下，当驾驶人门开启（信号输入组合继电器的端子 6）时，组合继电器工作，尾灯电路中，从组合继电器的端子 A2 流向端子 A1 的电流切断，且前照灯电路中，从组合继电器的端子 A3 流向端子 A4 的电流也切断，因而所有车灯自动熄灭。

5)尾灯

尾灯各元件的电路连接及工作原理如图7-31、图7-32所示。

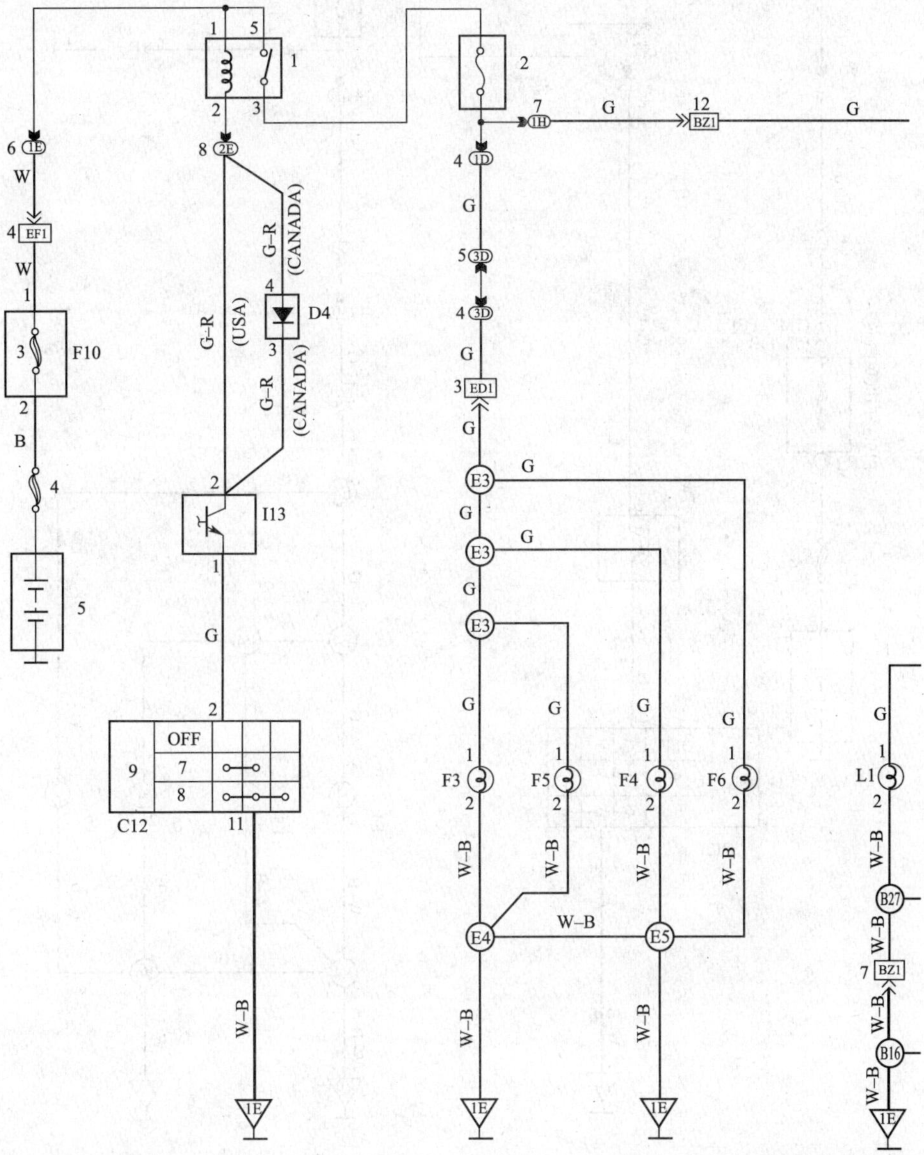

图7-31　尾灯电路图

1-尾灯继电器;2-尾灯熔断丝(15A);3-交流发电机熔断丝(100A);4-主熔断丝(2.0L);5-蓄电池;6-车灯控制开关;7-尾灯;8-前照灯;9-接自电源;10-仪表熔断丝(10A);11-延时电路;12-右后示宽灯;F3-右尾灯;F4-左后示宽灯;F5-左尾灯;F6-左后组合灯;L1-左尾灯(左后组合灯)

当车灯控制开关转至尾灯或前照灯位置,电流通过尾灯熔断丝流向车灯故障传感器的端子3。

当点火开关接通时,电流从仪表熔断丝流向车灯故障传感器的端子8,并通过尾灯警示灯流向车灯故障传感器的端子4。

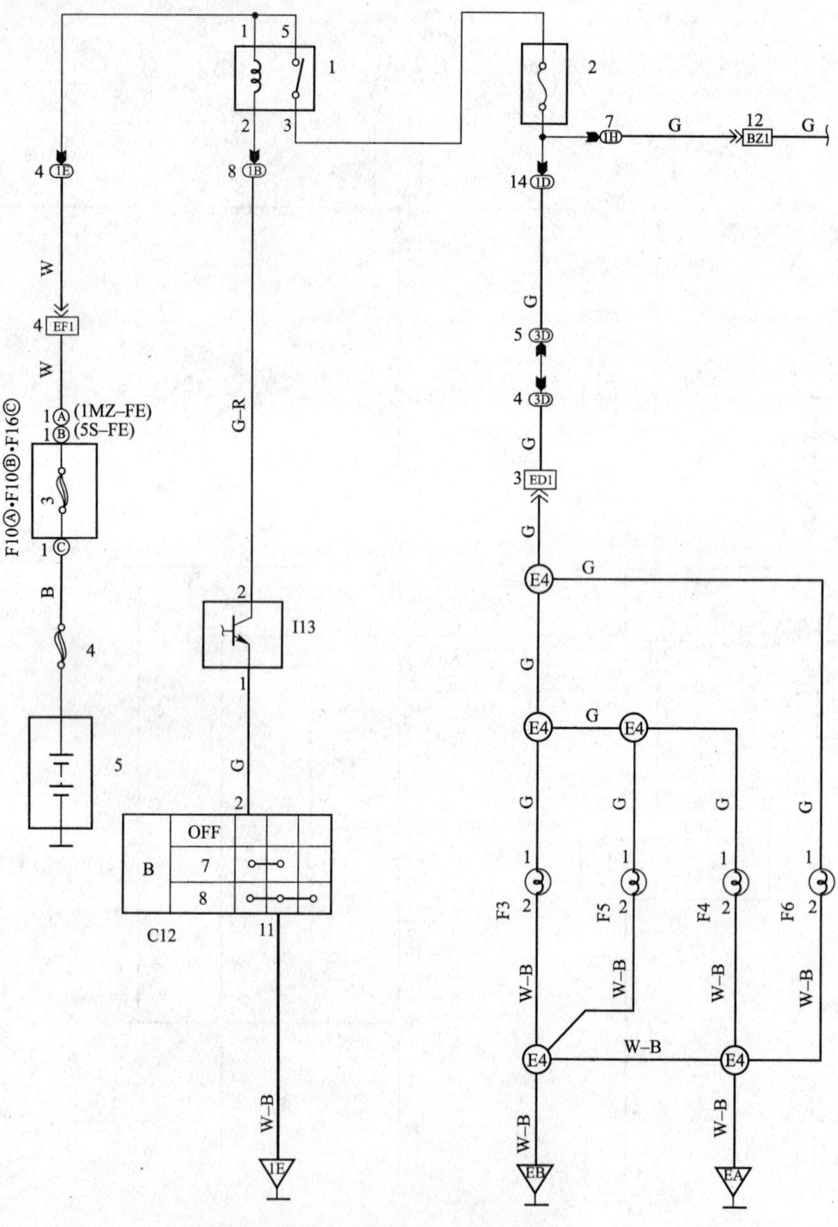

图 7-32　尾灯电路图

尾灯断路警示：

当点火开关接通，车灯控制开关转至尾灯或前照灯位置，如果尾灯电路断路，车灯故障传感器通过车灯故障传感器的端子 3 至端子 9 间的电流变化可检测到该故障，且车灯故障传感器的警示电路接通。

因而，电流从车灯故障传感器的端子 4→端子 11→搭铁，尾灯警示灯点亮，并一直点亮至车灯控制开关断开。

卡罗拉(1.6L)轿车照明系统在车上布置如图 7-33 ~ 图 7-35 所示。

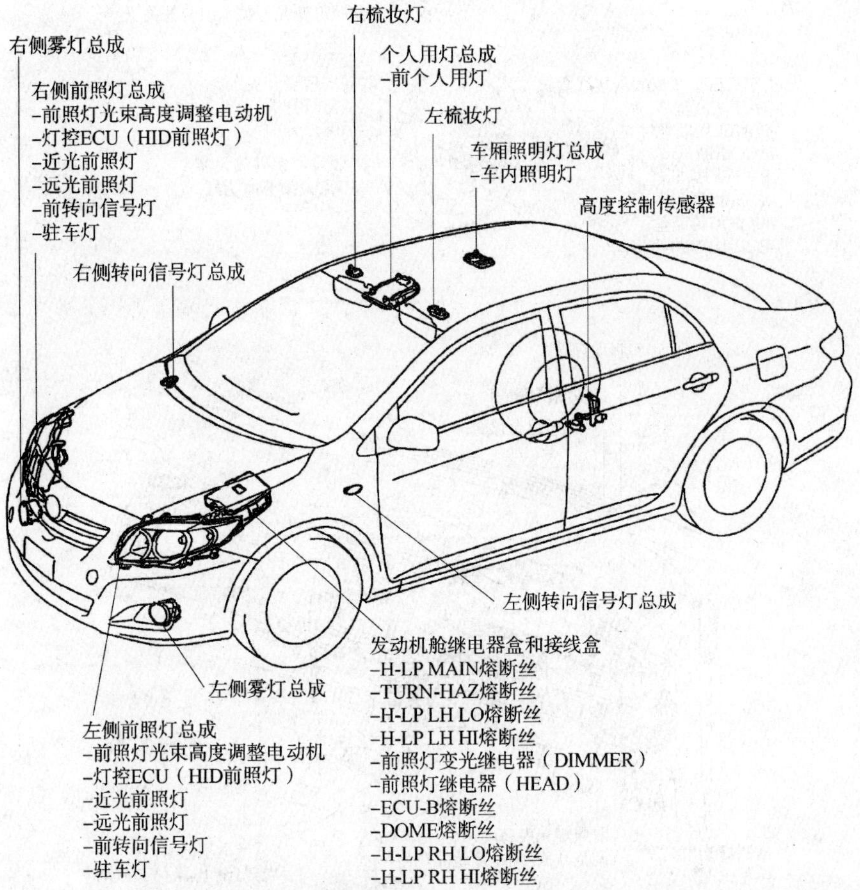

图 7-33　照明系统在车上布置(一)

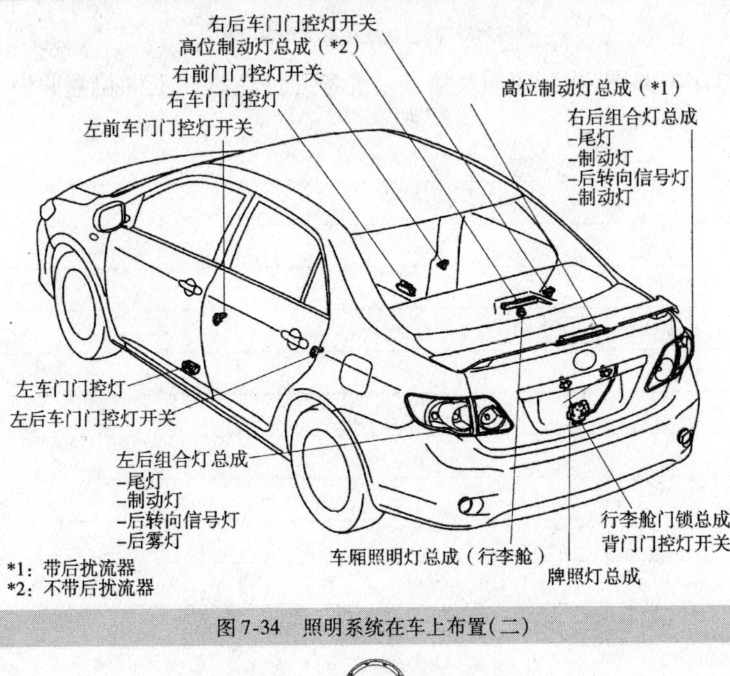

图 7-34　照明系统在车上布置(二)

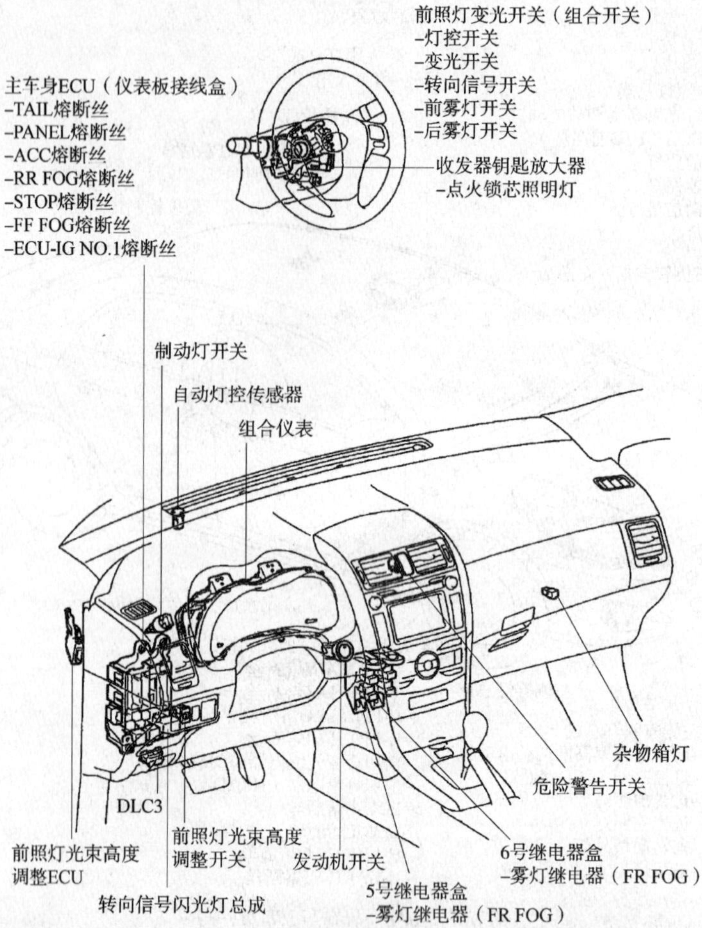

图 7-35　照明系统在车上布置(三)

通过识读汽车电路图,找到照明及信号系统各元件在汽车上的位置并说明其作用和工作原理。

3. 元件拆装

此实践操作项目为学生分组任选一项汽车照明与信号系统进行拆装，这里仅介绍前照灯总成的拆装方法和步骤，汽车照明与信号系统其他元件的拆装请参照维修手册上的规范要求进行。

1）前照灯总成的拆装

拆装前照灯总成相关部件分解图如图7-36～图7-39所示。

（1）拆卸散热器上空气导流板。

（2）断开蓄电池负极端子上的电缆（HID前照灯）。注意：断开蓄电池电缆后重新连接时，某些系统需要初始化。

（3）拆卸散热器格栅防护罩。

（4）拆卸前保险杠总成。

（5）排空冲洗液（带前照灯冲洗装置车型）。

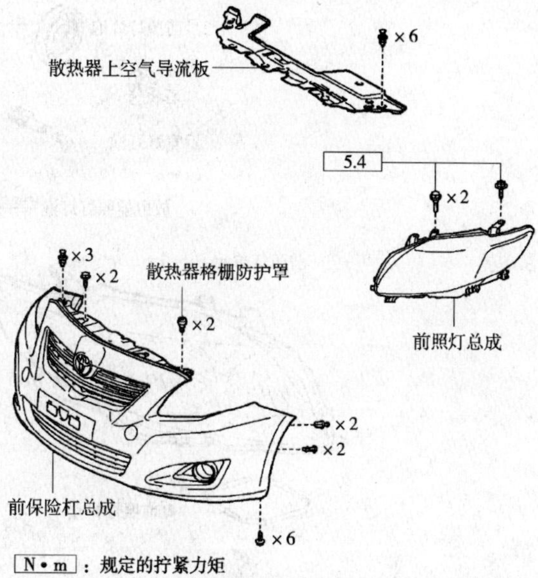

图7-36　拆装前照灯总成相关部件分解图（一）

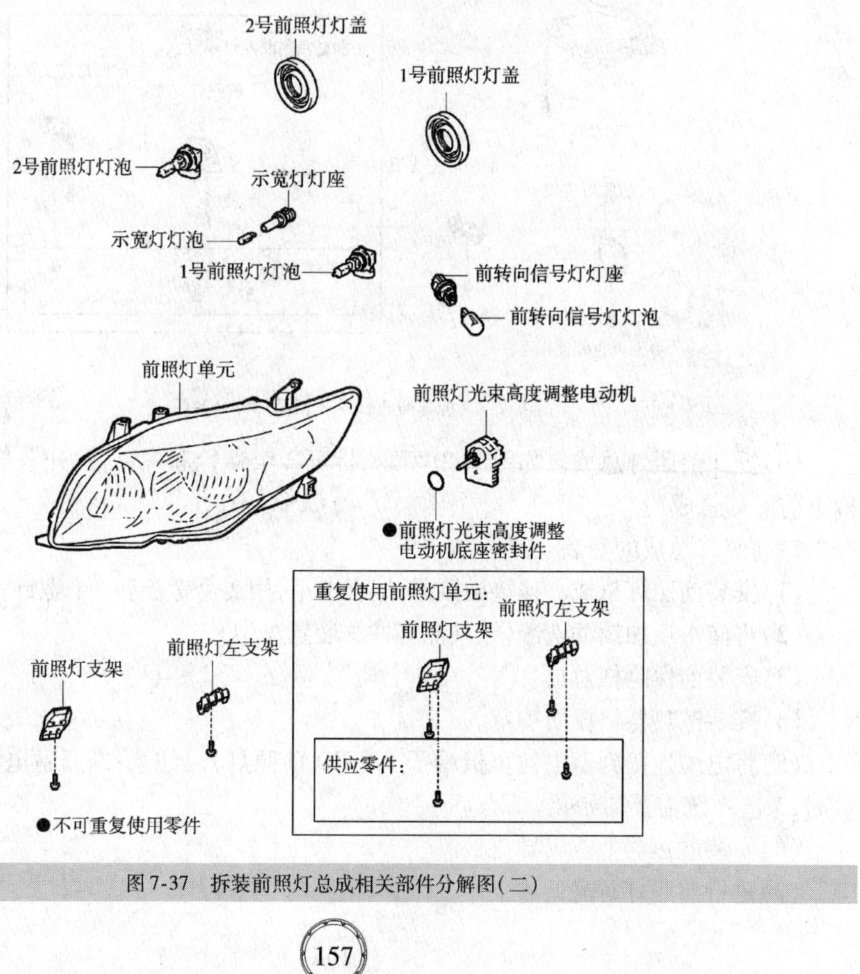

图7-37　拆装前照灯总成相关部件分解图（二）

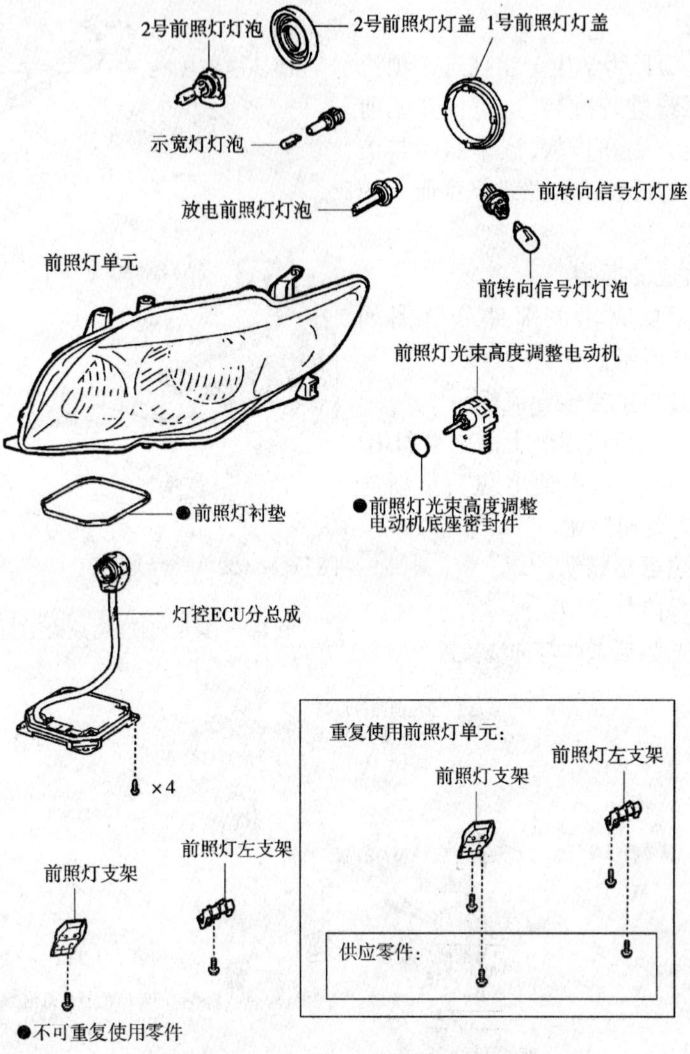

图 7-38 拆装前照灯总成相关部件分解图(三)

(6)拆卸前照灯总成。如图 7-40 所示,拆下 2 个螺栓和螺钉,脱开卡爪,断开插接器并拆下前照灯总成。

2)前照灯总成的安装

(1)安装前照灯总成。连接插接器,接合卡爪,用 2 个螺栓和 1 个螺钉安装前照灯总成。

(2)将储水罐加满冲洗液(带前照灯冲洗装置车型)。

(3)安装前保险杠总成。

(4)安装散热器格栅防护罩。

(5)将电缆连接到蓄电池负极端子上(HID 前照灯)。注意:断开蓄电池电缆后重新连接时,某些系统需要初始化。

(6)安装散热器上空气导流板。

(7)进行前照灯对光调整工作。

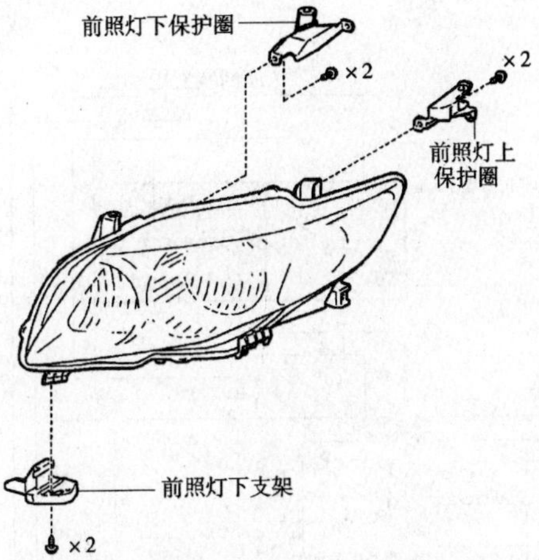

图 7-39　拆装前照灯总成相关部件分解图(四)

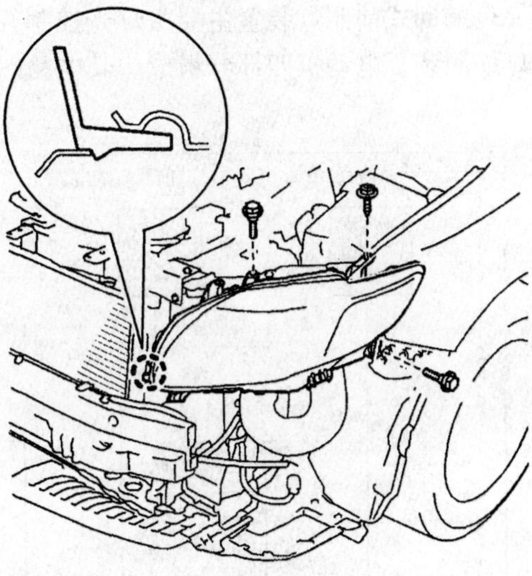

图 7-40　前照灯总成拆装

4. 工作总结

学习心得：

____

____

____

____。

三、学 习 拓 展

可缩回式前照灯装置

可缩回式前照灯装置如图 7-41 所示。

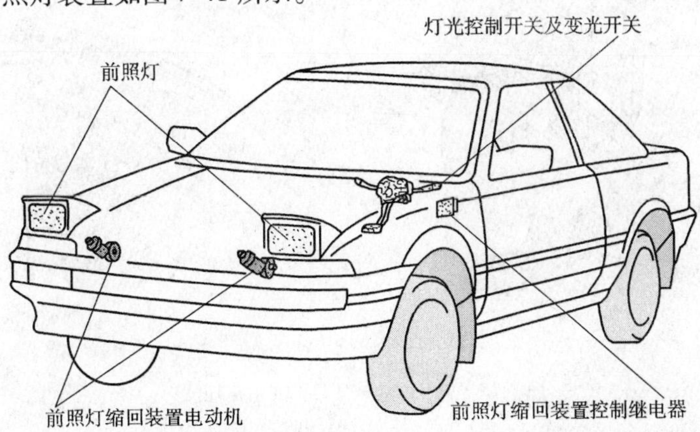

图 7-41　可缩回式前照灯装置的组成

可缩回式前照灯装置主要由灯光控制开关、变光开关、前照灯缩回装置控制继电器和前照灯缩回装置电动机四部分组成。其电路图如图 7-42 所示。

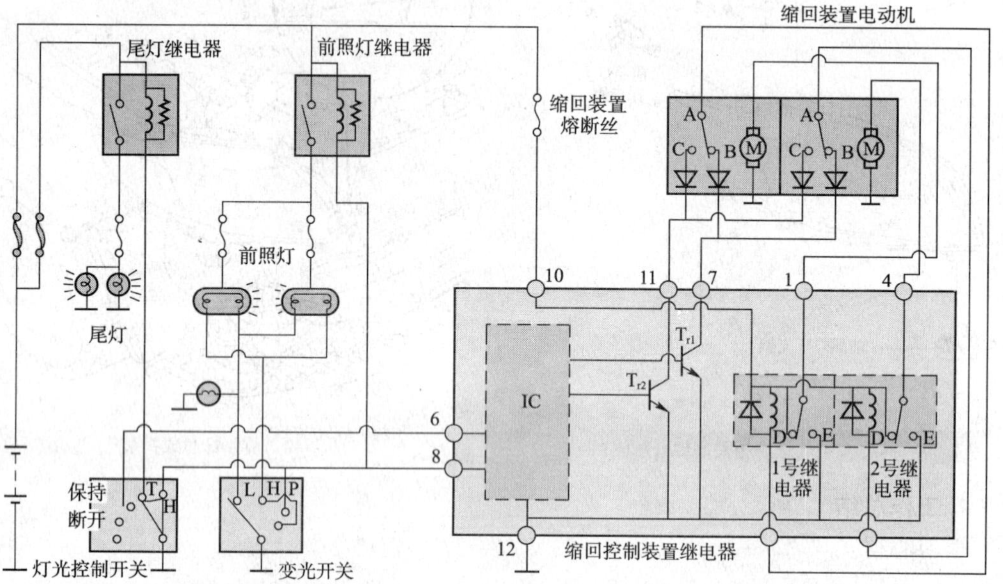

图 7-42　可缩回式前照灯的控制电路

前照灯缩回装置控制继电器由一块 IC 集成电路和两个继电器构成。两个内置继电器分别控制两个缩回装置电动机的电流,三极管分别控制这两个继电器。

前照灯缩回装置电动机通过曲柄连杆机构完成前照灯的上升和下降。连杆和曲柄装于前照灯和电动机之间,如图 7-43 所示。当前照灯升到上限时,前照灯支撑片与前照灯支架上的止动器接触,确保前照灯光轴处于正确位置。

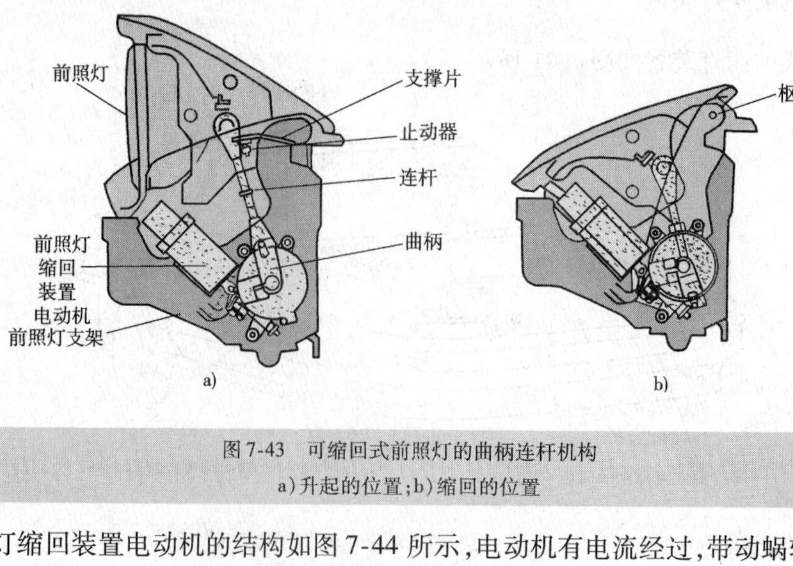

图 7-43　可缩回式前照灯的曲柄连杆机构

a)升起的位置;b)缩回的位置

前照灯缩回装置电动机的结构如图 7-44 所示,电动机有电流经过,带动蜗轮转动,蜗轮通过齿轮带动曲柄轴转动，使前照灯升起或缩回，每个缩回装置电动机中都装有由一个凸轮板和两对触点构成的限位开关，该限位开关可使缩回装置的电动机停止运转，同时还与 IC 一起控制两个三极管的通断，即前照灯缩回装置继电器内的内置继电器。限位开关有两对触点（A、B 和 A、C），前照灯升起时，A 和 C 连接，降下时，A 和 B 连接。

可缩回式前照灯装置的工作过程：如图 7-34 所示，缩回控制装置继电器的 IC 可根据端子 6 和 8 的变化，即灯光控制开关和变光开关的位置变化，控制 T_{r1}、T_{r2} 的通断并与限位开关相配合，控制缩回装置电动机的工作。端子 6 和 8 的状态与三极管导通的关系见表 7-1。

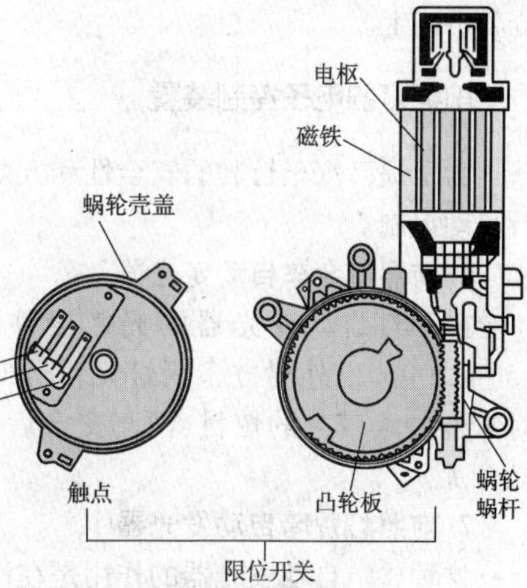

图 7-44　可缩回式前照灯的电动机及限位开关

端子 6 和 8 的状态与三极管导通的关系　表 7-1

端子 6 状态	端子 8 状态	三极管 T_{r1}	三极管 T_{r2}
搭铁	断开	截止	截止
断开	搭铁	导通	截止
断开	断开	截止	导通
搭铁	搭铁	导通	截止

以前照灯的升起为例：此时前照灯处于降下状态，限位开关的 A 和 B 连接，灯光控制开关由 OFF（断开）至 HOLD（保持）位置，此时端子 6 由断开变为搭铁，端子 8 仍断开，缩回装置电动机不工作，前照灯仍处于降下位置。当灯光控制开关由 HOLD（保持）至 TAIL（尾灯）位置，此时端子 6 和 8 的状态未变，即端子 6 仍搭铁，端子 8 仍断开，缩回装置电动机仍不工作，前照灯仍处于降下位置。此时尾灯继电器电路接通，于是尾灯点亮。当灯光控制开关由 TAIL（尾灯）至 HEAD（前照灯）位置，此时端子 6 由搭铁变为断开，端子 8 由断开变为搭铁，T_{r1} 接通，T_{r2} 仍截止，此时尾灯继电器、前照灯继电器电路均接通，于是尾灯、前照灯均点亮。

T_{r1} 导通时，电流自蓄电池正极→端子 10→1 号、2 号继电器线圈→端子 2、5→限位器触点 A、B→端子 7→T_{r1}→端子 12→搭铁→蓄电池负极，形成回路。使 1 号、2 号继电器线圈产生电磁吸力，迫使各自继电器触点由 E 侧转向 D 侧，就有电流自蓄电池正极分别流过两个内置继电器的触点 D、端子 1、4，经两个缩回装置电动机搭铁，使两个缩回装置电动机工作，于是前照灯升起。当前照灯升至极限位置时，限位开关内的触点连接由 A、B 转变成 A、C，由于 T_{r2} 处于截止状态，内置继电器线圈无电流通过。在弹力作用下，两个内置继电器触点由 D 侧转向 E 侧，使缩回装置电动机停止工作，在此过程中，T_{r1} 接通 10s。

如果将变光开关拉起至 FLASH（闪烁）位置时，则端子 8 由断开到搭铁，具体的工作过程分析同上。

前照灯的电子控制装置

为了提高汽车行驶的安全性和方便性，很多新型车辆采用了电子控制装置对前照灯进行自动控制。

1. 前照灯会车自动变光器

前照灯自动变光器的光敏器件一般安装于通风栅之后，散热器之前，当接收到150～200m以外对方车辆灯光信号时，能够自动地将本车的远光变为近光，避免了给对方驾驶人带来的炫目，两车交会后，又可自动恢复为远光，同时仍保留脚踏式机械变光开关。

2. 前照灯昏暗自动发光器

这种昏暗自动发光器的作用是在汽车行驶过程中(并非夜间行驶)，当汽车前方自然光的强度减低到一定程度，如汽车通过高架桥、林荫道、树林、竹林，或天空突然乌云密布等，发光器便自动将前照灯电路接通，开灯行驶以确保行车安全，如图7-45所示。

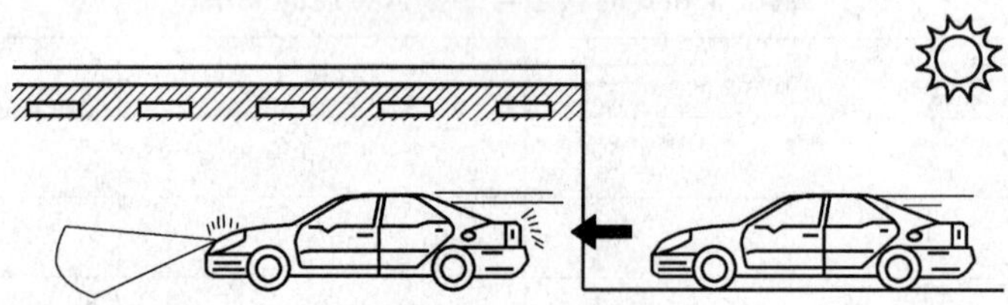

图7-45　前照灯昏暗自动发光

该装置早已作为美国通用和克莱斯勒汽车公司的轿车选装件，一般安装在汽车仪表板上，这种轿车的灯光控制开关设有自动挡位。

灯光提示警报系统及或自动关闭系统

这种系统的作用是：当点火开关关闭，但是驾驶人忘记关闭灯光控制开关时，能够自动发出警报，警告驾驶人关闭前照灯和尾灯，或者自动关闭灯光，如图7-46所示。

图7-46　前照灯提示警报系统

前照灯自动关闭延时器

前照灯自动关闭延时器是一种自动关闭前照灯的控制装置，当汽车停驶时，为驾驶人下车离去提供一段照明时间。

在有些汽车上还装有DRL系统，可以自动减弱前照灯在白天使用时的发光强度，以延长灯泡的使用寿命，降低电能的消耗。另外有些汽车的行李舱里装有灯光损坏传感器，可以在前照灯、尾灯或制动灯等灯泡损坏时，发出警报，提醒驾驶人。

四、评价与反馈

1. 自我评价与反馈

(1)对本学习任务的学习你是否满意?

评价情况:________________________________

____

(2)你能独立完成卡罗拉(1.6L)轿车照明与信号系统元件的拆卸和安装吗?

评价情况:________________________________

____

(3)你是否知道卡罗拉(1.6L)轿车照明与信号系的基本组成及原理?

评价情况:________________________________

____

(4)你会正确使用工具吗?

评价情况:________________________________

____

签名:________ ________年________月________日

2. 小组评价与反馈

(1)你们小组在接到任务之后是否讨论过卡罗拉(1.6L)轿车照明与信号系统元件的拆装计划?

评价情况:________________________________

____

(2)你们小组在拆装卡罗拉(1.6L)轿车照明与信号系统元件过程中是否有明确分工,相互配合得好吗?

评价情况:________________________________

____

(3)你们小组在拆装卡罗拉(1.6L)轿车照明与信号系的过程中操作是否规范?

评价情况:________________________________

____

参与评价的同学签名:________ ________年________月________日

3. 教师评价及答复

____

____

____

____

____

____

教师签名:________ ________年________月________日

五、技能考核标准

序号	项　目	操 作 内 容	规定分	评 分 标 准	得分
1	照明装置的构造研究	各零部件的结构特点	15	结构特点不清楚扣5分	
		前照灯的防炫目结构		防炫目结构不清楚扣5分	
		前照灯的调整结构及调整方法		调整结构及调整方法不清楚扣5分	
2	信号装置的构造研究	灯光继电器、喇叭继电器、闪光继电器的结构特点	10	结构特点不清楚扣5分	
		喇叭音质及音量的调整结构和调整方法		调整结构和调整方法不清楚扣5分	
3	总成拆卸	分小组选择一项照明及信号系统元件拆装	25	拆卸步骤顺序错误扣10分 拆卸方法不正确扣10分 操作不熟练扣5分	
4	总成装复		25	装复步骤顺序错误扣10分 装复方法不正确扣10分 操作不熟练扣5分	
5	电路	照明及信号系统电路识读	15	错一项扣5分	
6	安全文明生产	遵守安全操作规程,正确使用工具,操作现场整洁	10	每项不正确的,扣5分,扣完为止	
		安全用电,防火,无人身、设备事故		因违规操作发生重大人身和设备事故,此项技能考核按0分计	
7	分数合计		100		

学习任务八　拆装仪表板

任务要求

完成本学习任务后，你应能：

1. 描述常规仪表及电子仪表的结构；
2. 正确识读仪表电路图；
3. 正确拆装组合仪表。

建议学时：6 学时

任务描述

一辆 2008 款卡罗拉（1.6L）轿车燃油表不工作，经技术人员分析后，确定为燃油表线路故障或燃油表故障，需对仪表装置进行检修。

学习流程

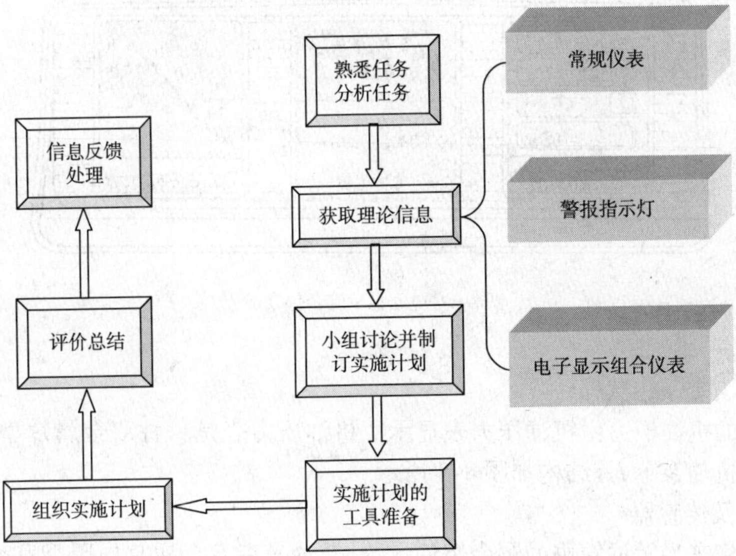

一、理论知识准备

为了使驾驶人随时掌握车辆的各种状况，并及时发现和排除潜在的故障，汽车上在驾驶人座位前方的仪表板上装有各种测量仪表。一般计量、测量仪表及报警指示灯在仪表板上的布置如图 8-1 所示。

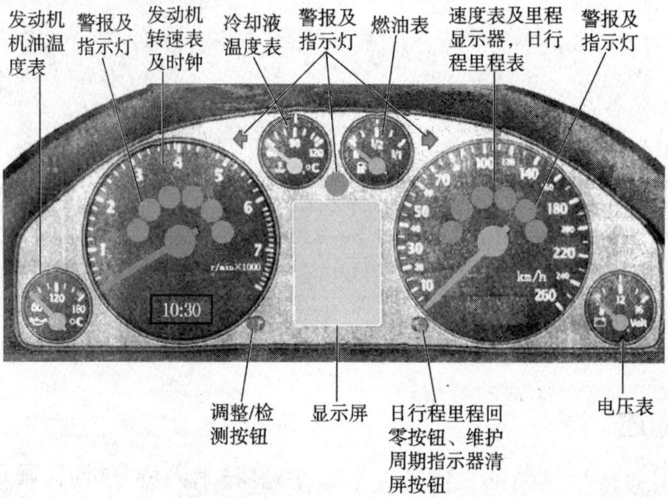

图 8-1　仪表板总成

由于传统的仪表为驾驶人提供的数据信息已远远不能满足现代汽车新技术的发展要求，所以电子显示组合仪表逐渐成为汽车仪表发展的主流。如图 8-2 所示，电子显示组合仪表相对于传统仪表具有易于辨认、精确度高、可靠性好及显示模式的自由化等优点。

图 8-2　电子显示组合仪表板

1. 常规仪表

1）机油压力表及传感器

发动机内的机油压力由机油压力表显示。机油压力表是一种双金属片型的仪表，一般安装主油道或机油泵上，其结构如图 8-3 所示。

2）燃油表及传感器

燃油表是用来显示油箱中的剩余燃油量的，燃油表有双金属片电阻型和交叉线圈型两种类型。

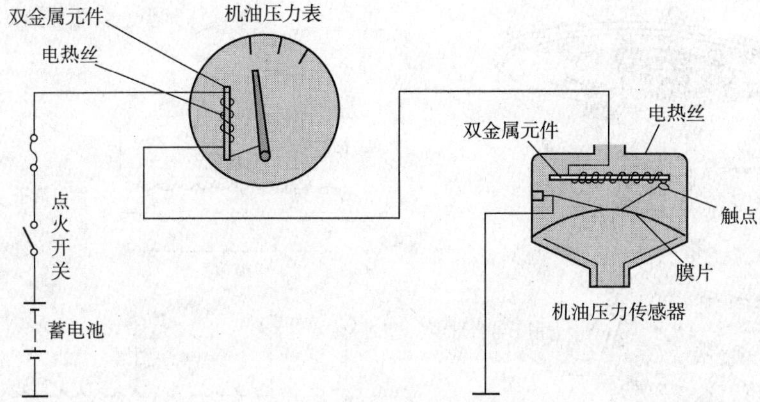

图 8-3　机油压力表电路

(1)双金属片电阻型燃油表。该燃油表与机油压力表类似,也装有一个双金属片元件,当电热丝发热时发生变形,带动表针摆动一定的角度以显示油量,如图 8-4 所示。

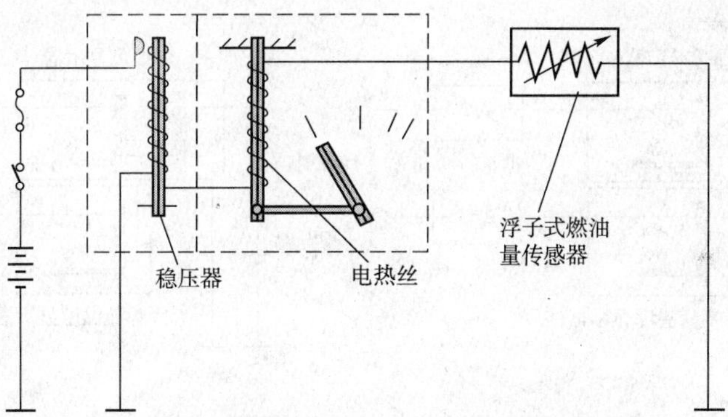

图 8-4　双金属片电阻型燃油表

流经电热丝电流的大小取决于传感器中浮子式滑线电阻器浮子的位置,如图 8-5 所示,该变阻器的输出阻值依赖于浮子的位置,当油量多时,浮子的位置高,电阻值小,输出电流大,当油量少时,浮子位置低,电阻值大,输出电流小。

蓄电池电压的波动会对双金属片型仪表产生影响,从而造成仪表示值误差。为了避免发生这种误差,燃油表内装置了双金属片型稳压器,使电压保持在恒定水平(约 7V)。

稳压器是由带触点的双金属片元件和电热丝组成。稳压器的原理如图 8-6 所示,当触点闭合电流经过电热丝使双金属片发热弯曲,此时触点随之断开,电流停止流经燃油表和冷却液温度表,并且电流也不会再流经稳压器电热丝。此时双金属片元件冷却,触点再次接通。如果蓄电池电压低,流经发热丝的电流量也小,使双金属片元件的加热速度也会减慢,这样,触点就会推迟断开,也就是说,触点接通时长增加。反之,如果蓄电池电压高,电流量也大,使触点的接通时间变得很短。通过这种方法,即使在蓄电池电压波动时,电流量也保持在恒定的水平,如图 8-7 所示。

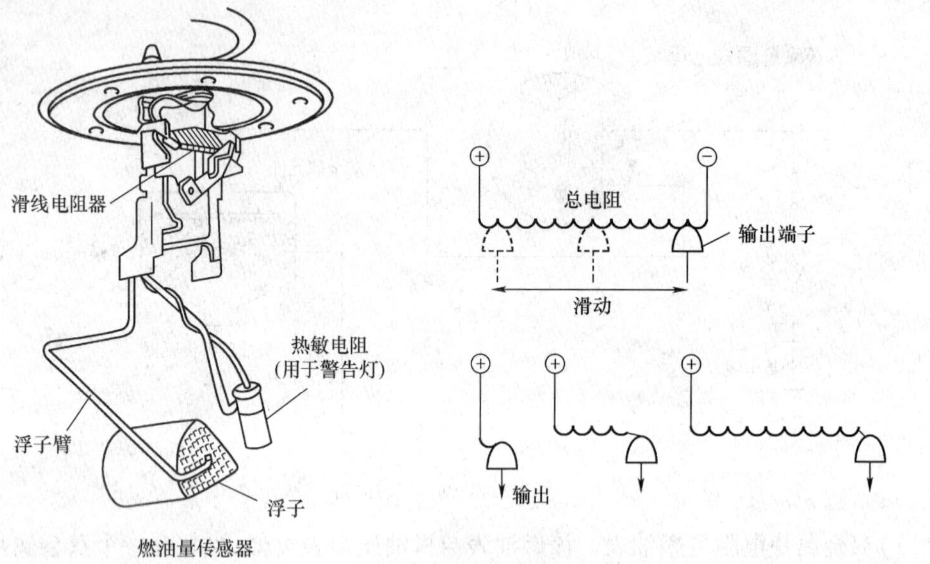

图 8-5　燃油表传感器

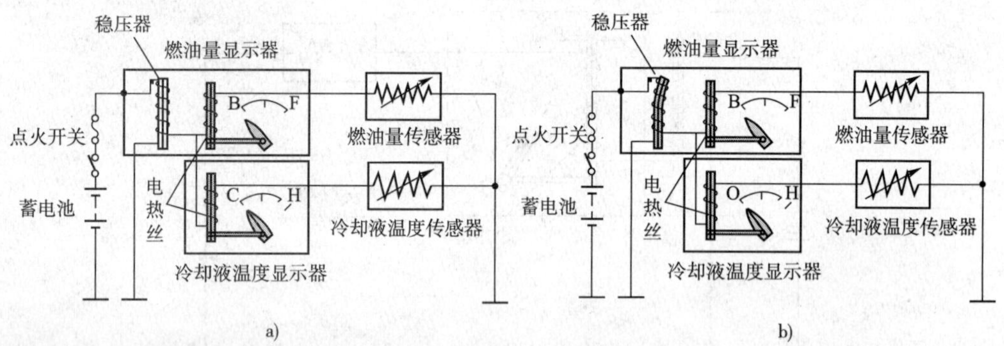

图 8-6　稳压器的工作过程
a)稳压器各触点闭合;b)稳压器各触点断开

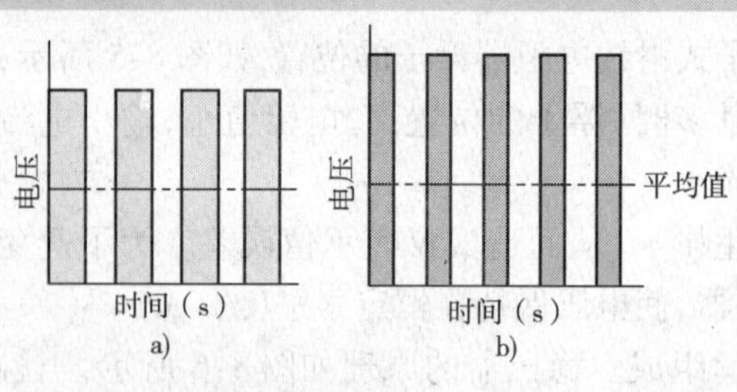

图 8-7　稳压器的稳压原理
a)电压低;b)电压高

(2)交叉线圈型燃油表。这种燃油表的传感器与电热式燃油表相同,只是在接收器中使用了交叉线圈型显示器,如图 8-8 所示。

表针与一磁性转子相连,在磁性转子的外面按 4 个方向绕上线圈,相邻两线圈之间的夹角为 90°。当线圈有电流通过时,4 个线圈在 4 个方向上产生磁场,合成为某一方向的磁场,使磁性转子处于一定的位置,当电流发生变化时,合成磁场的方向也发生变化,从而使得磁性转子的位置发生变化,指示相应的燃油量值。在转子下面的空隙里填满了硅酮油,以防止车辆振动而造成指针振颤。

这种交叉线圈型仪表与双金属片型相比具有显示值精度高、指针偏转角较大、随动特性优良和无须稳压电路等特点。在某些车上使用单向型仪表，这种仪表即使在断开点火开关后，仍可显示出燃油剩余量。

线圈具体的缠绕如图 8-9 所示，线圈 L1 和 L3 沿相反方向缠绕在同一轴线上，线圈 L2 和 L4 缠绕在另一轴线上，两轴线间的偏置角为 90°，方向相反。

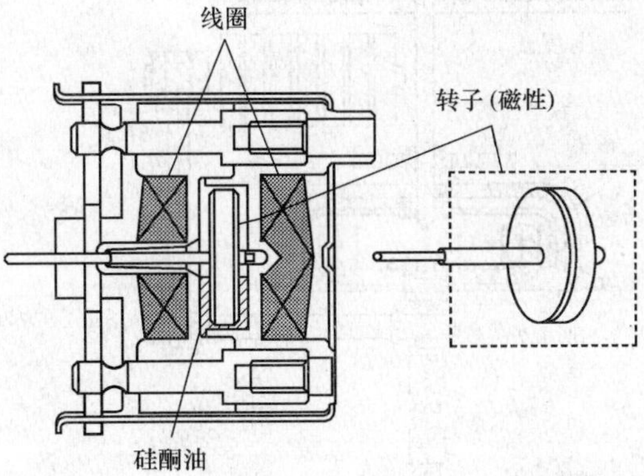

图 8-8 交叉线圈型燃油表

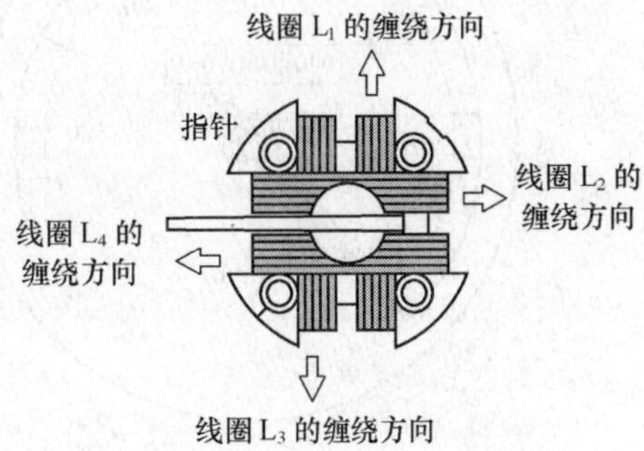

图 8-9 交叉线圈的缠绕方向

线圈的连接关系如图 8-10 所示，当点火开关闭合时，电流的方向为：蓄电池“+”极→L_1→L_2→L_3→L_4→搭铁→蓄电池“-”极，行成回路，另外还可由蓄电池“+”极→L_1→L_2→传感器→搭铁→蓄电池“-”极，构成另一回路。而电压 V_s 将随燃油量传感器输出电阻，即随燃油液面高度不同而发生变化，使流经 L_1、L_2 的电流 I_1 和流经 L_3、L_4 的电流 I_2 发生变化，使 4 个线圈在各自方向上引起的磁场强度发生变化，引起磁性转子旋转带动指针摆动。

线圈合成磁场的方向和大小与油箱的油面高低有关。

断开点火开关时，线圈磁力消失，普通型仪表指针在转片的重力作用下回归“0”位，如图 8-11 所示。

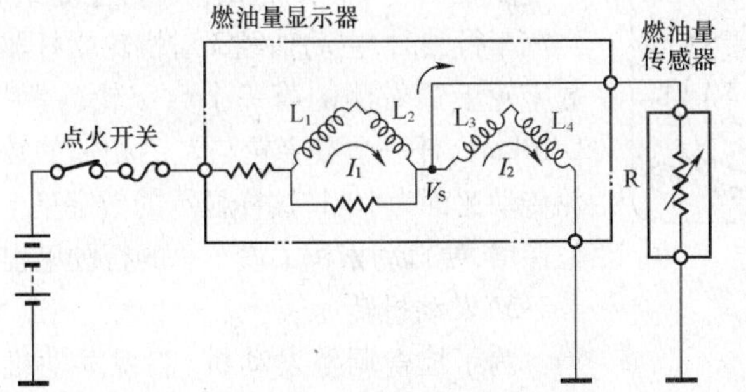

图 8-10 交叉线圈型燃油表的线路连接图

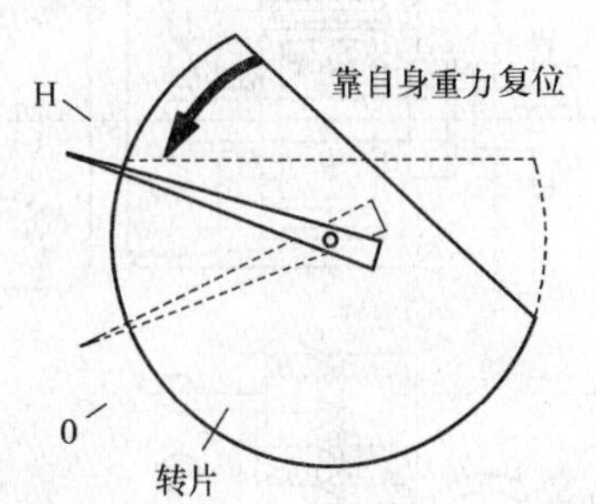

图 8-11 普通仪表的指针复位

3）冷却液温度表及传感器

冷却液温度表是用来显示发动机冷却水套中的冷却液温度的，有双金属片电阻型和交叉线圈型两种类型。其工作原理与燃油表基本相同，只是冷却液温度传感器使用了负系数可变电阻（热敏电阻），即当冷却液温度低时，热敏电阻的电阻值很大，几乎无电流通过，当冷却液温度上升时，热门电阻的电阻值下降，电流增大。

4)车速里程表

车速里程表是用来指示汽车行驶速度和累计行驶里程的仪表,由车速表和里程表两部分组成,普通车速表一般为磁感应式,其结构如图 8-12 所示。

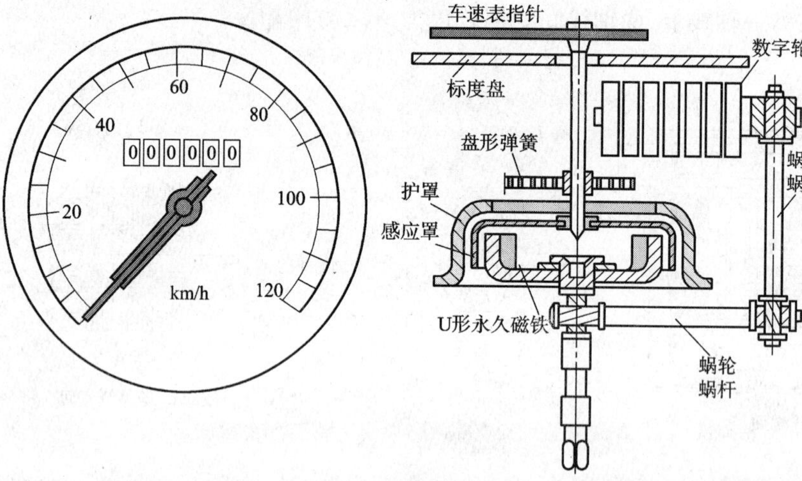

图 8-12　永磁式车速里程表

车速表主要由永久磁铁、铝罩、护罩、刻度盘和表针等组成。永久磁铁与主动轴紧固在一起,主动轴由来自变速器输出轴的挠性软轴驱动,指针、铝罩固接在中心轴上,刻度盘固定在表外壳上。不工作时,铝罩在游丝的作用下,使指针位于“0”位。当汽车行驶时,软轴驱动主动轴带动 U 形永久磁铁旋转,在铝罩上感应出电涡流而产生磁场,这个磁场与永久磁铁的旋转磁场相互作用产生扭矩,使铝罩向永久磁铁旋转方向转过一定角度,直到由游丝的弹力所产生的反方向扭矩与之平衡。车速越高,产生的扭矩越大,指针在刻度盘上摆动的角度就越大,即指示的车速就越高。

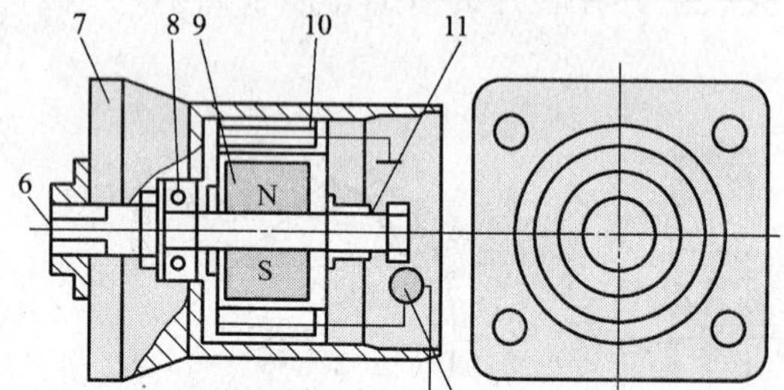

图 8-13　电动磁感应式转速表

1-动圈;2-永久磁铁;3-游丝;4-配重;5-指针;6-传感器扁形轴;7-外壳;8-线圈固定罩;9-旋转永久磁铁;10-输出线圈;11-轴承座;12-整流器;13-电阻 R_1(200Ω);14-电阻 R_2(300Ω)

里程表主要由蜗轮蜗杆和数字轮组成,当汽车行驶时,主动轴经 3 对蜗轮蜗杆驱动数字轮上最右侧的第一个数字轮(一般为 1/10km),任一个数字轮与左侧相邻的数字轮传动比都为 10:1,这样显示的数字呈十进位递增,便自动累积了汽车总的行驶里程。

5)发动机转速表

为了检查调整发动机、监视发动机工作情况,使驾驶人正确地选择换挡时机,不少汽车的仪表板上装有发动机转速表。普通机械式转速表又可分为机械传动磁感应式转速表和电动磁感应式转速表。机械传动磁感应式转速表的结构和工作原理与上述磁感应式车速表基本相同,电动磁感应式转速表的基本结构如图 8-13 所示,它是由传感器和指示器两部分组成,传感器实际是一个小型的交流发电机,安装于发电机带轮附近,由4个螺钉固定。

当发动机工作时,发动机的传动机构带动传感器扁形轴转动,与轴相连的永久磁铁随之转动,使磁力线切割线圈而产生交流电。电压高低随转速快慢而变化,通过整流器转化为直流电,再经绕线电阻和碳电阻输入动圈,此时动圈所产生的磁场与永久磁场相互作用,其结果使动圈偏转。发动机转速越快,传感器输出的电压也就越大,使动圈的输入电压变大,动圈偏转的幅度越大,指针的偏转角度也越大。

2. 警报指示灯

1)机油压力警告灯

机油压力警告灯用于提醒驾驶人注意发动机的机油压力。机油压力警报装置的报警开关一般装在主油道上,弹簧管式机油压力报警开关如图8-14所示。

其传感器为盒式,内有一管形弹簧,一端与管接头相连,另一端与动触点相连,静触点经接触片与接线柱相连,当机油压力低于0.09MPa时,管形弹簧变形很小,动触点和静触点闭合,电路接通,警告灯点亮;当机油压力高于0.09MPa时,管形弹簧变形较大,动触点和静触点分开,电路断开,警告灯熄灭。

2)放电警告灯

蓄电池放电时,该警告灯点亮,当发电机的电压达到正常充电电压时,该警告灯熄灭。如果在正常行驶时,该警告灯亮,则提醒驾驶人充电系统功能有故障。

3)燃油油位警告灯

燃油油位警告灯用于指示燃油剩余量不足,其结构与工作原理如图8-15所示。

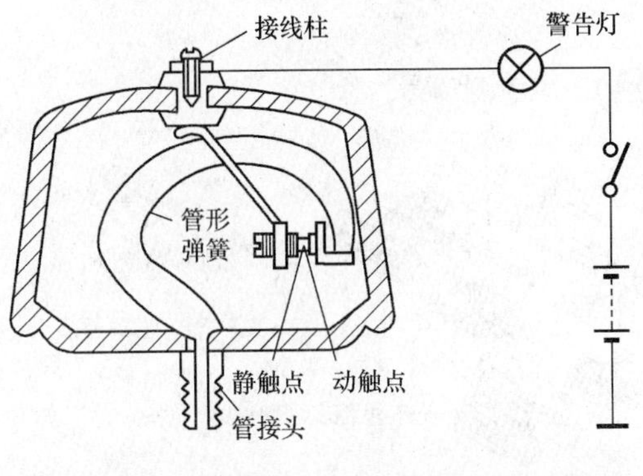

图8-14　弹簧管式机油压力报警开关

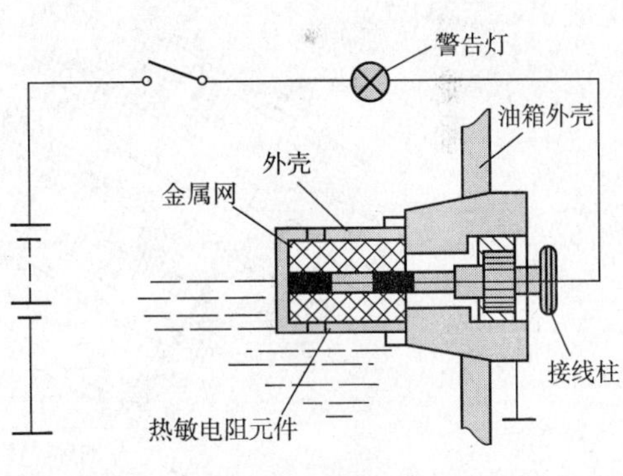

图8-15　燃油油量警告灯结构与工作

该装置是由负温度系数的热敏电阻式燃油油量报警传感器和警告灯组成。当油箱内油量较多时,热敏电阻元件浸没在燃油中,散热快,温度较低,电阻值较大,因此电路中电流很小,警告灯不亮;当燃油减少到规定值以下时,热敏电阻元件露出油面,散热慢,温度较高,电阻值较小,因此电路中电流增大,警告灯点亮。

4)制动液液面警告灯

制动液液面警告灯用于指示制动液不足,制动液液面警告灯开关的结构如图8-16所示。

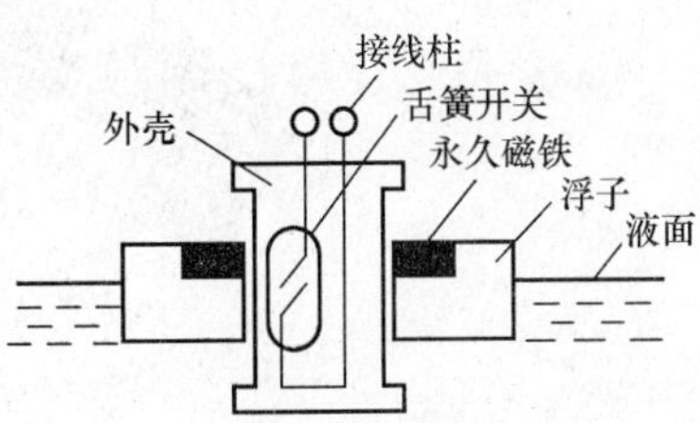

图8-16　制动液液面警告灯开关

制动液液面警告灯开关装在制动主缸的储液罐内，外壳的外面套装着浮子，浮子上固定有永久磁铁，外壳内部装有舌形开关，舌形开关的两个接线柱与警告灯和电源相连，当制动液液面高度在规定值以上时，浮子浮在储液罐上部位置，永久磁铁的吸力不足，舌形开关在自身的弹力作用下保持断开的状态；当制动液液面高度下降到一定值时，浮子位置下降，舌形开关在永久磁铁吸力作用下闭合，警告灯点亮。

5）冷却液温度警告灯

冷却液温度警告灯的作用是当发动机冷却液温度高到一定程度时，警告灯自动点亮，以示警报。冷却液温度警告灯的通断由温度开关控制，其工作原理如图8-17所示。当冷却液温度低于95℃时，双金属片上的触点与固定触点保持分离状态，警告灯不亮；当冷却液温度高于98℃时，双金属片受热变形向下弯曲程度变大，使其触点和固定触点接触，将警告灯电路接通，警告灯点亮，提醒驾驶人注意。

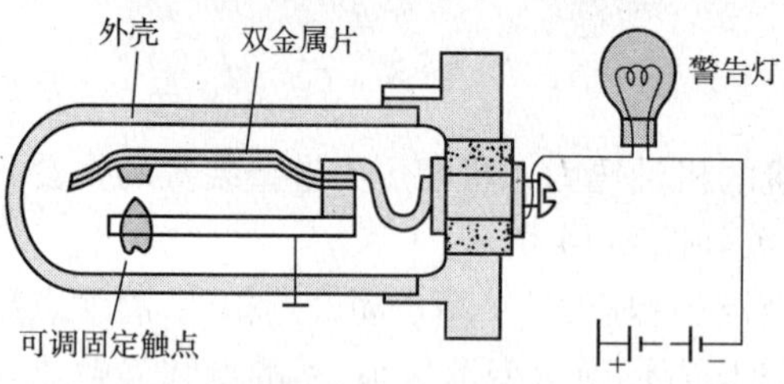

图8-17　温度开关

驾驶室内还有其他一些警示灯，例如远光指示灯、转向信号灯、危险警告灯、车门未关指示灯以及与空调、刮水、除霜装置相关的指示灯等，其很多指示灯都是和相关的电路连接在一起，由电路控制。

3. 电子显示组合仪表

电子显示组合仪表的结构如图8-18所示，主要包括数字式仪表计算机、车速传感器、燃油油位标尺转换开关、短程控制开关、里程表（机械式）等元件，这些元件与真空荧光显示器构成了一个整体。

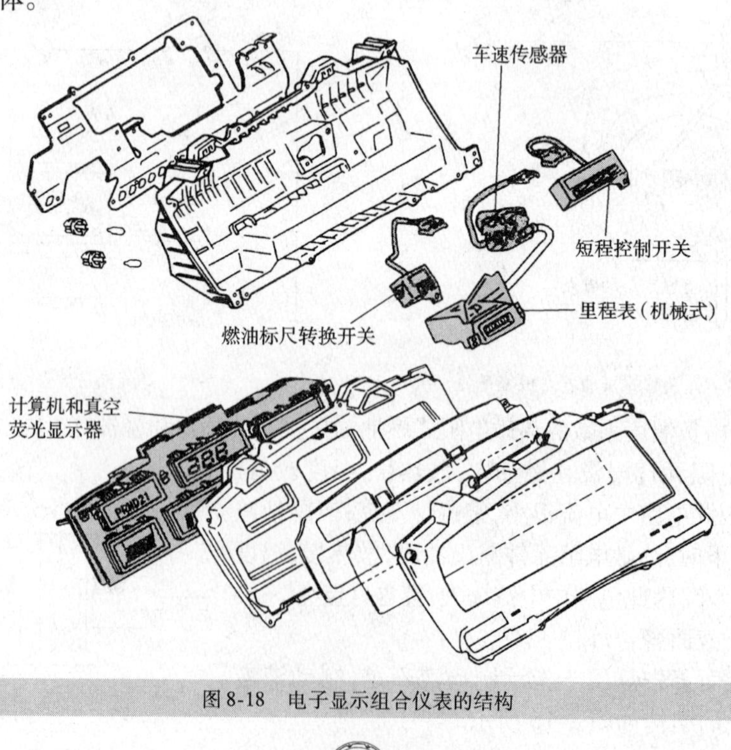

图8-18　电子显示组合仪表的结构

电子仪表的作用与常规机电模拟式的仪表基本相同，都是从各种传感器接收信号，并将信号经处理后通过显示器显示数据，使驾驶人了解车辆的速度、发动机转速、燃油量、冷却液温度等。不同的是：电子仪表是通过仪表中的微处理器和各种集成电路处理各种传感器的信号，然后以数字形式在真空荧光显示器显示出来，电子仪表的零部件大体组成可分为各种传感器、微处理器和集成电路和真空荧光显示器等，下面分别介绍。

1）传感器

（1）车速传感器。车速传感器如图8-19所示，其中有一内置光电耦合器，如图8-20所示，将发光二极管和光敏晶体管组合在一起。在发出光线的二极管和接收这些光线的光敏晶体管之间，有一个开有20条狭槽的转轮旋转。开槽转轮连接在车速表传动软轴上，其转动速度根据车速的快慢而增减。当开槽转轮转动时，不停地隔断发光二极管和光敏晶体管之间的光线，从而使光敏晶体管时通时断。这使光敏晶体管将20个PPR（每转动一周的脉冲数）的信号传输至微处理器端子，使微处理器得知车速。

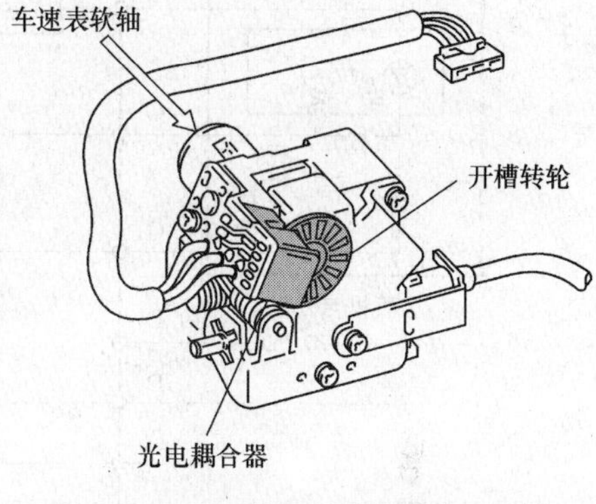

图8-19　车速传感器

（2）英里与公里转换开关。在某些国家使用车辆短程控制开关，如图8-21所示，其上装有英里与公里显示转换开关。按下该开关，便可以在车速表上交替显示出“英里/小时”和“公里/小时”。当断开英里与公里显示转换开关，也就是断开微处理器相应的端子，车速表仅以公里/小时显示车速。反之，端子闭合时，车速表仅以英里/小时显示车速。

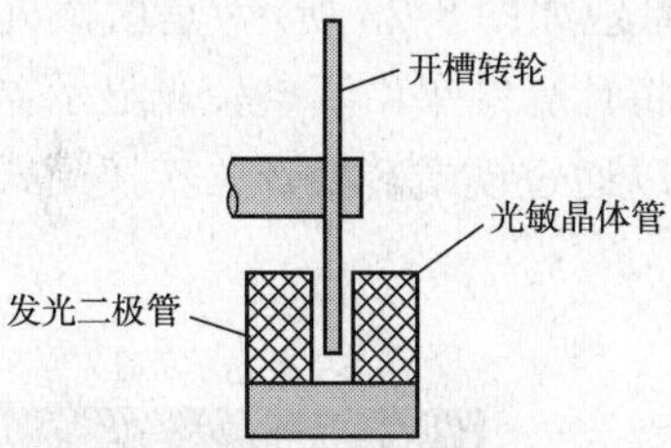

图8-20　光电耦合器

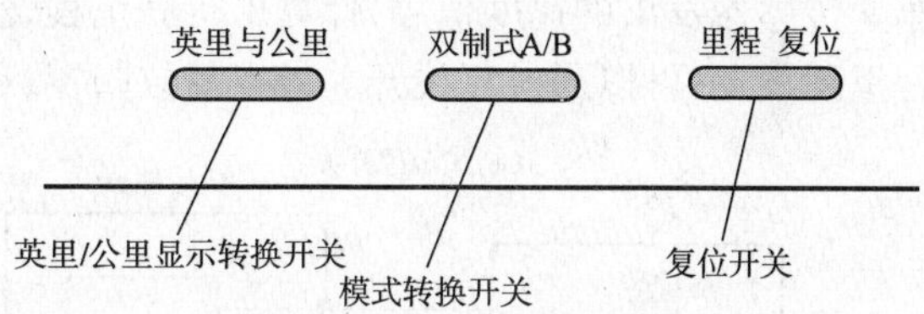

图8-21　短程控制开关

（3）短程复位开关。此开关是与短程里程表相配合使用的，按下该复位开关，便接通了复位开关的触点，让相应的端子搭铁，从而将目前显示的数据复位归零。松开复位开关，各触点便会断开，短程里程表重新开始计算里程。

（4）短程模式转换开关。此开关也是与短程里程表配合使用的，按下模式转换开关（A/B）便可接通该开关的触点，使相应的端子搭铁，从而将A模式转换为B模式或从B模式转回A模式（放开模式转换开关时，各触点断开）。在某些国家使用的车辆上，英里与公里转换开关安装在双制式短程里程表内，按下转换开关，便可将短程表上的英里显示变成公里显示。转换开关与车速里程表的显示器连接在一起。

2）各显示表的原理

（1）车速表。车速表的工作原理如图8-22所示，微处理器通过在一段预定的时间内从车速传感器传出的脉冲信号来计算车速，然后使真空荧光显示器发光，显示车速，同时可以通过英里与公里转换开关切换单位。在某些国家使用的车辆上装有车速警报器，当车速达到或超过 125km/h(78mile/h)时，微处理器内的晶体管便反复接通和断开，使警报器发出警告蜂鸣声。

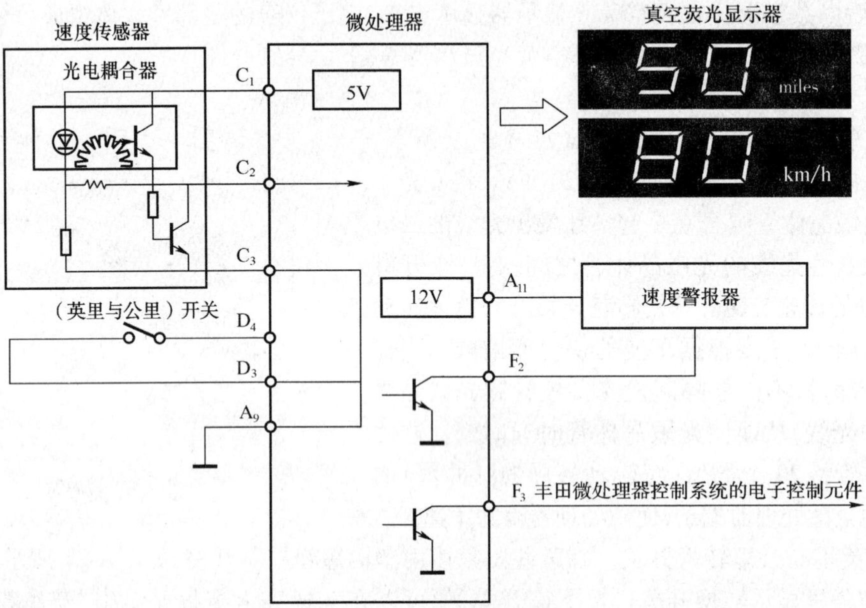

图 8-22　车速表的原理示意图

(2)双制式短程里程表。双制式短程里程表的工作原理如图 8-23 所示，是由微处理器计算车速传感器发出的速度信号，计算出行驶里程，然后将计算结果由真空荧光显示器显示在短程里程表上，可以通过复位开关进行复位归零，还可以通过模式转换开关转换模式。

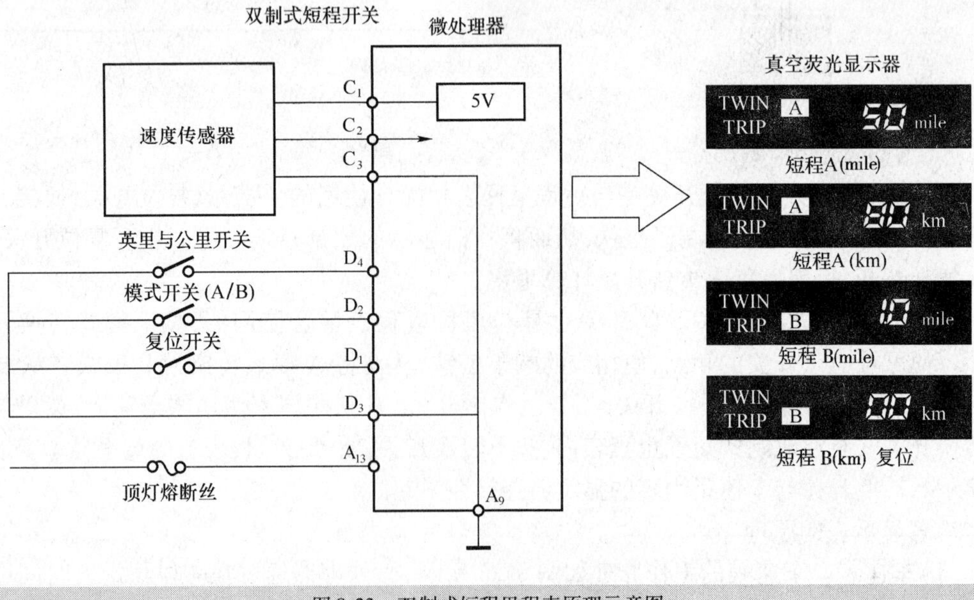

图 8-23　双制式短程里程表原理示意图

二、实践操作

（一）工作任务

（1）讨论汽车仪表板上各仪表及信号灯的名称及工作条件、传感器的名称及安装位置、组成及各部件的工作原理。

（2）拆装汽车组合仪表板。

（二）实践操作目标

（1）巩固加深汽车仪表板的组成及工作原理知识。

（2）熟练掌握汽车组合仪表板的拆装。

（三）实践准备

1. 实践操作所用的设备

实训用车辆（丰田、大众、雪铁龙等车型）、蓄电池、工作台等。

2. 实践操作所用的工具和材料

有关拆装工具、车辆维修手册、车辆的电路图册、干净的抹布等。

（四）注意事项

（1）遵守安全操作规程，正确使用工具。

（2）拔插熔断丝、继电器时应先断开点火开关，切勿带电作业。

（3）在汽车未起动情况下，严禁长时间使用灯光，以免蓄电池亏电。

（4）在点火开关刚刚接通瞬间，各种报警灯都会工作自检，此时应注意观察。

（5）按照规范要求拆装汽车组合仪表板。

（6）车辆在起动之前，确认已经挂入空挡，车辆轮胎下已放好挡块，并且拉紧驻车制动器操纵杆。

（7）使用电路图册和维修手册时注意保护电路图册和维修手册，避免破损。

（8）维修手册所述其他相关要求。

（五）具体内容

1. 外部观察

（1）说出汽车仪表板上各种仪表名称及工作条件（表8-1）

仪表板上各种仪表名称及工作条件　　表8-1

序　号	名　称	工作条件

续上表

序 号	名 称	工作条件

(2)汽车仪表用传感器的名称及安装位置(表8-2)

仪表用传感器的名称及安装位置　　表8-2

序 号	名 称	安装位置

(3)汽车仪表板上各报警灯的名称、表示符号及工作条件(表8-3)

仪表板上各报警灯的名称、表示符号及工作条件　　表8-3

序 号	名 称	表示符号	工作条件

(4)汽车仪表板上各指示灯的名称及工作条件(表8-4)

仪表板上各指示灯的名称及工作条件　　表8-4

序　号	名　称	表示符号	工作条件

2.组合仪表拆装

组合仪表相关部件分解图如图8-24所示。

1)组合仪表的拆卸

(1)拆卸仪表板左下装饰板。

(2)拆卸仪表板左端装饰板。

(3)拆卸仪表组装饰板总成。

①操作倾斜度调节杆以降下转向盘总成。

②在图8-25所示位置粘贴保护性胶带。

③如图8-26所示,脱开导销、卡爪和3个卡子,并拆下仪表组装饰板总成。

(4)拆卸组合仪表总成。

①如图8-27所示,拆下2个螺钉,脱开2个导销。

注意:拆下组合仪表总成时,小心不要损坏导销。

②如图8-28所示,拉出组合仪表总成,断开插接器,并拆下组合仪表总成。

注意:拆下组合仪表总成时,不要损坏仪表板和组合仪表总成。

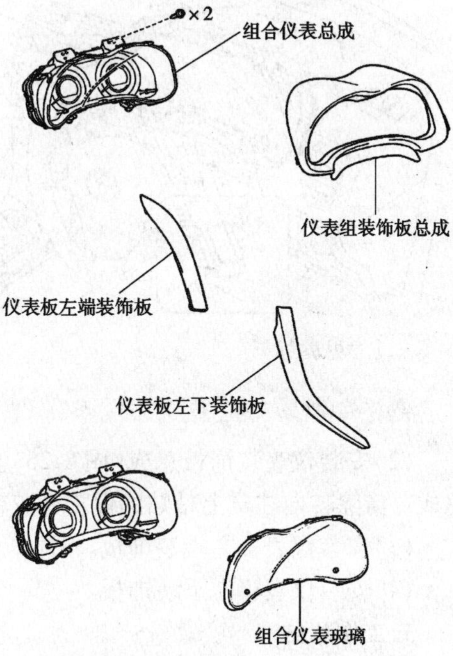

图8-24　组合仪表相关部件

2)组合仪表的安装

(1)安装组合仪表总成。

①连接插接器,并暂时安装组合仪表总成(图8-28)。

注意:安装组合仪表总成时,不要损坏仪表板和组合仪表总成。

②插入2个导销(图8-27)。

注意:安装组合仪表总成时,小心不要损坏导销。安装组合仪表总成时,将导销牢固地插入仪表板的孔内。用2个螺钉安装组合仪表总成。

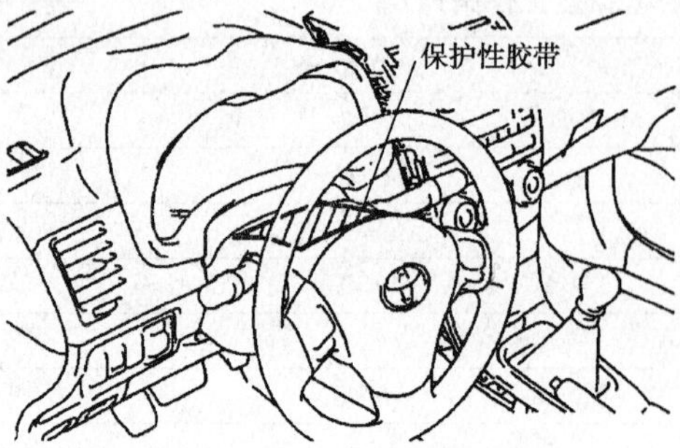

图 8-25　组合仪表拆卸(一)

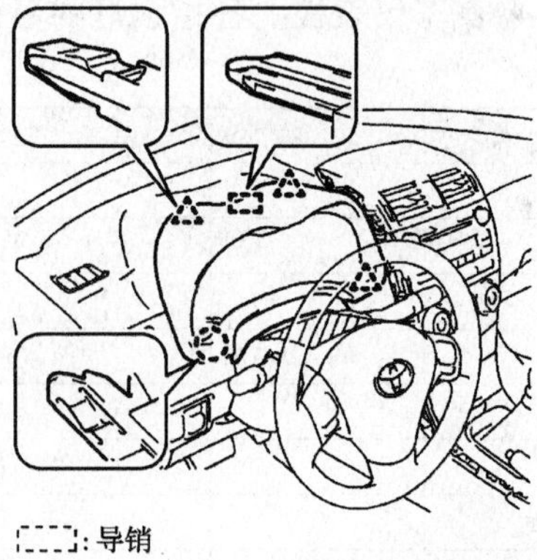

图 8-26　组合仪表拆卸(二)

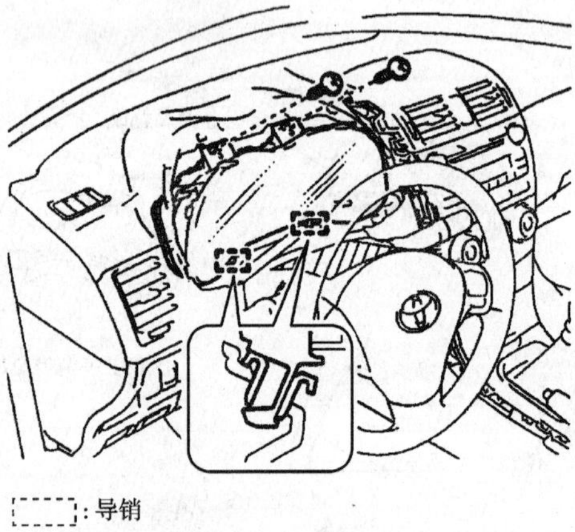

图 8-27　组合仪表拆卸(三)

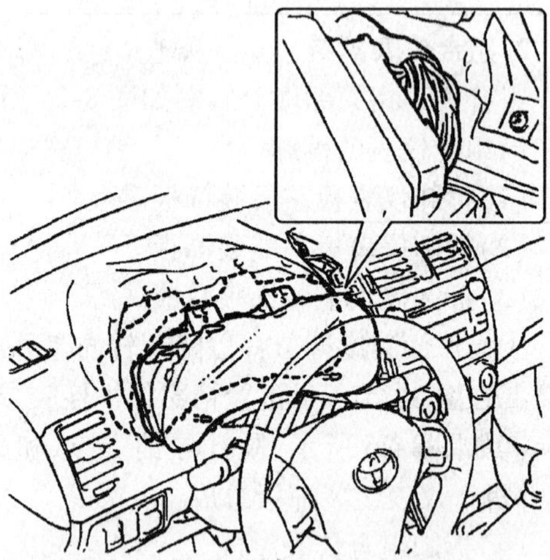

图 8-28　组合仪表拆卸(四)

(2)安装仪表装饰板总成(图 8-26)。接合导销、卡爪和 3 个卡子,并安装仪表组装饰板总成。清除转向柱罩上粘贴的保护性胶带。

(3)安装仪表板左端装饰板。

(4)安装仪表板左下装饰板。

3. 工作总结

学习心得：____。

三、学习拓展

数字仪表电子显示器件

1. 真空荧光管（VFD）

1）结构

VFD 是最常用的发光型显示器，其结构如图 8-29 所示，钨灯丝为阴极，接电源负极；涂有荧光物质的屏幕为阳极，接电源正极，其上制有若干字符段图形，每个字符段由电子开关单独控制通电状态；栅格置于灯丝和屏幕之间；整个装置密封在被抽真空的玻璃罩内。

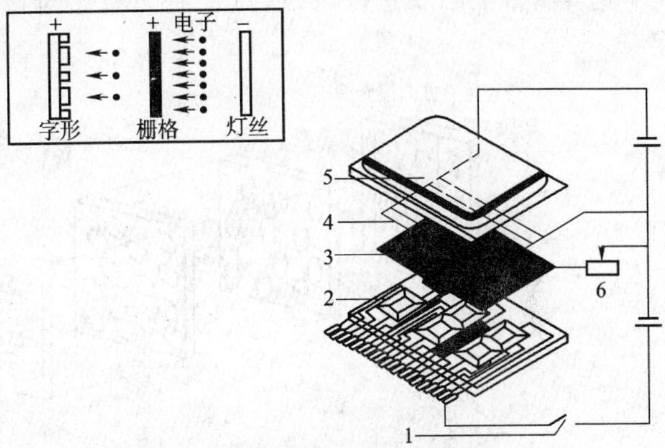

图 8-29　真空荧光管（VFD）的结构

1-电子开关；2-涂有荧光物质的屏幕（阳极）；3-栅格；4-钨灯丝（阴极）；5-玻璃罩；6-电位器（亮度调节）

2）原理

如图 8-30 所示，当阴极灯丝通电时，灯丝发热，释放电子，电子被电位较高的栅格吸引，并穿过栅格，均匀地打在电位最高的屏幕字符段上。凡是由电子开关控制通电的字符段受电子轰击后发亮，而未通电的字符段发暗。这样通过控制字符段通电状态，就可形成不同的显示数字。

2. 液晶显示器（LCD）

1）结构

LCD 是最常用的非发光型显示器，其结构如图 8-31 所示。前玻璃板和后玻璃板之间加有一层液晶，外表面贴有垂直偏光镜和水平偏光镜，最后面是反射镜。

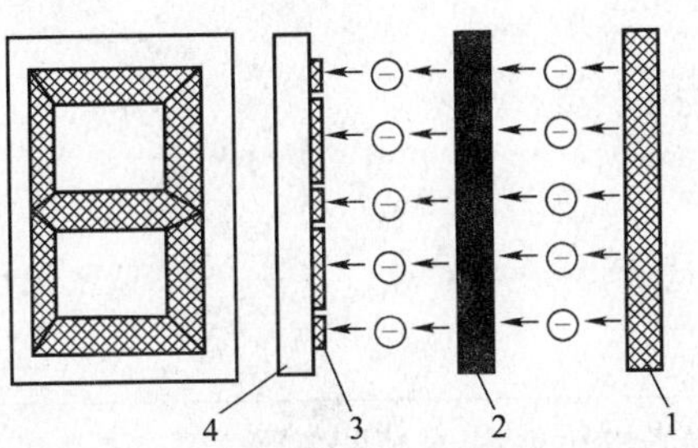

图 8-30　真空荧光管（VFD）的工作原理

1-钨灯丝（阴极）；2-栅格；3-字符段（阳极）；4-屏幕

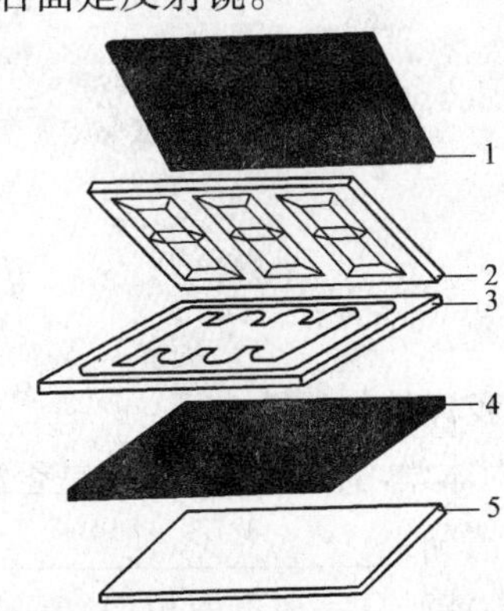

图 8-31　液晶显示器（LCD）的结构

1-垂直偏光镜；2-前玻璃板；3-后玻璃板；4-水平偏光镜；5-反射镜

2)原理

如图8-32a)所示,当液晶不加电场时,液晶的分子排列方式可将来自垂直偏光镜垂直方向的光波旋转90°,再经水平偏光镜后射到反射镜上,经反射后按原路回去,这时透过垂直偏光镜看液晶时,液晶呈亮的状态。

如图8-32b)所示,当液晶加一电场时,液晶的分子排列方式改变,不能将来自垂直偏光镜垂直方向的光波旋转,不能通过水平偏光镜到达反射镜,这时透过垂直偏光镜看液晶时,液晶呈暗的状态。

这样将液晶制成字符段,通过控制每个字符段的通电状态,就可使液晶显示不同的字符。

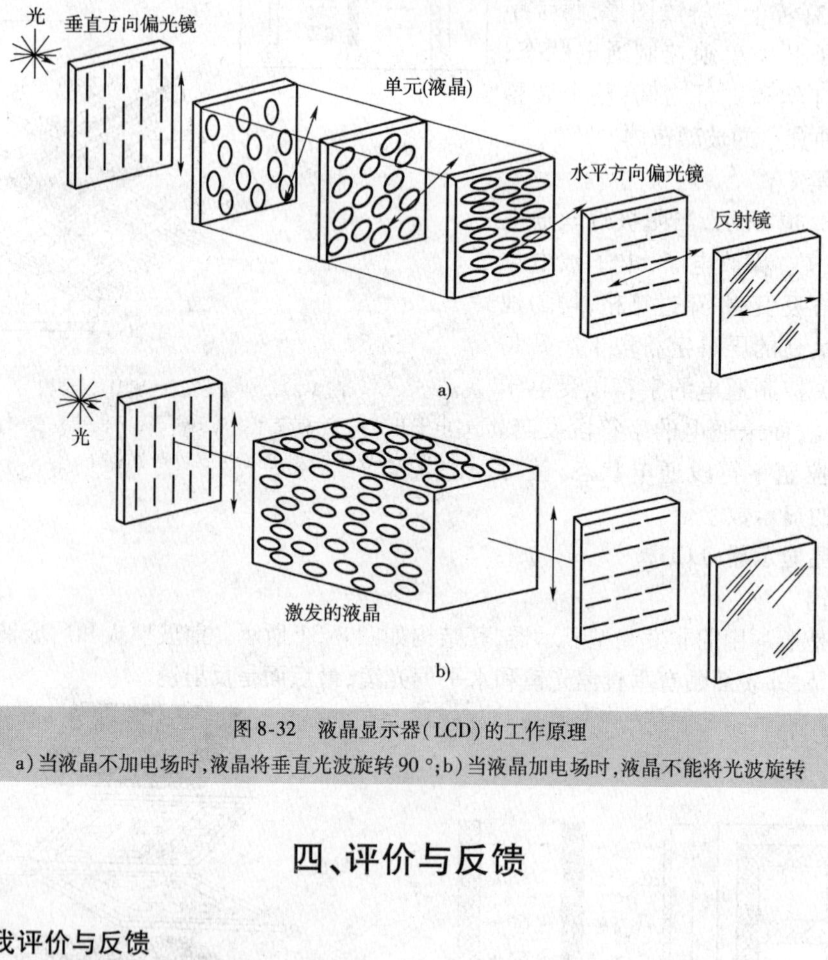

图8-32　液晶显示器(LCD)的工作原理
a)当液晶不加电场时,液晶将垂直光波旋转90°;b)当液晶加电场时,液晶不能将光波旋转

四、评价与反馈

1. 自我评价与反馈

(1)对本学习任务的学习你是否满意?

评价情况:________________

(2)你能独立完成卡罗拉(1.6L)轿车组合仪表的拆卸和安装吗?

评价情况:________________

(3)你是否知道卡罗拉(1.6L)轿车仪表系统的基本组成及原理?

评价情况:________________

(4)你会正确使用工具吗?

评价情况:____

签名:________　________年________月________日

2. 小组评价与反馈

(1)你们小组在接到任务之后是否讨论过卡罗拉(1.6L)轿车组合仪表的拆装计划?

评价情况:____

(2)你们小组在拆装卡罗拉(1.6L)轿车组合仪表过程中是否有明确分工,相互配合得好吗?

评价情况:____

(3)你们小组在拆装卡罗拉(1.6L)轿车组合仪表的过程中操作是否规范?

评价情况:____

参与评价的同学签名:________　________年________月________日

3. 教师评价及答复

____

____

____

教师签名:________　________年________月________日

五、技能考核标准

序号	项　目	操作内容	规定分	评分标准	得分
1	仪表及传感器的构造研究	各类仪表的特点	20	仪表特点不清楚扣10分	
		各类仪表用传感器的特点		传感器的特点不清楚扣10分	
2	总成拆卸	组合仪表拆卸	25	拆卸步骤顺序错误扣10分 拆卸方法不正确扣10分 操作不熟练扣5分	
3	总成安装	组合仪表安装	25	装复步骤顺序错误扣10分 装复方法不正确扣10分 操作不熟练扣5分	
4	回答问题	仪表组成原理	20	错一项扣5分	
5	安全文明生产	遵守安全操作规程,正确使用工具,操作现场整洁	10	每项不正确的,扣5分,扣完为止	
		安全用电,防火,无人身、设备事故		因违规操作,发生重大人身和设备事故,该项技能考核按0分计	
6	分数合计		100		

学习任务九　拆装安全气囊

任务要求

完成本学习任务后,你应能:

1. 描述安全气囊控制系统的结构原理;
2. 识读安全气囊控制系统电路;
3. 就车拆装安全气囊。

建议学时:6 学时

任务描述

一辆丰田佳美轿车在行驶过程中,安全气囊(SRS)灯突然点亮,到维修站后,维修人员对 SRS 进行了拆检。

学习流程

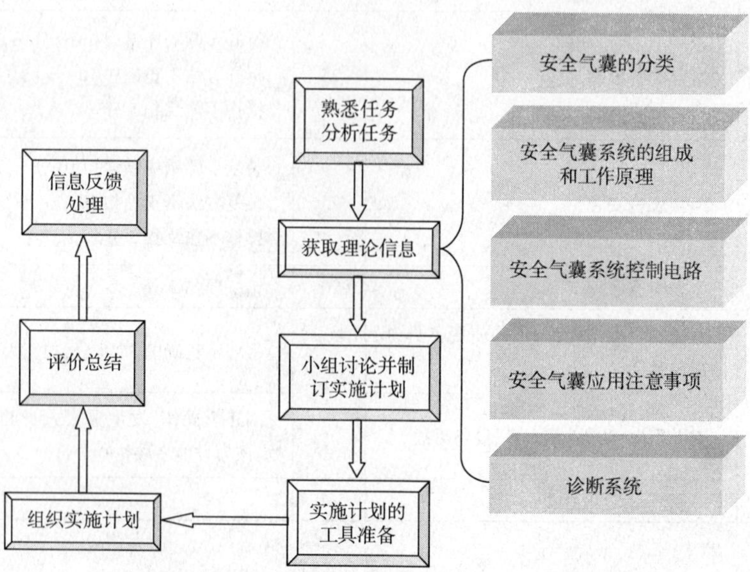

一、理论知识准备

汽车在行驶过程中，由于一些意外交通情况的出现，往往会导致交通事故。汽车采用被动安全保护装置来减少事故对人体的伤害。安全气囊是典型的被动安全装置，用来减少汽车发生碰撞时对驾乘人员造成的伤害。

1. 安全气囊的分类

汽车安全气囊系统（Supplemental Restraint System，SRS）可按如下方式分类。

1）按传感器类型分类

（1）机械式安全气囊。机械式安全气囊不需用电源，全部零件组装在转向盘装饰盖板下面，检测碰撞动作和引爆点火剂都是利用机械动作来完成的。

（2）电子式安全气囊。电子式安全气囊系统有两种布置方式，早期的电子式传感器在汽车的前端部安装，气囊引爆装置安装在转向盘上，前端的传感器需要引线连接。现在开发出的整体式安全气囊，它是把电子式传感器后移，和点火引爆装置作为一个整体安装在转向盘上，可以取消线束，消除了由于线路短路或断路导致气囊失效的故障。

2）按保护对象的不同分类

（1）驾驶人防撞安全气囊。驾驶人防撞安全气囊装在转向盘上，美式安全气囊按没有座椅安全带设计的，体积较大，约60L；欧式安全气囊按有驾驶人座椅安全带设计的，其体积较小，约40L。日本车一般多采用欧式。

（2）乘员防撞安全气囊。由于乘员在车内位置不固定，因此为保护其撞车时免受伤害，设计的安全气囊体积也较大。美式的约160L，欧式的约75L。有些车上还配有后排乘员防撞安全气囊，装在前排座椅后面。

（3）侧面防撞安全气囊。装在车门上，当汽车遭受侧面碰撞时，防止乘员受到侧面撞击。

3）其他分类

（1）窗帘式安全气囊。由于管形安全气囊不能全部覆盖侧窗，所以，玻璃的碎片可能击入车内刺伤乘员。把以窗帘状展开的气囊称为窗帘式安全气囊。窗帘式安全气囊在车辆侧面碰撞时，与侧面安全气囊同时展开。其位于A柱与车顶纵梁的内衬中。窗帘式安全气囊只是在一些高档汽车上使用。

（2）智能型安全气囊。为了减轻安全气囊的副作用，研制出智能型安全气囊。具有如下功能：检测乘员是否系上安全带；检测乘员乘坐位置；检测儿童座椅；调控安全气囊充气膨胀力；检测座椅上是否有乘员；检测气温等。

（3）多级安全气囊用充气膨胀器。多级安全气囊充气膨胀器可以根据汽车的行驶速度和车辆的碰撞程度不同，分三个阶段调节充气膨胀力。车速越高，撞击程度越大，充气膨胀力越大。

2. 安全气囊系统的组成和工作原理

1）安全气囊系统的基本组成

各型汽车所采用部件的电子式安全气囊系统结构和数量有所不同，但其基本组成和工作原理都大致相同。如图9-1所示,安全气囊组件包括SRS气囊、气体发生器和点火器等装置。驾驶座的安全气囊装在转向盘中;副驾驶座气囊装在杂物箱上侧,用一塑料盖板遮住。前碰撞传感器分别安装在驾驶室间隔板左、右侧及中部;中心的安全气囊传感器与电子控制装置(SRS的ECU)安装在一起,系统故障指示灯在仪表板上。

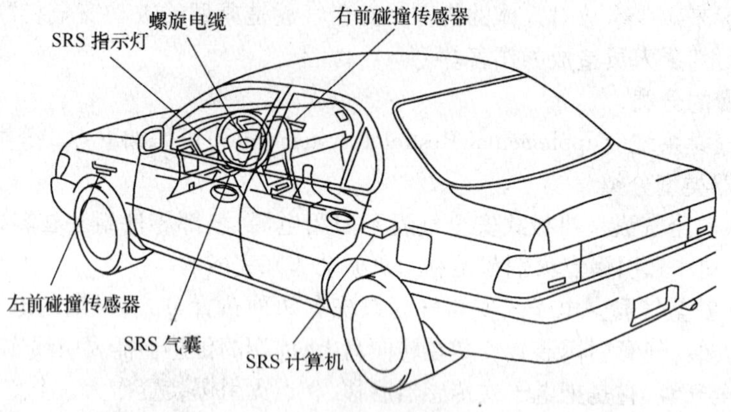

图9-1 安全气囊系统组成

安全气囊组件包括充气装置、气囊、外壳等。

充气装置与气囊组合为一体安装在转向盘支架上,由气体发生剂、火药、雷管、过滤器和外壳等组成。碰撞发生后,雷管引燃火药,产生高温,使气体发生剂迅速生成大量气体,经过滤后充入气囊,使气囊瞬间展开。

气囊安装在充气装置上部,用塑料盖板护住。气囊一般由尼龙制成,上面有一些排气孔,充气结束后,排气孔立即排气使气囊变软,这样起到缓冲作用以减轻对驾乘人员的伤害。

气囊传感器包括前碰撞传感器、中央传感器和安全传感器,用来检测碰撞减速力、碰撞强度,作为电子控制装置计算气囊是否动作的参数。

电子控制装置(ECU)是SRS的控制中心,其功能是接受传感器输入的信号,判断是否启动安全气囊系统,并进行故障自诊断。

2)安全气囊系统的工作原理

当汽车行驶中遭受到正面或侧面碰撞时,安全气囊系统的工作原理基本相同。现以正面碰撞为例,说明安全气囊系统的工作原理。

当汽车受到前方一定角度范围内的高速碰撞时,车体会受到强烈的振动,同时车速急剧下降。安装在汽车前端的碰撞传感器和与SRS ECU安装在一起的防护碰撞传感器(安全传感器)就会检测到汽车突然减速和撞击强度的信号,当达到规定的强度时,传感器即向SRS ECU发出信号。SRS ECU接收到信号后,与其原存储信号进行比较,若达到气囊的展开条件,则由驱动电路向安全气囊组件中的气体发生器送去启动信号。气体发生器接到启动信号后,引爆电雷管引燃气体发生剂,产生大量气体,经过滤并冷却后进入安全气囊,使气囊在极短的时间内突破衬垫迅速展开,在驾驶人或乘客的前部形成弹性气垫,并及时泄漏、收缩,将人体与车内构件之间的碰撞变为弹性碰撞,通过气囊产生的变形吸收人体碰撞产生的动能，从而有效地保护人体头部和胸部，使之免于伤害或减轻伤害程度。

3）安全气囊系统的有效范围

安全气囊系统并非在所有碰撞情况下都能起作用。正面防撞安全气囊系统在汽车正前方或斜前方±30°角（图9-2）范围内发生碰撞且其纵向减速度达到某一值时，系统才能工作。

在下列条件之一的情况下，安全气囊系统不会动作：汽车遭受侧面碰撞超过斜前方±30°角时；汽车遭受横向碰撞时；汽车遭受后方碰撞时；汽车发生绕纵向轴线侧翻时；纵向减速值未达到设定阈值；汽车正常行驶、正常制动和在路面不平的道路上行驶时。

另外，以下情况可能导致误触发，应引起注意：温度过高，引起充气装置中火药燃烧；过分撞击，使雷管引爆；电磁波引起误触发，如大功率手提电话机等；修理时操作不慎。

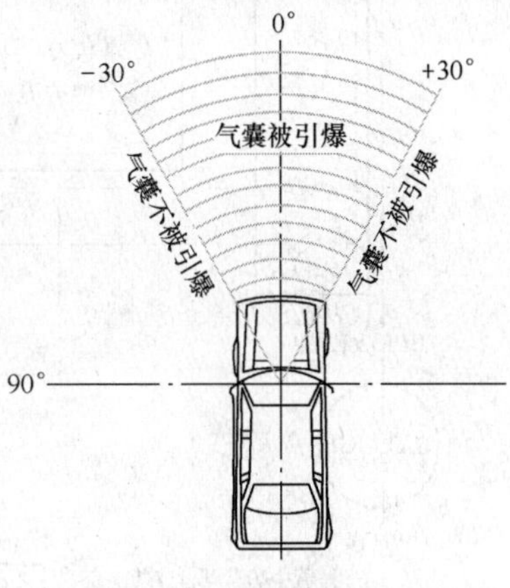

图9-2　碰撞角度

侧面安全气囊系统只有在遭受到侧面碰撞且其横向加速度达到设定阈值时，才能引爆使气囊展开，而不会引起正面防撞安全气囊动作。

3. 安全气囊系统控制电路

1）本田车系安全气囊系统控制电路

本田车系SRS的元件布置如图9-3所示。1994年以前生产的本田车和本田雅阁（ACCORD）的自诊断系统只能进行故障警示，无故障码显示。诊断时，只能通过SRS ECU左侧配置的16针测试座测量电压进行诊断；1994年起生产的车辆开始带有故障输出功能。本田车系SRS有NEC型和DE型两种形式：NEC型SRS用于本田市民（CIVIC）车型；DE型SRS用于本田雅阁（ACCOD）车型。图9-4所示为本田雅格DE型SRS的电路图。

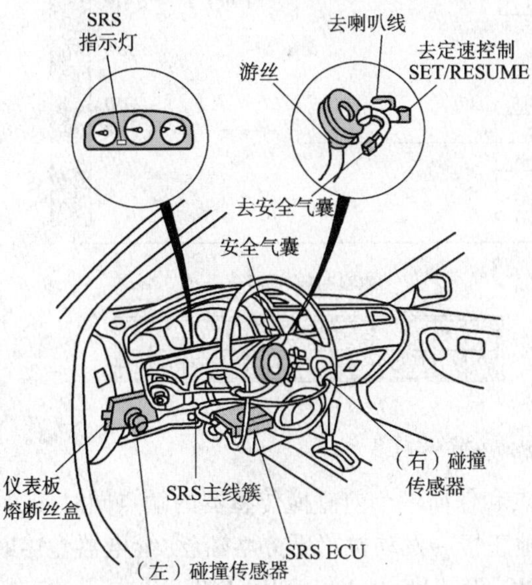

图9-3　丰田车系SRS的元件布置

在一般情况下，安全传感器动作所需的惯性力或减速度值比前碰撞传感器动作所需的惯性力或减速度值要小一些。当安全传感器动作时，将SRS的点火电路接通。只有当安全传感器与任意一只前碰撞传感器同时接通时，SRS回路才能接通，使气囊动作。安全传感器的作用是防止因前碰撞传感器短路而造成气囊误爆。SRS ECU根据安全传感器送出的信号确定是否发生碰撞。在安装或检查前碰撞传感器时，如不慎将其连接器的端子短路，就会引起气囊误爆。设置安全传感器后，只要安全传感器的触点不闭合，气囊的点火电路始终开路，从而避免了气囊的误爆。

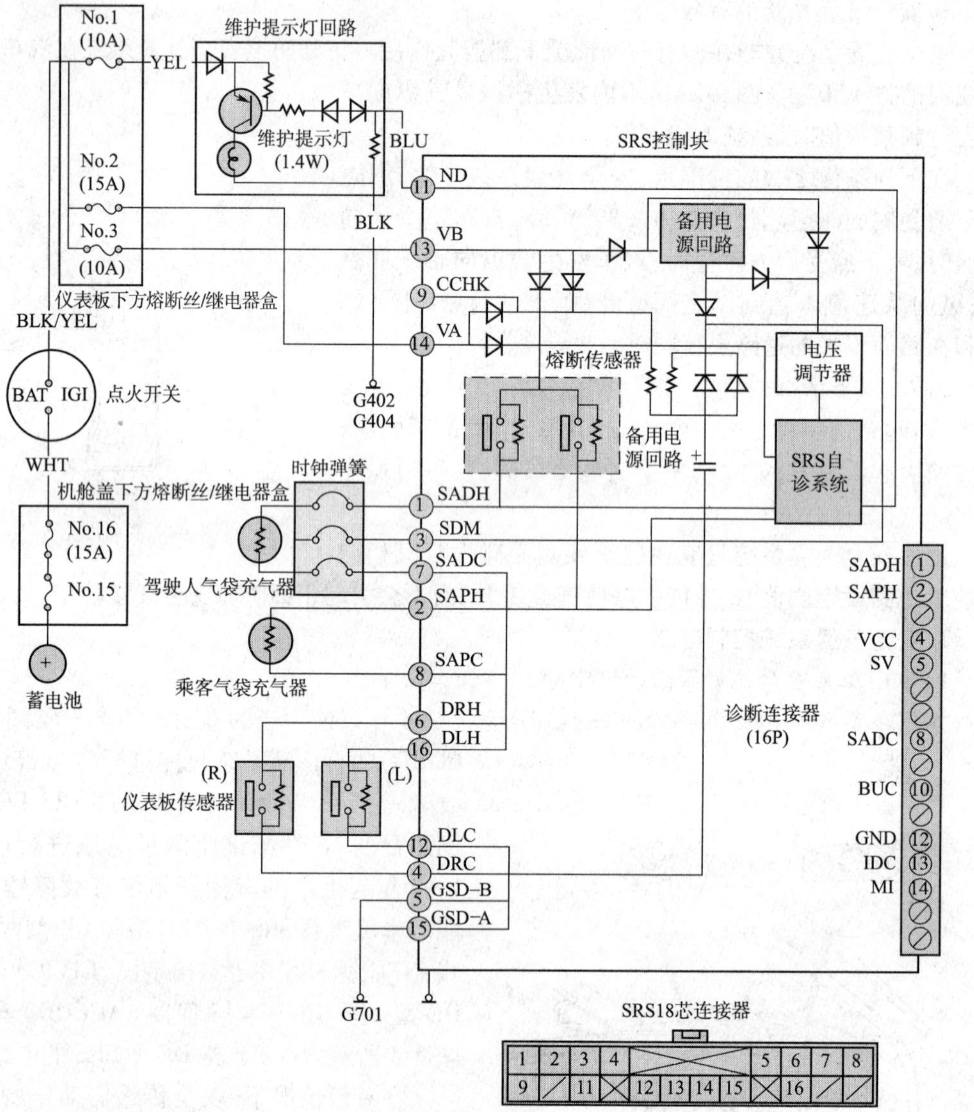

图 9-4　本田雅格 DE 型 SRS 电路图

当汽车遭受碰撞时，如果安全传感器的触点和任何一个前碰撞传感器的触点同时接通，SRS 电路接通，由蓄电池供电，其电路为：蓄电池正极→发动机罩下方熔断丝/继电器盒熔断器→点火开关→仪表板下方熔断丝/熔断器（NO：25 SRS 10A）→SRS ECU 13 端子→二极管→安全传感器触点→螺旋电缆（线束）→SRS 气囊点火器电阻（200Ω）→ECU 端子 7→左（或右）前碰撞传感器触点→搭铁→蓄电池负极。

2）日产车系安全气囊系统控制电路

日产车系安全气囊系统采用三个前碰撞传感器，有的车型只有一个前碰撞传感器，安全传感器装在 ECU 外面。其安全气囊系统控制信号增加了车门开关信号，即只有在车门关闭状态时，气囊才有可能引爆。日产车系安全气囊系统元件位置如图 9-5 所示，控制电路如图 9-6 所示。

3）奔驰车系安全气囊系统控制电路

奔驰车系安全气囊系统控制电路如图 9-7 所示。

4. 安全气囊应用注意事项

（1）安全气囊系统只是一种对于座椅安全带起辅助作用的安全系统，如果没有正确系好安全带，则气囊在充气过程中可能导致驾驶人和前方乘客的严重受伤甚至死亡。

（2）气囊充气时太靠近转向盘或仪表板的驾驶人或前方乘客可能会严重受伤甚至死亡，因此在驾驶人能够对车辆保持控制的情况下，尽可能坐的离转向盘远一点。前方乘客应离仪表板远一点。

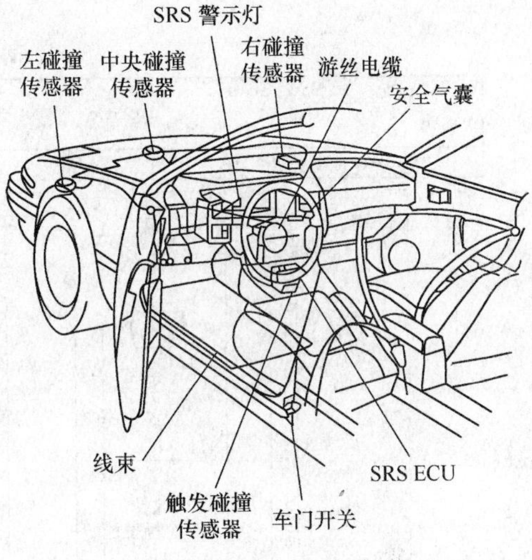

图 9-5　日产车元件位置

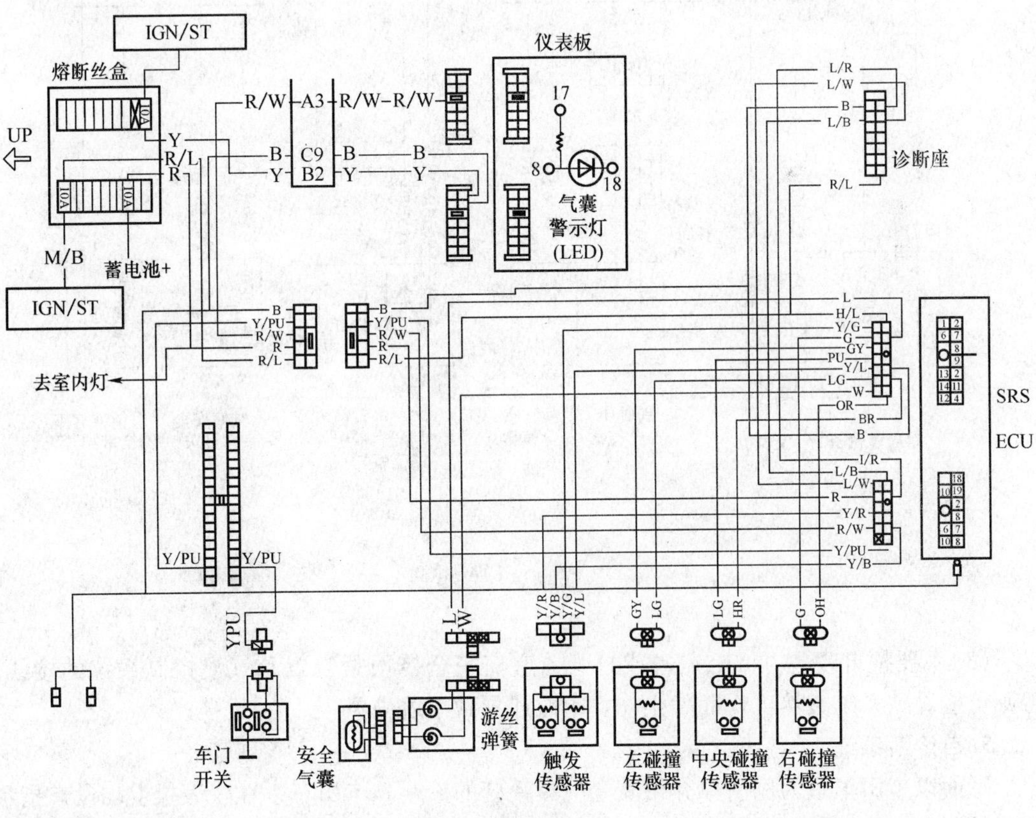

图 9-6　日产车控制电路

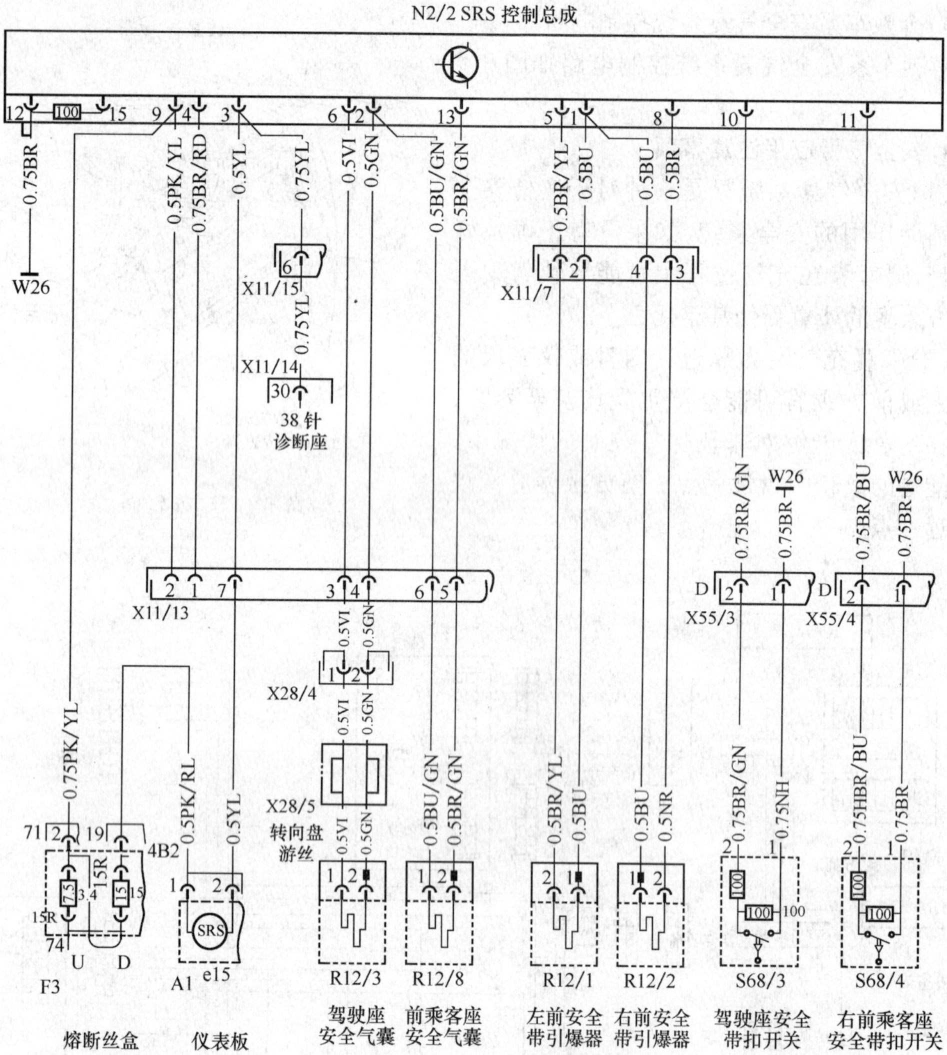

图 9-7　奔驰车控制电路

(3)不要擅自改装、拆卸、敲击或打开前座椅安全带预紧装置和气囊控制系统的接线，否则可能导致系统突然工作而发生伤亡事故或导致系统失灵。

5. 自诊断系统

下面以丰田车系为例简单介绍安全气囊系统的诊断。丰田车系在仪表板上均设有指示灯，如图 9-8 所示，当安全气囊系统出现故障时，自诊断系统将故障码存储在安全气囊 ECU 中，可按下面的程序调取，由安全气囊指示灯显示。

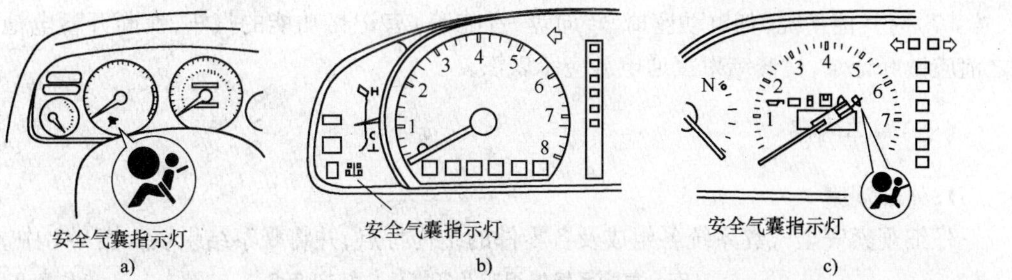

图 9-8　安全气囊指示灯显示

二、实践操作

(一)工作任务

(1)弄清安全气囊拆装的具体方法和主要内容。

(2)通过学习了解什么情况下需对安全气囊进行检修并了解安全气囊存储的注意事项。

(二)实践操作目标

(1)掌握进行安全气囊拆装的具体方法。

(2)了解安全气囊存储的注意事项。

(三)实践准备

1. 实践操作所用的设备

带安全气囊的汽车一辆(丰田,大众等车型)。

2. 实践操作所用的工具和材料

(1)世达套筒扳手一套。

(2)19mm 套筒扳手一把,接杆一根,快速棘轮扳手一把,扭力扳手一把,普通十字螺丝刀一把,窄口一字螺丝刀一把。

(3)车辆维修手册、干净的抹布等。

(四)注意事项

(1)应注意工具的正确使用。

(2)应注意待用安全气囊的放置,应使气囊向上,有金属侧向下。

(3)切勿用手指触摸安全气囊电缆插销,以防人体静电使其短路,触发引爆气囊。

(4)安装螺旋管线总成时,应装卡牢固可靠,使管芯灵活自如地转动,同时应严格按照其标签上的说明进行操作,让管芯按任一方向旋转到底后再转 2.5 圈,并使 TOP 标记向上。

(5)严禁对气囊及其传感器进行分解。

(6)应使用高阻抗(10kΩ/V 以上)的数字万用表进行系统电路故障检查。

(7)对其他系统(如电动座椅、转向盘、音响等)有记忆功能的汽车,在断开蓄电池负极之前应做好记录,检修结束接通电源应予以恢复。

(五)具体内容

1. 外部观察

仔细观察安全气囊系统各组成及各零件的结构特点,并将观察结果填入表9-1中。

安全气囊系统的组成及各零部件结构特点 表9-1

<table>
<tr><th colspan="2"></th><th>组 成</th><th>结 构 特 点</th></tr>
<tr><td rowspan="8">安全气囊系统</td><td rowspan="4">机械式</td><td></td><td></td></tr>
<tr><td></td><td></td></tr>
<tr><td></td><td></td></tr>
<tr><td></td><td></td></tr>
<tr><td rowspan="4">电子式</td><td></td><td></td></tr>
<tr><td></td><td></td></tr>
<tr><td></td><td></td></tr>
<tr><td></td><td></td></tr>
</table>

2. 拆装安全气囊

关闭点火开关,取下蓄电池负极,待90s后,再进行拆卸安全气囊。

(1)拆卸喇叭按钮及安全气囊。先用世达内六角扳手拆下喇叭按钮的安装螺钉,再取下喇叭按钮连接线和安全气囊连接线。

(2)拆卸转向盘。将转向轮放置于直线行使位置后,并在转向盘和转向柱上做好装配记号,再用19mm的套筒、接杆、快速棘轮扳手拧下转向盘和转向柱之间的连接紧固螺母,取下转向盘。

(3)用普通十字螺丝刀拆下转向柱的防护罩。

(4)取下螺旋管线上的气囊连接电缆和喇叭按钮连接电缆,再取下螺旋管线总成。

(5)其余气囊的拆卸方法与此类同,在此不再赘述。

3. 装配安全气囊

(1)螺旋管线的安装。将螺旋管线总成卡装在其安装支座上,并按其标签上的说明将其管芯向任一方向(顺时针或逆时针)旋到底后,再转回2.5圈,并让TOP标记向上,接连好喇叭按钮电缆和安全气囊电缆。

(2)安装转向柱护罩,并保证其与车灯组合开关总成和刮水器组合开关间的间隙应严密均匀。

(3)安装转向盘。按拆卸前所做的装配记号安装好转向盘,并用扭力扳手将其紧固螺母拧紧到规定力矩50N·m。

(4)安装喇叭按钮及安全气囊总成。连接安全气囊电缆和喇叭按钮电缆,再拧紧安装螺钉,并保证喇叭按钮总成与转向盘之间的间隙均匀。

(5)装配完毕后,接通蓄电池负极,打开点火开关,清除安全气囊ECU存储的故障信息。

4. 废旧安全气囊的存储

(1)拆下的气囊总成的存放,应使气囊向上,有金属一侧向下,以防意外触发引爆气囊后造成人员伤害或其他设备损伤。

(2)已确认报废而未被引爆的气囊的存储,必须进行人工引爆后予以存放,其人工引爆方法为:

①在气囊的安装螺孔中装入较长的螺杆(M6 × 1, L = 35mm)。

②用绳索绕紧螺杆并捆绑在废旧车轮辋上,使气囊向上,轮辋的凸起部分向上。

③用 10m 以上的电缆连接气囊和 10m 以外的人工引爆装置,并注意连接气囊端的电缆不宜绷得太紧,以防接触不良。

④在待引爆气囊和废旧轮胎上盖一纸箱,注意箱的大小(650mm × 650mm × 460mm),纸箱四周至少加压 20kg 重物,或用 3 个以上的不带轮辋的废旧轮胎盖在捆有气囊总成的车轮轮胎上,其废旧轮胎盖的宽度必须大于 185mm,内径大于 360mm。

⑤给人工引爆装置接通 12V 直流电源(红正黑负),在待引爆气囊的 10m 范围内无人的情况下,按下引爆装置的激活开关,引爆气囊。

⑥弃置引爆后的安全气囊,待引爆 30min 后戴上手套、防护眼镜、口罩等劳保用品,对引爆后的气囊进行清理处置,将引爆后的气囊总成装入塑料袋内捆紧,注意不要向刚被引爆的气囊总成泼水,清理后应及时用清水洗手。

注意:以上引爆方法只作为学生了解使用,在教学过程中严禁学生参与实施安全气囊的引爆。

5. 工作总结

学习心得:

____

____

____

____

____

____

____

____

____

____。

三、学 习 拓 展

奥迪轿车安全气囊系统

1. 系统结构特点及布置

奥迪轿车安全气囊系统的组成及布置如图 9-9 所示。

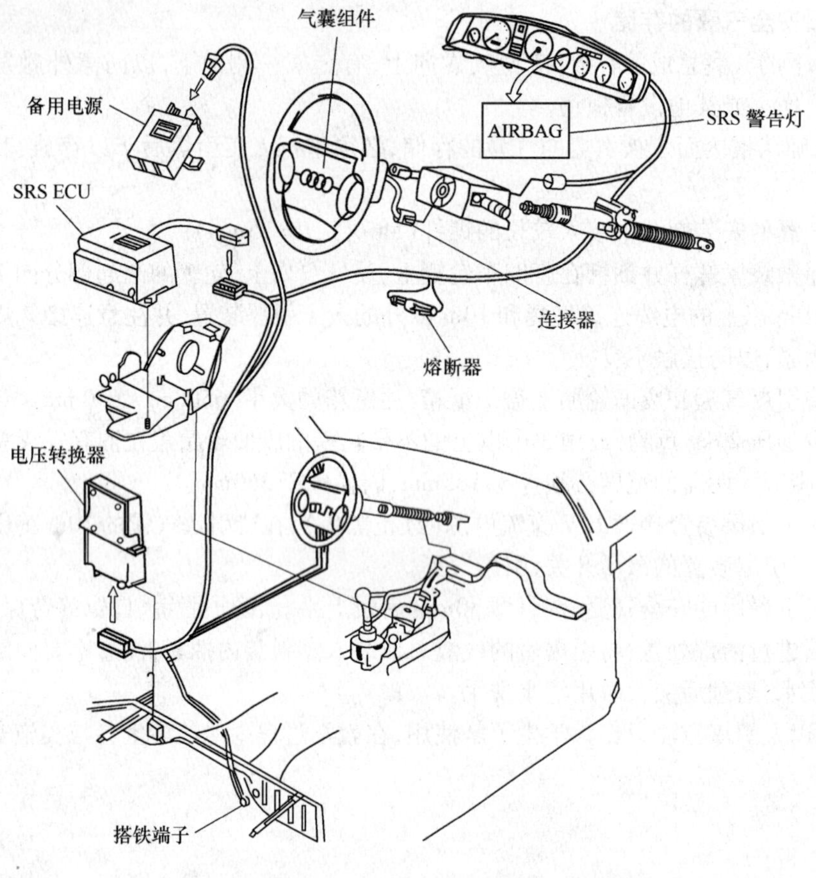

图 9-9　安全气囊系统布置图

气囊组件安装在转向盘内具有特殊形状的缓冲垫(气囊饰盖)内,饰盖表面有撕缝,以便气囊展开,气囊组件通过螺旋电缆与系统线束连接,线束连接器设有短接片,以防气囊误爆。

当气囊引爆时,约有 80L 的气体充入气囊。气囊背面有 4 个排气孔,当驾驶人压向气囊时,允许气体向外排泄以缓冲碰撞的动能,防止驾驶人受伤。

依靠螺旋电缆完成气囊组件与转向盘的连接,拆卸转向盘时要对螺旋电缆定位,防止螺旋电缆移动。安装螺旋电缆时,一定要使汽车前轮朝向正前方,否则会引起干涉或转向沉重。

加速度传感器、安全(汞开关式)传感器和系统 ECU 组成在一起构成 ECU 组件。壳体上箭头朝向汽车前方安装。当加速度传感器检测到减速度大于 $1.8g$($17.64m/s^2$)时,安全气囊系统 ECU 发出指令点燃点火器引爆气囊。

备用电源(储能装置)由控制电路和两只电容器组成,接通点火开关蓄电池电压低于 4V 时升压器工作将电压上升到 12V 向系统供电。

2. 安全气囊系统电路

奥迪车气囊系统电路如图 9-10 所示。

接通点火开关,蓄电池经点火开关向气囊系统 ECU 端子 1 和升压器端子 12 供电。通过升压器端子6给备用电源充电。

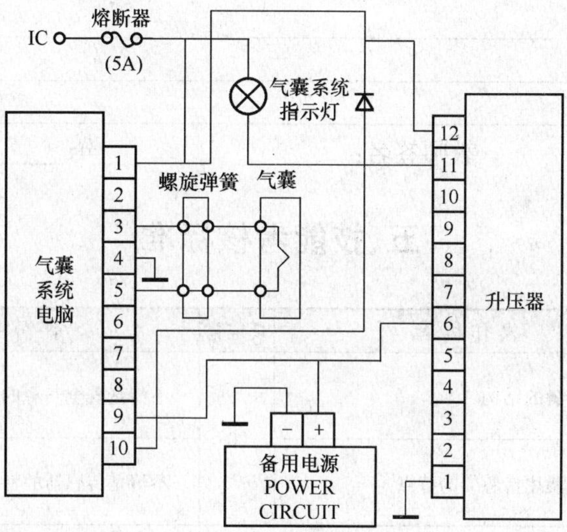

图9-10　奥迪车气囊系统电路

接通点火开关,系统警告灯点亮约10s后自行熄灭。当系统有故障存在(电源电压过低、线路或短路、点火器线路阻抗过大或过小等),警告灯就一直点亮。提醒驾驶人注意。

四、评价与反馈

1. 自我评价与反馈

(1)对本学习任务的学习你是否满意?

评价情况:______________________________

(2)你能独立完成丰田佳美轿车安全气囊的拆卸和安装吗?

评价情况:______________________________

(3)你是否知道丰田佳美轿车安全气囊的基本组成及原理?

评价情况:______________________________

(4)你会正确使用工具吗?

评价情况:______________________________

签名:________　________年________月________日

2. 小组评价与反馈

(1)你们小组在接到任务之后是否讨论过丰田佳美轿车安全气囊的拆装计划?

评价情况:______________________________

(2)你们小组在拆装丰田佳美轿车安全气囊过程中是否有明确分工,相互配合得好吗?

评价情况:______________________________

(3)你们小组在拆装丰田佳美轿车安全气囊的过程中操作是否规范?

评价情况:______________________________

参与评价的同学签名:________　________年________月________日

3. 教师评价及答复

____

____

____

教师签名:________ ________年________月________日

五、技能考核标准

序号	项　目	操作内容	规定分	评分标准	得分
1	安全气囊及传感器的构造研究	安全气囊的结构	20	不清楚安全气囊的结构扣10分	
		安全气囊用传感器的特点		不清楚传感器的特点扣10分	
2	总成拆卸	安全气囊拆卸	25	拆卸步骤顺序错误扣10分 拆卸方法不正确扣10分 操作不熟练扣5分	
3	总成安装	安全气囊安装	25	装复步骤顺序错误扣10分 装复方法不正确扣10分 操作不熟练扣5分	
4	回答问题	安全气囊组成原理	20	错一项扣5分	
5	安全文明生产	遵守安全操作规程,正确使用工具,操作现场整洁	10	有1项不正确的,扣5分,扣完为止	
		安全用电,防火,无人身、设备事故		因违规操作发生重大人身和设备事故,此项技能考核按0分计	
6	分数合计		100		

学习任务十　拆装车身常规电动系统

任务要求

完成本学习任务后,你应能:

1. 描述电动座椅系统、电动车窗系统和电动刮水系统的结构原理;
2. 识读电动系统电路;
3. 拆装车身常规电动系统。

建议学时:8 学时

任务描述

一辆卡罗拉(1.6L)轿车电动座椅损坏需更换,学徒工小王通过查看汽车维修手册的工艺要求,顺利完成了电动座椅的拆换工作。

学习流程

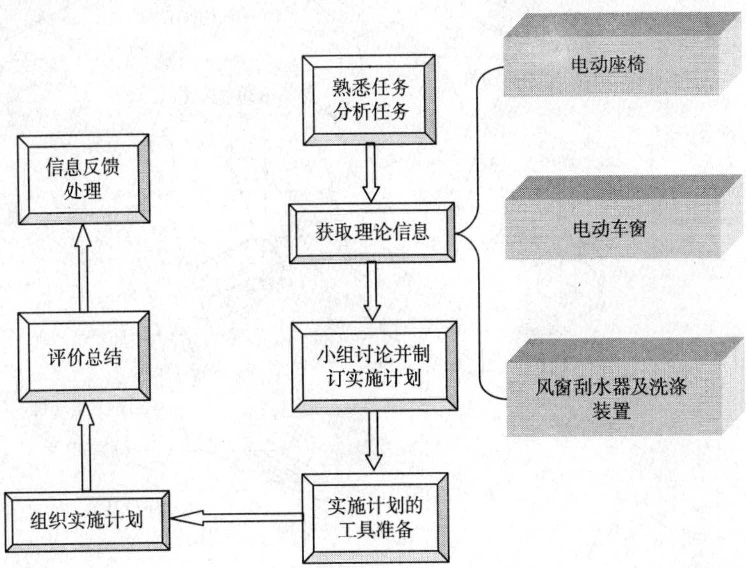

一、理论知识准备

1. 电动座椅

为了提高驾乘客人员的乘坐安全性、舒适性，汽车都安装了座椅调节装置。按照调节方式的不同座椅调节装置可以分为手动调节式和动力调节式。其中动力调节按照动力源的不同又分为真空式、液压式和电动式三种。电动座椅因操作方便，结构简单被广泛使用。

按照座椅电动机的数目和调节方向数目的不同，电动座椅一般有两向、四向、六向、八向和多向可调等。

1）普通电动座椅

普通电动座椅包括若干个双向电动机、传动装置和控制电路三个主要部分。其结构和电动机的安装位置分别如图10-1和图10-2所示。

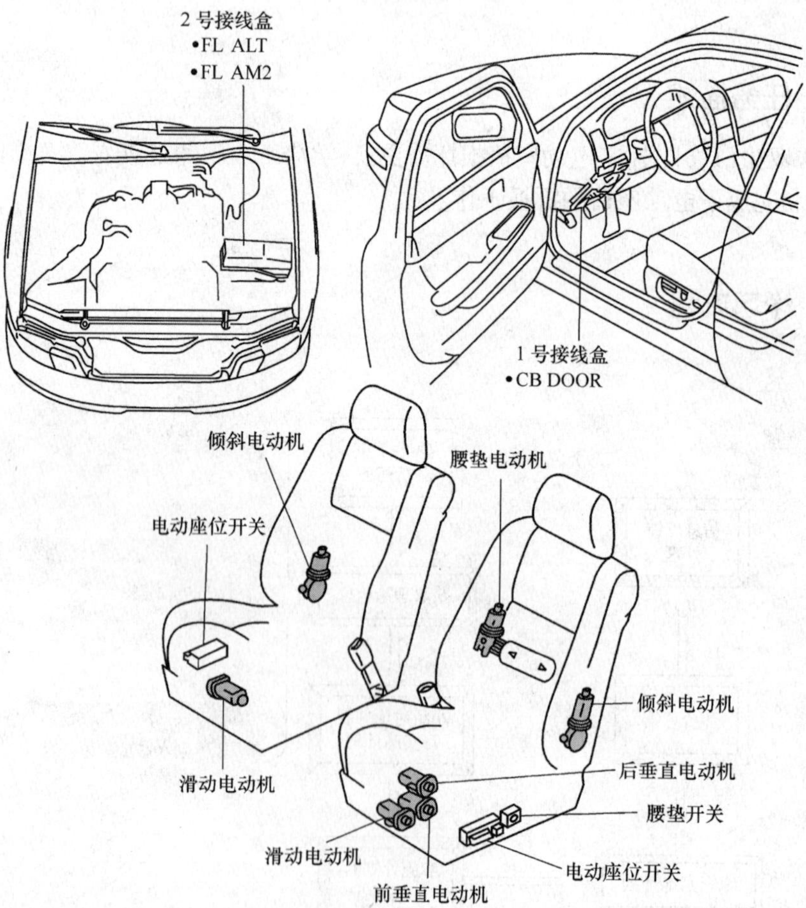

图10-1　典型电动座椅的结构

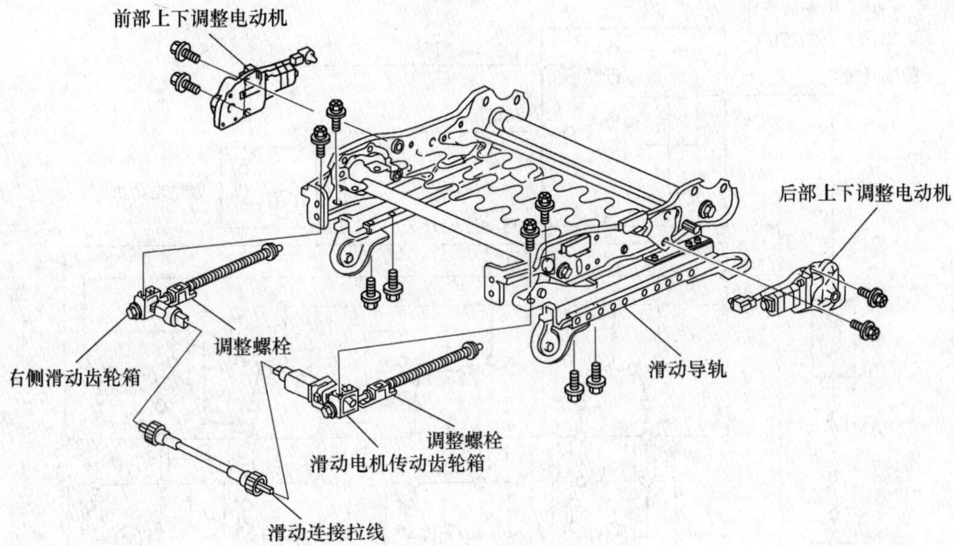

图 10-2　座椅电动机的安装位置

双向电动机产生动力，通过传动装置把动力传至座椅，控制开关实现座椅不同位置的调节。

(1)电动机。电动座椅中使用的电动机一般为永磁式双向直流电动机，通过控制开关来改变流经电动机内部的电流方向，从而实现转动方向的改变。

(2)传动装置。电动座椅的传动装置主要包括变速器、联轴器、软轴及齿轮传动机构等。变速器的作用是降速增矩。电动机轴分别与软轴相连，软轴再和变速器的输入轴相连，动力经过变速器的降速增矩以后，从变速器的输出轴输出，变速器的输出轴与蜗杆轴或齿轮轴相连，最终蜗轮蜗杆或齿轮齿条带动座椅支架产生位移。

(3)控制电路。如图 10-3 所示，该电动座椅包括滑动电动机、前垂直电动机、倾斜电动机、后垂直电动机和腰椎电动机，可以实现座椅的前后移动、前部高度调节、靠背倾斜程度调节、后部高度调节及腰椎前后调节。

当电动座椅的开关处于倾斜位置时，如果要调整靠背向前倾斜，则闭合倾斜电动机的前进方向开关，即端子 4 置于左位时，电路为：蓄电池正极→FLALT→FLAM1→DOOR CB→端子 14→(倾斜开关“前”)→端子 4→端子 1(2)→倾斜电动机→端子 2(1)→端子 3→端子 13→搭铁。此时座椅靠背前移。

端子 3 置于右位时，倾斜电动机反转，座椅靠背后移。此时的电路为：蓄电池正极→FLALT→FLAM1→DOOR CB→端子 14→(倾斜开关“后”)→端子 3→端子 2(1)→倾斜电动机→端子 1(2)→端子 4→端子 13→搭铁。

(4)典型电动座椅电路。

①2003 款本田雅阁轿车八向可调式驾驶人电动座椅电路。其电路图如图 10-4 所示。电路分析与图 10-3 中的电路分析类似，此处不再重复。

②北京现代索纳塔轿车电动座椅电路。如图 10-5 所示。此电路开关中有虚线连接的为联动开关。分析电路时要注意联动关系和搭铁方向。此处不作详细分析。

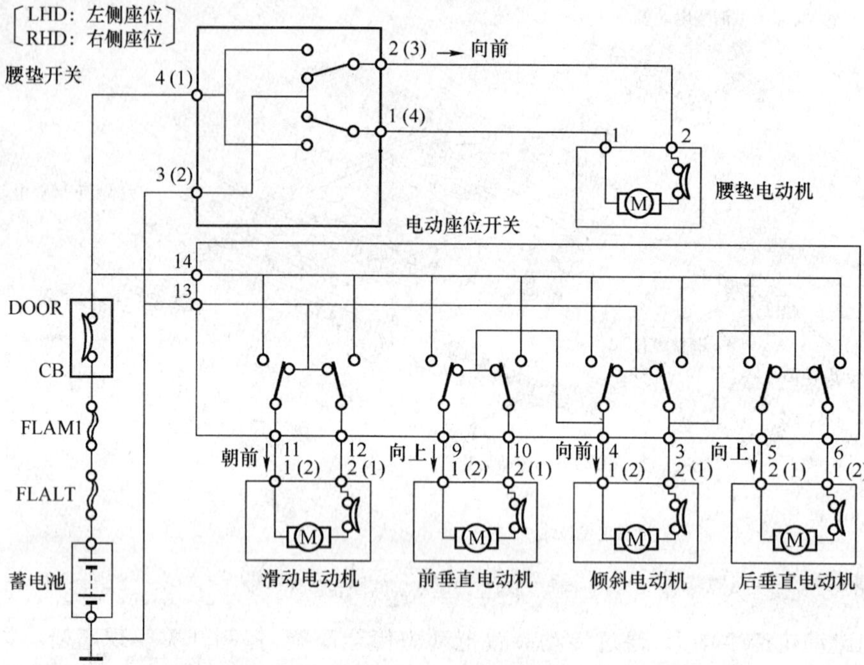

图 10-3　电动座椅的控制电路

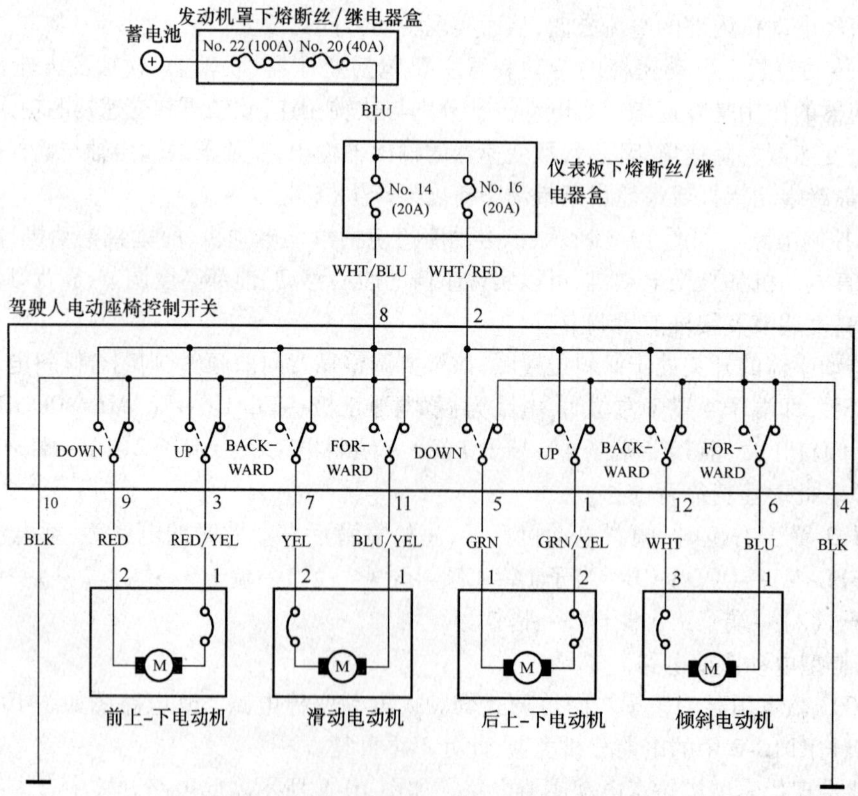

图 10-4　广本雅阁轿车电动座椅电路

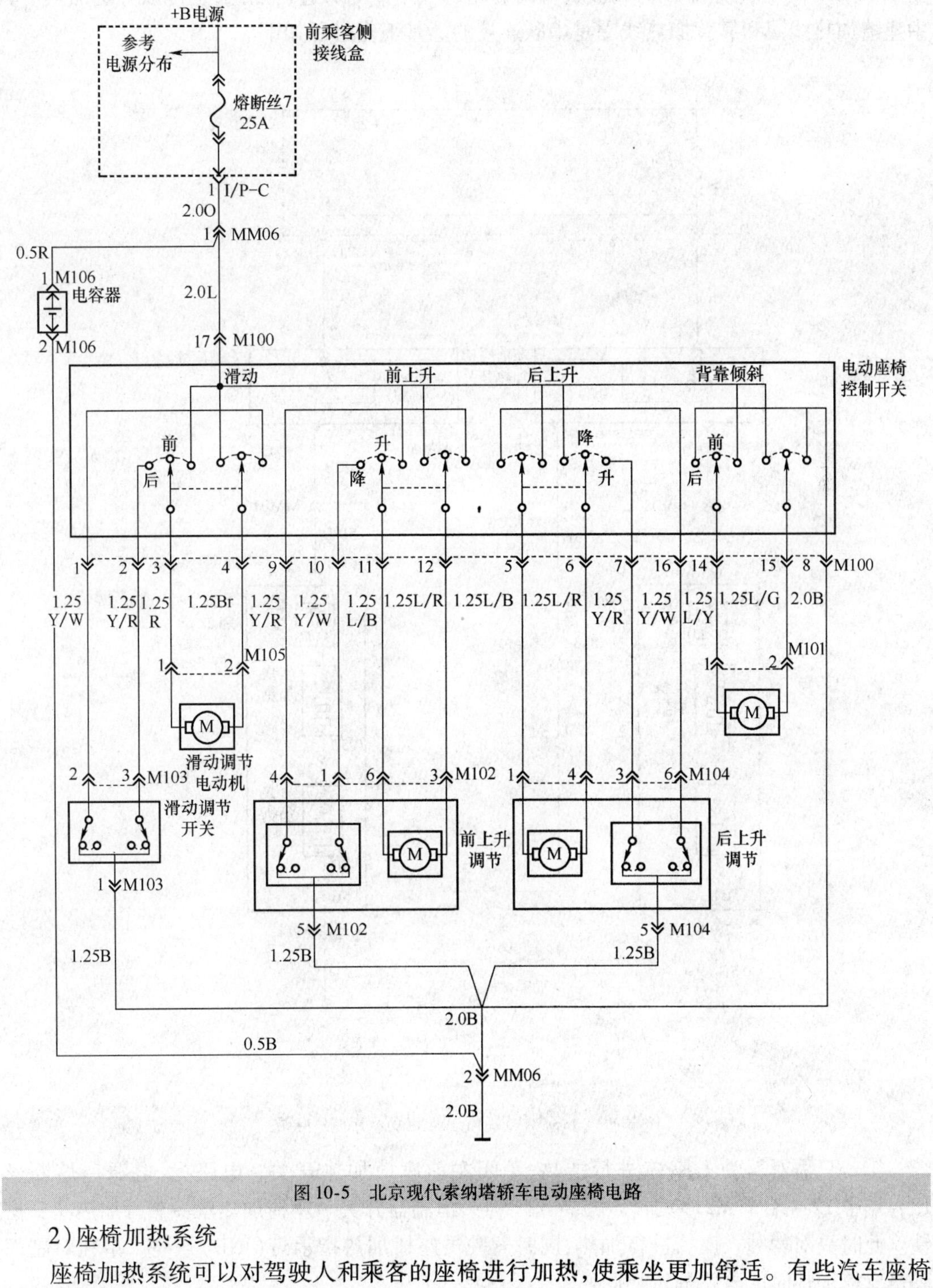

图 10-5　北京现代索纳塔轿车电动座椅电路

2）座椅加热系统

座椅加热系统可以对驾驶人和乘客的座椅进行加热，使乘坐更加舒适。有些汽车座椅的加热速度可以调节，有些不可以调节。

（1）加热速度不可调式座椅加热系统。以北京现代索纳塔轿车为例，其控制电路图如

图 10-6 所示。该电路可以对驾驶人座椅和副驾驶座椅同时进行加热，也可以分别加热。其中座椅加热线圈和靠背加热线圈是串联连接的。其工作过程如下。

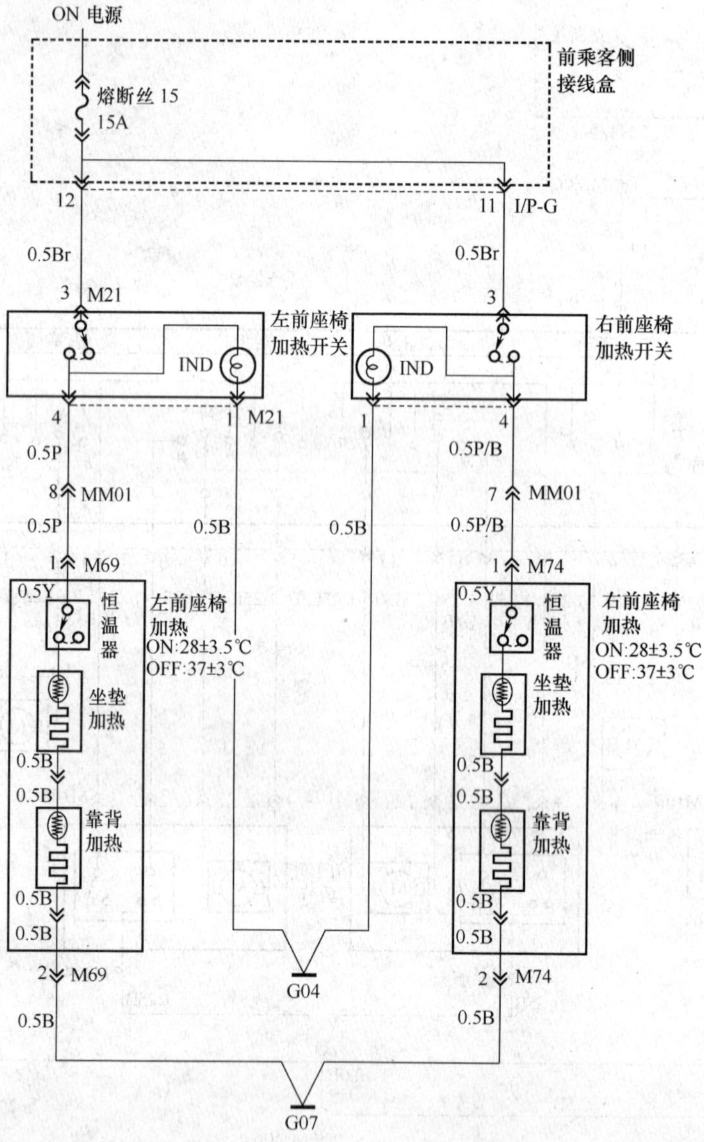

图 10-6　北京现代索纳塔轿车电动座椅加热电路

①若只需对驾驶人座椅进行加热，关闭左前座椅加热开关。电路为：电源→熔断丝 15→端子 12→端子 M21→加热开关→端子 4→恒温器开关→座椅加热丝→靠背加热丝→搭铁。此时只对驾驶人座椅进行加热，同时驾驶员座椅加热指示灯（IND）点亮。单独对副驾驶员座椅加热时的电路分析相同。

②若要对两个座椅同时加热，则两座椅的加热开关同时关闭。此时，两座椅的座椅加热丝和靠背加热丝串联以后再并联，两指示灯同时点亮，电路分析不再赘述。

(2)加热速度可调节座椅加热系统。图10-7所示为本田雅阁轿车座椅加热器开关和继电器的安装位置。

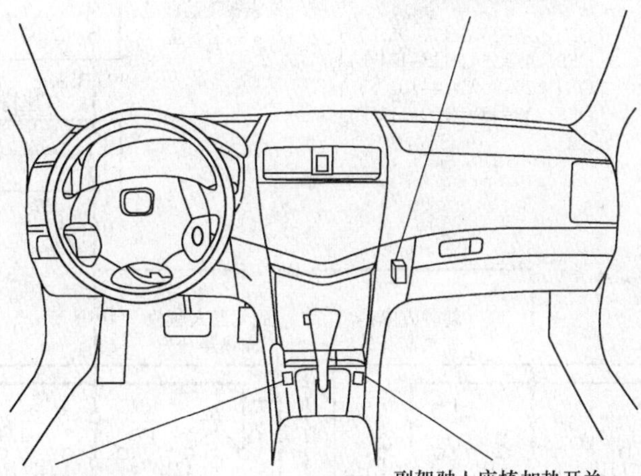

图10-7　本田雅阁轿车加热器开关和继电器的安装位置

图10-8所示为其电路。此座椅加热器的加热速度可以调节。驾驶人座椅和副驾驶人座椅的加热器和加热控制开关相同。其中HI表示高位加热,LO表示低位加热。该座椅加热系统可以单独对驾驶人座椅或副驾驶人座椅进行加热,也可以同时对两座椅进行加热。下面以驾驶人座椅加热器为例,分析其工作过程。

①当加热器开关断开时,加热系统不工作。

②当加热器开关处于HI位置时,电流首先经过点火开关给座椅加热器的继电器线圈通电,线圈产生磁场使继电器开关闭合。此时加热器的电路为:蓄电池"+"→熔断丝→继电器开关→加热器开关端子5,然后电流分为三个支路:一路经指示灯→继电器端子4→搭铁,指示灯点亮;另一路经加热器开关端子6→加热器端子A1→节温器→断路器→靠背线圈→搭铁;还有一路经加热器开关端子6→加热器端子A1→节温器→断路器→坐垫线圈→加热器端子A2→加热器开关端子3→加热器端子开关4→搭铁。此时靠背线圈和坐垫线圈并联加热,加热速度较快。

③当加热器开关处于LO位置时,电流流向为:蓄电池"+"→熔断丝→继电器开关端子5,然后分为两个支路:一路经指示灯→加热器端子4→搭铁,低位指示灯点亮;另一路经加热器开关端子3→加热器端子A2→加热器坐垫线圈→加热器靠背线圈→搭铁。此时靠背线圈和坐垫线圈串联加热,电路中电流较小,因此加热的速度较慢。

3)汽车自动座椅

自动座椅的基本结构及驱动方式与普通的电动座椅相似,只是在普通电动座椅的基础上增加了一套具有存储记忆功能的电子控制系统。电子控制系统中可以存储不同驾驶人或乘客的座椅位置,驾乘人员可以通过一个按钮调出自己的座椅位置,使得座椅的调整更加方便快捷。

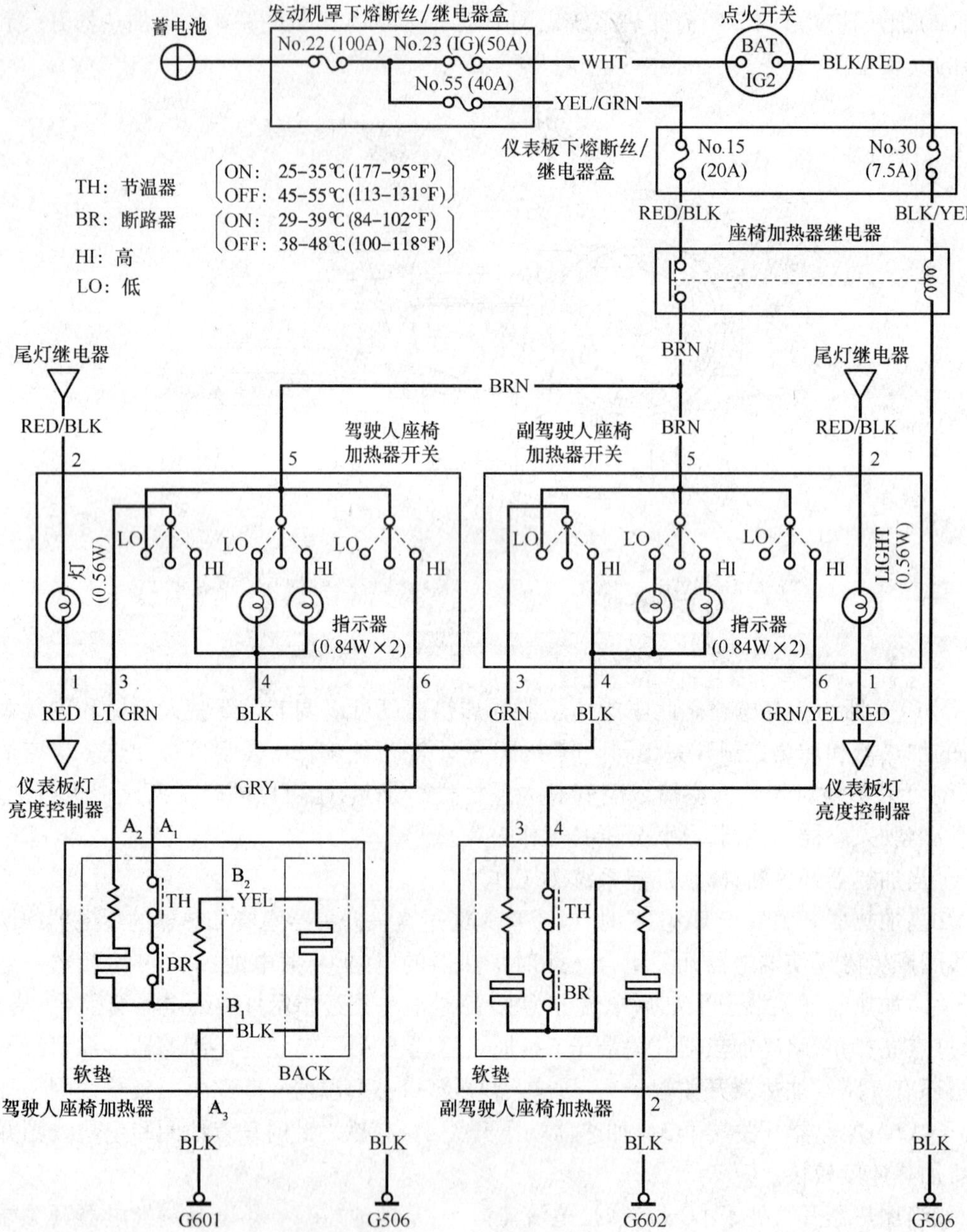

图 10-8　本田雅阁轿车座椅加热系统电路

(1)自动座椅的组成。该控制系统有两套控制装置,一套是手动的,包括电动座椅开关、腰垫电动机及开关和一组座椅位置调整电动机等,驾乘人员可以根据自身需要通过相应的座椅开关和腰垫开关来调整,它的控制方式和普通电动座椅完全相同;另一套是自动的,包括座椅位置传感器、存储和复位开关、ECU 及与手动控制系统共用的一组调整电动机。图 10-9 所示为其基本组成和安装位置示意图。

(2)自动座椅位置传感器。自动座椅位置传感器主要有两种形式:一种是滑动电位器式,如图 10-10 所示;另一种是霍尔式,如图 10-11 所示。

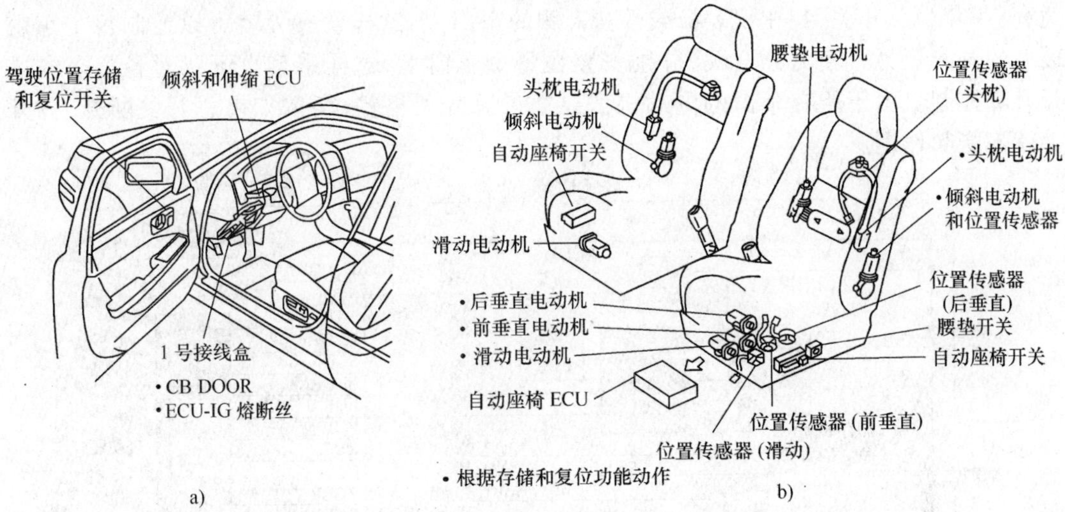

图 10-9　自动座椅的基本组成和安装位置

滑动电位器式自动座椅位置传感器主要由座椅电动机驱动的齿轮和螺杆、电阻丝以及能在螺杆上滑动的滑块组成。当电动机驱动座椅的同时,也驱动齿轮带动螺杆,驱动滑块在电阻丝上滑动,相当于一个可变电阻,通过电阻阻值的变化将座椅位置信号转变成电压信号输给 ECU。

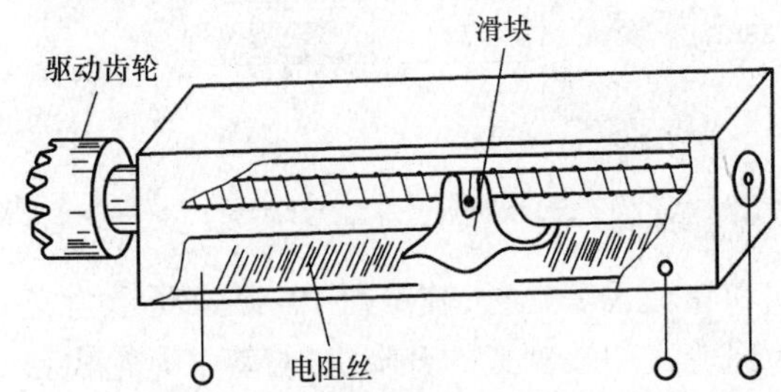

图 10-10　滑动电位式自动座椅位置传感器示意图

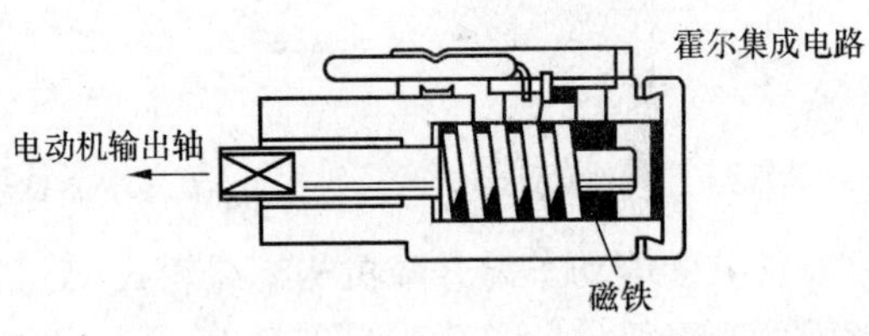

图 10-11　霍尔式自动座椅位置传感器示意图

霍尔式自动座椅位置传感器主要由永久磁铁、霍尔集成电路组成。根据霍尔原理,霍尔元件中磁通量变化时会产生霍尔电压。永久磁铁安装在由电动机输出轴上,由于转轴上磁铁的转动引起通过霍尔元件中磁通量的变化,从霍尔元件产生霍尔电压,再经霍尔集成电路进行放大并处理,然后取出旋钮的脉冲信号输给 ECU。

(3) 自动座椅的控制电路及工作原理,如图 10-12 所示。

2. 电动车窗

1) 电动车窗的组成及分类

现代轿车中普遍安装了电动车窗,以使车窗的升降更加方便。电动车窗主要由车窗玻璃、车窗玻璃升降器、电动机和控制开关等组成。车窗电动机、控制开关及车窗继电器在车上的布置如图 10-13 所示。

电动车窗上的电动机是双向的,有永磁式的,也有双绕组串励式的。每个车门各有一个电动机，通过开关控制电动机中的电流方向从而控制玻璃的升降。控制开关一般有两套，一套为总开关，装在仪表板或驾驶人侧的车门上，这样驾驶人就可以控制每个车窗玻璃的升降。另一套为分开关，分别安装在每个车窗上，这样乘客也可以对各个车窗进行升降控制。由于所有车窗的电动机都要通过总开关搭铁，所以如果总开关断开，分开关就不能起作用。

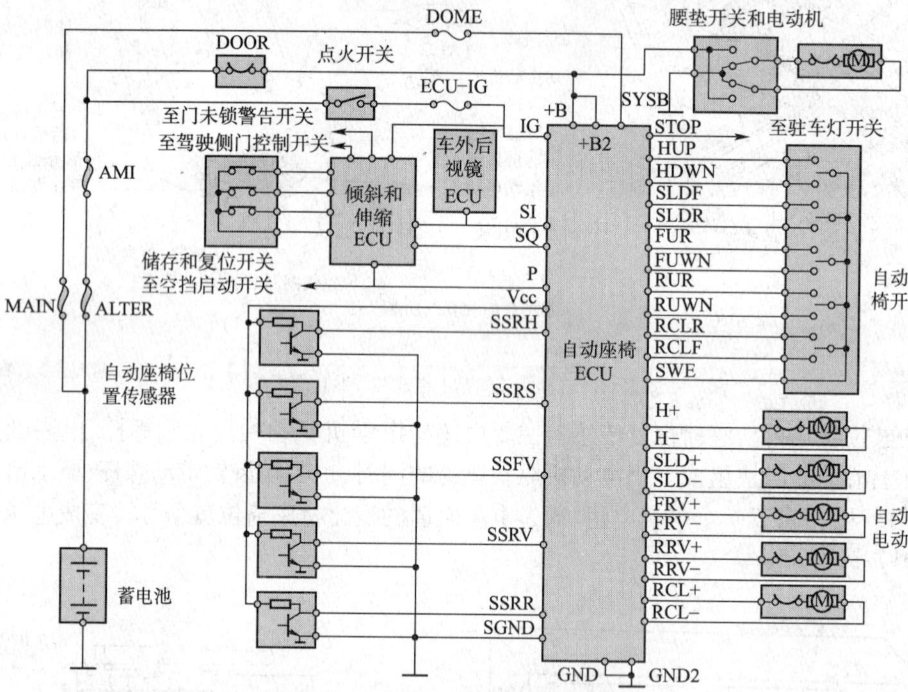

图 10-12　自动座椅控制电路

常见的电动车窗升降机构有绳轮式、交臂式和软轴式等几种，其中图 10-13b）所示为交臂式的升降机构，图 10-14、图 10-15 所示分别为绳轮式和软轴式的升降机构，其中绳轮式和交臂式电动车窗升降机构使用较为广泛。

2）电动车窗的控制电路及工作原理

图 10-16 所示为四车门电动车窗的主控制按钮，图 10-17 所示为该电动车窗的控制电路。该控制电路可以实现手动控制和自动控制，所谓的手动控制是指按着相应的手动按钮，车窗可以上升或下降，若中途松开按钮，上升或下降的动作即停止；而自动控制是指按下自动按钮，松开手后车窗会一直上升至最高或下降至最低。下面分别分析手动控制和自动控制过程。

（1）手动控制玻璃升降。以驾驶人侧的玻璃升降为例，如图 10-16b）所示，向前按下手动旋钮后，触点 A 与开关的“UP”相连，如图 10-17 所示。

当把手动旋扭推向车辆方向，车窗玻璃即上升。此时，触点 A 与 UP（向上）接点相连，触点 B 处于原来状态，电动机按 UP 箭头方向通过电流，车窗玻璃上升直至关闭；当把手离开旋钮时，利用开关自身的回复力，开关即回到中立位置。若把手动旋钮推向车辆后方，触点 A 保持原位不动，而触点 B 则与 DOWN（向下）侧相连，电动机按 DOWN 箭头所示的方向通过电流，电动机反转，以实现车窗玻璃向下移动，直至下降到底。

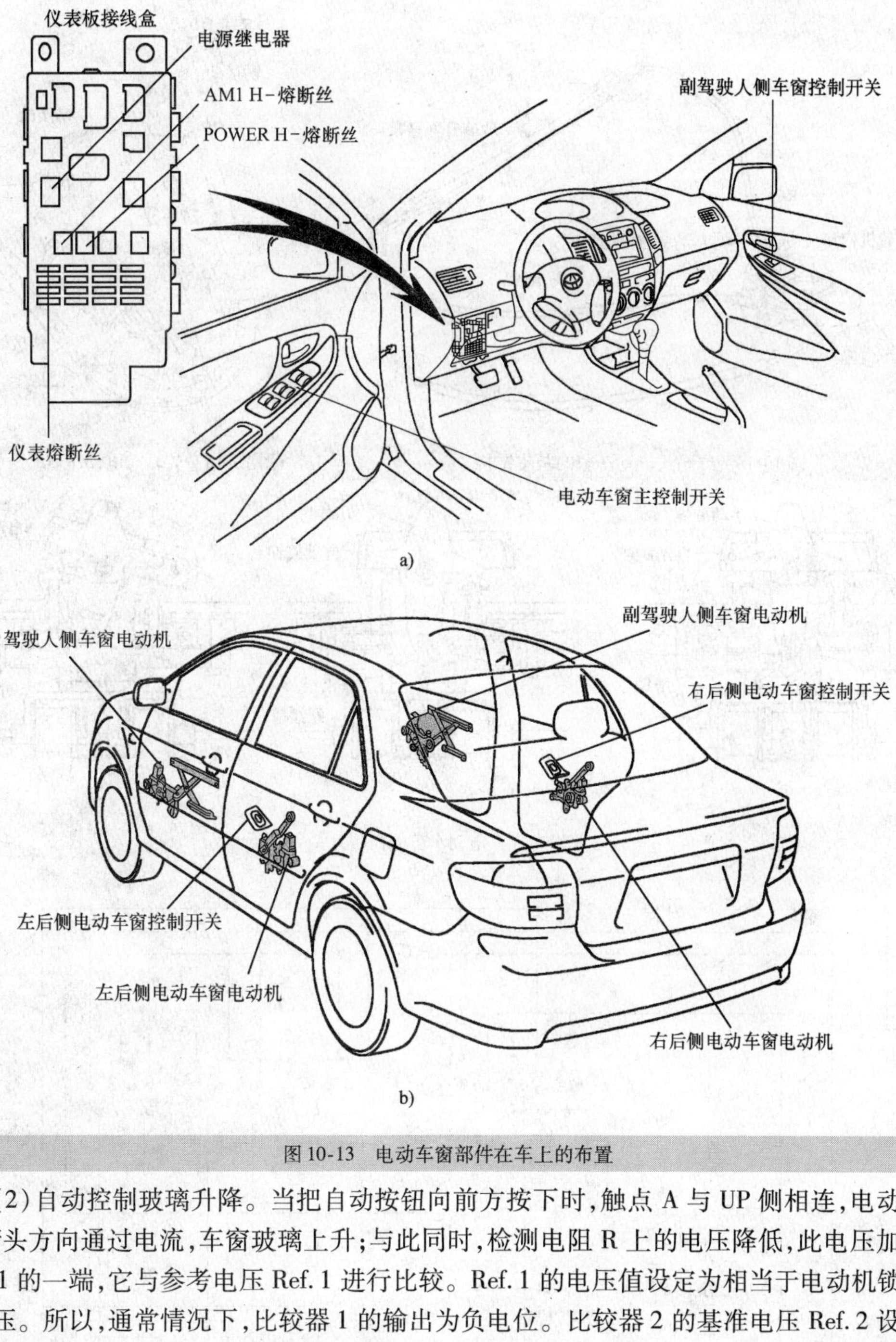

图 10-13　电动车窗部件在车上的布置

（2）自动控制玻璃升降。当把自动按钮向前方按下时，触点 A 与 UP 侧相连，电动机按 UP 箭头方向通过电流，车窗玻璃上升；与此同时，检测电阻 R 上的电压降低，此电压加于比较器 1 的一端，它与参考电压 Ref. 1 进行比较。Ref. 1 的电压值设定为相当于电动机锁止时的电压。所以，通常情况下，比较器 1 的输出为负电位。比较器 2 的基准电压 Ref. 2 设定为小于比较器 1 的输出为正电位，所以比较器 2 的输出电压为正电压，晶体管接通，电磁线圈通过较大的电流，其路径为：蓄电池“+”→点火开关→UP→触点 A→二极管 VD_1→电磁线圈→晶体管→二极管 VD_4→触点 B→电阻 R→搭铁（蓄电池“-”）。此电流产生较大的电磁吸力，吸引驱动器开关的柱塞，于是把止板向上顶压，越过止板凸缘的滑销于原来位置被锁定，这时即使把手离开自动旋钮，开关仍会保持原来的状态。

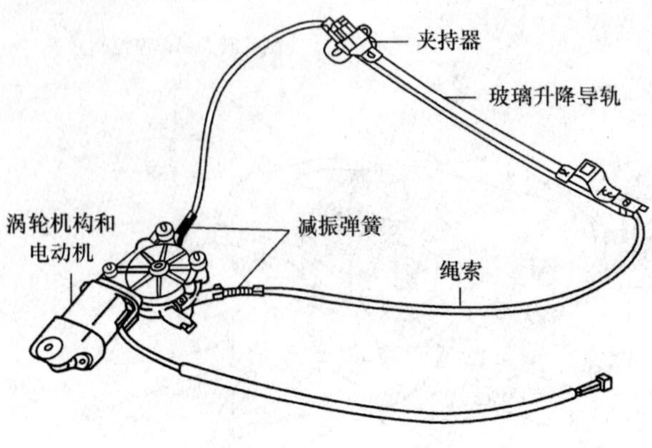

图 10-14　绳轮式电动车窗的基本结构

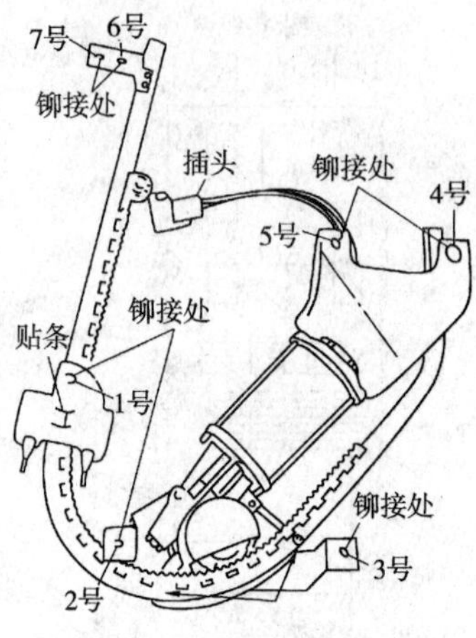

图 10-15　软轴式电动车窗升降机构

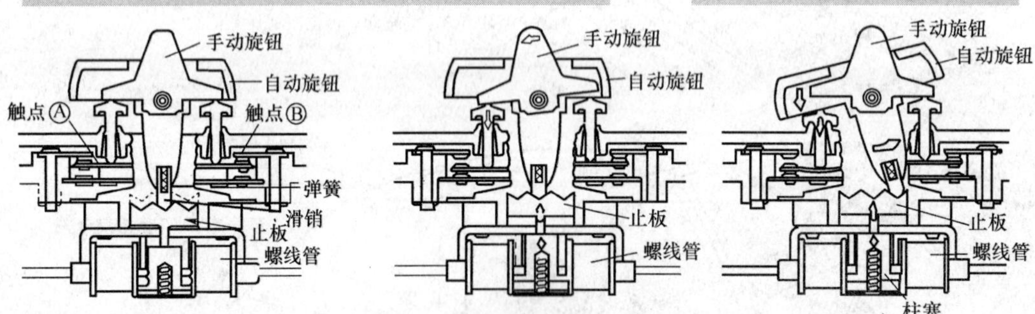

图 10-16　电动车窗的控制开关

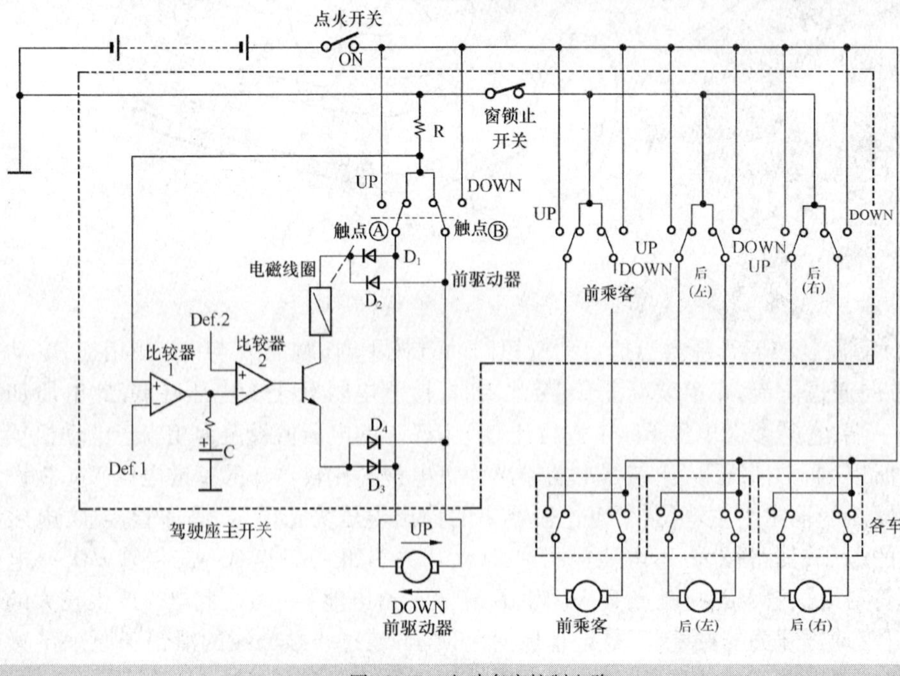

图 10-17　电动车窗控制电路

当玻璃上升至终点位置，在电动机上有锁止电流流过，检测电阻 R 上的电压降增大，当此电压超过参考电压 Ref.1 时，比较器 1 的输出由低电位，此时，电容 C 开始充电，当 C 两端电压上升至超过比较器 2 的参考电压 Ref.2 时，比较器 2 则输出低电位，晶体管立即截止，电磁线圈中的电流被切断，止板被弹簧通过滑销压下，自动旋钮自动回复到中立位置，触点 A 搭铁，电动机停转。

在自动上升过程中，若想中途停止，则向反方向扳手动旋钮，然后立刻放松。这样触点 B 将短暂脱离搭铁，使电动机因回路被切断而自动停转。同时，通过电磁线圈的电流已被切断，止板弹簧通过滑销压下，自动旋钮自动回复到中立位置，触点 A、B 均搭铁，电动机停转。

车窗玻璃自动下降的工作情况与上述情况相反，操作时只需将自动旋钮压向车辆后方即可。

3. 风窗刮水器及洗涤装置

1）风窗刮水器

（1）风窗刮水器的组成。如图 10-18 所示，电动刮水器主要由直流电动机、蜗轮箱、曲柄、连杆、摆杆、摆臂和刮水片等组成。一般电动机和蜗轮箱结合成一体组成刮水器电动机总成。曲柄、连杆和摆杆等杆件可以把蜗轮的旋转运动转变为摆臂的往复摆动，使摆臂上的刮水片实现刮水动作。

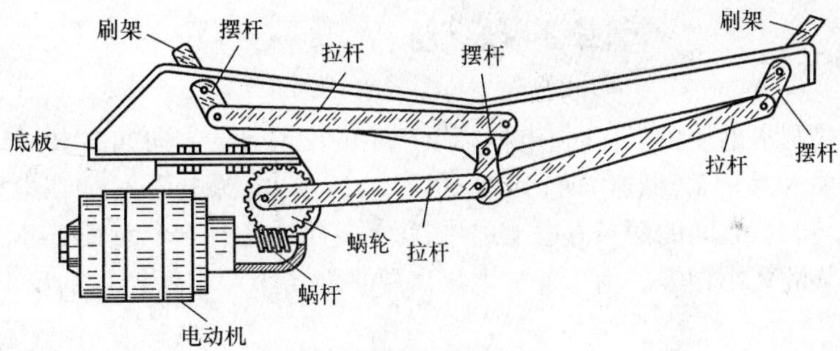

图 10-18　刮水器的组成

刮水电动机有绕线式和永磁式两种。绕线式刮水电动机的磁极绕有励磁绕组，通电流时产生磁场，而永磁式刮水电动机的磁极用永久磁铁制成。永磁式电动机体积小、质量轻、结构简单，使用广泛。

永磁式刮水电动机总成的结构如图 10-19 所示，由外壳及磁铁总成、电枢、电刷安装板及复位开关、输出齿轮及蜗轮、输出臂等组成。通电时电枢转动，经蜗轮和输出齿轮及输出轴后，把动力传给输出臂。

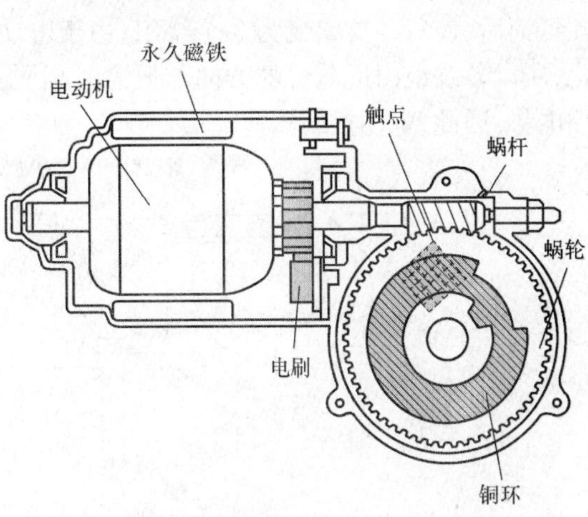

图 10-19　永磁式刮水电动机总成的结构

（2）刮水电动机的变速原理。为了满足实际的使用需要，刮水电动机有低速刮水和高速刮水两个挡位，且在任意时刻刮水结束后刮水片应能自动回到风窗玻璃最下端。

①绕线式刮水电动机的变速原理。绕线式刮水电动机可通过改变磁场强度来实现变速。通过改变励磁电路中电流的大小改变磁场强度。实际使用的绕线式刮水电动机的开关控制励磁电路中电阻的大小来变化其转速，此处不进行理论分析。

②永磁式刮水电动机的变速原理。永磁式刮水电动机是利用三个电刷来改变正、负电刷之间串联线圈的个数实现变速的，如图 10-20 所示。刮水电动机工作时，在电枢内同时产生反电势，其方向与电枢电流的方向相反。如要使电枢旋转，外加电压必须克服反电势的作用。当电动机转速升高时，反电势增高，只有当外加电压等于反电势时，电枢的转速才能稳定。

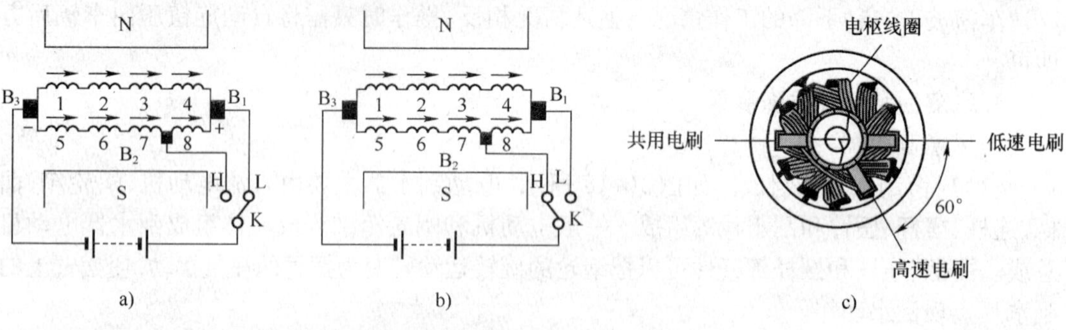

图 10-20　永磁式刮水电动机的变速原理
a）低速旋转；b）高速旋转；c）电刷的布置

三刷永磁式刮水电动机工作时，电枢绕组产生的反电势的方向如图 10-21 中箭头所示。当将刮水器开关 K 拨向 L（低速）时，如图 10-21a）所示，电源电压 U 加在电刷 B_1 和 B_3 之间。在电刷 B_1 和 B_3 之间的两条并联支路中，每条支路中各有 4 个串联绕组，反电势的大小与支路中反电势的大小相等。由于外加电压需要平衡 4 个绕组所产生的反电势，故电动机转速较低。

当将刮水器开关 K 拨向 H（高速）时，如图 10-21b）所示，电源电压 U 加在电刷 B_2 和 B_3 之间。绕组 1、2、3、4、8 同在一条支路中，其中绕组 8 与绕组 1、2、3、4 的反电势方向相反，相互抵消后，使每条支路变为 3 个绕组，由于电动机内部的磁场方向和电枢的旋转方向没有变化，所以各绕组内反电势的方向与低速时相同。但是外加电压只需平衡 3 个绕组所产生的反电势，因此，电动机的转速增高。

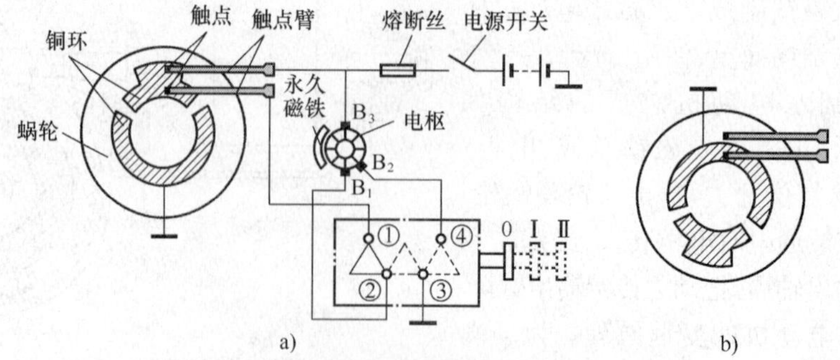

图 10-21　铜环刮水器自动复位置装置

(3)刮水电动机的控制电路及自动复位原理。铜环式刮水器的控制电路如图10-21所示,此电路具有自动复位的功能。

刮水器的开关有三个挡位,它可以控制刮水器的速度和自动复位。四个接线柱分别接复位装置、电动机低速电刷、搭铁、电动机高速电刷。0挡为复位挡,Ⅰ挡为低速挡,Ⅱ挡为高速挡。复位装置是在减速蜗轮(由塑料或尼龙材料制成)上,嵌有铜环。此铜环分为两部分,其中一部分铜环与电动机外壳相连(为搭铁)。两个触点臂用磷铜片或其他弹性材料制成,其一端分别铆有一个触点。由于触点臂具有一定的弹性,因此在蜗轮转动时,触点与蜗轮的端面和铜滑环保持接触。

当接通电源开关,并把刮水器开关拉出到"Ⅰ"挡(低速)位置时,电流从蓄电池正极→电源开关→熔断丝→电刷B_3→电枢绕组→电刷B_1→刮水器开关接线柱②→接触片→刮水器开关接线柱③→搭铁→蓄电池负极,构成回路,电动机以低速运转。

把刮水器开关拉出到"Ⅱ"挡(高速)位置时,电流从蓄电池正极→电源开关→熔断丝→电刷B_3→电枢绕组→电刷B_2→刮水器接线柱④→接触片→刮水器接线柱③→搭铁→蓄电池负极,构成回路,电动机以高速运转。

当把刮水器开关退回到"0"挡时,如果刮水片没有停止到规定的位置,由于触点与铜环相接触,如图10-22b)所示,则电流继续流入电枢,其电路为蓄电池正极→电源开关→熔断丝→电刷B_3→电枢绕组→电刷B_1→接线柱②→接触片→接线柱①→触点臂→铜环→搭铁→蓄电池的负极。由此可以看出,电动机仍以低速运转直至蜗轮旋转到图10-22a)所示的特定位置,电路中断。由于电枢的运动惯性,电动机不能立即停止转动,此时电动机以发电机方式运行。因此时电枢绕组通过触点臂与铜环接通而短路,电枢绕组将产生强大制动力矩,电动机迅速停止运转,使刮水片复位到风窗玻璃的下部。

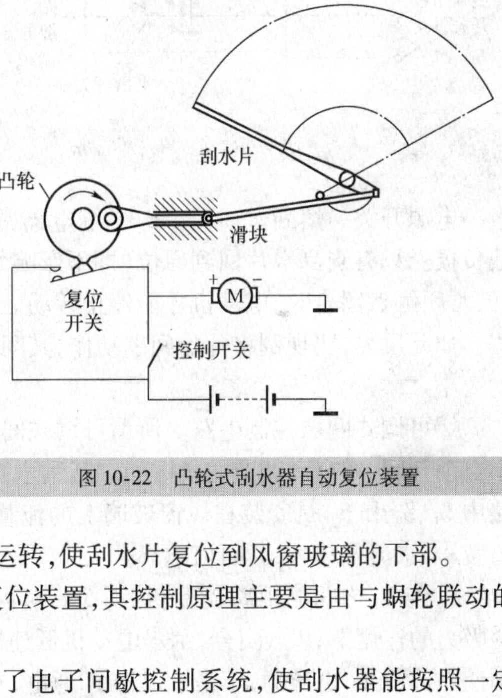

图10-22　凸轮式刮水器自动复位装置

图10-22所示为一种凸轮式刮水器自动复位装置,其控制原理主要是由与蜗轮联动的凸轮驱动复位开关动作来实现的。

(4)间歇刮水。现代汽车刮水器上都加装了电子间歇控制系统,使刮水器能按照一定的周期停止和刮水。

汽车刮水器的间歇控制电路有多种形式,按照间歇时间是否可调有可调节型和不可调节型之分。

①不可调节间歇控制电路。刮水器的间歇控制系统包括自动复位装置和电子振荡电路或集成电路。

图10-23所示为同步间歇刮水器内部控制电路。当刮水器开关置于间歇挡位置(开关处于"0"位,且间歇开关3闭合)时,电源将通过自动复位开关向电容器C充电,其电路为:蓄电池正极→电源开关→熔断丝→自动复位开关常闭触点(上)→电阻R_1→电容器C→

搭铁→蓄电池负极。随着充电时间的增长，电容器两端的电压逐渐升高。当电容器 C 两端的电压升高到一定值时，晶体管 T_1 和 T_2 先后相继由截止转为导通，从而接通继电器磁化线圈的电路，其电路为：蓄电池正极→电源开关→熔断丝→电阻 R_5→晶体管 T_2(e→c)→继电器磁化线圈→间歇刮水器开关→搭铁→蓄电池负极。在电磁吸力的作用下，继电器常闭触点打开，常开触点闭合，从而接通了刮水电动机的电路，其电路为：蓄电池正极→电源开关→熔断丝→B_3→B_1→刮水继电器常开触点→搭铁→蓄电池负极。此时电动机将低速旋转。

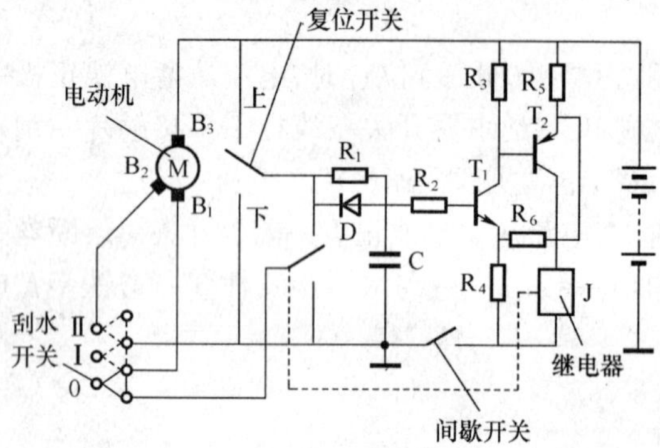

图 10-23　同步间歇刮水器内部电路

当复位装置将自动复位开关的常开触点(下)接通时，电容器 C 通过二极管 D、自动复位装置常开触点迅速放电，此时刮水电动机的通电回路不变，电动机继续转动。随着放电时间的增长，晶体管 T_1 基极的电位逐渐降低。当晶体管 T_1 基极的电位降低到一定值时，T_1 和 T_2 由导通转为截止，从而切断了继电器磁化线圈的电路，继电器复位，常开触点打开，常闭触点闭合。此时由于自动复位开关的常开触点处于闭合状态，电动机仍将继续转动，其电路为：蓄电池正极→电源开关→熔断丝→B_3→B_1→继电器常闭触点→复位开关的常开触点→搭铁→蓄电池负极。只有当刮水片回到原位(即不影响驾驶人视线位置)，自动复位开关的常开触点打开，常闭触点闭合时，电动机才能停止转动。继而电源将再次向电容器 C 充电，重复以上过程。如此反复，实现刮水片的间歇动作，其间歇时间的长短取决于 R_1、C 电路充电时间常数的大小。

②可调式间歇控制电路。所谓可调式间歇控制电路是指刮水器的控制电路根据雨量大小自动开闭，并自动调节间歇时间。其刮水自动开关与调速控制电路如图 10-24 所示。电路中 S_1、S_2 和 S_3 是安装在风窗玻璃上的流量检测电极，雨水落在两检测电极之间，使其阻值减小，水流量越大，其阻值越小。

S_1 与 S_3 之间的距离较近(约 2.5cm)，因此，晶体管 T_1 首先导通，继电器 J_1 通电，在电磁吸力的作用下，P 点闭合，刮水电动机低速旋转。当雨量增大时，S_1 与 S_2 之间的电阻减小到使晶体管 T_2 也导通，于是继电器 J_2 通电，在电磁吸力的作用下，A 点断开，B 点接通，刮水电动机转为高速旋转。雨停时，检测电阻之间的阻值均增大，晶体管 T_1、T_2 截止，继电器复位，刮水电动机自动停止工作。

图 10-25 所示为刮水器电子调速电路，该调速器可根据雨量的大小或雾天的实际情况，自动调节刮水片的摆动速度，使风窗玻璃的清晰度提高，且能自动接通或关闭刮水器以达到无级调速的目的。

其中的传感器 M 是用镀铜板(尺寸为 6.5cm×6.5cm)制成的两个间隔很近，但互不相通的电极。图 10-26 所示是比较先进的雨滴传感器，可利用压电元件制成，它能获得刮水的最佳时间。

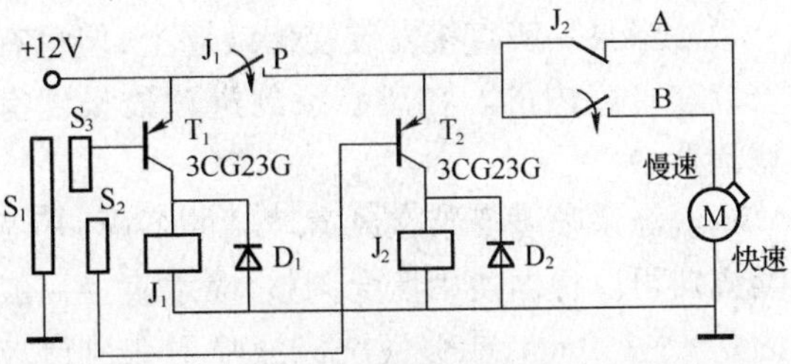

图 10-24　刮水自动开关与调速控制电路

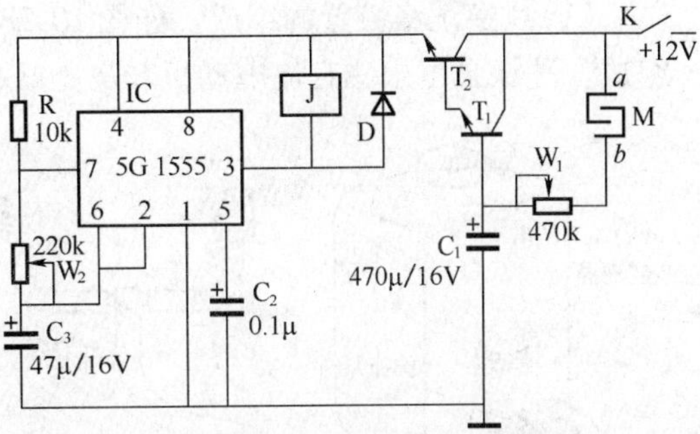

图 10-25　刮水器电子调速电路

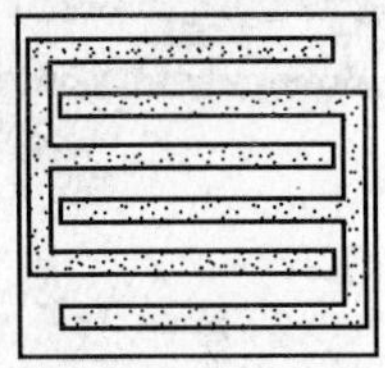

图 10-26　雨滴传感器

(5)齿条传动式刮水器。图 10-27 所示为新型柔性齿条传动刮水器,这种刮水器与一般拉杆传动式刮水器相比,具有体积小、噪声低等优点,而且可将刮水器电动机总成安装在空间较大的地方,便于维修。

电动机驱动的蜗轮轴上有一个曲柄销,它驱动连杆机构,而连杆和一个装在硬管里的柔性齿条连接,因此,在连杆运转时,齿条则会作往复运动,齿条的往复运动带动齿轮箱中的小齿轮作往复运动,从而驱动刮水片往复摆动。

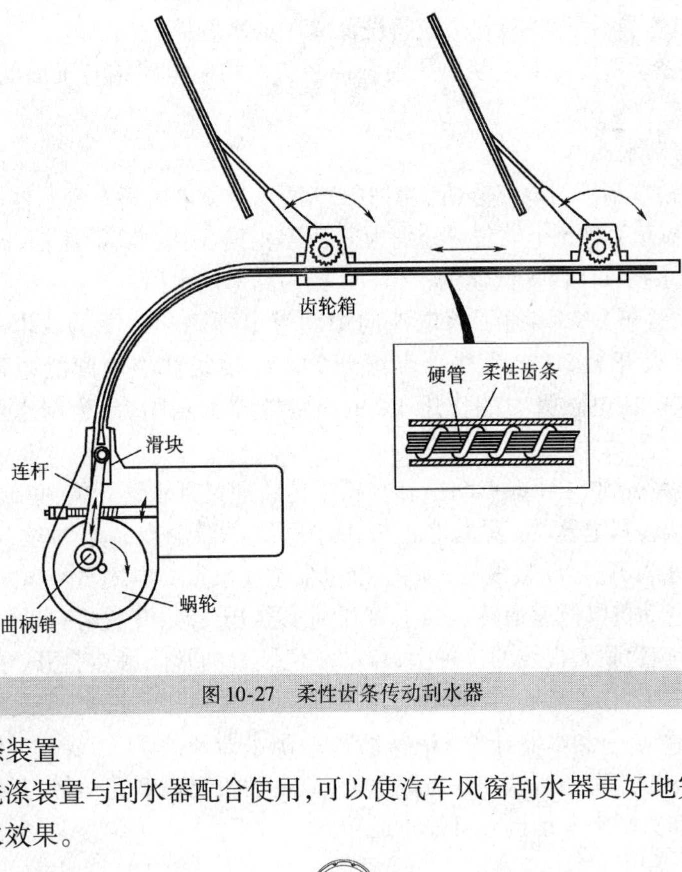

图 10-27　柔性齿条传动刮水器

2)风窗洗涤装置

风窗玻璃洗涤装置与刮水器配合使用,可以使汽车风窗刮水器更好地完成刮水工作并获得更好的刮水效果。

(1)风窗洗涤装置的组成。如图10-28所示,主要由储液罐、洗涤泵、输液管、喷嘴等所组成。洗涤泵由永磁直流电动机和离心叶片泵组装成为一体,喷射压力可达70~88kPa。

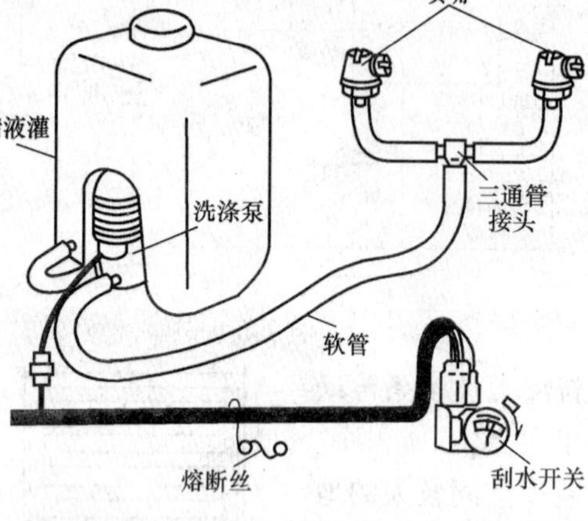

图10-28 风窗洗涤装置

洗涤泵一般直接安装在储液罐上,但也有安装在管路内的。在离心泵的进口处设置有滤清器。

洗涤泵喷嘴安装在风窗玻璃的下面,其喷嘴方向可以根据使用情况调整,喷水直径一般为0.8~1.0mm,能够使洗涤液喷射在风窗玻璃的适当位置。洗涤泵的连续工作时间不应超过1min,对于刮水和洗涤分别控制的汽车,而且应先开洗涤泵,再接通刮水器。喷水停止后,刮水器应继续刮动3~5次,以便达到良好的清洁效果。

常用的洗涤液是硬度不超过205×10^{-6}的清水。为了能刮掉风窗玻璃上的油、蜡等物,可在水中添加少量的去垢剂和防锈剂。强效洗涤液的去垢效果好,但会使风窗密封条和刮片胶条变质,还会引起车身喷漆变色以及储液罐、喷嘴等塑料件的开裂。冬季使用洗涤器时,为了防止洗涤液的冻结,应添加甲醇、异丙醇、甘醇等防冻剂,再加少量的去垢剂和防锈剂,即成为低温洗涤液,可使凝固温度下降到-20℃以下。如冬季不用洗涤器时,应将洗涤管中的水倒掉。

(2)风窗洗涤装置的控制电路。风窗洗涤装置的控制电路结合下面的刮水器电路共同分析,此处不做单独分析。

3)典型风窗刮水器电路分析

(1)桑塔纳轿车刮水器电路分析。图10-29所示为桑塔纳轿车刮水器电路,从图中可以看出,刮水器控制开关有5个挡位,分别为复位停止挡、间歇挡、低速挡、高速挡和点动挡。INT挡为间歇刮水挡,LO挡为低速刮水挡,HI挡为高速刮水挡。

将点火开关置于ON,接通了蓄电池向中间继电器磁化线圈的放电回路,其电流为:蓄电池正极→点火开关30接线柱→点火开关“X”接线柱→中间继电器磁化线圈→搭铁→蓄电池负极。在电磁吸力的作用下,中间继电器触点闭合,为刮水电动机的工作做好准备。

将刮水器开关拨到f挡(即点动挡)时,蓄电池将通过刮水器开关、间歇继电器常闭触点向刮水电动机放电,其电流为:蓄电池正极→中间继电器触点→熔断丝S_{11}→刮水器开关53a接线柱→刮水器开关53接线柱→间歇继电器常闭触点→电刷B_1→电刷B_3→搭铁→蓄电池负极,此时电动机以低速运转。当手离开刮水器开关时,开关将自动回到0位,如果此时刮水片处在影响驾驶人视线的位置上,自动复位装置的常闭触点打开,常开触点闭合,刮水电动机电枢内继续有电流通过,其电流为:蓄电池正极→中间继电器触点→熔断丝S_{11}→复位装置的常开触点→刮水器开关53e接线柱→刮水器开关53接线柱→间歇继电器常闭触点→电刷B_1→电刷B_3→搭铁→蓄电池负极,故电动机仍以低速运转,只有当自动复位装置处在图示位置时,刮水电动机方可停止运转。

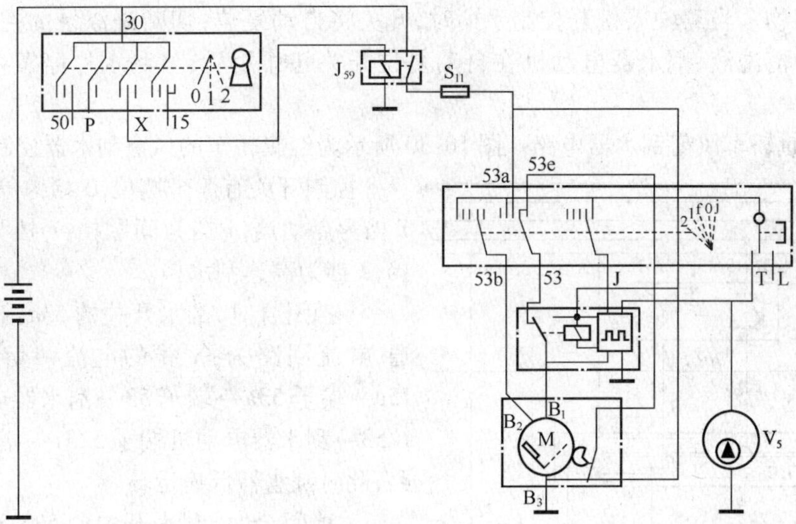

图 10-29　桑塔纳汽车风窗刮水器控制电路

当将刮水器开关拨到 1 挡(低速挡)时,蓄电池仍然是通过中间继电器、刮水器开关、间歇继电器、电刷 B_1 和 B_3 向刮水电动机放电(放电回路与点动时相同),电动机以 42 ~ 52r/min 的转速低速运转。

当将刮回器开关拨到 2 挡(高速挡)时,蓄电池向电动机的放电回路为:蓄电池正极→中间继电器触点→熔断丝 S_{11}→刮水器开关 53a 接线柱→刮水器开关 53b 接线柱→ 电刷 B_2→电刷 B_3→搭铁→蓄电池负极,此时电动机以 62 ~ 80r/min 的转速高速运转。

当自动复位装置切断电动机电路,由于旋转惯性使电动机不能立即停下来时,电动机将以发电机运行而发电,由愣次定理可知,电枢绕组中所产生的感应电动势的方向与外加电压的方向相反,通过刮水器开关、自动复位常闭触点构成回路,其电流为:电刷 B_1→间歇继电器常闭触点→刮水器开关 53 接线柱→刮水器开关 53e 接线柱→自动复位装置的常闭触点→电刷 B_3,电枢绕组中即会产生反电磁力矩(制动力矩),电动机迅速停止运转,使刮水片复位到风窗玻璃的下部。

当将刮水器开关拨到 J(间歇)位置时,电子式间歇继电器投入工作,使其触点不断地开闭。当间歇继电器的常闭触点打开,常开触点闭合时,蓄电池向电动机的放电回路为:蓄电池正极→中间继电器触点→熔断丝 S_{11}→间歇继电器的常开触点→电刷 B_1→电刷 B_3→搭铁→蓄电池负极,电动机低速运转。当间歇继电器断电,其触点复位(常闭触点闭合,常开触点打开)时,电动机将停止运转。在此过程中,自动复位装置的工作与制动力矩的产生与上述相同。在间歇继电器的作用下,刮水电动机每 6s 使曲柄旋转一周。

当将洗涤开关接通时(将刮水器开关向上扳动),洗涤泵控制电路接通,其电流为:蓄电池正极→中间继电器触点→熔断丝 S_{11}→洗涤开关→洗涤泵 V_5→搭铁→蓄电池负极。位于发动机罩上的两个喷嘴同时向风窗玻璃喷射清洗液。与此同时,也接通了刮水器间歇继电器的控制电路,其电流为:蓄电池正极→中间继电器触点→熔断丝 S_{11}→洗涤开关→刮水器间歇继电器→搭铁→蓄电池负极，于是刮水器电动机工作，驱动刮水片刮掉已经湿润的尘土和污物。当驾驶人松开控制手柄时，开关将自动复位，切断洗涤泵的控制电路，喷嘴停止喷射清洗液，刮水器电动机在自动复位开关起作用后，将刮水片停靠在风窗玻璃的下方。

(2)红旗轿车风窗刮水器电路。图 10-30 所示为红旗轿车的风窗刮水器控制电路。

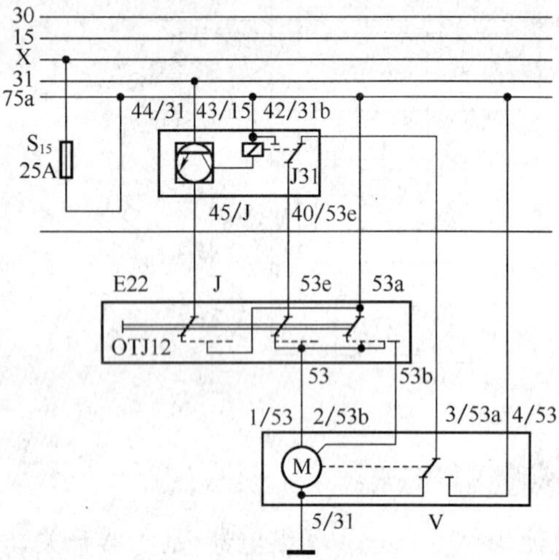

图 10-30 红旗轿车风窗刮水器控制电路

控制开关有 5 个挡位，0 挡为停止复位挡，T 挡为点动挡，J 挡为间歇挡，1 挡为低速刮水挡，2 挡为高速刮水挡。

1 挡闭合时，刮水开关的 53a 和 53 之间导通，电流回路为：X 线的电流→熔断丝 S_{15}→75a→端子 53a→端子 53→刮水器电动机端子 1/53→刮水器电动机端子 5/31→搭铁，形成回路，此时刮水器低速运转。

2 挡闭合时，刮水开关的 53a 和 53b 之间闭合，电流回路为：X 线的电流→熔断丝 S_{15}→75a 的接点→端子 53a→端子 53b→刮水器电动机端子 2/53b→刮水器电动机端子 5/31→搭铁，形成回路，此时刮水器高速运转。

当把刮水开关打到 T 挡（点动挡）时，刮水器电动机低速运转，电路的电流和 1 挡时电流相同。松开手以后，刮水开关自动回到 O 的位置，如果刮水器电动机没有复位，端子 3/53a 和 4/54e 之间导通，此时电路的电流为：X 线的电流→熔断丝 S_{15}→75a→刮水器电动机端子 4/53e→3/53a→间歇继电器常闭触点 42/31b 及 40/53e→刮水开关端子 53e→端子 53→刮水器电动机端子 1/53→刮水器电动机端子 5/31→搭铁，形成回路，刮水器低速运转至复位位置时停转。

当把刮水开关打到 J 挡（间歇挡）时，此时端子 53a 和 J 闭合、53e 和 53 闭合，分别接通电子间歇控制电路和刮水器电动机的低速电路，间歇继电器的触点不断地开闭，刮水器间歇工作。当继电器的常开触点闭合时，电路为：X 线的电流→熔断丝 S_{15}→75a→间歇继电器端子 43/15→间歇继电器端子 40/53e→刮水开关端子 53e→刮水开关端子 53→刮水器电动机端子 1/53→刮水器电动机端子 5/31→搭铁，形成回路，此时刮水器低速运转。当间歇继电器断电时，电动机停止运转。在电子间歇继电器的作用下，刮水器电动机的间歇时间为 5～7s。

(3)丰田轿车风窗刮水器电路。如图 10-31 所示为丰田轿车风窗刮水器控制电路。

其控制开关有 5 个挡位，分别是低速挡（LO），高速挡（Hi），停止复位挡（OFF），间歇刮水挡（INT）和喷洗器挡。下面分析其工作过程。

当刮水开关在低速位置时，电流的回路为：蓄电池“+”→端子 18→刮水器控制开关“LOW/MIST”触点→端子 7→刮水器电动机低速电刷 LO→公共电刷→搭铁，形成回路，此时电动机低速运行。

当刮水开关在高速位置时，电流的回路为：蓄电池“+”→端子 18→刮水器控制开关

"HIGH"触点→端子13→刮水器电动机高速电刷Hi→公共电刷→搭铁,形成回路,此时电动机高速运转。

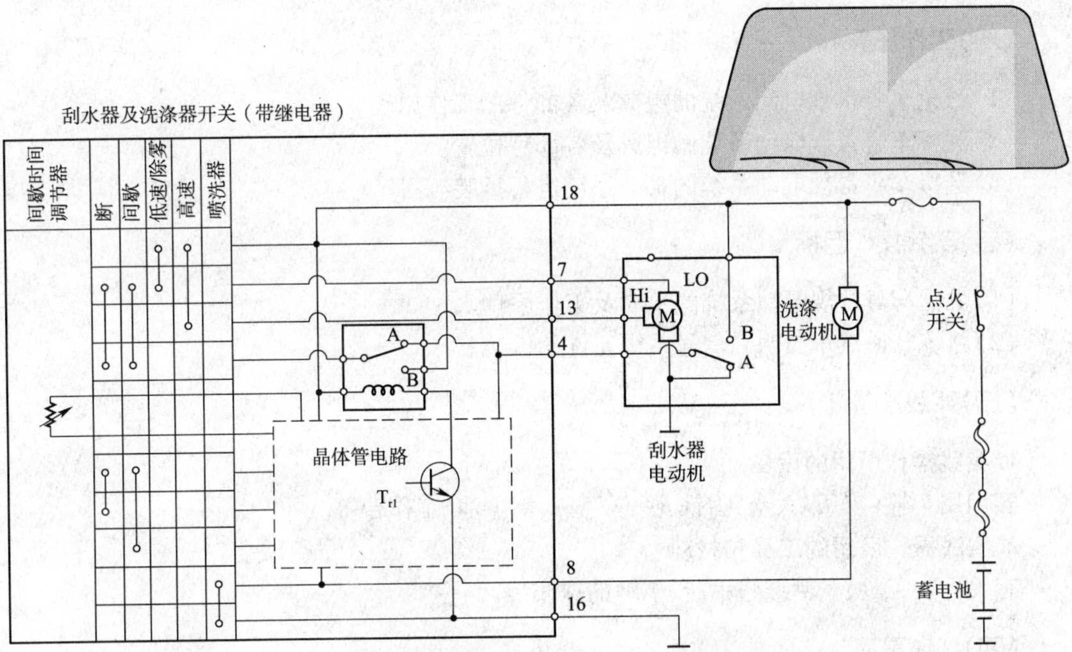

图10-31　丰田轿车风窗刮水器控制电路

当刮水开关在间歇刮水(INT)位置时,晶体管电路 T_{r1} 先短暂导通,此时电流为:蓄电池"+"→端子18→继电器线圈→T_{r1}→端子16→搭铁。线圈中产生磁场,使得继电器常闭触点A打开,常开触点B关闭。这时电动机低速运转,电路为:蓄电池"+"→端子18→继电器触点B→刮水器开关"INT"触点→端子7→刮水器电动机低速电刷LO→公共电刷→搭铁。

然后 T_{r1} 截止,继电器的触点B断开,触点A闭合,电动机转动时,凸轮开关的触点A断开,B闭合,所以电流继续流至电动机的低速电刷,电动机低速运转,此时的电流为:蓄电池"+"→凸轮开关触点B→端子4→继电器触点A→刮水器开关"INT"触点→端子7→刮水器电动机低速电刷LO→公共电刷→搭铁。当刮水器转至停止位置时,凸轮开关B断开,A接通,电动机停止运转。

刮水器电动机停止运转一段时间以后,晶体管电路 T_{r1} 再次短暂导通,刮水器重复间歇动作。其中的间歇时间调节器可以调节间歇的时间长短。

喷洗器开关接通时,在喷洗器电动机运转时,晶体管电路 T_{r1} 在预定的时间内接通,使刮水器低速运转1~2次。喷洗泵的电路为:蓄电池"+"→喷洗器电动机→端子8→喷洗器开关端子→端子16→搭铁。刮水器的电路为:蓄电池"+"→端子18→继电器触点B→刮水器开关"INT"触点→端子7→刮水器电动机低速电刷LO→公共电刷→搭铁。这样就边喷洗边间歇刮水。

二、实 践 操 作

(一)工作任务

(1)讨论车身常规电动系统的组成及各部件的工作原理。

(2)观察车身常规电动系统的组成及各部件位置。

(3)选择车身常规电动系统的某一系统进行拆装练习。

(二)实践操作目标

(1)巩固车身常规电动系统的组成及工作原理。

(2)熟练掌握汽车照明和信号系统元件的拆装。

(三)实践准备

1. 实践操作所用的设备

实训用车辆(丰田、大众、雪铁龙等车型)、蓄电池、工作台等。

2. 实践操作所用的工具和材料

有关拆装工具、车辆维修手册、干净的抹布等。

(四)注意事项

(1)遵守安全操作规程,正确使用工具。

(2)按照规范要求拆装。

(3)拆下的零部件要按先后顺序排列好,以免装配时出现差错和遗漏,要特别注意小件不能丢失。

(4)使用电路图册和维修手册时注意保护电路图册和维修手册,避免破损。

(5)维修手册所述其他相关要求。

(五)具体内容

1. 外部观察

(1)仔细观察电动座椅系统各组成及各零件的结构特点,并将观察结果填入表10-1中。

(2)仔细观察电动车窗系统各组成及各零件的结构特点,并将观察结果填入表10-2中。

(3)仔细观察刮水洗涤系统各组成及各零件的结构特点,并将观察结果填入表10-3中。

2. 车身常规电动系统拆装

此实践操作项目为学生分组任选一项进行拆装,这里仅介绍电动座椅系统的拆装方法和步骤,其他车身常规电动系统的拆装请参照维修手册上的规范要求进行。

前排座椅总成(电动座椅)在车上布置如图10-32所示。

1)电动座椅的拆卸

(1)拆卸前排座椅头枕总成。

(2)拆卸座椅外滑轨盖。

电动座椅系统各组成及各零件结构特点　　表 10-1

	组　成	结构特点
电动座椅系统		

电动车窗系统各组成及各零件的结构特点　　表 10-2

	组　成	结构特点
电动车窗系统		

刮水洗涤系统各组成及各零件的结构特点　　表 10-3

	组　成	结构特点
刮水洗涤系统		

续上表

	组 成	结构特点
刮水洗涤系统		

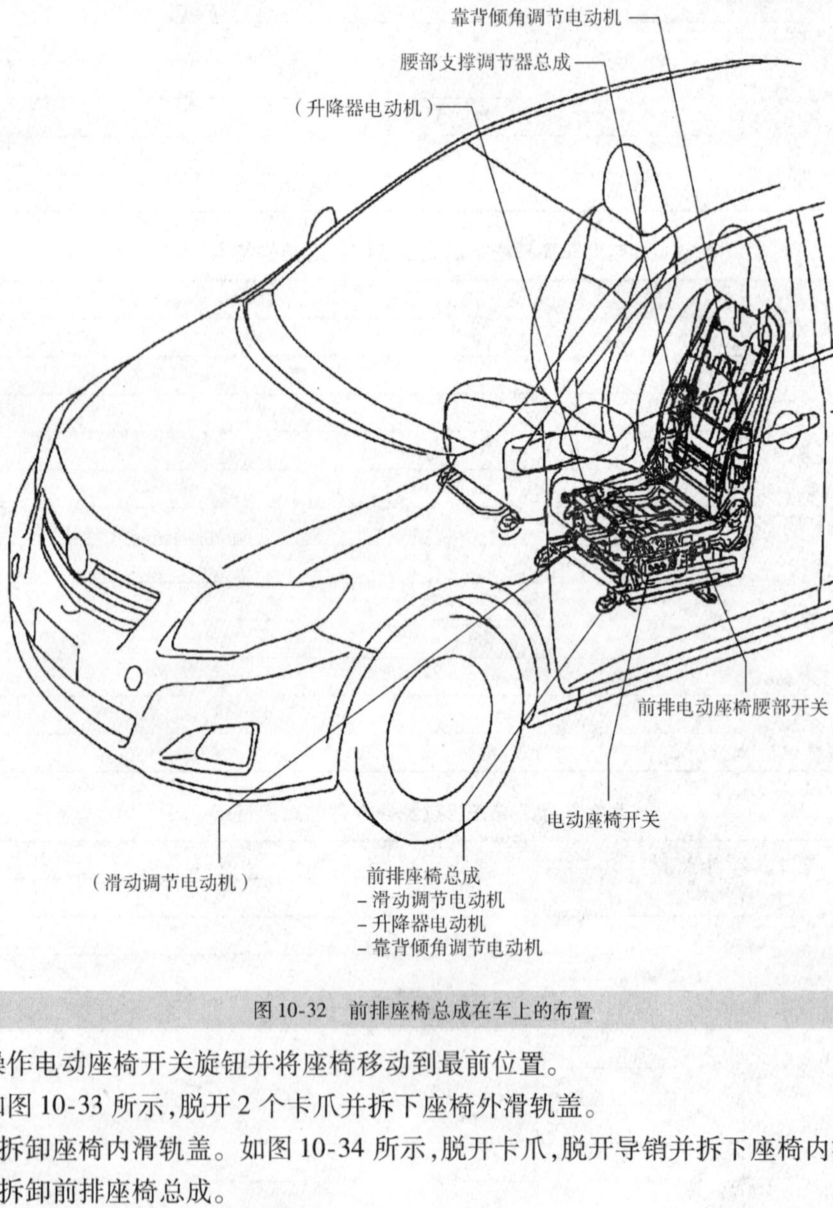

图 10-32 前排座椅总成在车上的布置

①操作电动座椅开关旋钮并将座椅移动到最前位置。

②如图 10-33 所示，脱开 2 个卡爪并拆下座椅外滑轨盖。

(3)拆卸座椅内滑轨盖。如图 10-34 所示，脱开卡爪，脱开导销并拆下座椅内滑轨盖。

(4)拆卸前排座椅总成。

①如图 10-35 所示，拆下座椅后侧的 2 个螺栓。

②操作电动座椅开关旋钮并将座椅移动到最后位置。

③如图 10-36 所示，拆下座椅前侧的 2 个螺栓。

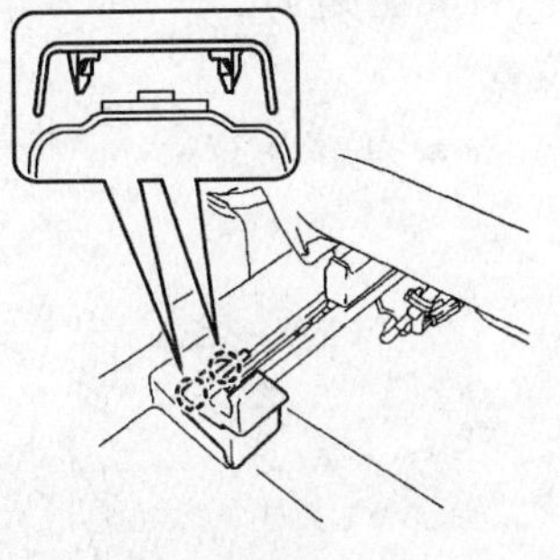

图 10-33　电动座椅的拆卸(一)

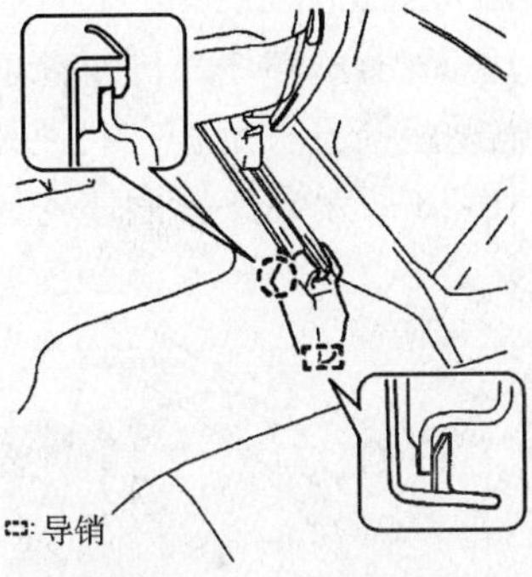

图 10-34　电动座椅的拆卸(二)

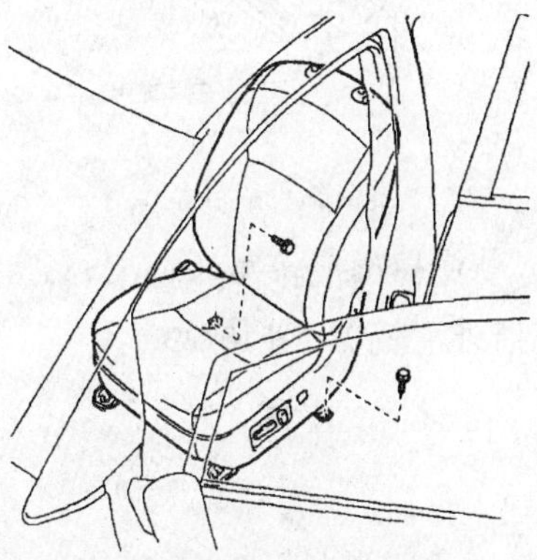

图 10-35　电动座椅的拆卸(三)

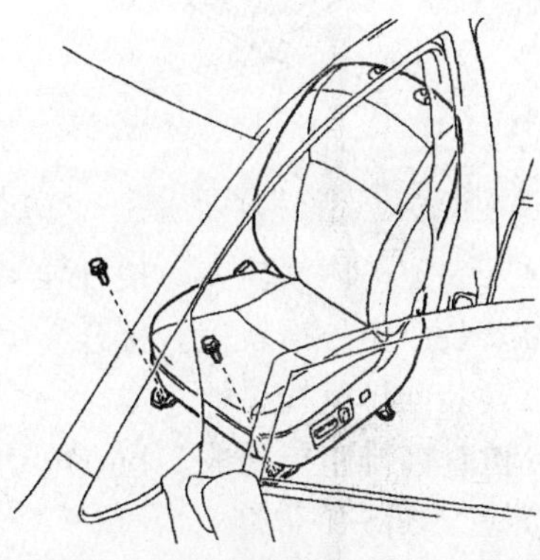

图 10-36　电动座椅的拆卸(四)

④操作电动座椅开关旋钮并将座椅移动到中间位置。同时,操作电动座椅开关旋钮并将座椅靠背移动到直立位置。

⑤将电缆从蓄电池负极(－)端子上断开。

注意:断开电缆后等待 90s,以防止气囊展开。

注意:断开蓄电池电缆后重新连接时,某些系统需要初始化。

⑥断开座椅下面的连接器。

⑦拆下座椅。注意:不要损坏车身。

2)电动座椅的安装

(1)安装前排座椅总成。

①将前排座椅总成放入车厢内。

注意:不要损坏车身。

②连接座椅下面的连接器。

③将电缆连接到蓄电池负极(－)端子上。注意:断开蓄电池电缆后重新连接时,某些系统需要初始化。

④用 4 个螺栓临时安装前排座椅总成。

⑤操作电动座椅开关旋钮并将座椅移动到最后位置。

⑥按图 10-37 所示顺序紧固座椅前侧的 2 个螺栓，拧紧力矩为 37N · m。

⑦操作电动座椅开关旋钮并将座椅移动到最前位置。

⑧按图 10-38 所示顺序紧固座椅后侧的 2 个螺栓，拧紧力矩为 37N · m。

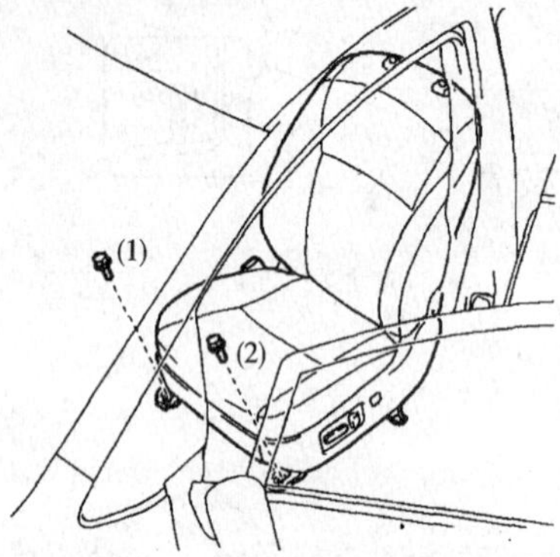

图 10-37　电动座椅的安装(一)

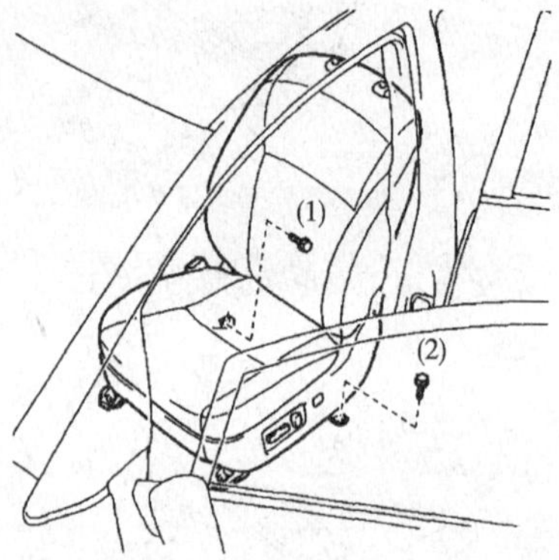

图 10-38　电动座椅的安装(二)

(2)安装座椅内滑轨盖。接合导销，接合卡爪并安装座椅内滑轨盖(图 10-34)。

(3)安装座椅外滑轨盖。接合 2 个卡爪并安装座椅外滑轨盖(图 10-33)。

(4)安装前排座椅头枕总成。

(5)检查前排座椅总成。检查电动座椅工作情况。

(6)检查 SRS 警告灯。

3. 工作总结

学习心得：____

____

____

____

____

____

____

____

____。

三、学习拓展

电动后视镜

驾驶人调整后视镜的位置比较困难，特别是乘客车门一侧的后视镜。使用电力控制系统能很方便地解决这个问题。

1. 电动后视镜的组成及结构

汽车的电动后视镜一般由镜片、驱动电动机、控制电路及操纵开关等组成。在每个后视镜镜片的背后都有两个可逆电动机,可操纵其上下及左右运动。通常垂直方向的倾斜运动由一个永磁电动机控制,水平方向的倾斜运动由另一个永磁电动机控制。后视镜的结构和典型开关如图 10-39 所示。

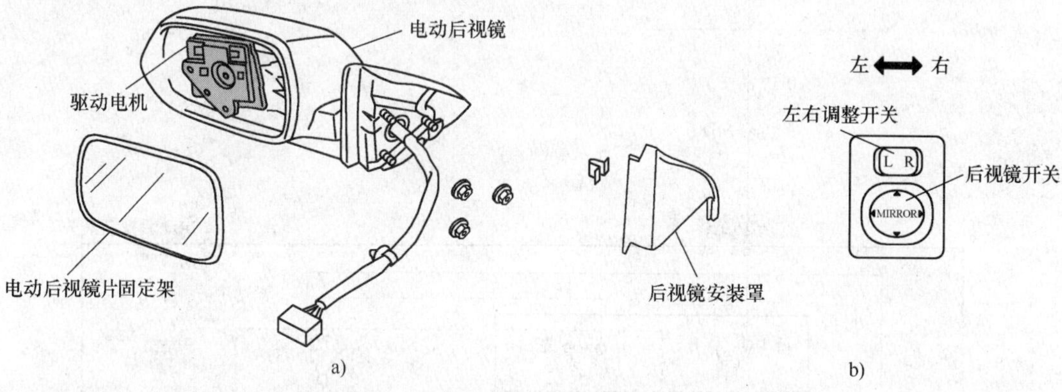

图 10-39　电动后视镜的结构和控制开关示意图

2. 控制电路及工作原理

下面以北京现代索纳塔轿车的电动后视镜控制电路为例,说明电动后视镜控制电路的工作原理。

图 10-40 所示为北京现代索纳塔轿车的双后视镜控制电路。图 10-41 所示为其电动后视镜的开关及其连接器的端子图。每个后视镜都用一个独立的开关控制。操纵开关能使一个电动机单独工作,也可使两个电动机同时工作。

首先说明,电动后视镜开关中用实线框和虚线框分别表示操作时总开关内部的联动情况。在这里我们只讨论一侧后视镜中一个电动机的工作情况。若要调节左后视镜垂直方向的倾斜程度,按下“升/降”按钮。

“升”的过程:实线框“升/降”开关中的箭头开关均和“升”接通,此时电流的方向为:电源→熔断丝 30→开关端子 3→“升右”端子→选择开关中的“左”→端子 7→左电动后视镜连接端子 8→“升/降”电动机→端子 6→开关端子 5→升 1→开关端子 6→搭铁,形成回路,这时左后视镜向上旋转运动。

“降”的过程:实线框“升/降”开关中的箭头开关均和“降”接通,此时的电流方向为:电源→熔断丝 30→开关端子 3→降 1→开关端子 5→左电动后视镜连接端子 6→“升/降”电动机→左电动后视镜连接端子 8→开关端子 7→选择开关中的“左”→“降左”端子→开关端子 6→搭铁,形成回路,此时后视镜向相反的方向旋转。

电动后视镜的左右运动的电路分析与此类似,此处不再赘述。

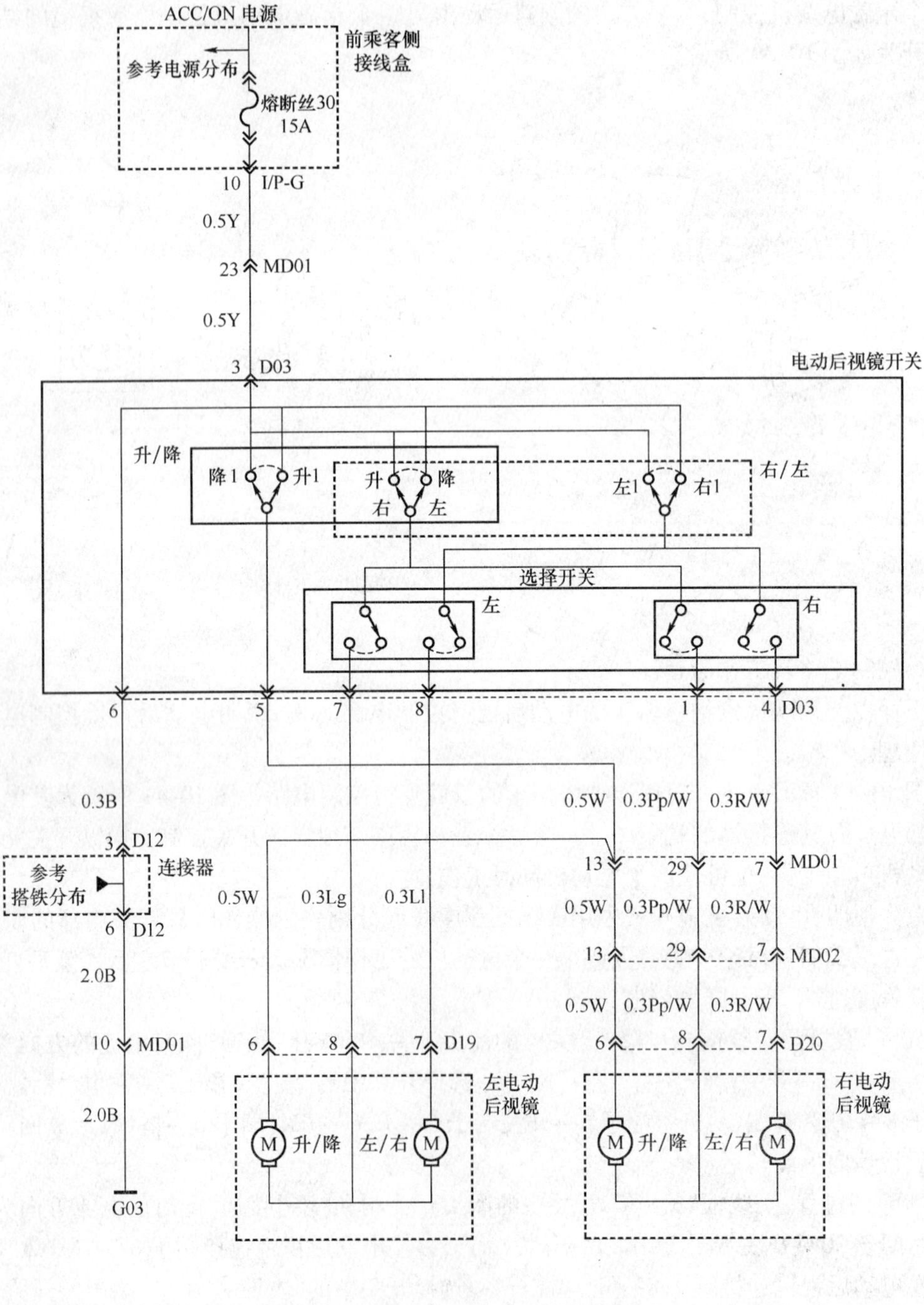

图 10-40 北京现代索纳塔轿车电动后视镜控制电路

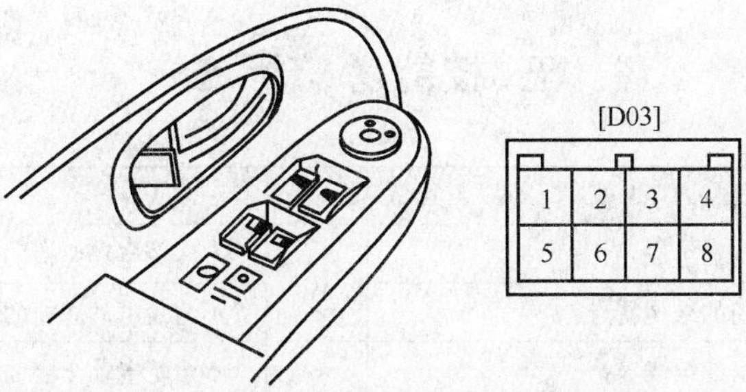

图 10-41　电动后视镜开关及其连接器的端子图

四、评价与反馈

1. 自我评价与反馈

(1)对本学习任务的学习你是否满意?

评价情况:____

(2)你能独立完成卡罗拉(1.6L)轿车车身常规电动系统的拆卸和安装吗?

评价情况:____

(3)你是否知道卡罗拉(1.6L)轿车车身常规电动系统的基本组成及原理?

评价情况:____

(4)你会正确使用工具吗?

评价情况:____

签名:________ ________年________月________日

2. 小组评价与反馈

(1)你们小组在接到任务之后是否讨论过卡罗拉(1.6L)轿车车身常规电动系统的拆装计划?

评价情况:____

(2)你们小组在拆装卡罗拉(1.6L)轿车车身常规电动系统过程中是否有明确分工,相互配合得好吗?

评价情况:____

(3)你们小组在拆装卡罗拉(1.6L)轿车车身常规电动系统的过程中操作是否规范?

评价情况:____

参与评价的同学签名:________ ________年________月________日

3. 教师评价及答复

____

____

____

____

教师签名:________ ________年________月________日

五、技能考核标准

<table>
<tr><th>序号</th><th>项　目</th><th>操作内容</th><th>规定分</th><th>评分标准</th><th>得分</th></tr>
<tr><td rowspan="2">1</td><td rowspan="2">电动座椅的研究</td><td>电动座椅的组成</td><td rowspan="2">10</td><td>不清楚电动座椅的组成扣5分</td><td></td></tr>
<tr><td>电动座椅的结构特点</td><td>不清楚电动座椅的结构扣5分</td><td></td></tr>
<tr><td rowspan="2">2</td><td rowspan="2">电动车窗构造研究</td><td>电动车窗的组成</td><td rowspan="2">10</td><td>不清楚电动车窗的组成扣5分</td><td></td></tr>
<tr><td>电动车窗的结构特点</td><td>不清楚电动车窗的结构特点扣5分</td><td></td></tr>
<tr><td rowspan="2">3</td><td rowspan="2">刮水器和洗涤系统构造研究</td><td>刮水器和洗涤系统的组成</td><td rowspan="2">10</td><td>不清楚刮水器和洗涤系统的组成扣5分</td><td></td></tr>
<tr><td>刮水器和洗涤系统的结构特点</td><td>不清楚刮水器和洗涤系统的结构特点扣5分</td><td></td></tr>
<tr><td>4</td><td>总成拆卸</td><td rowspan="2">分小组选择一项照明及信号系统元件拆装</td><td>25</td><td>拆卸步骤顺序错误扣10分
拆卸方法不正确扣10分
操作不熟练扣5分</td><td></td></tr>
<tr><td>5</td><td>总成装复</td><td>25</td><td>装复步骤顺序错误扣10分
装复方法不正确扣10分
操作不熟练扣5分</td><td></td></tr>
<tr><td>6</td><td>提问</td><td>车身常规电动系统的原理</td><td>10</td><td>错一项扣5分</td><td></td></tr>
<tr><td rowspan="2">7</td><td rowspan="2">安全文明生产</td><td>遵守安全操作规程，正确使用工具，操作现场整洁</td><td rowspan="2">10</td><td>有1项不正确的，扣5分，扣完为止</td><td></td></tr>
<tr><td>安全用电，防火，无人身、设备事故</td><td>因违规操作发生重大人身和设备事故，此项技能考核按0分计</td><td></td></tr>
<tr><td>8</td><td>分数合计</td><td></td><td>100</td><td></td><td></td></tr>
</table>

学习任务十一　拆装空调系统

任务要求

完成本学习任务后,你应能:

1. 描述空调系统的组成及结构原理;
2. 正确拆装空调系统;
3. 识读空调系统控制电路。

建议学时:10 学时

任务描述

一辆 2005 款桑塔纳 2000GSi 轿车空调制冷不足,经技术人员检查分析,怀疑空调系统存在故障,需要对空调系统进行检修。

学习流程

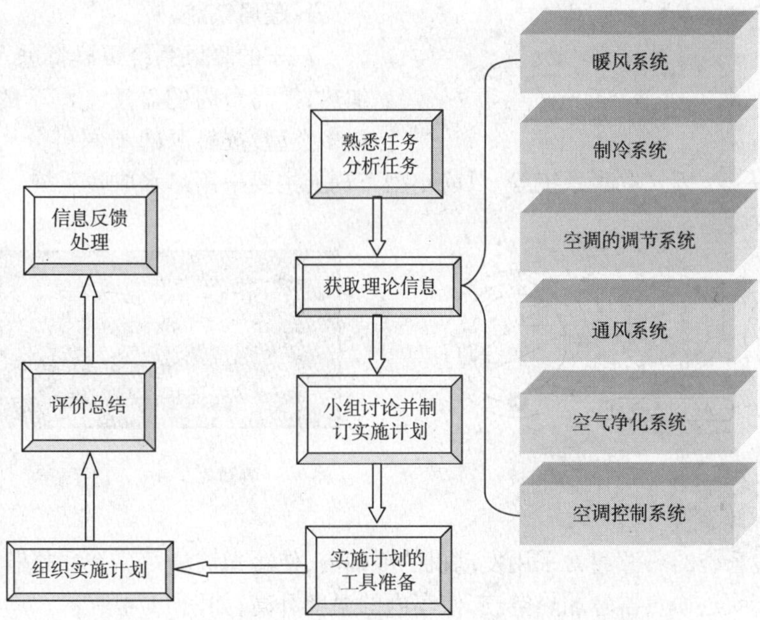

一、理论知识准备

汽车空调是用来改善汽车乘坐舒适性的设备,一般都具备以下功能。

调节温度:将车内的温度调节到人体感觉适宜的温度。

调节湿度:将车内的湿度调节到人体感觉适宜的湿度。

调节气流:调节车内出风口的位置、出风的方向及风量的大小。

净化空气:滤去空气中的尘土和杂质,或对空气进行杀菌消毒。

汽车空调系统通常包括四个部分:用以提高车内温度的暖风装置;用以降低车内温度和湿度的制冷装置;用以调节车内气流状态并与外界进行换气的通风装置;用以过滤空气及对空气进行消毒处理的空气净化装置。

目前汽车的空调系统依车辆的配置要求不同,装备也有所不同,低档汽车一般只有暖风和通风装置,中高档汽车一般还会配备制冷和空气净化装置。图11-1所示为空调系统的组成部件在车上的布置。

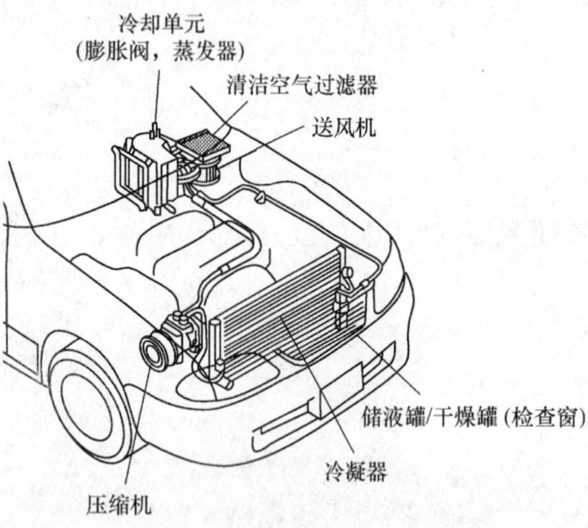

图11-1　空调系统在车上的布置

空调系统控制有手动控制和自动控制之分,手动空调需要驾驶人通过旋钮或拨杆对控制对象进行调解,如改变温度等。自动空调只需驾驶人输入目标温度,空调系统便可按照驾驶人的设定进行自动调节。图11-2所示为典型的手动控制空调系统的控制面板。图11-3所示为典型的自动控制空调系统的控制面板。

1. 暖风系统

汽车的暖风系统可以将进入车内的空气加热,提高车内的温度。汽车的暖风系统有许多类型,按热源的不同可分为热水取暖系统、燃气取暖系统、废气取暖系统等,目前小型车辆上主要采用热水取暖系统,大型车辆上主要采用燃气取暖系统。

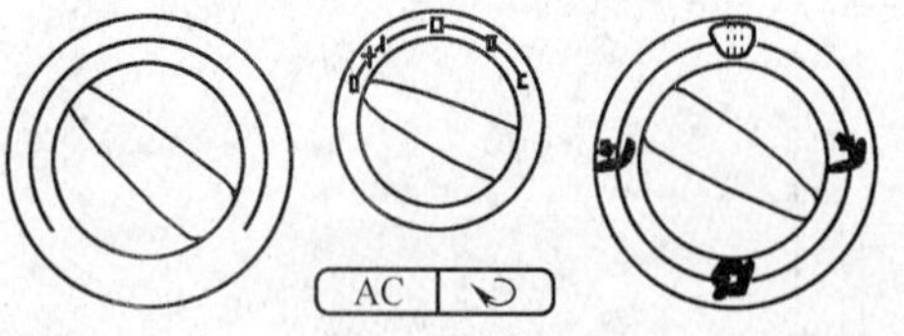

图11-2　手动空调系统的控制面板

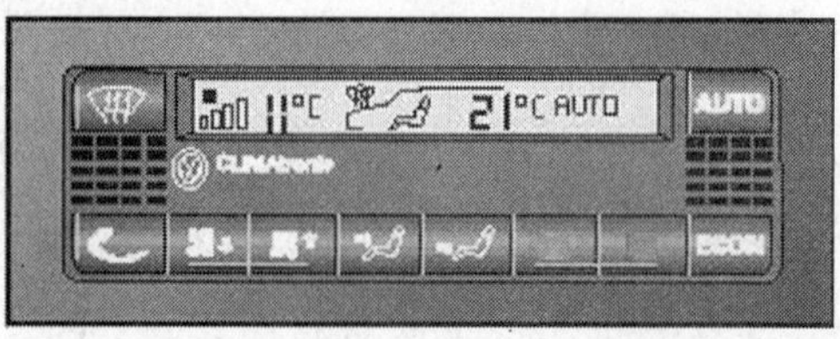

图11-3　自动空调系统的控制面板

1)热水取暖系统

热水取暖系统的热源通常采用发动机的冷却液,使冷却液流过一个加热器芯,再使用鼓风机将冷空气吹过加热器芯加热空气,使车内的温度升高,如图11-4所示。

热水取暖系统主要由加热器芯、水阀、鼓风机、控制面板等组成,其在车上的安装位置如

图 11-5 所示。

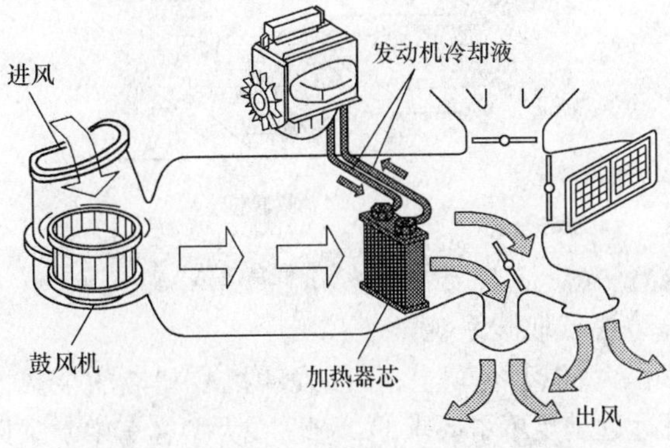

图 11-4 热水取暖系统的工作原理

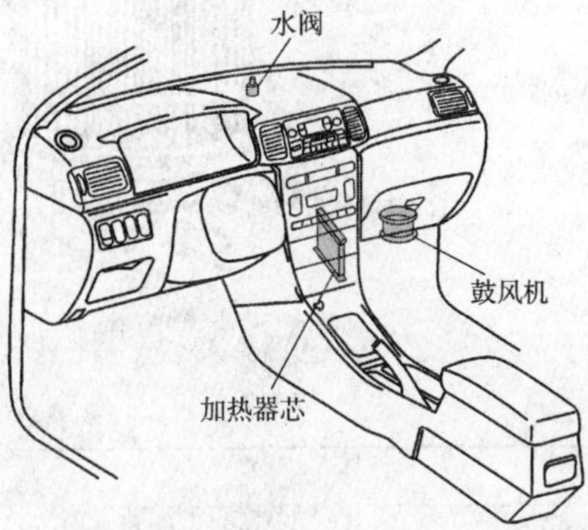

图 11-5 热水取暖系统部件的安装位置

(1)加热器芯。加热器芯如图 11-6 所示,由水管和散热器片组成。发动机的冷却液进入加热器芯的水管,通过散热器片散热后,再返回发动机的冷却系统。

(2)水阀。水阀用来控制进入加热器芯的水量,进而调节暖风系统的加热量,调节时,可通过控制面板上的调节杆或旋钮进行控制,其结构如图 11-7 所示。

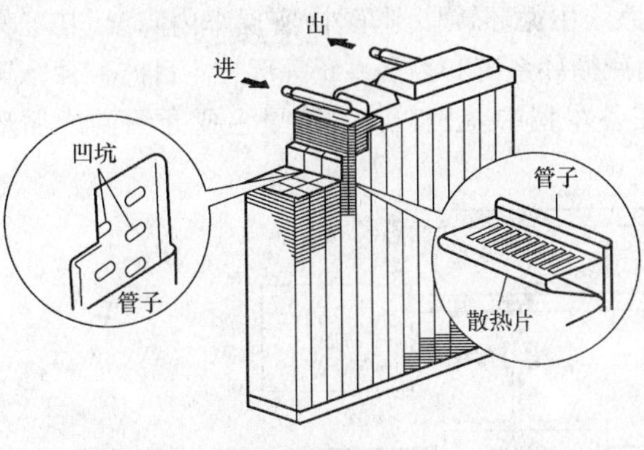

图 11-6 加热器芯

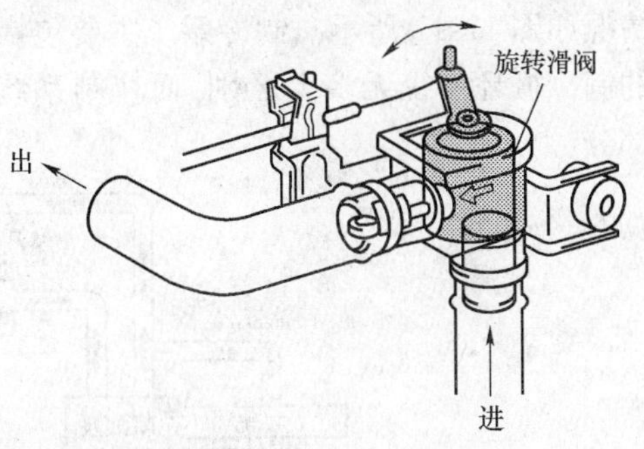

图 11-7 水阀

(3)鼓风机。鼓风机由可调节速度的直流电动机和鼠笼式风扇组成,其作用是将经过加热器芯加热后的空气送入车厢内。通过调节电动机的转速,可以调节向车厢内的送风量。鼓风机的结构如图 11-8 所示。

(4)热水取暖系统调节温度的方式。就暖风系统而言,其温度的调节方式有两种:一种是空气混合型;另一种是水流调节型。

①空气混合型。这种类型的暖风系统在暖风的气道中安装空气混合调节风门,这个风门可以控制通过加热器芯的空气和不通过加热器芯的空气的比例,实现温度的调节,目前绝大多数汽车均采用这种方式,其示意图如图 11-9 所示。

②水流调节型。这类暖风系统采用前述的水阀调节流经加热器芯的热水量,改变加热器芯本身的温度,进而调节温度。其调节的示意图如图 11-10 所示。

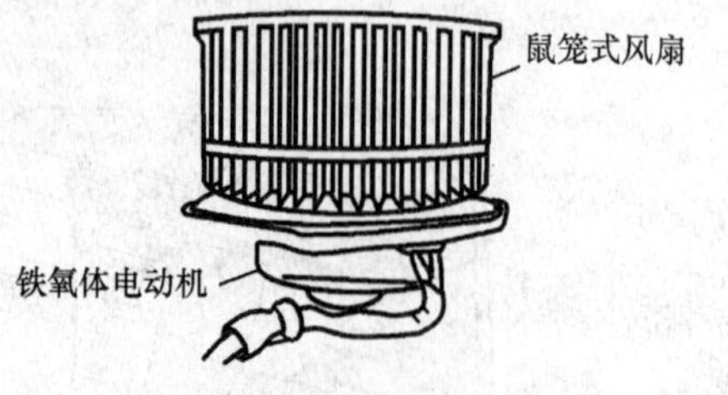

图 11-8　鼓风机

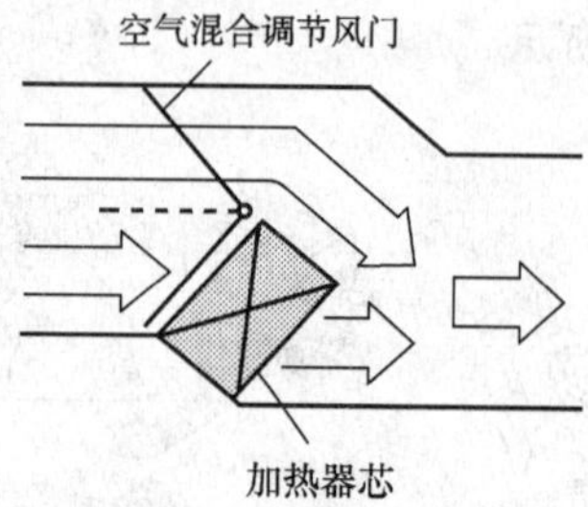

图 11-9　空气混合型暖风系统

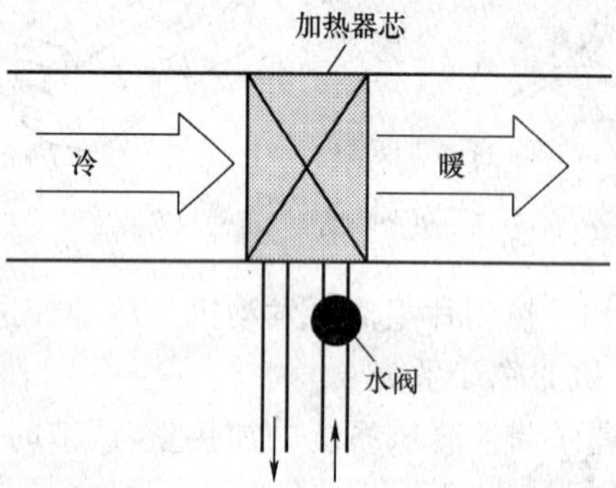

图 11-10　水流调节型暖风系统

2)燃气取暖系统

在大、中型客车上,仅靠发动机冷却液的余热取暖是远远满足不了要求的,为此,在大型客车中常采用燃气取暖系统。燃气取暖系统的示意图如图 11-11 所示,燃油和空气在燃烧室中混合燃烧,加热发动机的冷却液,加热后的冷却液进入加热器芯向外散热,降温后返回发动机再进行循环。

2. 制冷系统

制冷系统的作用是将车内的热量通过制冷剂在循环系统中循环转移到车外,实现车内降温,其工作情况如图 11-12 所示。制冷系统主要包括制冷循环系统和控制系统等部分。目前各种车辆的制冷循环系统无多大区别,而控制系统在各车型中差别较大。这里主要介绍制冷循环部分。

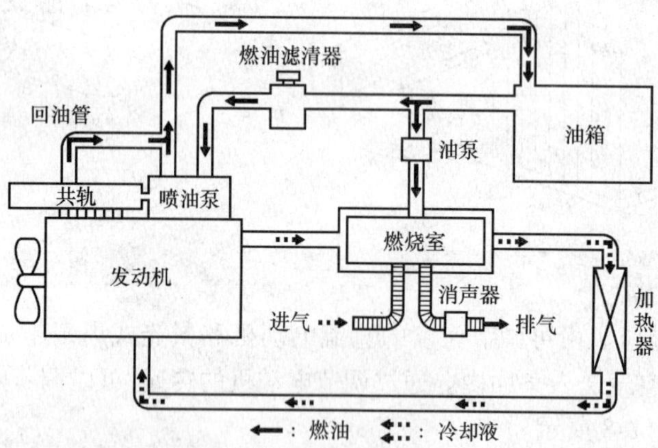

图 11-11　燃气取暖系统

1)制冷循环

目前车辆上采用的制冷循环系统可以分为膨胀阀式和膨胀管式两种循环方式。

(1)膨胀阀式制冷循环。图 11-13 所示为膨胀阀式的制冷循环,循环系统主要包括压缩机、冷凝器、储液干燥器、膨胀阀、蒸发器和管路等部件。

这种制冷循环的工作原理是压缩机将气体的制冷剂提高压力。高压的气体制冷剂进入

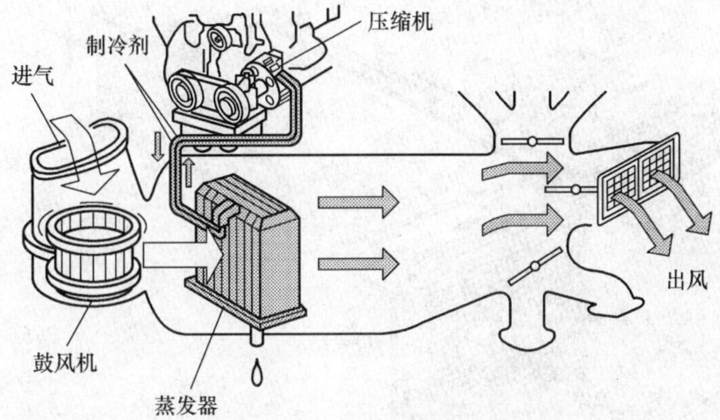

图 11-12　制冷系统

冷凝器,冷凝器周围的空气带走制冷剂放出的热量并使其液化。液化后的制冷剂进入储液干燥器,滤掉其中的杂质、水分,从储液干燥器出来的制冷剂流至膨胀阀,从膨胀阀中的节流孔喷出形成雾状制冷剂,雾状的制冷剂进入蒸发器,由于制冷剂的压力急剧下降,便很快蒸发汽化,吸收蒸发器周围空气的热量。鼓风机的风扇将空气不断吹过蒸发器的表面,并送入车厢,使车厢内空气温度降低。蒸发器出来的气态制冷剂再进入压缩机重复上述过程。这种循环系统中的膨胀阀可以根据制冷负荷的大小调节制冷剂的流量。储液干燥器在工作过程中会存储适量的液态制冷剂以备制冷负荷发生变化时制冷剂不会断流。

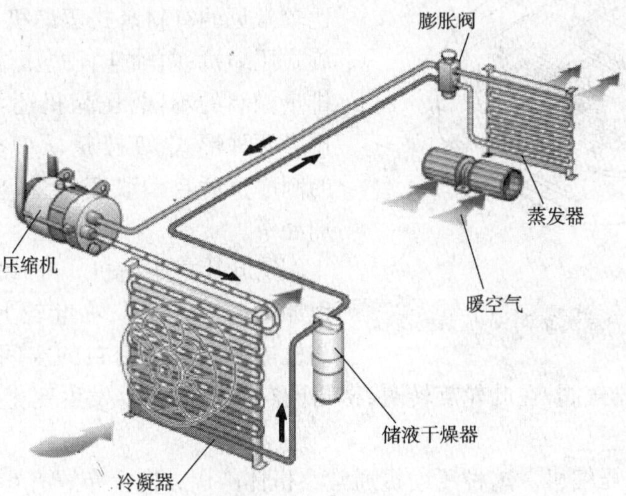

图 11-13　膨胀阀式制冷循环系统

(2)膨胀管式制冷循环(CCOT 方式)。膨胀管式的制冷循环系统从制冷的工作原理来看,与膨胀阀式的制冷循环系统无本质差别,只不过将可调节流量的膨胀阀换成不可调节流量的膨胀管,使其结构更加简单,其制冷循环如图 11-14 所示。为了防止液态制冷剂进入压缩机而造成压缩机损坏,这种循环系统将储液干燥器安装在蒸发器的出口,并按照它所起的作用更名为集液器,同时进行气液分离,液体留在罐内,气体进入压缩机,其他部分的工作过程与膨胀阀式的制冷循环相同。

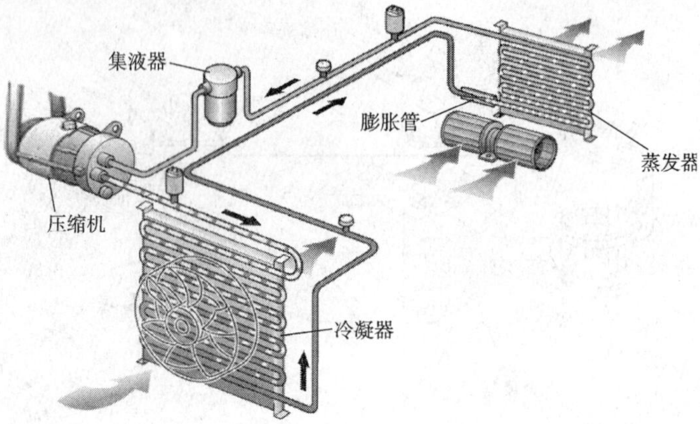

图 11-14　膨胀管式制冷循环系统

2)制冷循环系统的组成部件

制冷循环系统中各部件在车上的安装位置如图 11-15 所示,下面对各主要组成部件分别予以介绍。

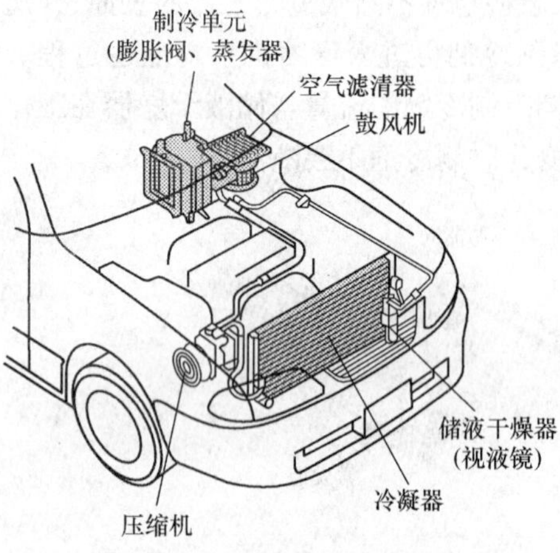

图 11-15　制冷循环系统各部件的安装位置

(1)压缩机。压缩机的作用是将从蒸发器出来的低温、低压的气态制冷剂转变为高温、高压的气态制冷剂,并将其送入冷凝器。目前在汽车空调系统中所采用的压缩机有多种类型,比较常见的有斜盘式压缩机、叶片式压缩机、涡旋式压缩机、曲轴连杆式压缩机等。此外,根据排量控制的不同,压缩机还可分为定排量和变排量两种形式,变排量压缩机可根据空调系统的制冷负荷自动改变排量,使空调系统运行更加经济。

①叶片式压缩机。叶片式压缩机的工作过程如图 11-16 所示,在叶轮上安装有若干叶片,与机体形成几个密封的空间,在机体上安装有吸气孔、排气孔和排气阀,在叶轮旋转时,密封的空间的体积会发生变化,从而完成进气、压缩和排气的过程。

②旋转斜盘式压缩机。这种压缩机通常在机体圆周方向上布置有 6 个或者 10 个汽缸,每个汽缸中安装一个双向活塞形成 6 缸机或 10 缸机,每个汽缸两头都有进气阀和排气阀。活塞由斜盘驱动在汽缸中作往复运动,活塞的一侧压缩时,另一侧则为进气。

图 11-17 所示为旋转斜盘式压缩机的工作过程,压缩机轴旋转时,轴上的斜盘同时驱动所有的活塞运动,部分活塞向左运动,部分活塞向右运动。图中的活塞在向左运动中,活塞左侧的空间缩小,制冷剂被压缩,压力升高,打开排气阀,向外排出,与此同时,活塞右侧空间增大,压力减小,进气阀开启,制冷剂进入汽缸。由于进、排气阀均为止回阀结构,所以保证制冷剂不会倒流。

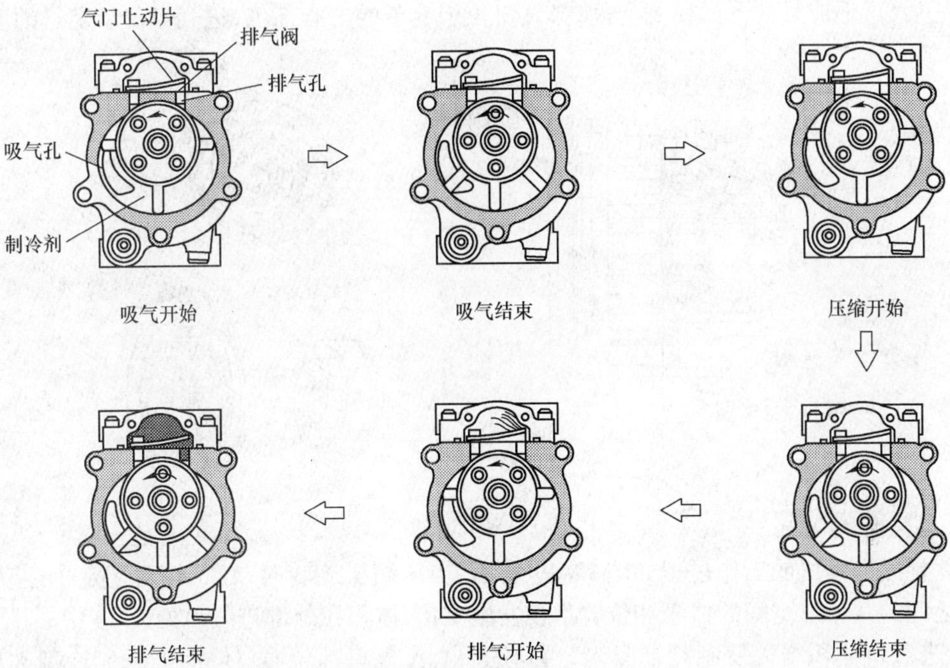

图 11-16　叶片式压缩机的工作过程

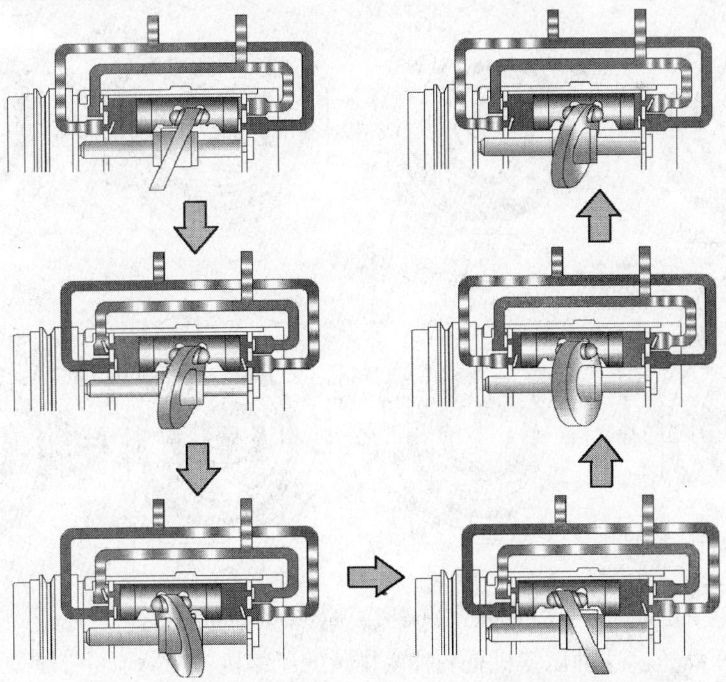

图 11-17　旋转斜盘压缩机的工作过程

③涡旋式压缩机。涡旋式压缩机的结构如图 11-18 所示，其关键部件是涡旋定子和涡旋转子，定子安装在机体上，转子通过轴承安装在轴上，转子与轴有一定的偏心，定子与转子

安装好后，可形成月牙形的密封空间，排气口位于定子的中心部位，进气口位于定子的边缘。

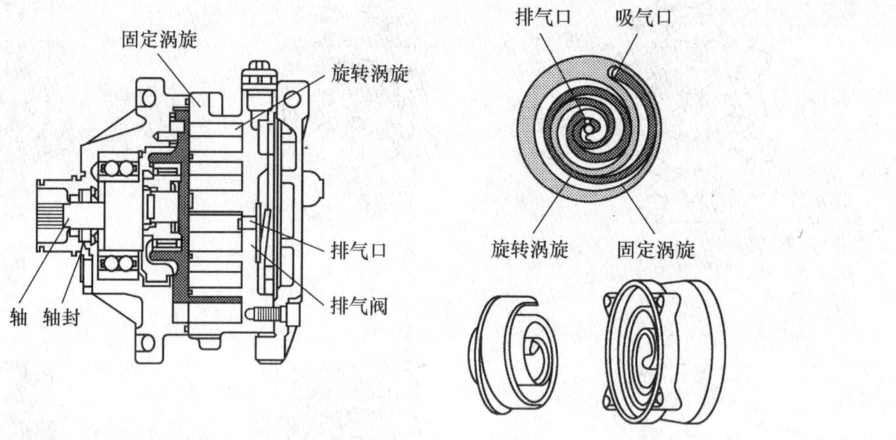

图 11-18　涡旋式压缩机的结构

涡旋式压缩机的工作过程如图 11-19 所示，当压缩机旋转时，转子相对于定子运动，使两者之间的月牙形空间的体积和位置都在发生变化，体积在外部进气口处大，在中心排气口处小，进气口体积增大使制冷剂吸入，当到达中心排气口部位时，体积缩小，制冷剂被压缩排出。

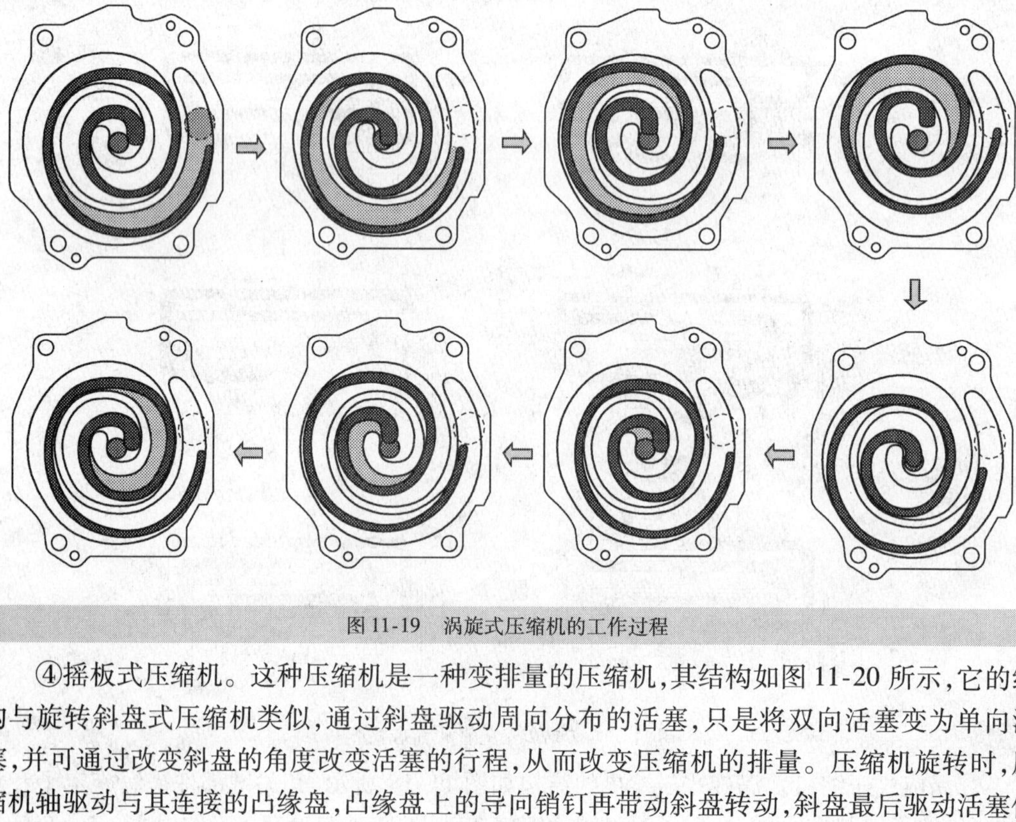

图 11-19　涡旋式压缩机的工作过程

④摇板式压缩机。这种压缩机是一种变排量的压缩机，其结构如图 11-20 所示，它的结构与旋转斜盘式压缩机类似，通过斜盘驱动周向分布的活塞，只是将双向活塞变为单向活塞，并可通过改变斜盘的角度改变活塞的行程，从而改变压缩机的排量。压缩机旋转时，压缩机轴驱动与其连接的凸缘盘，凸缘盘上的导向销钉再带动斜盘转动，斜盘最后驱动活塞作往复运动。

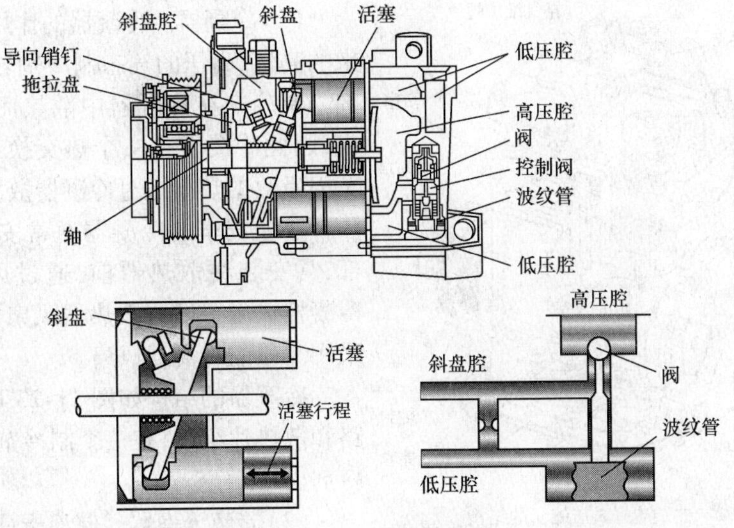

图 11-20　摇板式压缩机的结构

压缩制冷剂的工作过程此处不再重复，这里主要介绍一下变排量的原理，如图 11-21 所示，这种压缩机可以根据制冷负荷的大小改变排量，制冷负荷减小时，可以使斜盘的角度减小，减小活塞的行程，使排量降低。负荷增大时则相反。下面以负荷减小为例来说明压缩机排量如何减小，制冷负荷的减小会使压缩机低压腔压力降低，低压腔压力降低可使波纹管膨胀而打开控制阀，高压腔的制冷剂便会通过控制阀进入斜盘腔，使斜盘腔的压力升高。

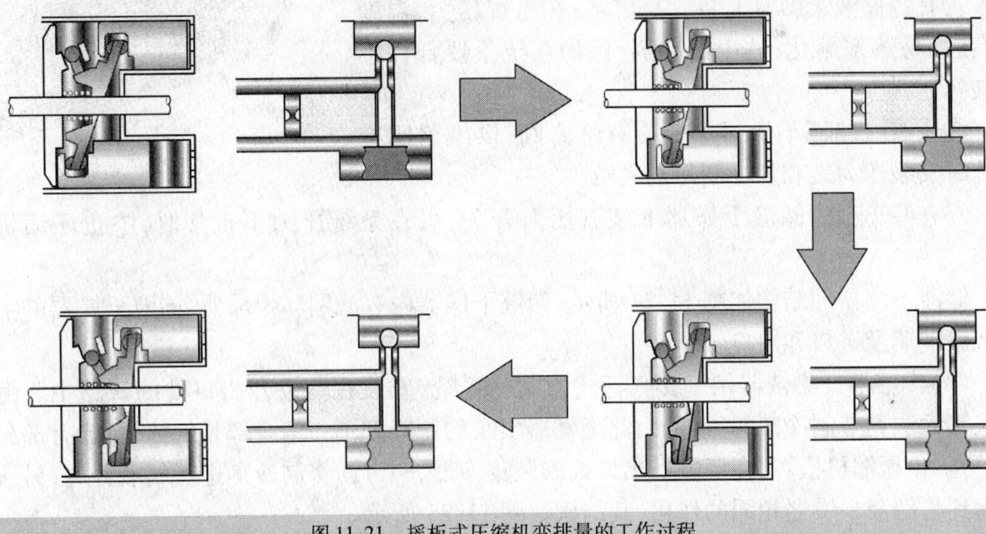

图 11-21　摇板式压缩机变排量的工作过程

⑤曲轴连杆式压缩机。这种压缩机的结构与发动机相似，由曲轴连杆驱动活塞作往复运动，一般采用双缸结构，每缸上方装有进排气阀片，压缩机的结构如图 11-22 所示。

曲轴连杆式压缩机的工作过程由吸气、压缩和排气三个过程组成，活塞下行时进气阀开启，制冷剂进入汽缸，活塞上行时，制冷剂被压缩，当达到一定压力时，排气阀打开，制冷剂排出。这种压缩机由于体积较大，目前已很少在小型汽车上使用。

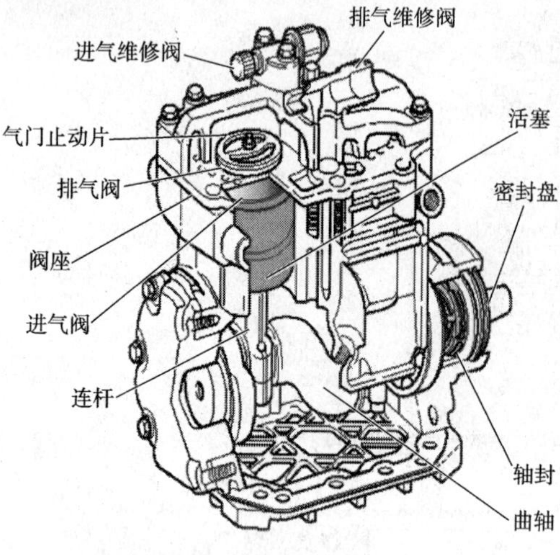

图 11-22　曲轴连杆式压缩机的结构

(2)冷凝器。冷凝器的作用是将压缩机送来的高温、高压的气态制冷剂转变为液态制冷剂。制冷剂在冷凝器中散热而发生状态的改变,因此冷凝器是一个热交换器,将制冷剂在车内吸收的热量通过冷凝器散发到大气中。

小型汽车的冷凝器通常安装在汽车的前部,常安装在散热器前,通过风扇进行冷却。冷凝器风扇一般与散热器风扇共用,也有车型采用专用的冷凝器风扇。

冷凝器的结构如图 11-23 所示,主要由管路和散热片组成,有一个制冷剂进口和一个制冷剂出口。

(3)储液干燥器。储液干燥器用于膨胀阀式的制冷循环,其作用是:

①去除制冷剂中的水分和杂质,确保系统正常运行。

②暂时存储制冷剂,使制冷剂的流量与制冷负荷相适应。

③部分储液干燥器上装有观察玻璃,可观察制冷剂的流动情况,确定制冷剂的数量。

④有些储液干燥器上装有易熔塞,在系统压力、温度过高时,易熔塞熔化,放出制冷剂,保护系统重要部件不被破坏。

⑤还有些储液干燥器上安装有维修阀,供维修制冷系统时安装压力表和加注制冷剂之用。

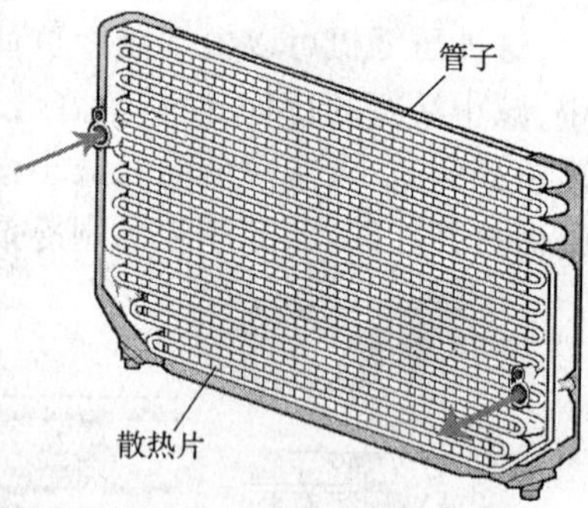

图 11-23　冷凝器

⑥有些车型的储液干燥器上装有压力开关,可在系统压力不正常时,中止压缩机的工作。

储液干燥器的结构如图 11-24 所示,储液干燥器内有滤网和干燥器,储液干燥器的上方有观察玻璃及进口和出口。

(4)集液器。集液器用于膨胀管式的制冷系统,安装在蒸发器出口处的管路中。由于膨胀管无法调节制冷剂的流量,因此蒸发器出来的制冷剂不一定全部是气体,可能有部分液体,为防止压缩机损坏,在蒸发器出口处安装集液器,一方面将制冷剂进行气液分离,另一方面起到与储液干燥器相同的作用,其结构如图 11-25 所示。

(5)膨胀阀和膨胀管。膨胀阀安装在蒸发器的入口处,其作用是将储液干燥器来的高温、高压的液态制冷剂从膨胀阀的小孔喷出,使其降压,体积膨胀,转化为雾状制冷剂,以便在蒸发器中吸热变为气态制冷剂。膨胀阀可根据制冷负荷的大小调节制冷剂的流量,确保蒸发器出口处的制冷剂全部转化为气体。

膨胀阀的结构形式有外平衡式膨胀阀、内平衡式膨胀阀和 H 型膨胀阀三种,下面分别予以介绍。

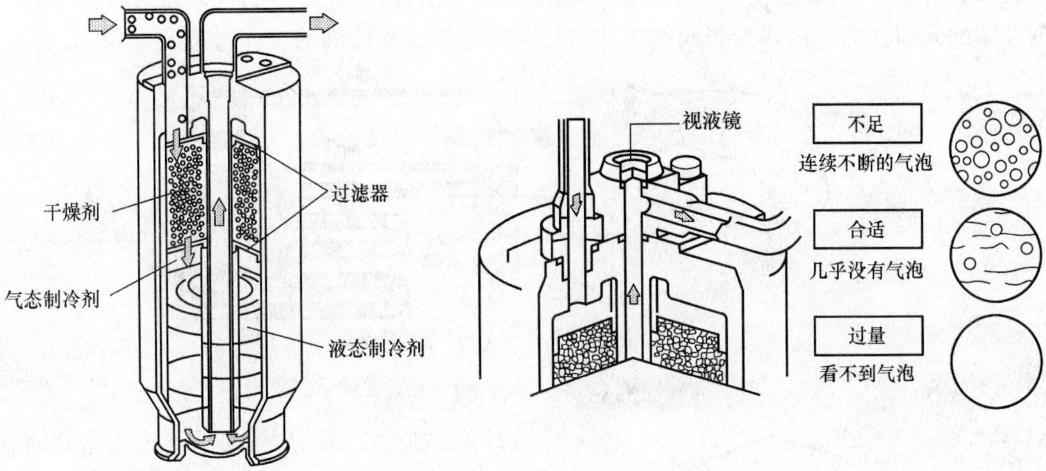

图 11-24　储液干燥器

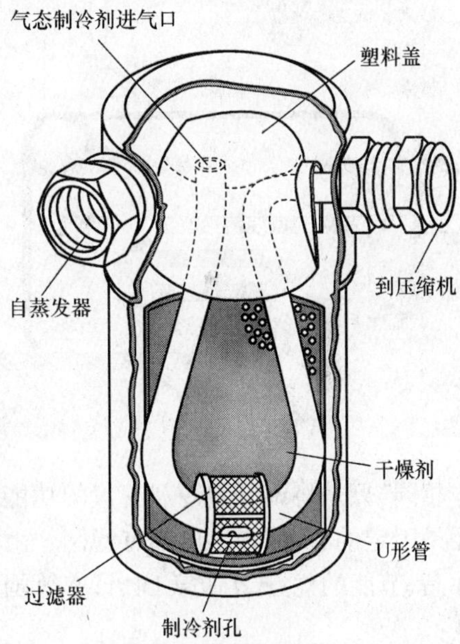

图 11-25　集液器

①外平衡式膨胀阀。外平衡式膨胀阀的结构如图 11-26 所示。膨胀阀的入口接储液干燥器，出口接蒸发器，膨胀阀的中部有一流量阀门，控制制冷剂的流量。流量阀门的开度大小受膨胀阀上部的膜片控制。膜片上方通过一条细管接一个感温包，感温包安装在蒸发器出口的管路上，内部充满制冷剂气体，蒸发器出口处的温度发生变化时，感温包内的气体体积也会发生变化，进而产生压力变化，这个压力变化作用在膜片的上方；膜片下方的腔室还有一根平衡管通蒸发器出口；流量阀门的下方有一调整弹簧，弹簧的弹力试图使阀门关闭，弹簧的弹力通过阀门上方的杆作用在膜片的下方。可以看出，膜片共受到三个力的作用：一个是感温包中制冷剂气体向下的压力。一个是弹簧向上的推力，还有一个是蒸发器出口制冷剂的压力。流量阀门的开度取决于这三个力综合作用的结果。

当制冷负荷发生变化时，膨胀阀可根据制冷负荷的变化自动调节制冷剂的流量，确保蒸发器出口处的制冷剂全部转化为气体。当制冷负荷减小时，蒸发器出口处的温度就会降低，感温包的温度也会降低，其中的制冷剂气体便会收缩，使膨胀阀膜片上方的压力减小，阀门就会在弹簧和膜片下方气体压力的作用下向上移动，减小阀门的开度，从而减小制冷剂的流量。反之制冷负荷增大时，阀门的开度会增大，增加制冷剂的流量。当制冷负荷与制冷剂的流量相适应时，阀门的开度保持不变，维持一定的制冷强度。

②内平衡式膨胀阀。内平衡式膨胀阀的结构与外平衡式膨胀阀的结构大同小异，如

图 11-27 所示，不同之处在于内平衡式膨胀阀没有平衡管，膜片下方的气体压力直接来自于蒸发器的入口。内平衡式膨胀阀的工作过程与外平衡式膨胀阀的工作过程完全相同。

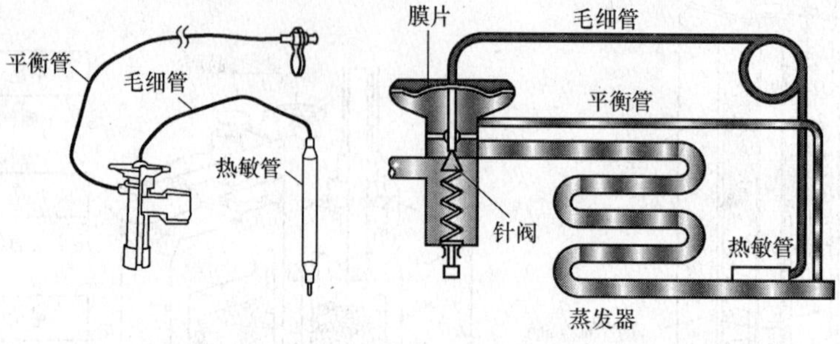

图 11-26　外平衡式膨胀阀

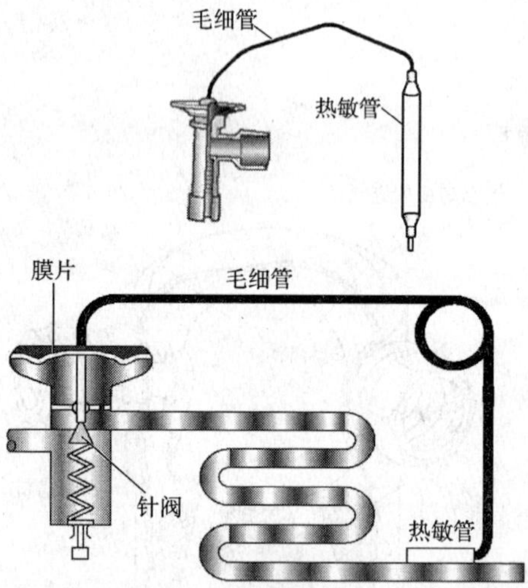

图 11-27　内平衡式膨胀阀

③H 型膨胀阀。采用内、外平衡式膨胀阀的制冷系统，其蒸发器的出口和入口不在一起，因此需要在出口处安装感温包和管路，结构比较复杂。如果将蒸发器的出口和入口制成一体，就可以将感温包的管路去掉，这就形成了所谓的 H 型膨胀阀，如图 11-28 所示。

H 型膨胀阀中也有一个膜片，膜片的左方有一个热敏杆，热敏杆的周围是蒸发器出口处的制冷剂，制冷负荷变化使制冷剂的温度发生变化时，可通过热敏杆使膜片右方气体的压力发生变化，从而使阀门的开度变化，调节制冷剂的流量以适应制冷负荷的变化。H 型膨胀阀具有结构简单、工作可靠的特点，现在汽车应用越来越广。

④膨胀管。膨胀管的作用与膨胀阀的作用基本相同，只是将调节制冷剂流量的功能取消了。其结构如图 11-29 所示。膨胀管的节流孔径是固定的，入口和出口都有滤网。由于节流管没有运动部件，具有结构简单、成本低、可靠性高、节能的优点，因此美国、日本等国有许多高级轿车采用膨胀管式制冷循环。

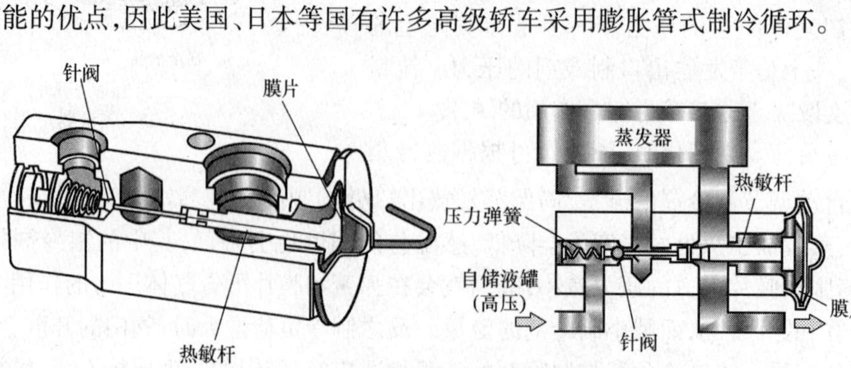

图 11-28　H 型膨胀阀

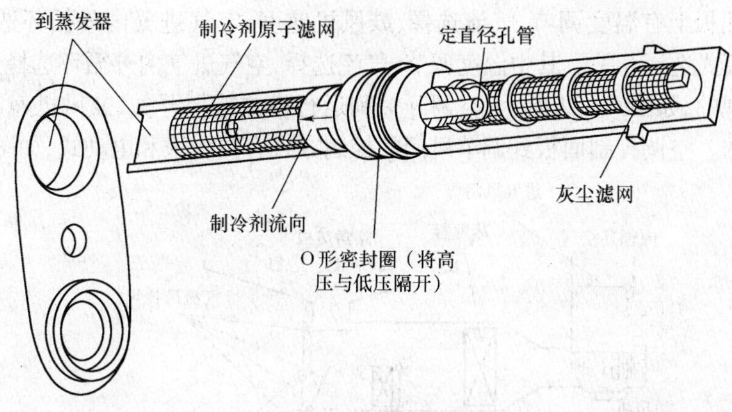

图 11-29　膨胀管

(6)蒸发器。蒸发器也是一个热交换器。膨胀阀喷出的雾状制冷剂在蒸发器中蒸发,吸收通过蒸发器外表面空气中的热量,使其降温,达到制冷的目的;在降温的同时,溶解在空气中的水分也会由于温度降低凝结出来,蒸发器还要将凝结的水分排出车外。蒸发器一般安装在驾驶室仪表台的后面,其结构如图 11-30 所示,主要由管路和散热片组成,在蒸发器的下方还有接水盘和排水管。

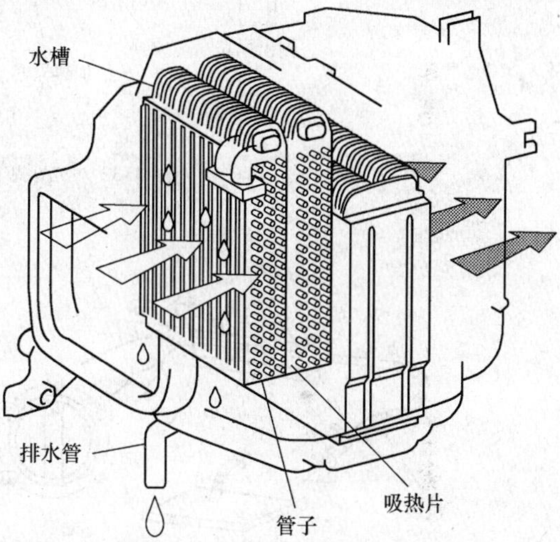

图 11-30　蒸发器

空调制冷系统工作时,鼓风机的风扇将空气吹过蒸发器,空气和和蒸发器内的制冷剂进行热交换,制冷剂汽化,空气降温,同时空气中的水分凝结在蒸发器的散热片上,并通过接水盘和排水管排出车外。

3. 空调的调节系统

空调的调节系统有手动调节和自动调节之分,现以手动调节说明空调调节系统的工作情况。手动空调的调节包括温度调节、出风口位置调节、鼓风机风速调节和空气的内外循环调节等。调节是通过空调控制面板上的拨杆或旋钮进行的,空调控制面板如图 11-31 所示。

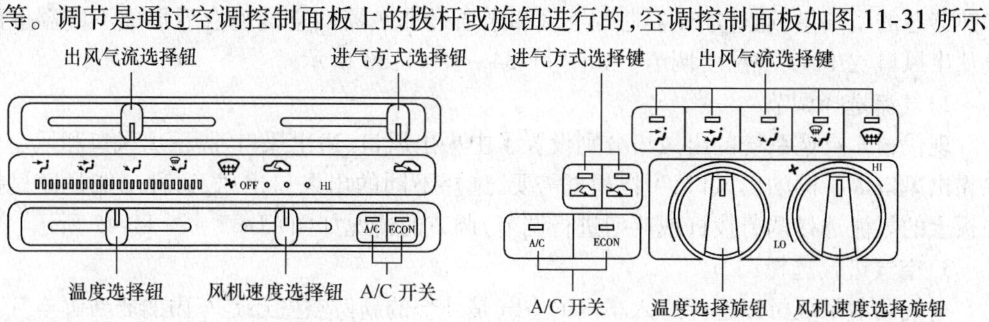

图 11-31　空调控制面板

空调控制面板上有温度调节、气流选择、鼓风机速度、空气进气内外循环选择、空调开关(A/C)和运行模式选择开关。其中温度调节、气流选择、空气进气内外循环选择是通过气道中的调节风门实现的,如图11-32所示;空调开关和运行模式选择开关、鼓风机速度选择是通过电路控制实现的。空调控制面板到调节风门的控制方式有拉线式和电动式,如图11-33所示。

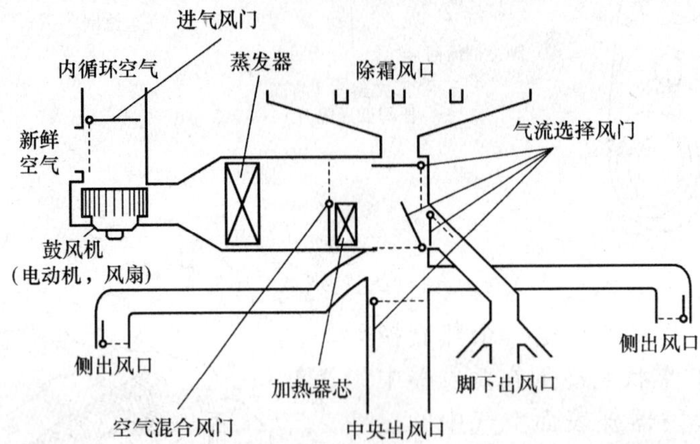

图11-32　空调调节系统的调节风门

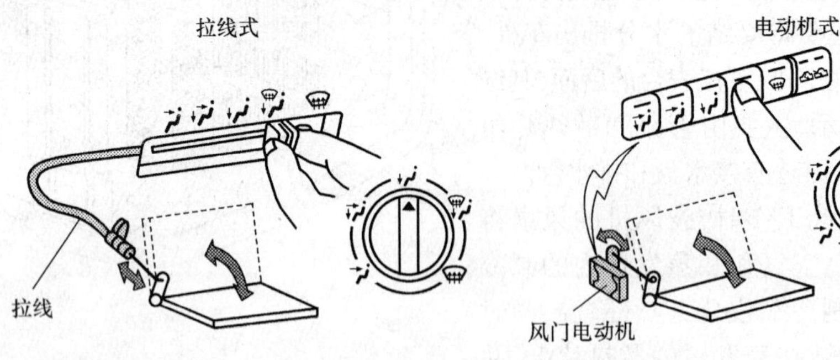

图11-33　空调调节风门的控制方式

1)温度调节

目前小型汽车的空调系统基本上都是冷气和暖风都采用一个鼓风机,温度调节采用冷暖风混合的方式,在空气的进气道中,所有的空气都通过蒸发器,用一个调节风门控制通过加热器芯的空气量,通过加热器芯的空气和未通过加热器的空气混合后形成不同温度的空气从出风口吹出,实现温度调节。如图11-34~图11-36所示。

2)气流选择调节

现代轿车空调系统的出风口分别设置了中央出风口、边出风口、脚下出风口和风窗玻璃除霜出风口等不同的出风口,可以根据需要,选择不同的出风口出风,这种功能是通过控制面板上的气流选择调节拨杆或旋钮进行调节,调节的情况如图11-37~图11-41所示。

3)空气进气选择调节

空气调节系统可以选择进入车内的空气是外部的新鲜空气还是车内的非新鲜空气。如果选择外部新鲜空气称为外循环,选择车内空气则称为内循环。这种选择可以通过控制面板上的内外循环选择按钮或拨杆控制进气口处的调节风门实现,如图11-42所示。

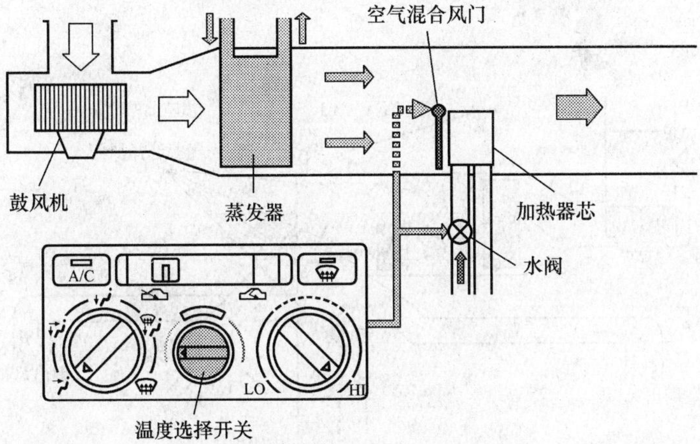

图 11-34　温度调节风门在冷的位置

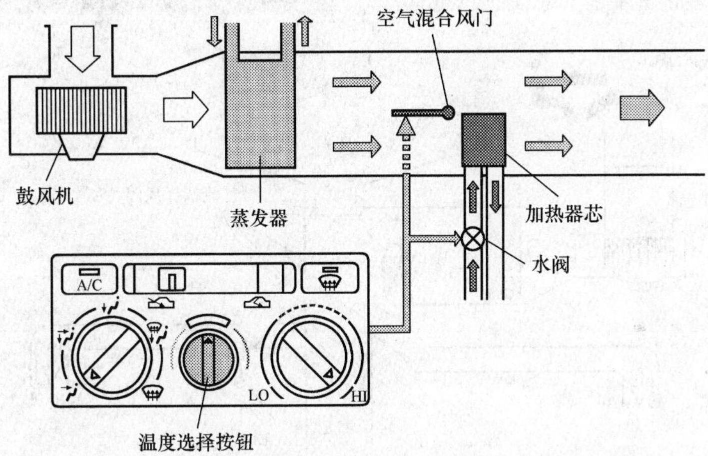

图 11-35　温度调节风门在中间的位置

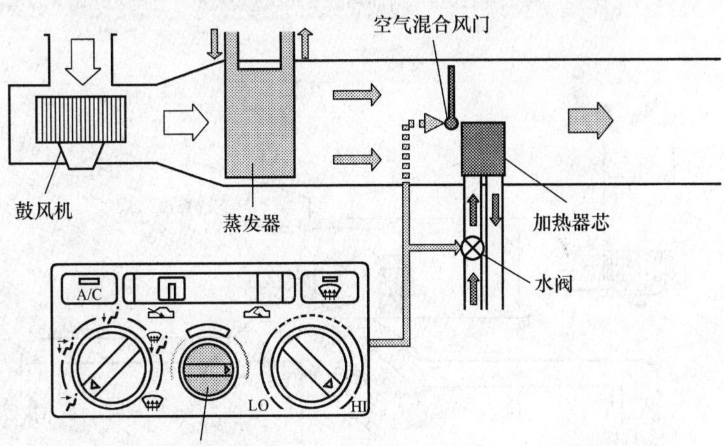

图 11-36　温度调节风门在热的位置

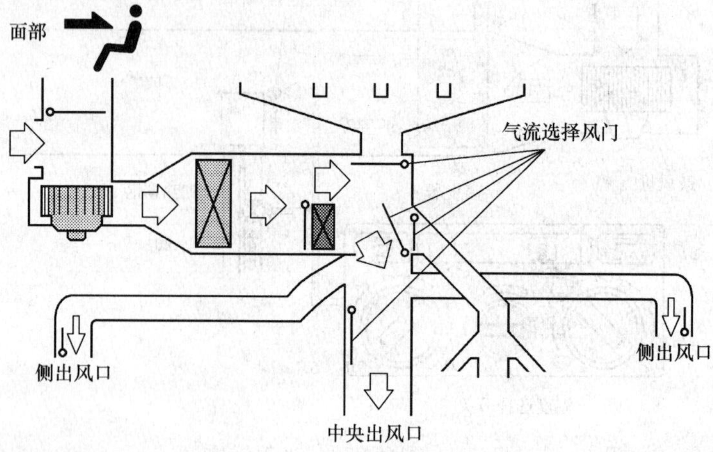

图 11-37　面部出风位置

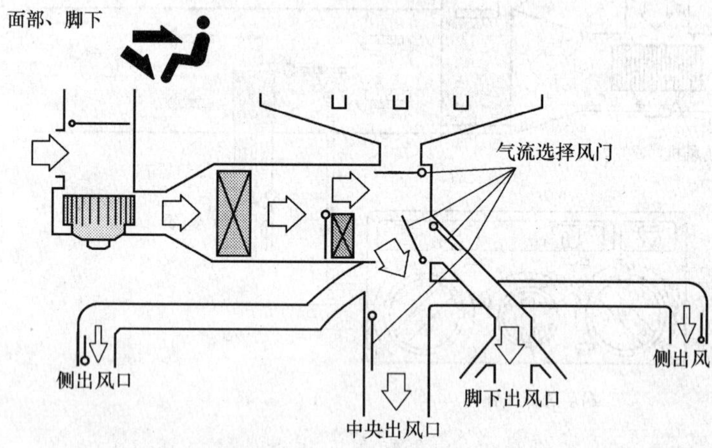

图 11-38　面部和脚下出风位置

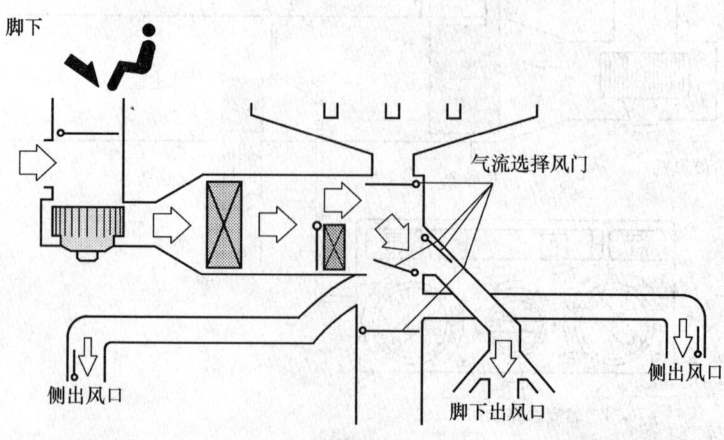

图 11-39　脚下出风位置

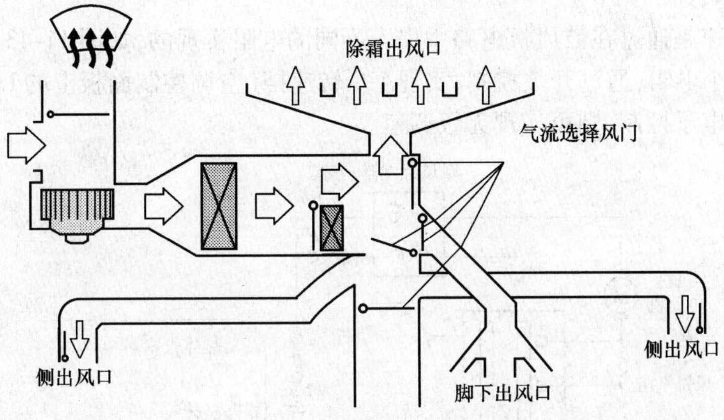

图 11-40　除霜位置

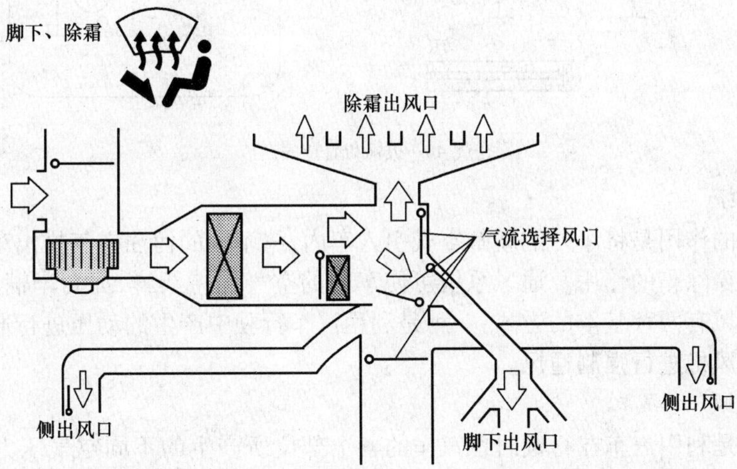

图 11-41　除霜和脚下出风位置

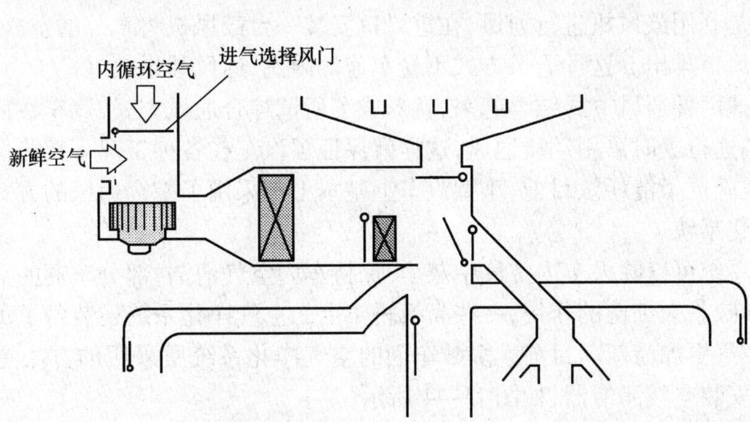

图 11-42　空气进气选择风门

4)鼓风机转速的调节

鼓风机转速是通过在鼓风机电路中串入不同的电阻实现的,如图11-43所示,在鼓风机电路中串入3个电阻,通过开关控制,实现4个转速挡(空调控制面板上的LO、2、3、HI)。如果将电阻改为电子控制,则可实现无级调速。

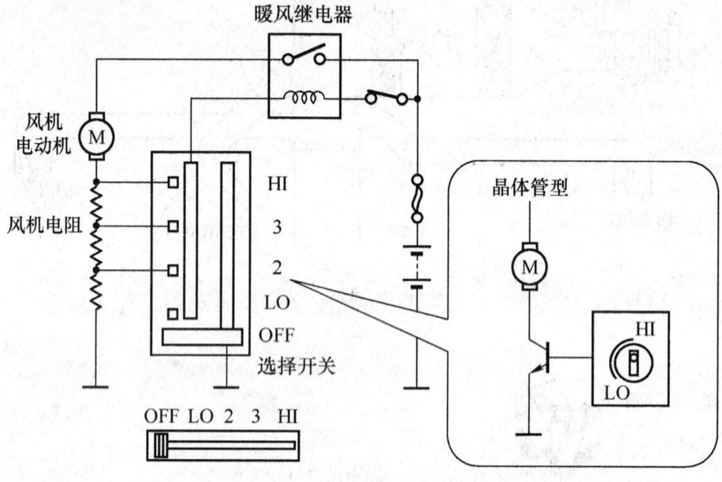

图11-43 鼓风机转速的调节

4. 通风系统

通风系统的作用是将车外的新鲜空气引入车内,将车内的污浊空气排出车外,同时通风系统还具有风窗除霜的作用。通风系统可使车内的空气保持新鲜,提高车辆的舒适性。目前汽车上的通风有两种基本的方式:一种是利用汽车行驶中产生的动压进行通风;另一种是利用车上的鼓风机进行强制通风。

1)动压通风

动压通风是利用汽车在行驶时在汽车的各个部位所产生的不同空气压力进行通风的。这种通风方式不需要另加动力,比较经济,但汽车在行驶速度较低时,通风的效果较差。

2)强制通风

强制通风是利用鼓风机进行通风,在进风口安装一台鼓风机将车外的空气吸入车内,车内的空气从排风口排出。这种通风方式不受车速的限制,通风效果较好。

如果将上述两种通风方式结合起来,就形成了所谓综合通风方式,汽车在低速行驶时采用强制通风,高速行驶时采用动压通风,这样就保证了汽车在各种工况下都能保持良好的通风效果,同时也降低了能耗。目前,小型汽车上基本上都采用了综合通风的方式。

5. 空气净化系统

空气净化系统可以除去车内空气中灰尘,保持车内空气清洁,部分车辆的空气净化系统还具备去除异味、杀灭细菌的作用,一些高级轿车上的空气净化系统还装备了负氧离子发生器,使车内的空气更加清新。目前大多数车辆的空气净化系统所采用的方法是在空调系统的进气系统中安装空气滤清器,如图11-44所示。

6. 空调控制系统

空调控制系统的功能是保证空调制冷系统正常运转,同时也要保证空调系统工作时发

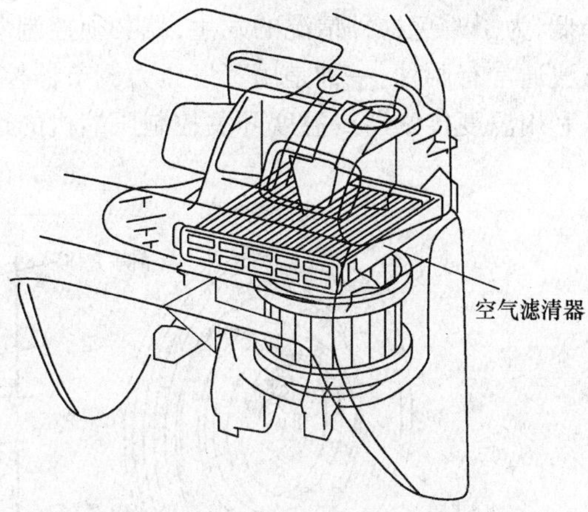

图 11-44　空调进气系统中的空气滤清器

动机的正常运转。空调控制系统主要是通过控制压缩机电磁离合器的接合与分离实现温度控制与系统保护，通过对鼓风机的转速控制调节制冷负荷。

1）电磁离合器

电磁离合器安装在压缩机上，其作用是控制发动机与压缩机的动力传递，空调制冷系统工作时，使发动机能驱动压缩机运转，制冷系统停止运行时，切断发动机到压缩机的动力传递。

电磁离合器的结构如图 11-45 所示，主要包括压力板、带轮和定子线圈等主要部件，压力板与压缩机轴相连，带轮通过轴承安装在压缩机的壳体上，带轮通过传动带由发动机驱动，定子线圈也安装在压缩机的壳体上。

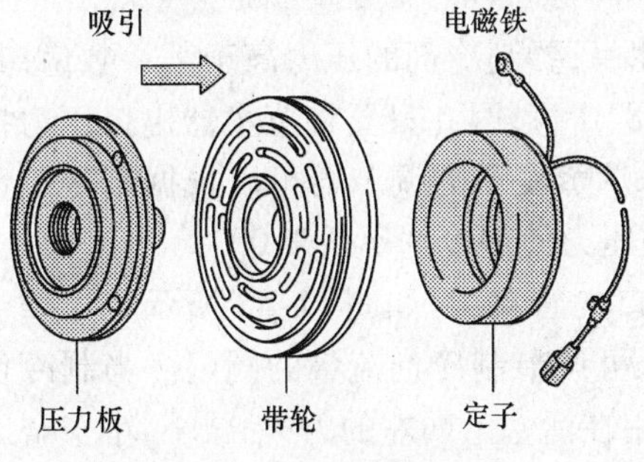

图 11-45　电磁离合器的结构

当接通空调开关使空调制冷系统进入工作状态时，电磁离合器的定子线圈通电，线圈通电后产生磁力，将压力板吸向带轮，使两者接合在一起，发动机的动力便通过带轮传递到压力板，带动压缩机运转，如图 11-46 所示。

当空调制冷系统停止工作时，电磁离合器的定子线圈断电，磁力消失，压力板与带轮分离，此时带轮通过轴承在压缩机的壳体上空转，压缩机停止运转，如图 11-47 所示。

2）蒸发器的温度控制

蒸发器温度控制的目的是防止蒸发器结霜。如果蒸发器的温度低于 0℃，凝结在蒸发器表面的水分就会结霜或结冰，严重时将会堵塞蒸发器的空气通路，导致系统制冷效果大大

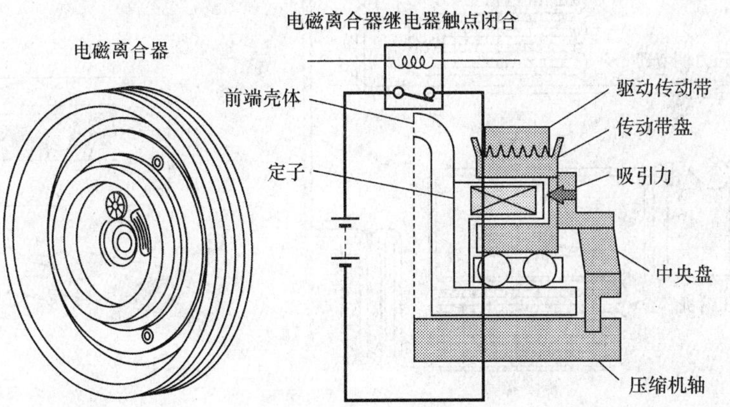

图 11-46　电磁离合器的接合状态

降低，为了避免这种情况的发生，就必须控制蒸发器的温度在0℃以上。控制蒸发器温度的方法通常有两种：一种是用蒸发压力调节器控制蒸发器的压力来控制蒸发器的温度；另一种是利用温度传感器或温度开关控制压缩机的运转控制蒸发器的温度。

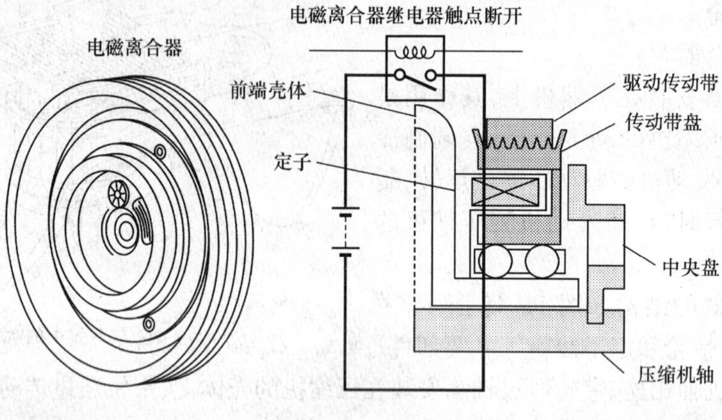

图 11-47　电磁离合器的分离状态

(1)蒸发压力调节器(EPR)。根据制冷剂的特性，只要制冷剂的压力高于某一数值，其温度就不会低于0℃(对于R134a，此压力大约为0.18MPa)，因此只要将蒸发器出口压力控制在一定的数值，就可以防止蒸发器表面结霜或结冰。蒸发压力调节器可以根据制冷负荷的大小调节蒸发器出口处的压力，确保蒸发器出口的压力使制冷剂不低于0℃。

蒸发压力调节器安装在蒸发器出口到压缩机入口的管路中，如图11-48所示。主要由金属波纹管、活塞、弹簧等组成，在管路中形成了一个可调节制冷剂流量的阀门。当制冷负荷减小时，蒸发器出口处制冷剂的压力就会降低，作用在活塞上向左的力 P_e 减小，小于金属波纹管内弹簧向右的力 P_s，使活塞向左移动，阀门开度减小，制冷剂的流量也随之减小，并使蒸发器出口处的压力升高。反之，在制冷负荷增大时，活塞可向右移动，阀门开度增大，增加制冷剂的流量，适应制冷负荷增大的需要。

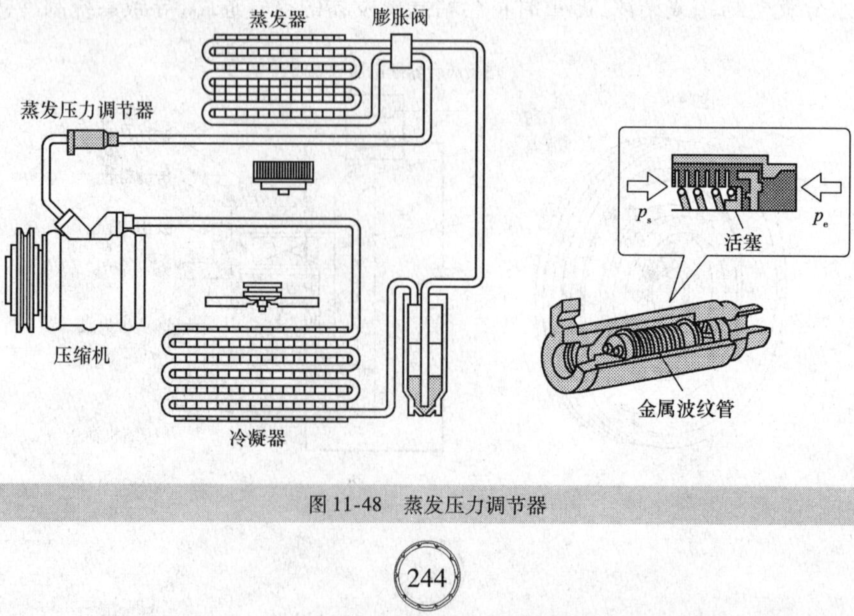

图 11-48　蒸发压力调节器

(2)蒸发器温度控制电路。目前蒸发器的温度控制电路有两种形式:一种是采用恒温器;另一种是采用热敏电阻。

①采用恒温器方式。蒸发器温度开关(恒温器)安装在蒸发器的中央,当蒸发器表面温度低于某一设定值时,温度开关切断压缩机电磁离合器电路,使压缩机停止工作防止蒸发器结冰。

②采用热敏电阻方式。将热敏电阻安装在蒸发器的表面,当蒸发器表面的温度低于某一设定值时,热敏电阻的阻值变化给空调 ECU 低温信号,空调 ECU 控制继电器切断压缩机电磁离合器电路,使压缩机停转,控制蒸发器温度不低于 0℃,如图 11-49 所示。

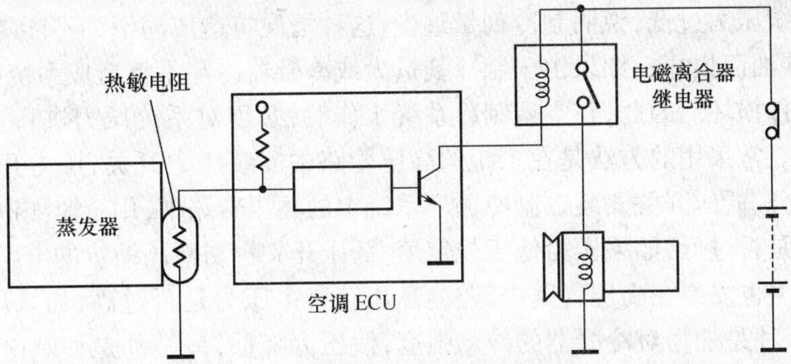

图 11-49　蒸发器温度控制电路

3)冷凝器风扇控制

现在有很多车辆的发动机冷却系统与空调制冷系统的冷凝器采用同一风扇进行冷却。当发动机冷却液温度较低时,风扇不工作,发动机冷却液温度升高到某一规定值时,风扇以低速运转,如果温度进一步升高到另一个设定值时,风扇则以高速运转。当空调制冷系统开始工作时,则无论发动机冷却液温度高低,风扇都将运转,如果制冷系统压力高过一定值时,风扇则会以高速运转。

图 11-50 所示为一风扇控制电路,用压力开关、冷却液温度开关和三个继电器控制风扇的转速。此电路可以实现风扇不转、低速运转、高速运转三级控制。

3 号继电器只在空调制冷系统工作时起作用,使冷凝器风扇以低速或高速运转。2 号继电器为双触点继电器,用来控制冷凝器风扇的转速。1 号继电器用于控制散热器风扇。压力开关在空调制冷系统压力高时断开,压力低时接通。冷却液温度开关在发动机冷却液温度低时接通,温度高时断开。

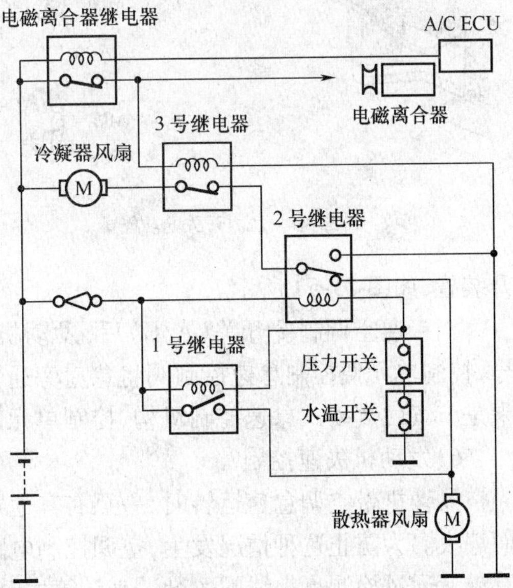

图 11-50　冷凝器和散热器风扇控制电路

不开空调时,3 号继电器不工作,冷凝器风扇也不工作。如果发动机冷却液温度过高,冷却液温度开关断开,1 号继电器线圈断电,触点闭合，散热器风扇运转，加强散热。

打开空调，3 号继电器线圈通电，触点闭合。如果冷却液温度较低、空调系统内压力也较低，2 号继电器线圈也通电，使其下触点闭合，形成了冷凝器风扇和散热器风扇的串联电路，两个风扇都以低速运转。如果冷却液温升高或制冷系统内压力增大，压力开关或冷却液温度开关切断 2 号和 1 号继电器线圈电路，使 2 号继电器的上触点闭合，1 号继电器的触点接通，将冷凝器风扇和散热器风扇连接成并联电路，两个风扇都以高速运转。

4）制冷循环的压力控制

（1）压力控制的功能。空调制冷循环系统中如果出现压力异常，将会造成系统部件的损坏。如果系统压力过低，说明制冷剂量过少，这种情况将造成润滑油不能随制冷剂一起循环，使压缩机缺油而损坏。如果由于制冷剂量大或冷凝器冷却不良造成系统压力过高，有可能造成系统部件损坏。因此，在空调制冷系统工作时，必须对系统压力进行监测，防止出现上述两种情况。常采用的方法是在系统的高压管路中安装压力开关，压力开关有低压开关和高压开关之分，低压开关安装在制冷循环系统中的高压管路中，用于监测制冷循环系统中高压管路压力是否过低，如果压力低于规定值，低压开关将切断压缩机的电路使压缩机停止工作。高压开关也安装在高压管路中，监测高压管路中压力是否过高，如果压力过高，有两种处理方法：一种是加强对冷凝器的冷却强度，使压力降低；另一种是切断电磁离合器的电路，使压缩机停止运转，如图 11-51 所示。

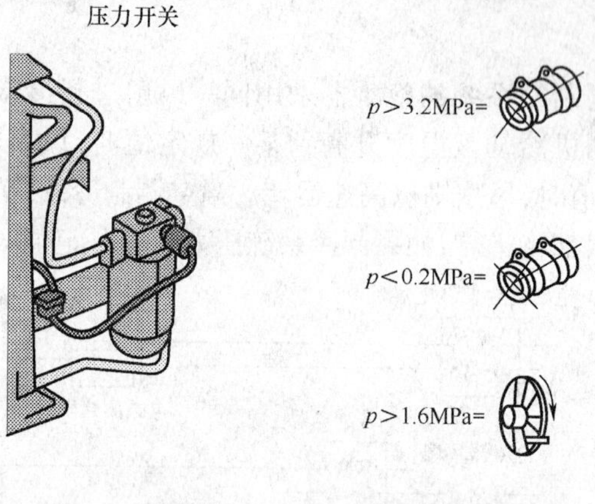

图 11-51　压力开关的功能

（2）压力开关控制基本电路。压力开关控制基本电路如图 11-52 所示，压力开关一般的安装位置是储液干燥器或高压管路。图示的开关均为常闭开关，也有部分压力开关高压为常开开关，具体是何种形式要视车型而定。

5）发动机的怠速提升控制

在车流量较大的道路上行驶，汽车发动机经常处于怠速运转状态，发动机的输出功率低，如果此时开启空调的制冷系统，可能会造成发动机的过热或停机，为防止这种情况的发生，在空调的控制系统中采用了怠速提升装置，如图 11-53 所示。

当接通空调制冷开关（A/C）后，发动机的控制单元（ECU）便可接收到空调开启的信号，控制单元便控制怠速控制阀将怠速旁通气道的通路增大，使进气量增加，提高怠速。如果是节气门直动式怠速控制机构，控制单元便控制电动机将节气门开大，提高怠速。

6）发动机失速控制

发动机带空调怠速运转时，一旦有其他影响因素使发动机转速下降，将造成发动机失速而熄火。为防止这种情况发生，空调控制电路中设有防止发动机失速的控制电路，空调的控制单元通过检测点火线圈的脉冲来计算发动机的转速，当发动机的转速低于一定值时，将压缩机电磁离合器切断，如图 11-54 所示。

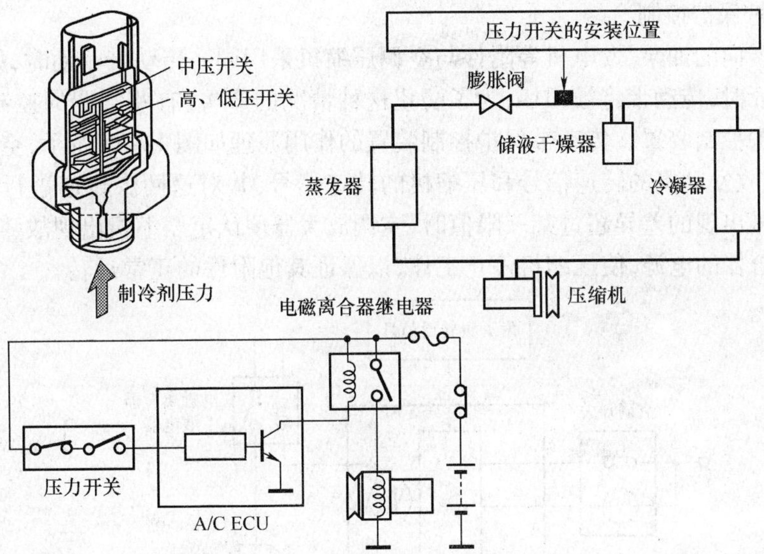

图 11-52　压力开关控制电路

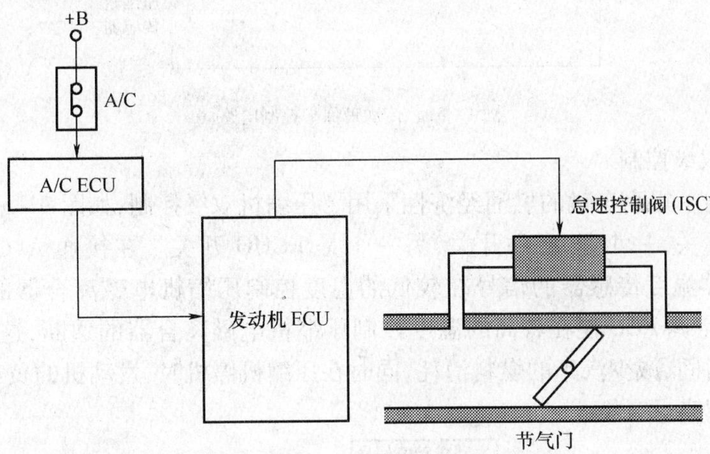

图 11-53　怠速提升控制

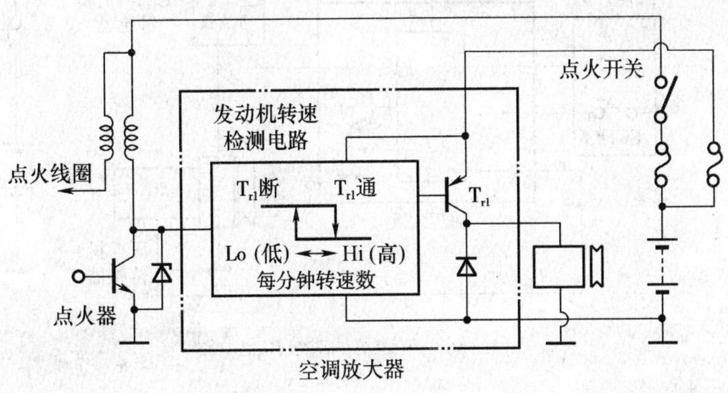

图 11-54　防止发动机失速控制电路

7)传动带保护控制

当动力转向的油泵、发电机等附件与空调压缩机采用同一传动带驱动时,如果压缩机出现故障而锁死时,传动带将被损坏,为了防止这种情况的产生,有些空调的控制电路中采用了传动带保护控制装置。传动带保护控制装置的作用原理如图11-55所示,空调放大器(或ECU)同时接收发动机的转速信号和压缩机的转速信号,并对这两个转速进行比较,当这两个转速的信号出现的差异超过某一限值时,空调放大器便认定压缩机出现故障,随后切断压缩机电磁离合器的电源,使压缩机停止工作,以保证其他附件的正常运转。

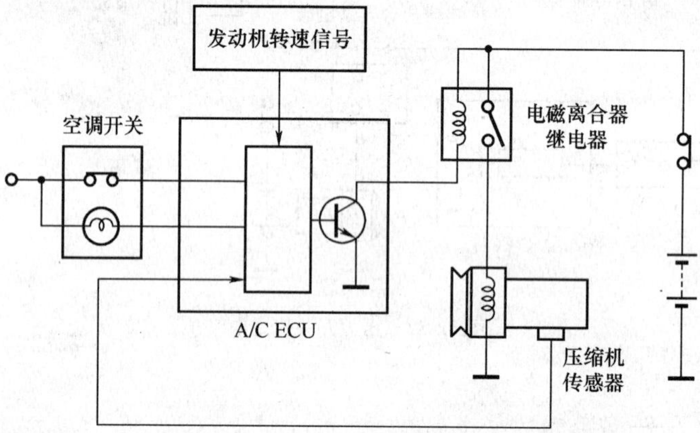

图11-55　传动带保护控制电路

8)压缩机双级控制

有些车辆为了提高车辆的燃油经济性采用了压缩机双级控制,如图11-56所示,在空调开关上有两个开关,一个是A/C开关,另一个是ECHO开关。在接通A/C开关时,空调ECU根据蒸发器温度传感器的信号在较低的温度控制压缩机电磁离合器的通断,在接通ECHO开关时,空调ECU便在较高的温度控制压缩机电磁离合器的通断,这样就可以减少压缩机工作的时间,减少汽车的燃料消耗,同时在压缩机停机时,发动机的负载减少,汽车的动力输出可以提高。

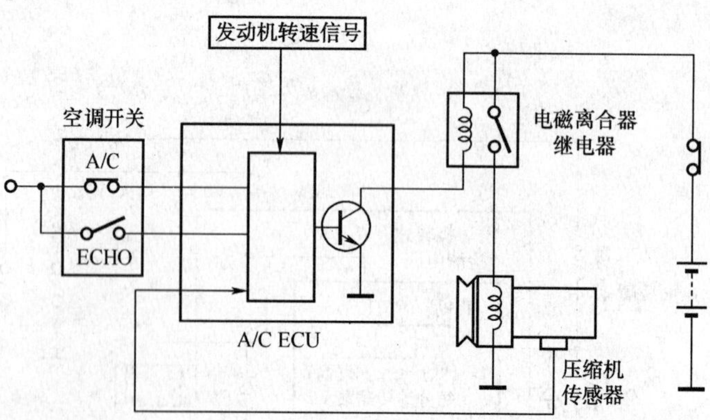

图11-56　压缩机的双级控制电路

9)双蒸发器控制

现在有些车辆在前排和后排都有蒸发器,且两个蒸发器都采用一个压缩机,这样就面临着前后蒸发器分别控制的问题，为此，在两个蒸发器的入口处，安装两个电磁阀，用来分别控制前排座位和后排座位的温度。其示意图如图 11-57 所示。

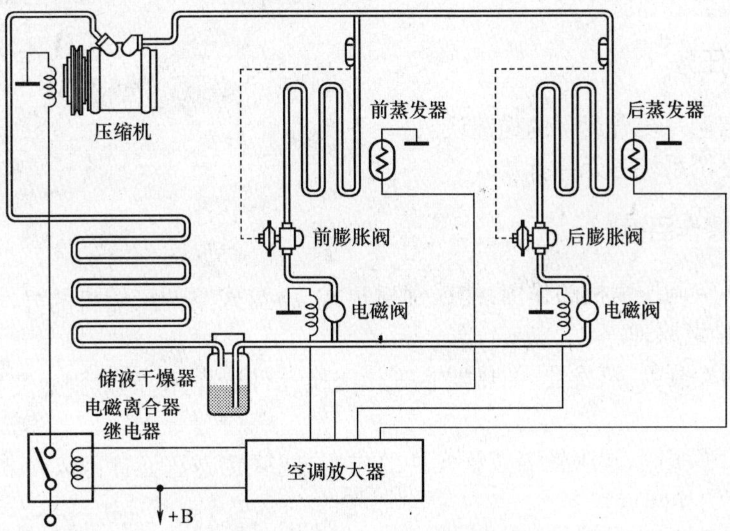

图 11-57　双蒸发器控制

10）其他控制

（1）冷却液温度控制。为防止发动机冷却液温度过高，有些空调控制电路中设有发动机冷却液温度开关或传感器，当发动机冷却液的温度高过一定值（一般为 105℃）时，切断压缩机电磁离合器电路，使压缩机停止运转，在温度下降到某设定值（大约为 95℃）时，再接通电磁离合器电路，使空调重新工作。

（2）制冷剂温度控制。在部分叶片式压缩机和斜盘式压缩机上装有制冷剂温度开关，防止压缩机温度过高而损坏。如图 11-58 所示，当制冷剂的温度超过 180℃时，此开关就断开，切断了压缩机电磁离合器的电路。

（3）环境温度控制。部分车辆在控制电路中设有环境温度开关，在环境温度低于规定值时，环境温度开关断开，切断压缩机电磁离合器的电路，使空调的制冷系统不能工作。环境温度高于规定值时，制冷系统才能进入工作状态。

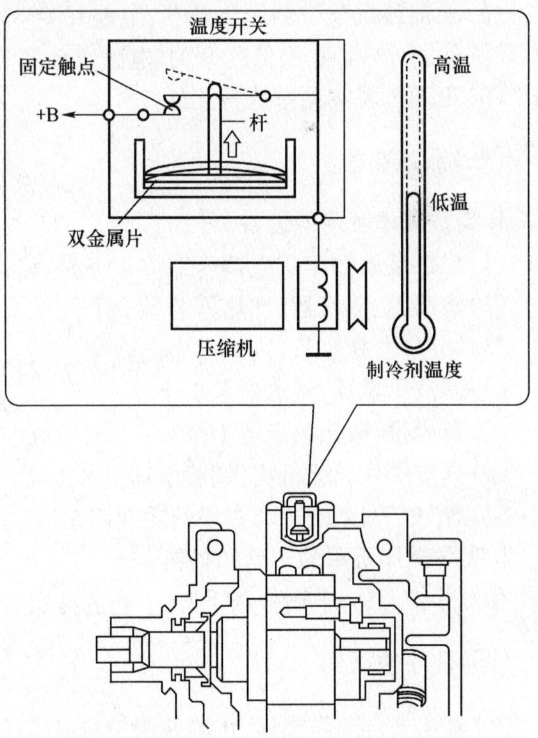

图 11-58　制冷剂温度开关

二、实践操作

(一)工作任务

(1)汽车空调系统各元件的构造认识。

(2)汽车空调系统各元件拆装。

(二)实践操作目标

(1)能说明空调压缩机的作用,能区别摇板式、斜盘式空调压缩机的异同点,描述变排量压缩机的变排量原理。

(2)能说明冷凝器、蒸发器、加热器芯等热交换元件的作用,能区别热交换元件的入口和出口。

(3)能说明膨胀阀、膨胀管等减压元件的作用,能区别减压元件的入口和出口,能区别膨胀阀、膨胀管的异同点。

(4)能说明储液干燥器、集滤器的作用,能区别储液干燥器、集滤器的入口和出口,能区别储液干燥器、集滤器的异同点。

(5)能描述汽车空调用传感器、温控开关、空调控制单元、真空膜片伺服机构、伺服电动机、鼓风机、散热风扇、高低压开关、电磁离合器等元件的作用、工作原理。

(6)正确拆装空调系统各元件。

(三)实践准备

1. 实践操作所用的设备

(1)供拆装的轿车用空调压缩机4个,摇板式、斜盘式各2个。

(2)冷凝器、蒸发器、加热器芯各1个。

(3)膨胀阀、膨胀管各1个。

(4)储液干燥器、集滤器各1个。

(5)鼓风机、散热风扇各1个。

(6)真空膜片伺服机构、伺服电动机各1个。

(7)放空空调系统冷却介质的实训用车辆(丰田、大众、雪铁龙等车型)、工作台等。

2. 实践操作所用的工具和材料

有关拆装工具、车辆维修手册、干净的抹布等。

(四)注意事项

(1)遵守安全操作规程,正确使用工具。

(2)必须首先拆下蓄电池的搭铁线,然后才可以断开空调系统部件的线束。

(3)在进行元件拆装时,弄清拆装的步骤,严禁擅自粗暴操作,以免损坏元件。

(4)进行拆装时,防止元件从工作台跌落,损坏元件或砸伤学员。

(5)拆下的零部件要按先后顺序排列好,以免装配时出现差错和遗漏,要特别注意小件不能丢失。

(6)使用电路图册和维修手册时注意保护电路图册和维修手册,避免破损。

(7)维修手册所述其他相关要求。

(五)具体内容

1.汽车空调系统各元件的构造认识

1)压缩机

(1)作用。

____

____

(2)列举轿车空调系统常用压缩机类型。

____

(3)绘制斜盘式压缩机的组成及工作原理简图。

(4)绘制摇板式可变排量压缩机的组成及工作原理简图。

2)冷凝器、蒸发器、加热器芯

(1)冷凝器。

①作用。

②出、入口特征。

(2)蒸发器。

①作用。

②出、入口特征。

(3)加热器芯。

①作用。

②出、入口特征。

3)膨胀阀、膨胀管

(1)膨胀阀。

①作用。

②绘制简图描述内平衡式膨胀阀的控制原理。

③比较内平衡式、外平衡式、H 型膨胀阀的异同。

(2)膨胀管结构特点。

(3)比较膨胀阀和膨胀管的异同点。

4)储液干燥器与集液器

(1)储液干燥器。

①作用。

②出、入口特征。

(2)集液器。

①作用。

②出、入口特征。

(3)比较储液干燥罐与集液器的异同。

2. 空调压缩机的拆装

空调压缩机和离合器的主要部件分解图如图 11-59 和图 11-60 所示。

1)空调压缩机的拆卸

(1)拔下蓄电池导线。

(2)排放制冷剂。

(3)拆卸高、低压管,封闭管口,防止异物侵入。

(4)拆卸电磁离合器导线。

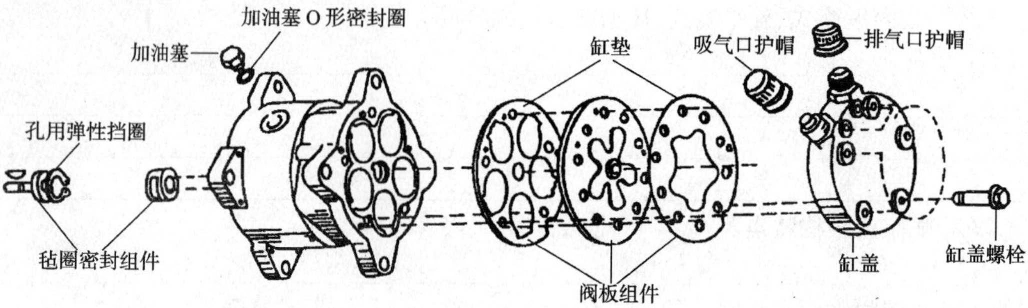

图 11-59 空调压缩机部件分解图

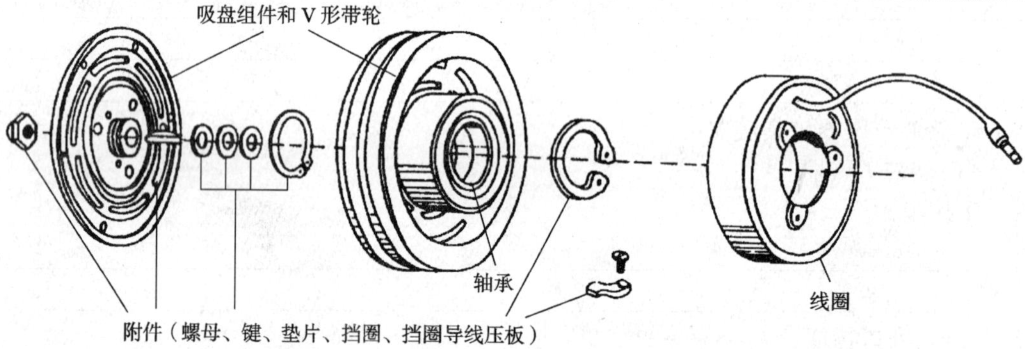

图 11-60 离合器部件分解图

(5)拆卸空调压缩机固定螺栓,取下空调压缩机。

2)空调压缩机的安装

安装步骤与拆卸步骤相反,但应注意以下几点:

(1)安装空调压缩机时,必须使空调压缩机离合器V形带轮、发动机V形带轮的带槽对称面处在同一平面内,并保持V形带适当的张紧度。

(2)以规定力矩拧紧固定螺栓。

(3)冷凝器与风扇之间应保持一定间隙,一般不少于20mm,空调压缩机及其托架和软管之间的间隙为15mm。

(4)应更换高、低压管密封垫圈,检查发动机供油系统及冷却系统,防止渗漏。

3. 冷凝器的拆装

1)冷凝器的拆卸

(1)排放制冷系统的制冷剂。

(2)拆下散热器。

(3)如图11-61所示,拆下冷凝器进口管A和出口管B。

(4)拧下固定螺栓,拆下冷凝器。

2)冷凝器的安装

(1)安装前,应充分清洗冷凝器,确保有足够的空气流经冷凝器盘管,使其充分散热。

(2)安装时注意冷凝器下部的正确位置(图11-61),上端与发动机罩的间隙不得小于5mm。

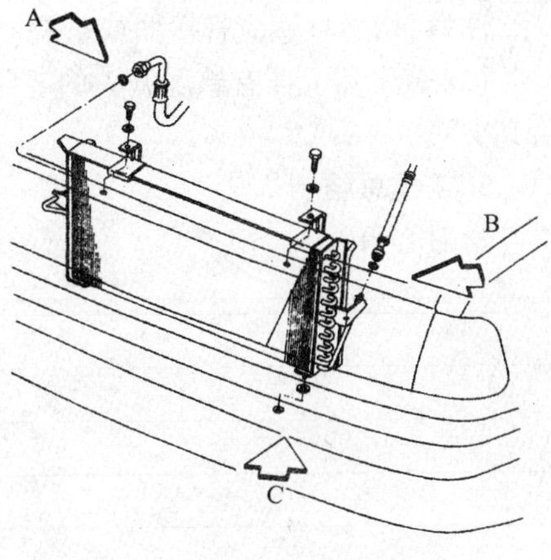

图11-61　冷凝器的拆卸

4. 蒸发器的拆装

1)蒸发器的拆卸

(1)排放制冷系统的制冷剂。

(2)拆下新鲜空气风箱盖。

(3)拆下蒸发器外壳。

(4)如图11-62所示,拆下低压管固定件及压缩机管路,并封住管子端部。

(5)如图11-63所示,拆下高压管固定件及储液干燥器,并封住管子端部。

(6)拆下仪表板右侧下部挡板及网罩。

(7)拆下蒸发器口的感应管。

(8)拆下蒸发盘,取出蒸发器。

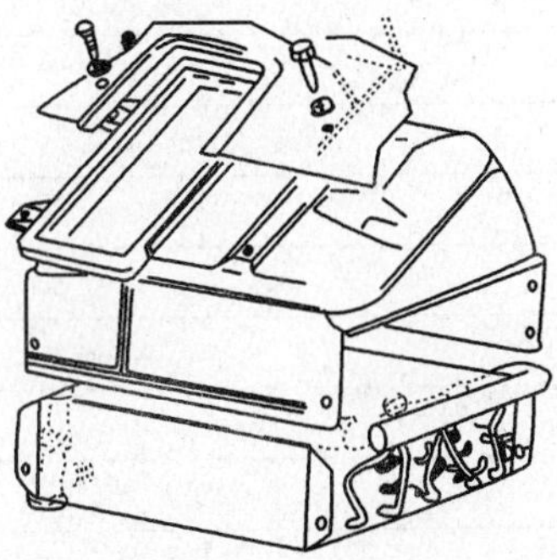

图11-62　蒸发器的拆装(一)

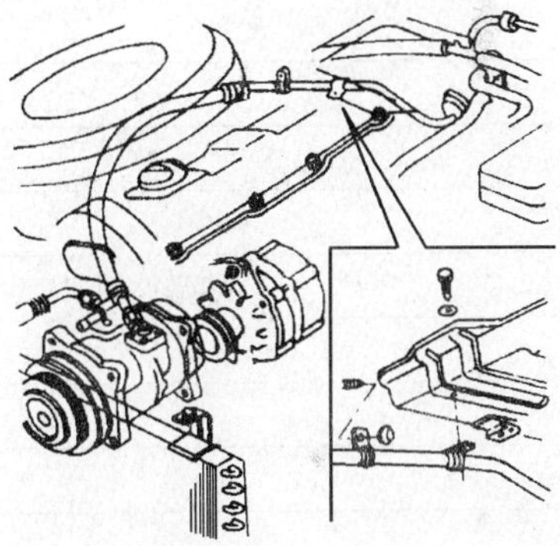

图11-63　蒸发器的拆装(二)

2)蒸发器的安装

(1)蒸发器外壳下方有排水孔,应保证排水孔通畅,不能阻塞或遮挡。

(2)连接导线与发动机机体之间的距离至少为50mm,和燃油管的间隙最少为100mm。

(3)如图11-64所示,安装蒸发盘时,应将边缘安置在横向盘网的凸缘上。

(4)如图11-65所示,将感应管插入蒸发器。

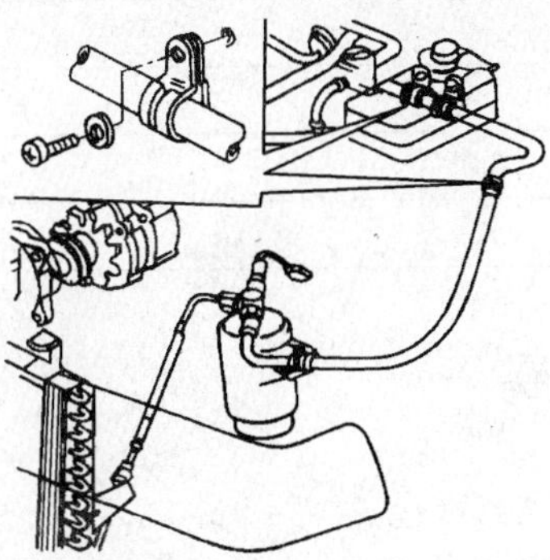

图11-64　蒸发器的安装(一)

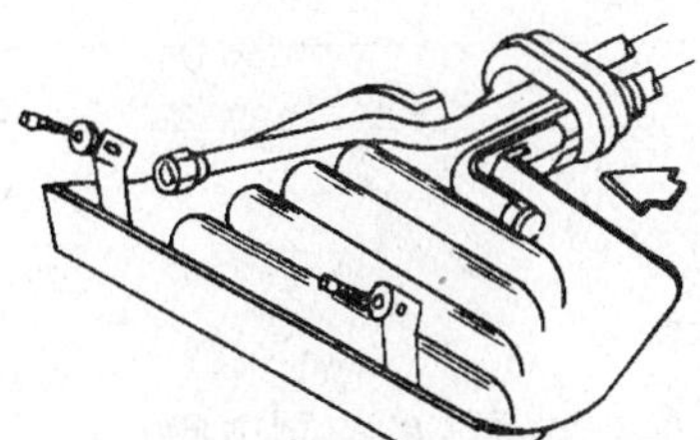

图11-65　蒸发器的安装(二)

注意:切勿将感应管扭曲或折叠。

(5)蒸发器上插有感温开关的毛细管,安装时切勿将感温管扭曲,为防止将其拔出,应将其夹紧。

5. 工作总结

学习心得:____。

三、学习拓展

丰田车空调系统的控制电路

图11-66为丰田威驰汽车空调系统的控制电路图,主要控制内容有:蒸发器温度控制、制冷循环系统压力控制、鼓风机转速控制、冷凝器风扇控制等。

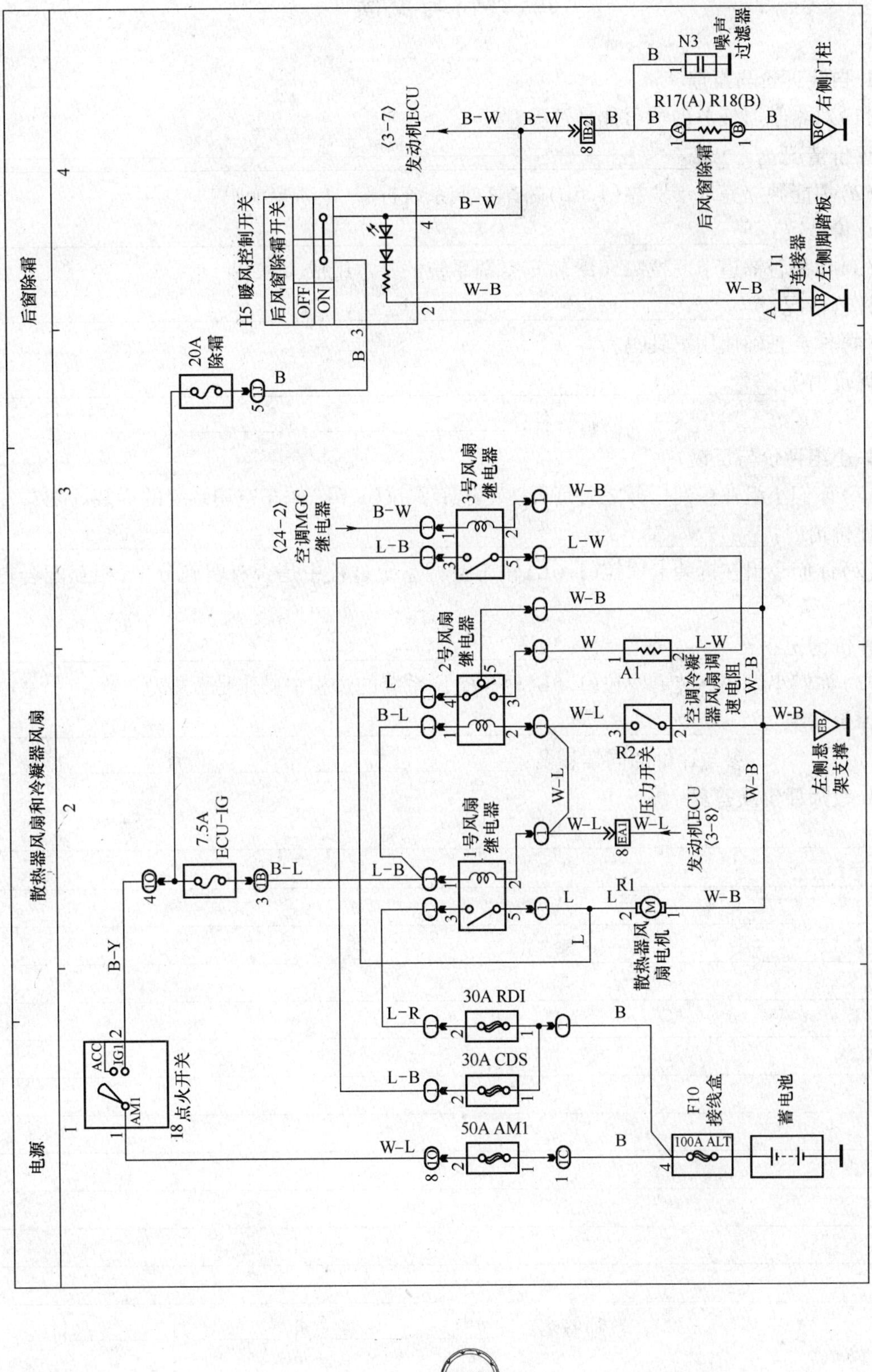

图11-66　丰田威驰汽车空调控制电路图

四、评价与反馈

1. 自我评价与反馈

(1)对本学习任务的学习你是否满意?

评价情况:____

(2)你能独立完成卡罗拉(1.6L)轿车空调系统拆解、重新装配吗?

评价情况:____

(3)你是否知道卡罗拉(1.6L)轿车空调系统的基本组成?

评价情况:____

(4)你会正确使用工具吗?

评价情况:____

签名:________ ________年________月________日

2. 小组评价与反馈

(1)你们小组在接到任务之后是否讨论过卡罗拉(1.6L)轿车空调系统的拆装计划?

评价情况:____

(2)你们小组在拆装卡罗拉(1.6L)轿车空调系统过程中是否有明确分工,相互配合得好吗?

评价情况:____

(3)你们小组在拆装卡罗拉(1.6L)轿车空调系统的过程中操作是否规范?

评价情况:____

参与评价的同学签名:________ ________年________月________日

3. 教师评价及答复

____

____

____

____

____

____

____

____

____

____

____

____

____。

教师签名:________ ________年________月________日

五、技能考核标准

<table>
<tr><th>序号</th><th>项　目</th><th>操作内容</th><th>规定分</th><th>评分标准</th><th>得分</th></tr>
<tr><td rowspan="8">1</td><td rowspan="8">空调系统各元件的构造认识</td><td>压缩机的构造认识</td><td rowspan="8">40</td><td>结构不清楚扣5分</td><td></td></tr>
<tr><td>冷凝器的构造认识</td><td>结构不清楚扣5分</td><td></td></tr>
<tr><td>蒸发器的构造认识</td><td>结构不清楚扣5分</td><td></td></tr>
<tr><td>加热器芯的构造认识</td><td>结构不清楚扣5分</td><td></td></tr>
<tr><td>膨胀阀的构造认识</td><td>结构不清楚扣5分</td><td></td></tr>
<tr><td>膨胀管的构造认识</td><td>结构不清楚扣5分</td><td></td></tr>
<tr><td>储液干燥器的构造认识</td><td>结构不清楚扣5分</td><td></td></tr>
<tr><td>集液器的构造认识</td><td>结构不清楚扣5分</td><td></td></tr>
<tr><td>2</td><td>空调系统拆卸</td><td>安全气囊拆卸</td><td>25</td><td>拆卸步骤顺序错误扣10分
拆卸方法不正确扣10分
操作不熟练扣5分</td><td></td></tr>
<tr><td>3</td><td>空调系统安装</td><td>安全气囊安装</td><td>25</td><td>装复步骤顺序错误扣10分
装复方法不正确扣10分
操作不熟练扣5分</td><td></td></tr>
<tr><td rowspan="2">4</td><td rowspan="2">安全文明生产</td><td>遵守安全操作规程，正确使用工具，操作现场整洁</td><td rowspan="2">10</td><td>有1项不正确的，扣5分，扣完为止</td><td rowspan="2"></td></tr>
<tr><td>安全用电，防火，无人身、设备事故</td><td>因违规操作发生重大人身和设备事故，此项技能考核按0分计</td></tr>
<tr><td>5</td><td>分数合计</td><td></td><td>100</td><td></td><td></td></tr>
</table>

参考文献

[1] 周建平.汽车电气设备构造与维修[M].北京:人民交通出版社,2002.

[2] 邓斌.汽车电气设备构造与拆装[M].北京:人民交通出版社,2011.

[3] 雷小勇,袁永东,李朝东.汽车电气设备维修[M].北京:人民交通出版社,2011.

[4] 赵凤杰.汽车电气设备构造与维修[M].北京:人民交通出版社,2005.

[5] 颜培钦.汽车车身电气设备系统及附属电气设备[M].西安:西安电子科技大学出版社,2009.

[6] 吴基安.汽车电器图解检修手册[M].北京:人民邮电出版社,2001.

[7] 李春明.汽车车身电子技术[M].北京:北京理工大学出版社,2003.

[8] Wilfried Staudt.汽车机电技术[M].北京:机械工业出版社,2008.

[9] 隋礼辉,张晓云.汽车电路分析[M].北京:中国人民大学出版社,2005.

[10] 娄云.汽车电路分析[M].北京:机械工业出版社,2011.